你一定爱读的中国战争史

北宋

公子弃疾 著

民主与建设出版社

·北京·

© 民主与建设出版社，2022

图书在版编目（CIP）数据

你一定爱读的中国战争史 . 北宋 / 公子弃疾著 . —
北京：民主与建设出版社，2022.3
ISBN 978-7-5139-3355-1

Ⅰ . ①你… Ⅱ . ①公… Ⅲ . ①战争史 – 中国 – 北宋 –
通俗读物 Ⅳ . ① E291-49

中国版本图书馆 CIP 数据核字 (2022) 第 010741 号

你一定爱读的中国战争史：北宋

NI YIDING AI DU DE ZHONGGUO ZHANZHENGSHI BEISONG

著　　者	公子弃疾
责任编辑	彭　现
封面设计	王　星
出版发行	民主与建设出版社有限责任公司
电　　话	（010）59417747　59419778
社　　址	北京市海淀区西三环中路 10 号望海楼 E 座 7 层
邮　　编	100142
印　　刷	重庆市联谊印务有限公司
版　　次	2022 年 3 月第 1 版
印　　次	2022 年 3 月第 1 次印刷
开　　本	787 毫米 ×1092 毫米　1/16
印　　张	24
字　　数	300 千字
书　　号	ISBN 978-7-5139-3355-1
定　　价	99.80 元

注：如有印、装质量问题，请与出版社联系。

目　录

目录

目录

目录

目　录

目 录

第一章

折戟幽燕：高粱河之战

滴血的征途

冲天的火光笼罩着古城，焚尽了绵延千年的富丽繁华。残阳如血，映在护城河上，将河水与长天浸染得一片红。远处，一队军士站在旷野上，盔甲明亮却难掩他们脸上的疲惫之色。

太平兴国四年（辽乾亨元年，979 年）五月，并州，宋太宗赵光义站立在火光冲天的太原城外，欣赏着自己的杰作。从这年正月开始，经过将近半年的苦战，由皇帝赵光义亲自督战的宋军终于攻灭了五代十国时期最后一个政权——北汉。五月初五，北汉国主刘继元投降。随后，赵光义派人拆毁太原城墙，一把火焚毁了城中的建筑，将居民强制迁移。唐、五代时期多位开国皇帝的龙兴之地，瞬间化为了废墟。自黄巢起义以来，中原地区长达一百年的割据战乱彻底结束。

踌躇满志的赵光义将目标对准了一个强大的对手。这个对手，曾经让一代枭雄李克用直到临终依然切齿痛恨；这个对手，曾经让后唐名将周德威畏之如虎，甘做缩头乌龟；这个对手，曾经马踏中原，掳走晋出帝石重贵；这个对手，曾经让人中龙凤周世宗柴荣、宋太祖赵匡胤寝食难安。这个对手自然就是契丹人建立的辽国了。

五代时期，契丹人屡屡犯境掳掠，让中原统治者寝食难安。而有一个统治者，颇有创意地发明了一个办法，解决了契丹人犯境的问题。这个人就是后晋政权的开国皇帝石敬瑭，他的方法也很简单，就是认爹。清泰三年（936年），后唐河东节度使石敬瑭为了对抗讨伐自己的后唐皇帝李从珂，以割让幽云十六州并认比自己小十一岁的辽太宗耶律德光做干爹为条件，引来契丹援军，击败了张敬达率领的后唐军队，随后挥军杀入开封，后唐末帝李从珂自杀。之后，在耶律德光的支持下，石敬瑭继位称帝。

石敬瑭自己甘愿当儿子也就罢了，但他割让幽云十六州给契丹，让中原政权失去了北面的屏障。从此，契丹人虎踞幽云，窥视中原，对中原王朝造成了巨大的威胁。后晋出帝石重贵在位时，耶律德光率契丹军队侵入中原，将晋出帝一家掳走。如若不是契丹军队水土不服，又迫于中原军民的顽强反抗而退走的话，中原地区势必成为契丹人的囊中之物。因此，雄才大略的周世宗柴荣和宋太祖赵匡胤即位后，无不把收复幽云十六州作为重中之重。一心要文治武功超越前朝的宋太宗赵光义，也不例外。

太平兴国四年正月，赵光义将目标对准了契丹人扶植的傀儡政权北汉。北汉的宗主国——辽国自然不能袖手旁观。同年三月，辽国派遣南府宰相耶律沙为都统、冀王耶律敌烈为监军，挥师南下，救援北汉。辽军行进到盂县（今山西盂县）北面的白马岭时，遭遇早已埋伏于此的宋军郭进部，耶律敌烈当场战死，耶律沙也陷入宋军的包围圈中。危急关头，辽军将领耶律斜轸率军赶到，他命令手下将士万箭齐发，稳住了阵脚，遏制了宋军的攻势。之后，耶律沙、耶律斜轸抓住机会仓皇逃走。虽然宋军在白马岭大胜辽军，但辽军两名主将的逃脱却为日后宋军的惨痛失利埋下了伏笔。耶律斜轸日后将成为宋军的噩梦。

五月二十九日，攻灭北汉满载而归的赵光义率领将士到达镇州（治今河北正定县），在这里，他宣布了他的重大决定——收复幽燕。然而，赵光义说完自己的"英明决策"后，收到的回应是一片沉默。

或许是为了让将士保持战斗欲望，在拿下太原城后，赵光义并未对将士论功行赏，而将士们在历经半年的鏖战后，已是身心俱疲，归心似箭。所以，他们听到要兵发幽燕，无异于听到一个晴天霹雳。但众人深知赵光义的脾气，倒也不敢明确反对，只有来个非暴力不合作，以沉默应对了。碰了软钉子的赵光义并不气馁，他只需要一个台阶，只需要有一个人站出来支持他的主张，他就能顺水推舟，强令将士们兵发幽州。

赵光义的目光依次扫过枢密使曹彬、宣徽南院使潘美、定国节度使宋偓（wò）、定武节度使孟玄喆、河阳三城节度使崔彦进、彰信节度使刘遇等人，得到的回应还是一片沉默。这时候，响起了一个铿锵有力的声音："我们乘胜突袭敌军，一鼓作气，消灭毫无防备的敌人，易如反掌！"赵光义赞许的目光望过去，就看到了一张带着伤疤的脸。说话的正是殿前都虞候崔翰。

崔翰，字仲文，京兆万年（今陕西西安）人，是一位资历非常老的将领。早在后周年间，时任殿前都虞候的赵匡胤受命组建禁军时，崔翰就被赵匡胤招入麾下，随之南征北战，立下不少战功。宋朝建立后，崔翰凭借出色的能力先后受到赵匡胤、赵光义两任皇帝的赏识。在攻打北汉的战斗中，崔翰面部中箭，但他"轻伤不下火线"，依然坚持指挥战斗，战后，赵光义亲自慰问崔翰的伤情。

六月十三日，赵光义亲率大军从镇州出发，拉开了宋辽之间第一次大规模战争的序幕。

赵光义的"不宣而战"收到了奇效。在历经六天的急行军进入辽国国境后，宋军势如破竹，连续攻占金台顿（今河北易县东南）、岐沟关（今河北涿州市西南），辽军守将纷纷投降。"将士们，前面就是幽州城啦！"赵光义振臂高呼道。杀红了眼的宋军士兵们精神为之一振。就在此时，一支衣甲鲜明的骑兵部队挡住了宋军的去路，为首一人髡（kūn）发，一脸狞笑，正是辽国北院大王耶律奚底。

"蕞尔鼠辈，还敢自己送上门来。"赵光义说完微微一笑，令旗一挥，东西班指挥使傅潜、孔守正率宋军前锋直取耶律奚底，宋军主力随后跟进。耶律奚底笑起来吓人，但等到真打起来，他发现宋军比他更吓人。一个回合下来，耶律奚底被揍得满地找牙，但他依然觅得一个时机，和副手萧讨古飞速向北逃窜。

自宋辽交兵以来，宋军屡战屡胜，辽军溃不成军。此时的赵光义意气风发，仿佛攻下辽国南京，收复幽燕，完成祖宗未竟的事业是指日可待的事情。"我赵光义，在历史上必将与秦皇汉武同列！"赵光义兴奋地憧憬着。但是，一个人的出现击碎了他的黄粱美梦。

幽州攻防战

六月二十三日，赵光义率军抵达辽国的南大门幽州城。由于对宋军的突然袭击缺乏准备，辽军节节退却、一败涂地，幽州外围的辽军几乎被全部肃清，只剩下城门西北的得胜口（今北京昌平区西北）还驻扎着一股辽兵。

赵光义望着这股辽兵，轻蔑地笑了，因为辽兵打出的青色旗帜正是三日前在沙河（今河北定兴县西北部易水支流）被宋军击溃的耶律奚底的旗帜。随着赵光义一声令下，宋军杀向得胜口。这股辽军果然一触即溃，宋军紧追不舍，进入得胜口。

赵光义突然有一种不祥的预感：得胜口地势险要、易守难攻，辽国的守军却是一接触便退却，似乎毫无战斗力，难道是个圈套？进入得胜口的宋军将士也不是榆木脑袋，望着险峻的地势，他们脑海中瞬间掠过一幅幅伏击战的画面。"有埋伏！"不知是谁喊了一声，但是已经晚了。辽军伏兵四起，猛攻宋军后翼。此时，历经柴荣、赵匡胤两代雄主建设的大宋军队显示了极高的战斗素质，他们临危不乱，保持队形退出得胜口。

这支辽军的指挥者正是耶律斜轸。耶律奚底战败后，耶律斜轸于得胜口设下伏兵，并打出败军之将的旗帜，引诱宋军来攻。之后，耶律斜轸驻扎在清沙河（今北京昌平区西南）北岸，与幽州城形成掎角之势。几次交锋均未消灭对方，赵光义干脆不管耶律斜轸了，他部署将士，准备会攻幽州。

六月二十五日，赵光义指挥宋军四面围攻幽州城，其中，刘遇攻打城东面，宋偓攻打城南面，孟玄喆攻打城西面，崔彦进攻打城北面。桂州观察使曹翰、洮州观察使米信则率部驻扎在城东南角，作为预备队。赵光义还任命潘美知幽州行府事，准备攻下幽州后让其接管幽州事务。

写到此处，笔者忍不住要批评一下赵光义的部署了。有道是"围城必缺"，古今名将围攻城池都会给对手留下一条退路，以瓦解对手的斗志。赵光义将幽州城围成铁桶，没有退路的辽军只得拼死力战，给宋军的攻城平白增加了困难。此外，赵光义还犯了一个严重的错误，他没有派出斥候侦察战场形势，这一点后来被辽军利用，成功稳定了幽州城的形势。

在宋军的猛烈攻击下，辽铁林都指挥使李扎勒灿率部投降，幽州城内顿时人心惶惶，辽方守将——权知南京留守事韩德让、知三司事刘弘亲自登城指挥抵抗也无济于事。宋军攻城日甚，城中出降之人越来越多，韩德让派出使者连夜向辽景宗告急。正所谓"天无绝人之路"，就在韩德让恐惧不安、几近崩溃之时，一支军队突然出现，解救了他。

这支辽军的指挥者是御盏郎君耶律学古。"郎君"类似于清代的"巴图鲁"，是契丹族勇士的御赐称号。耶律学古不仅有勇，而且有谋，他将拯救幽州城，拯救辽国的南京析津府。

夕阳照在耶律学古紧锁的眉头上，照进被宋军围得犹如铁桶一般的幽州城里。一只田鼠惊慌失措地乱窜着，是在逃避宋兵的追杀，还是在逃避这纷纷扰扰的尘世？忽然，田鼠嗖的一声钻入一个地洞中，消失得无影无踪。耶律学古灵机一动，想到了一个绝妙的计策——穴地而行，但在实行这个计策之前，他还是有一丝担心：如果宋人在幽州城外安排几个斥候巡逻，再派出机动队随时准备打援的话，那么不等他的计划实行，他这点微不足道的兵力就已经灰飞烟灭了。事实证明耶律学古的担心是多余的，赵光义几乎将全部大军投入围攻幽州的战斗中，并没有对可能到来的辽国援兵做任何预案。赵光义犯的这个致命错误挽救了辽国，也让耶律学古一战成名。

耶律学古用挖地道的方式成功进入幽州城。望着这支突然冒出来的援兵，韩德让激动不已。耶律学古入城后安抚了守城将士的情绪，并告知大家朝廷的援军马上就到，幽州守军士气大振。宋军在屡次攻城均无果后，甚至用起了夜袭的招数，无奈耶律学古十分警觉，窥破了宋军的突袭之计，宋军再次无功而返。

数次攻城无果后，赵光义终于按捺不住了，他乘坐步辇亲赴城北指挥战斗。宋军之后用了挖地道的手段攻城，亦是无功而返。由于连续作战，宋军将士疲惫不堪，势已成强弩之末。赵光义只有打出自己的底牌了，那就是驻扎在城东南角的预备队。让赵光义始料未及的是，这支预备队这时候已经毫无战意、归心似箭了。

此前，作为预备队的曹翰、米信部在掘地时挖到了一只螃蟹，颇为迷信的曹翰对将士说："螃蟹是水里的东西，如今在陆地上出现，这是我们失利的象征啊！而且螃蟹脚多，暗示辽人的援军就要到达了。"曹翰真是辽军的"好朋友"，他成功瓦解了自己手下将士的斗志。虽然如此，但毕竟众寡悬殊，在宋军的强大压力下，七月初三和初五，辽国建雄节度使刘延素、蓟州知州刘守恩先后投降宋军，幽州城危若累卵，眼看就要抵挡不住了。此时，由南府宰相耶律沙、惕隐耶律休哥率领的契丹五院兵马也离幽州城越来越近。

决战高梁河

辽景宗耶律贤得知幽州被围困，第一反应是：来不及了，幽州必失。得知耶律学古已经进入幽州，耶律贤方才稍稍宽心。由于辽国对宋军的突然袭击毫无准备，耶律贤只能先派遣南府宰相耶律沙率军先行救援，同时派出使者严厉斥责在沙河战败的耶律奚底和萧讨古。耶律奚底这个败军之将暂时不能领兵了，而精锐的五院兵马已经集结完毕，派何人救援幽州城呢？耶律贤陷入了深思。此时，一位之前从未领过兵的官员自告奋勇，解了他燃眉之急。

这个人叫作耶律休哥。说起来，耶律休哥还是耶律贤的同族，他的爷爷耶律释鲁是辽国开国君主耶律阿保机的伯父。耶律休哥此时担任的职务是惕隐，主管宗族事务，可以说是一名从没上过战场的文官。文官主动请缨援救岌岌可危的幽州城，实在是一件令人惊讶的事，更令人惊讶的是，辽景宗耶律贤居然答应了。耶律贤莫非是病急乱投医？看着耶律休哥远去的背影，耶律贤的嘴角露出一丝不易察觉的微笑。他深知耶律休哥之能，他相信，耶律休哥必将一战成名，而他自己，也必将因为这次慧眼识英才而名垂青史。

七月初六，幽州孤城，赵光义正督军攻战，忽然传来一阵狼嚎声，大群盔甲鲜明的骑兵铺天盖地自北方杀来。契丹人的援军到了！这支军队的统帅正是耶律沙。在接到增援幽州的圣旨后，他率部马不停蹄、日夜兼程，急行军六天到达幽州城外。耶律沙的到来对幽州守军来说可谓是久旱逢甘霖了。

赵光义令旗一挥，宋军奋起余勇，直取耶律沙的援军。他们知道，幽州城的守军已经基本丧失了战斗力，只要击溃这股援军，胜利便唾手可得。还未进入战斗状态的辽国援军被打了个措手不及，节节败退，幽州城的影子在耶律沙的视野中越来越远。

此时天已至暮，初秋的晚风吹过，带来了丝丝凉意。突然，远处亮起了很多火把，犹如点点繁星。马蹄声、喊杀声夹杂着"呱呱"的乌鸦叫声，响成一片，听起来分外瘆人。契丹人的援军又到了！

来者正是耶律休哥所部。这是耶律休哥辉煌的军事生涯中首次与宋军对垒，日后，他将一次又一次成为宋军的噩梦。

耶律休哥紧随耶律沙之后，率领契丹五院兵马，日夜兼程驰援幽州，到达战场时已是黑夜。敌众我寡，为了迷惑宋军，耶律休哥命令士卒每人点起两支火把，兵力登时"增加"了一倍。不明就里的宋军顿时心生怯意。耶律休哥趁着夜色衔枚疾进，来到清沙河岸与耶律斜轸会师。辽国两大战神——耶律休哥、耶律斜轸联手，宋辽首次主力大决战拉开了序幕。

幽州城西高粱河畔，宋辽双方的决战一触即发，下面介绍下双方的将领。

辽方：1 号选手耶律斜轸，稳重成熟，擅长后发制人；2 号选手耶律休哥，战场新秀，骁勇善战，擅长利用骑兵迂回侧击对手，富有冒险精神，经常上演战场神来之笔；3 号选手韩德让，身为汉人却忠于辽室，心胸狭隘但性情坚韧，深得辽国统治者（尤其是皇后萧燕燕）的信任；4 号选手耶律学古，沙场宿将，有勇有谋；5 号选手耶律沙，屡败之将，急欲雪耻。

宋方：大宋幽州战场"董事长"兼"总经理"赵光义，"总经理助理"潘美，各部门"经理"崔翰、米信、曹翰、刘遇、孟玄喆、宋偓、崔彦进、石守信等。

各位选手磨刀霍霍，随时准备投入这场宋辽高梁河争霸赛。

耶律休哥、耶律斜轸一左一右率军直扑宋军，他们知道，宋军在幽州城下连续奋战十三天，极度疲惫，早已是强弩之末，只需要添加最后一把稻草，就能压死这只瘦骆驼。可能契丹人不知道中原地区的一句俗语："瘦死的骆驼比马大。"耶律休哥、耶律斜轸率领契丹骑兵，如猛虎入羊群一般杀入宋军之中，却发现宋军并不是一群羊，而是一群狼！在人们的印象中，宋朝是积贫积弱的，宋军是一击即溃的，异族骑兵面对宋军时是轻松获胜的，但这其实是对历史的误读，终宋一代，西北边疆的大宋西军一直保持着强大的战斗力，而开国初期历经周世宗、宋太祖两代雄主建设的宋朝禁军，战斗力更是强悍。所以，当耶律休哥和耶律斜轸满以为能轻松击溃宋军时，他们就要倒霉了。

首次统兵上战场的耶律休哥异常兴奋，一马当先，奋勇冲杀。突然，一阵剧烈的疼痛袭来，他挂彩了。这是一代战神耶律休哥辉煌的军事生涯中第一次受伤，但绝不是最后一次，在十年后，他将遇到自己一生中最大的一次危险，那次危险不仅让他身受重伤，还改变了他的思想。当前的耶律休哥需要击溃宋军，解救幽州城，于是他忍痛继续作战，结果又连挂两彩。耶律休哥危险！幽州城危险！大辽危险！

眼见辽军抵敌不住，幽州城中的耶律学古坐不住了，他打开城门，率军加入战团。与此同时，被宋军击溃的耶律沙亦重整军队，回头再战。局面登时拉为均势。

连续受伤反而让耶律休哥从兴奋中冷静下来，他开始仔细观察战场的形势。蓦地，他发现一个衣着华丽的中年人坐在步辇中，指手画脚，口中念念有词，仿佛在指挥战斗。

"当时？当时就是单纯想拼一把，为了大辽，为了陛下，也为了我自己。活着，我就要成名，这是我的理想。算命的说我是一将功成万骨枯，这就是我的命。如果我死在高梁河，我亦无怨无悔。"多年后谈起高梁河之战时，已经是北院大王的耶律休哥依然心有余悸。

耶律休哥指挥自己的将士重新集结，迂回到宋军侧翼，而后，他一马当先，率部直取那顶华丽的步辇。"护驾！"宋军将士惊慌失措，疯狂向步辇靠拢。这顶步辇中的人正是大宋皇帝赵光义！辽军奋勇冲杀，宋军将士疯了一般拼命阻击，一片刀光剑影，双方将士倒下的越来越多。

赵光义在步辇中望着遍地的尸体，不禁感到一阵阵寒意，契丹人的喊杀声此起彼伏，仿佛就在耳畔。"我原本以为，战场是周世宗意气风发取三关，挥斥方遒；我原本以为，战场是李处耘假途灭虢破荆湘，潇洒写意；我原本以为，战场是潘美指挥若定灭南汉，气吞万里。原来，这不过是美好的梦境，战场竟然如此残酷，尸横遍野，血流成河，犹如人间炼狱。这不是我想要的，这不是！"

赵光义崩溃了。这个从未见识过战场残酷的文人皇帝彻底崩溃了。赵光义是个追求完美的人，我们在史料中可以看到他的完美无处不在。周世宗取三关时，他跟随出征，杀敌立功；赵匡胤发动陈桥兵变时，他当街叩马，力进良言。但可惜这些事迹都是经不起推敲的，真实的赵光义，是一个手不释卷的文人，是一个战场门外汉。一个战场门外汉怎么能忍受得了高梁河这般惨烈的厮杀？一个可怕的念头在他脑海中闪过。"这样也许会被人耻笑，但这样我却可以保命。"赵光义终于说服了自己。

败退

耶律休哥正在酣战，突然发现那顶华丽的步辇已经人去辇空，大宋皇帝赵光义正骑着一匹高头大马疯狂向南面逃窜。耶律休哥一提缰绳就要纵马追击，但他连被三创，失血过多，已经没有力气骑马了。办法总是有的，耶律休哥坐上一驾马车，率领五院兵马直取赵光义。

赵光义慌不择路，疯狂奔跑着，突然感到一阵钻心的疼痛——中箭了！这支箭不偏不倚，正射在他的大腿根部。从此这处箭伤岁岁必发，折磨得他苦不堪言。受伤后赵光义无法骑马，于是换乘一辆驴车，惶惶如丧家之犬般逃往涿州。七月初七，到了涿州，赵光义依然觉得不安全：耶律休哥所率追兵将至，一旦攻下涿州，自己将会万劫不复。于是，他乘驴车继续向南狂奔。实际上耶律休哥无法继续追击了，他伤势严重，失血过多，必须返回养伤。已经逃到宋辽边界金台顿的赵光义得到这个消息，长长地舒了一口气。

赵光义逃跑后，宋军陷入群龙无首的境地，顿时溃不成军。辽军在耶律斜轸、耶律沙、耶律学古、韩德让等人指挥下，砍瓜切菜一般斩杀宋方溃兵。这支穷柴荣、赵匡胤两人毕生之力打造出来的百战精兵，眼看就要葬送在赵光义手中。危难关头，方显英雄本色。在石守信、刘遇、史珪等沙场宿将的指挥下，宋军残兵慢慢聚拢，逐步退出战场，为这支部队保存了火种。此时，石守信做出了一个大胆的决策，这个决策葬送了他的仕途，也断送了另一个人的性命。

石守信，开封人，一位资历非常老的将领，早在后周年间就是禁军中的高级指挥官了。赵匡胤暗中发展势力，与军中多位高官义结金兰，组成"义社十兄弟"，石守信就是其中之一。宋朝建立后，石守信在平定李筠、李重进叛乱的过程中厥功至伟，成为大宋军界数一数二的人物。虽然赵匡胤"杯酒释兵权"后石守信失去了兵权，但他依然先后担任过侍中、中书令等高官。从石守信的履历我们不难看出，他是宋太祖赵匡胤的绝对嫡系。赵光义绕过赵匡胤的两个儿子登上皇位，作为赵匡胤"八拜之交"的石守信心里自然是不服的，他时刻准备着报效赵匡胤。

赵光义抵达金台顿，还未来得及喘口气，就传来了一个令他瞠目结舌的消息：他的侄子——武功郡王赵德昭即将继位为帝。原来，心有所图的石守信在赵光义失踪的情况下，与刘遇、史珪等人策划拥立随军出征的赵匡胤之子赵德昭即位。"如若成功，我们不仅能报答太祖皇帝的知遇之恩，还可以成为从龙功臣，飞黄腾达。富贵险中求，拼了！"三人如是想道。

赵光义开始焦躁不安。好在他身边有一个可以依靠的贴心人，这个贴心人曾在镇州大会上替他解围，为他出兵幽燕提供理论依据。这个人当然就是殿前都虞候崔翰。赵光义派崔翰马上赶往军中，一边聚拢溃兵，一边传播皇帝尚在人间的消息。此后，人心迅速安定下来，石守信拥立赵德昭的计划胎死腹中。

回到开封后，赵光义开始秋后算账，以作战不力的罪名将石守信、刘遇等人贬官，并借故在朝堂之上大声斥责赵德昭。被训斥的赵德昭一时想不开，就自杀了。

赵德昭不至于如此脆弱吧？赵德昭是不是真的自杀身亡的？笔者相信赵光义心知肚明。

随着宋军撤回国，辽军停止追击，宋辽第一次幽州之战画上了句号。纵观这场战役，宋军在兵力占优且突然袭击从而占据战场主动权的情况下遭遇惨败，战役指挥者赵光义是难辞其咎的。首先，在攻灭北汉后，赵光义既没有封赏作战将士，又没有让队伍进行休整，将士心怀厌战情绪；其次，赵光义在攻打幽州城的过程中，既没有派出斥候观察战场动态，也没有对辽国随时可能到来的援军预先构思任何应对策略，使得耶律学古的援兵轻而易举地进入幽州城，稳住了人心；最后，赵光义作为战场指挥官竟然在将士与对手激战正酣的时候从战场逃跑，直接葬送了数万精锐之师。至此，我们可以给赵光义的战场表现下个评语了：此人不仅不知兵，而且很怕死。但赵光义也不是一无是处的，他在七月十一日逃到定州（治今河北定州市）时，做出了一个重要的军事部署，这个部署挽救了大宋军队的命运，也使得赵光义在与辽景宗的对决中扳回一城。

辽国这边，头号功臣耶律休哥获得重用，从此开始执掌兵马，一代将星冉冉升起；守城有功的韩德让升为辽兴军节度使，继续主持幽州城的防御工作；稳定幽州形势的耶律学古则担任南京马步军都指挥使，协助韩德让驻守南京；在高梁河一雪前耻的耶律沙则功过相抵，不封不赏。不得不说，辽景宗是一位英主：他慧眼识英才，大胆起用从未统过兵的耶律休哥担当重任，成功扭转了战场局势；战后，他赏罚分明，调度有方，知人善任，将收尾工作做得完美无缺。

"赵光义！你这无耻老贼，皓首匹夫，竟敢无故侵我疆土。虽然将你打成了丧家之犬，但我还是咽不下这口气，我要继续教训你！"一个多月后，辽景宗再次集结军队，准备对赵光义赶尽杀绝。"耶律休哥已经养好了伤，必须参加行动。耶律沙刚刚一雪前耻，正跃跃欲试，好钢要用在刀刃上，也参加吧。"辽景宗有条不紊地安排着。耶律休哥毕竟战场经验尚浅，耶律沙又难以担当重任，由谁来担任统帅呢？思虑再三，辽景宗想到了一个人，一个身居高位的人。但辽景宗这个决定日后却让辽军遭遇灭顶之灾，也让赵光义获得了一雪前耻的机会。

第二章

鏖战河北：满城、雁门、瓦桥关之战

徐河秋点兵

"唉——"定州守将、殿前都虞候崔翰垂头丧气。

"大事休矣。"彰德节度使李汉琼无奈地耸耸肩。

"要完。"镇州都钤辖刘廷翰的眼泪几乎夺眶而出。

"大爷我要死这里了。"定武节度使孟玄喆颓然道。

太平兴国四年九月三十日，徐河以北，崔翰、李汉琼、刘廷翰、赵延进、李继隆等大宋高级将领正在召开紧急会议。只见与会诸人面如死灰，眼睛直勾勾地盯着桌子上的一幅图。此图究竟有何可怕之处，竟让这帮久经沙场的将领如此沮丧？要讲起这幅图的来历，那就说来话长了。

当初，赵光义在高梁河战败，仓皇南逃，逃至定州时脑中灵光一现，做出了一个决定：派李汉琼、崔翰、崔彦进分别驻守镇州、定州、关南（瓦桥、益津、淤口三关以南，今河北河间市至大清河一带），以防备辽国军队的南侵。赵光义未雨绸缪，提前为即将到来的大战预设战场，显示了不错的战略眼光。这次的提前部署也是他糟糕的军事生涯中为数不多的亮点之一。

可惜，赵光义从来就不是一个合格的军事家，他在军事指挥中最喜欢做的事就是画蛇添足。比如说，他亲手绘制了一幅阵图，要求宋军打仗时须按阵图所绘的阵形将队伍排成八个方阵，每个方阵之间相距百步。打仗布阵都是因地制宜的，如若在山地打仗，如何能同时摆下八个方阵？这不是纸上谈兵吗？

得知耶律休哥、耶律斜轸、耶律沙、韩匡嗣率领辽军来犯，已达易州之后，宋镇州守军刘廷翰、李汉琼，定州守将崔翰、孟玄喆等人经过商量，决定将徐河北岸的满城（今河北保定市西北）作为战场，临河布阵，背水结营，与辽国侵略者决一死战。刘廷翰等人将注意力放在了耶律休哥、耶律斜轸身上，但他们不知道的是，这次辽军的主帅既不是耶律休哥，也不是耶律斜轸，而是韩匡嗣。

韩匡嗣就是前面辽国幽州守将韩德让的父亲。他本为汉人，辽太祖阿保机劫掠中原时，韩匡嗣之父韩知古被掳到契丹，成为皇后述律平的家奴。韩匡嗣精明能干，擅长钻营，精通医术，他利用为契丹贵族看病的机会，博得了述律平的好感，史载述律平视韩匡嗣"犹子"。从此，韩知古、韩匡嗣父子在辽国平步青云。韩匡嗣供职太庙时，与尚未登基的耶律贤建立了深厚的友谊。后来耶律贤成为辽景宗，韩匡嗣也摇身一变，成为燕王、上京留守，他的儿子韩德让被任命为南京留守。从韩匡嗣的履历不难看出，这是一个凭借走后门在官场如鱼得水的人。

或许是高梁河的胜利麻痹了辽景宗的神经，让他以为宋朝的军队不堪一击。于是他派出自己的"好兄弟"韩匡嗣领军南侵，以便其建功立业。辽景宗相信，即使遇到困难，有耶律休哥、耶律斜轸两位干将压阵，也不会败给宋人，但辽景宗忽视了一个问题：韩匡嗣作为上级，如果刚愎自用不听从耶律休哥的劝告，又将如何呢？

万马奔腾，扬起阵阵黄沙。韩匡嗣、耶律休哥等率契丹军队一路势不可挡，直奔满城。宋镇州守将李继隆、李汉琼、刘廷翰、赵延进，定州守将崔翰、孟玄喆等人率军北上渡过徐河，准备沿河布阵抵挡辽军。按照最高指示，宋军应根据阵图分成八个方阵，每阵相距百步，可如此将兵力分散布阵，如何抵挡契丹铁骑的冲击？刘廷翰等人垂头丧气，但也只能按照阵图的指示布阵。如果擅自变阵，那就是抗旨，抗旨可是掉脑袋的事情。如果不变阵，则此战必败。战败了仍有机会逃命，抗旨可就死定了。宋军将士默默站立在徐河北岸，等待着即将到来的厄运。马蹄声越来越清晰，契丹人的铁蹄越来越近了！

"活着。"右龙武将军赵延进淡淡地说,"大家都活着,我死。契丹人势盛,我军必须集中兵力方能克敌制胜,如果按照阵图布阵,我军无异于送死。请立即变阵!如若圣上怪罪,抗旨的罪名由我赵延进承担!"

赵延进,顿丘(今河南清丰县)人,是一位颇有资历的将领。早在后周世宗讨伐南唐时,他就被任命为濠州都监,处理战后事宜。赵光义北伐幽州时,曾命他半月之内造出八百辆投石车,结果他只用了八天就完成了任务,令赵光义大为满意。北伐失利,赵光义在镇州布置重兵,赵延进以右龙武将军的身份与刘廷翰、李继隆一起留守镇州,实际上主要负责后勤工作。

赵延进性情耿直、敢作敢为,看到大家不敢抗旨变阵,主动站出来承担责任。但被赵光义钦定主持镇州事宜的刘廷翰却颇感为难,心想你一个搞后勤的,能担得什么责任?到时候天子怪罪下来,获罪的还不是俺老刘。"赵大人勇气可嘉,但你的任务是负责后勤,所以这个……这个……"刘廷翰犹豫不决,喃喃道。"速变阵!抗旨的罪名由我来承担。"循声望去,说话的正是镇州都监李继隆。刘廷翰终于松了一口气,频频点头道:"甚好,甚好,大宋有救了。"

李继隆,字霸图,上党(今山西长治市)人,是宋代开国名将李处耘的儿子。李处耘因为与赵匡胤的结拜兄弟慕容延钊不和而遭到赵匡胤打压,郁郁而终,所以年轻时的李继隆也并未得到施展才能的机会。后来,李继隆偶然受到定武节度使孟玄喆的赏识,开始获得带兵打仗的机会。他很好地抓住了机会,在平定后蜀、南唐的战斗中表现优异,逐渐获得赵匡胤的赏识。赵光义即位后,李继隆因为姻亲关系(李继隆的妹妹是赵光义的皇后)平步青云,成为赵光义的心腹爱将。说到这里,大家可能以为李继隆是一个靠裙带关系上位的人,其实大谬不然,裙带关系只是为李继隆提供了一个展示能力的平台,真正想在战场上扬名立万,还是得靠实力。李继隆骁勇善战、足智多谋,是一位杰出的军事将领。赵光义北伐幽州遭遇惨败,数万大军溃不成军,作为先锋的李继隆临危不乱,率所部将士且战且走,安然撤回宋境,显示了不俗的军事才能。所以，赵光义布置镇定防线时，李继隆被任命为镇州都监。这个任命挽救了宋军的命运，也给了李继隆一战成名的机会。

鉴于李继隆在北伐幽州时有出色的表现，再加上他和赵光义有特殊关系，刘廷翰、崔翰等人当即表示支持变阵。反正天子怪罪下来有你李继隆顶罪，大家何乐而不为呢？

经过一番争论，宋军终于下定决心变阵，但此时已经来不及了！

北风烈，长空雁叫霜晨月，铁骑铮铮，扬起千里沙。说时迟，那时快，宋军将士正在重新布阵，契丹人的骑兵就杀到了眼前。

韩匡嗣率领契丹大军浩浩荡荡杀奔满城。在他看来，自己只用一个手指头就可以戳倒这些柔弱的宋人，戳倒这帮幽州城下的败军之将。"这次圣上将扬名立万的机会送给我，我必将一战成名，留下君贤臣明的千古佳话。"韩匡嗣美滋滋地想着，仿佛看到了宋人跪倒在自己脚下投降的情景。

"启禀大王，宋人请降。"听到手下的汇报，韩匡嗣几乎从马背上跳了起来。这就美梦成真了？也太容易了吧？韩匡嗣突然感到一阵后悔：早知道宋人如此不济，就不让耶律休哥这小子同来了，本王的伟业居然要分这小子一杯羹。"速宣宋朝使者。"韩匡嗣迫不及待地说。

"且慢！宋人无故投降，必有奸计，请大王三思！"说话的正是前不久在高梁河立下奇功的耶律休哥。

"住口！"韩匡嗣想打人，"兵不血刃即可降服敌军，占据城池，实在是求之不得的机会。你难道非要将士们流血牺牲吗？宣使者进见！"韩匡嗣喝道。

见到宋军的使者后，韩匡嗣渐渐觉察到有点不对劲。宋朝使者一直在东拉西扯，一提到受降的事马上顾左右而言他，似乎在拖延时间。莫非真是诈降？宋军到底在搞什么鬼把戏？

耶律休哥的判断是正确的，宋军投降确实是在用计拖延时间。在使者与韩匡嗣周旋的时候，宋军利用这点宝贵的时间完成了变阵。

韩匡嗣正在犹豫不决，突然，战鼓隆隆，号角齐鸣，宋军在刘廷翰、李继隆等人指挥下率先发动了攻击。从未上过战场的韩匡嗣看到宋军犹如下山猛虎一般掩杀过来，只觉得脑海中一片空白，登时呆若木鸡。

"大王，速速后队变前队，先锋变后卫，退往遂城，再图后计。"危急关头，耶律休哥依然保持着冷静的头脑。只要辽军退往遂城（今河北保定市徐水区），重整旗鼓，胜负仍未可知。韩匡嗣如梦方醒，迅速组织辽军撤退。

当韩匡嗣率领的辽军退至西山（今河北高阳县境内）时，突然号角声响，金鼓齐鸣，一支军队斜刺里杀出，挡住了辽军的去路，为首的正是宋朝河阳节度使崔彦进。当初赵光义布置镇定防线，崔彦进奉命驻扎在关南。当韩匡嗣率领辽军抵达满城时，崔彦进即率部包抄辽军的后方。韩匡嗣在满城战败后退时，崔彦进部正好到达西山。此时，李汉琼、崔翰等人率领的镇定军队也杀到了，与崔彦进部形成前后合击，契丹人顿时成为瓮中之鳖。在宋军将士的前后夹击下，契丹人叫天不应叫地不灵，仿佛待宰的羔羊。伴随着一声声惨叫，无数契丹人的尸体顺着山坡滚入深不见底的西山深谷。鲜血染红了木叶，染红了山中的碧草，染红了夕阳映照下的天空。

残阳如血，照在李继隆挥舞的战刀上，将他圆睁的双目映得血红。幽州城下战死的将士们，我李继隆，今天替你们报仇雪恨了，你们安息吧！

秋风瑟瑟，吹在崔翰粗糙的面庞上，将崔翰本就凌乱的头发吹得更加散乱。他的面目越发显得狰狞，仿佛一位地狱来客。三个月前，我崔翰受辱高梁河，今天，我终于一雪前耻！

西山一战，史载宋军"斩首万余级"，大获全胜。辽军遭受重创，一路向遂城逃去。宋军紧追不舍，追至遂城，面对已经战意全无的辽军，刘廷翰等人率宋军又是一番屠杀。

这时候，韩匡嗣终于展示了自己在战场上独特的能力——逃跑。他扔下将士，扔掉军旗和战鼓，神不知鬼不觉地逃回辽国。笔者很难不感慨一句：这位燕王殿下的逃跑技术真是出神入化啊。

看着失去主帅的辽军，不禁让人想起高梁河之战的宋军，他们的处境竟然惊人地相似。高梁河之战时，宋军前有老将石守信稳定局势，后有赵光义的贴心人崔翰收拢残兵，才避免了全军覆没。此时的辽军会不会全军覆没呢？

答案是否定的，因为此时辽军中还有一位杰出的将领。他没有逃走，也没有慌乱，而是重整溃军与宋军再战，几番交锋下，宋军居然没有占到丝毫便宜。惊讶不已的李继隆派人多方侦察，终于知道了这股辽军的首领是耶律休哥。

上回耶律休哥率领辽军在高梁河大败宋军，唯有李继隆临危不乱，率部且战且走，安然返回宋境。这回李继隆率宋军大败辽军，唯有耶律休哥临危不乱，率部且战且走，安然返回辽境。两位当世杰出将领两次交手，堪堪打成平手。当然，在日后的宋辽战争中，两人的对决将成为家常便饭，至于胜负嘛，先别问，问就是日后再说。

得到满城之战的捷报，欣喜若狂的赵光义并没有追究将士擅自变阵的责任，而是大大褒奖了各位参战将士。原因很容易理解。一来，抗旨变阵的两位主导者——赵延进、李继隆都是他的姻亲（赵延进是赵光义连襟）；二来嘛，一战为他雪耻，报了高梁河的一箭之仇，他高兴还来不及，哪能惩罚立功的将士们呢？至于说利用阵图干涉战场指挥这种事，虽然拖将士后腿，对作战只有副作用，但赵光义此后照做不误，谁叫这样做可以最大限度地控制诸将呢？

辽军第一次侵入宋境的满城之战至此完全结束。在此战中，李继隆、赵延进等人勇于承担责任，变阵对敌，是此战获胜的最大功臣。但赵光义用阵图遥控指挥的蹩脚办法并没有取消，之后，这种纸上谈兵的事情屡屡出现，最终留下了"镇定大阵"这种战场笑话。辽国方面，辽景宗对辽军的败仗也是负有很大责任的，他并没有信任在高梁河崭露头角的耶律休哥，而是重用自己的"铁哥们"韩匡嗣。韩匡嗣绣花枕头一枚，毫无军事能力，是此战失利的罪魁祸首。

满城之战的胜利对宋军至关重要，此战成功遏制了辽国南侵的步伐，稳固了宋朝河北前线的防线。但防线是死的，人是活的，既然宋朝河北防线不好惹，那我就另辟蹊径嘛。河东雁门，是个好地方啊，只要从这里打入，便可一路向东南威胁宋朝的国都。

"萧咄李！"

"有！"

"兵发雁门关！"

雁门之战

一柄枪，一张弓，一张桌，一盘菜，一壶酒，一匹马，一老兵，一小兵。老兵和小兵把酒言欢。马上就要出征了，前途茫茫，生死难料，只有一壶酒方能让他们获得暂时的安逸。

"据说，天下最可怕的兵器是一柄枪。"小兵的脸上写满了向往之意。

"枪并不可怕，可怕的是使枪的人。"老兵的脸上顿现恐惧之色。

"人？这是个什么样的人呢？"

"当年我随朝廷大军援救太原，曾有幸与他见过一面，那可真是天神下凡般的人物啊。当时我军退走，他曾向汉主请缨，欲带人袭击我军，如果汉主听他的，我今天就不能和你坐在这里了。"老兵叹了一口气缓缓道，"明天，我们就要兵发雁门，对手正是这个人——杨无敌。"

一年前，杨业跟随他的主公——北汉国主刘继元降宋，彻底挥别了过去，从此成为大宋的一名将领。天子任命他为代州（治今山西代县）刺史，跟随上司潘美驻守三交口（今山西太原市北）。杨业已年届不惑，在大宋朝却是寸功未立，想起自己在北汉时的赫赫战功，心中微起波澜。他相信，自己在新朝廷一样能建功立业，一样是"杨无敌"。

河东三交西北三百里，潘美背着手施施然行走在险峻的关隘上。数月前，他突然袭击这个叫固军的关隘，将契丹人赶走。从此，这个地方成为宋军的军事据点。潘美在这里积蓄粮草，操练兵马，随时等待着契丹人的进犯。

二十年前，后周殿前都点检赵匡胤发动陈桥兵变，黄袍加身，潘美作为信使快马返回开封城，怀着必死的决心通知后周朝廷接受赵匡胤的领导。英雄自有天命，潘美并没有死。潘美进城后，得到消息的后周众臣马上投向赵匡胤的怀抱，潘美一时成为开国功臣。真是世事难料啊。

从此，潘美成为大宋的一员虎将。他曾率军穿过岭南的崇山峻岭，将偏安一隅的南汉小朝廷连根拔起；他曾作为先锋在江南的水汉河道上纵横驰骋，让南唐后主李煜望风而降；他曾率军鏖战在太原料峭的寒风中，拔掉了这个顽固不化的河东堡垒。综观北宋名将，笔者认为潘美当居第一，李继隆当居第二。

高梁河之战后，为防备辽军南侵，潘美被任命为三交都部署，负责河东防线。他率军偷偷攻占固军，厉兵秣马，等待着契丹人。对于抵御辽军的进犯，潘美有着绝对的信心，这不仅是因为他出色的军事能力，还因为他有一个强悍的副手——代州刺史杨业，人称"杨无敌"。

潘美随军征讨北汉时，作为北汉军队顶梁柱的杨业骁勇善战，给潘美留下了深刻的印象。这次两人合作，可谓是珠联璧合。满怀信心的潘美和迫不及待立功的杨业，都充满了战意。契丹人，放马过来吧！

说曹操，曹操到！太平兴国五年（辽乾亨二年，980年）三月，契丹十万南侵军队在大将萧咄李、李重海的率领下直扑雁门（今山西代县北）。萧咄李，契丹后族，此前名不见经传。李重海，本为汉人，但和韩德让父子一样对辽政权忠心耿耿。这两个并无辉煌履历的将领此次南侵，当是怀着建功立业的雄心，期待着自己如幽州城下的耶律休哥一样一鸣惊人。

理想很美好，现实很冷酷，等待萧咄李和李重海的是一场噩梦。

经过千里急行军，辽军主帅萧咄李和李重海早已是满面风尘，而他们手下的契丹士兵也已是一群饥饿的野狼。他们急需吞噬宋军的血肉之躯，来填满心中欲望的沟壑。

当萧咄李到达雁门时，眼前的一幕令他目瞪口呆：偌大的关口门可罗雀，空无一人。莫不是宋军被大辽来袭的消息吓破了胆，提前作鸟兽散了？还是说……突然，一个可怕的念头闪过萧咄李的脑海。白马岭的耶律沙、满城的韩匡嗣……契丹军队遇袭的情景一幕幕涌上他的心头。"大家小心行军，提防宋人的伏兵。"萧咄李谨慎地提醒道。

小心翼翼地进入关内，却连个宋军伏兵的影子都没看到。"看来是自己谨慎过头了，这帮南人本就是胆小如鼠之辈，韩匡嗣是他自己太蠢。"萧咄李心中暗暗兴奋，想不到，成功来得这么容易。

风乍起，已经是日落时分，萧咄李忽然听到后队一阵骚乱。"少安毋躁！少安毋躁！"萧咄李迅速安抚了队伍，并拨转马头，前去查看情况。

夕阳堪堪隐没于远山之下，一个沉默的人倒提着一柄银光闪闪的大枪，动也不动地坐在一匹高头大马上，黑色的头盔下，是一张棱角分明的脸。

"杨无敌！"辽军将士不约而同地发出一声惊呼。

"是我。"杨业淡淡地说道。他平静的语调仿佛有着摄人心魄的力量，全场一片安静。

"贼将受死！"一位初出茅庐的辽军将领纵马出阵直取杨业。

杨业的瞳孔突然收缩，一阵寒光闪过，来人的身子如一摊泥一般软了下来，他就这么倒了下去，他最后一眼看到的，是杨业那冰冷的目光。

萧咄李知道，此时必须拼命了。杨业虽然骁勇，但他手下将士毕竟不多，只要辽军采用人海战术，不愁困不死他。萧咄李令旗一挥，辽国铁骑如洪流般涌动，迅速将杨业这队人马围了起来。

杨业奋勇冲杀，所向披靡，但毕竟寡不敌众，眼睁睁着宋军将士一个个倒下，他不禁心急如焚。"潘美呢？潘美率领的主力哪里去了？"

萧咄李率辽军到了雁门后，潘美并没有正面迎战，而是采取关门打狗的策略，放萧咄李进入雁门关，然后派杨业率数百骑走小路从西边绕到雁门关北，从辽军背后袭击。就在杨业所部快要抵挡不住的时候，潘美率领宋军主力加入战团。在宋军的两面夹击之下，辽军撑不住了，开始呈现崩溃之象。

"为了大辽国，拼了！"萧咄李已经杀红了眼，他纵马冲入宋军阵中，宋军将士纷纷倒下。萧咄李微提缰绳，正欲继续冲杀，就看见了一个人。突然萧咄李感到喉头一疼，一阵恶心感袭来——他中枪了。

天上地下，从没人看清过杨业的枪是如何出手的，因为看到过的，都成了死人。杨业的枪是正义之枪，杨业的枪亦是善良之枪，银枪出手的刹那光彩是世间最绚烂的美丽。

雁门之战，宋军在潘美、杨业的指挥下大破辽军，辽军主帅萧咄李战死，李重海被宋军俘虏。连续两场败仗大大刺激了辽景宗的神经，他觉得，要止住屡次战败的颓势，只有一个办法——御驾亲征！

没有胜者的战争

太平兴国五年十月初一，幽州城外清沙河畔，辽景宗耶律贤骑着高头大马，检阅着他称霸天下的最大资本。远处，案桌上摆放着白马和青牛，几个巫师口中念念有词，正在祭祀天地与河神。金色的阳光照在清沙河上，将河水与耶律贤身上的铠甲映照得金光闪闪。辽景宗耶律贤就置身在这片金光中，他仿佛看到赵光义跪倒在自己面前，山呼万岁；仿佛看到自己马踏黄河，在开封城中检阅军队。一阵冷风吹过，耶律贤激灵灵打了个寒战，发现自己还在幽州，但他相信，不久的将来自己一定会梦想成真。

耶律贤大张旗鼓地阅兵暴露了他的意图，赵光义很快得到辽军即将南侵的消息。但不知道为啥，赵光义并没有很快做出针对性部署，直到十月十九日，他才做出反应，向雄州（治今河北雄县）、镇州、关南一带大量增兵，并征发百姓，检修从开封城到雄州的官道，准备率京师禁军增援瓦桥关（今河北雄县西南）。

瓦桥关隶属于雄州，曾被石敬瑭割让给契丹，后来周世宗柴荣北伐辽国，力夺三关（即瓦桥关、益津关、淤口关），于瓦桥关之地设立雄州。从此，瓦桥关成为中原王朝北面的重要屏障。虽然三关之地原本就是中原政权领土，但在辽景宗看来，既然该地曾经隶属于大辽一段时间，那么就是大辽领土。在这一强盗逻辑的指导下，辽景宗对三关之地自然是志在必得。

赵光义迟钝的反应坏了大事。他刚刚做出部署，辽景宗已率十万辽军侵入宋境。二十九日，辽军抵达瓦桥关，将瓦桥关围了个水泄不通。瓦桥关守军不满万人，在守将荆嗣率领下拼死抵抗，等待援军。与此同时，得知消息的宋镇州、定州、关南守军迅速增援瓦桥关，于瓦桥关南面的大清河南岸驻扎。宋辽双方隔河对峙，一场大决战一触即发。

月黑风高，伸手不见五指，昏黄的油灯下，几位宋军将领正在议事。这次会议的主题是如何营救瓦桥关中的守军。与会的米信、崔彦进等宋将一致认为，由于京城的禁军迟迟没有来援，镇定防线临时拼凑起来的几万兵力不是十万辽军精锐的对手，所以，要想救瓦桥关守军脱困，唯一的办法就是劫营。

崔彦进等人悄然渡过大清河，慢慢靠近辽军大营。大营一片安静，连契丹将士的鼾声都依稀可闻，显然，攻城一天疲惫不堪的辽军全部熟睡了。月黑风高夜，杀人放火时。崔彦进拔刀出鞘，静悄悄地潜入辽军营帐。"契丹贼子，吃俺老崔一刀！"崔彦进的刀还未落下，一声惨叫传来，在漆黑的夜色中显得分外瘆人。接着，惨叫声越来越多，此起彼伏。多年的战场生涯锻炼了崔彦进的警觉，他迅速退出军营，一出来就看见了契丹人密集的箭雨和成片倒下的宋军士兵。"中计也！"崔彦进喊出了这句久违的台词。

原来，辽景宗早就算准了宋军会来劫营，于是派出萧干、耶律痕德设伏于军营外。当崔翰、米信等人率领的宋军进入伏击圈后，辽军万箭齐发。紧接着，辽军冲入宋军残军中一番砍杀。此时宋军依然显示了强大的韧性，与辽军在黑夜中展开生死搏杀。激战一夜后，宋军退兵，瓦桥关守军的危机仍未解除。

夜袭受挫后，大清河南岸的宋军再不敢轻举妄动，辽军得以全力猛攻瓦桥关。瓦桥关守将荆嗣望眼欲穿，朝廷的援军却仍然杳无音信。困守孤城就是坐以待毙，荆嗣做出了一个重要的决定——突围。这个决定虽然没能奏效，却造成了史料记载的一个乌龙。

夜，一片沉寂。月，悄悄攀上树梢。辽国北院大王耶律休哥漫步在沉寂的夜色里，沐浴在皎洁的月光里。敏锐的战场嗅觉告诉他，宋军今晚必有行动，所以他早早就在城门外埋伏兵马，准备对宋军来个请君入瓮。"属于我大辽国的东西，我一定要拿回来！"耶律休哥心中充满了期待。

突然，一阵密集的马蹄声由远及近，踏破了宁静的夜空，也惊扰了耶律休哥的清梦。瓦桥关的城门缓缓打开，一名鲜衣怒马的宋将率领数千人的队伍冲出城来。"宋人要弃关突围。"耶律休哥迅速传下将令，"斩杀荆嗣，正是尔等扬名立万的机会，绝不能让荆嗣跑掉。"

荆嗣一马当先率将士冲出关来，扎进耶律休哥布下的埋伏圈。"荆嗣匹夫，放下武器投降，本王可饶你不死，切勿做困兽之斗！"耶律休哥隔空喊话道。在他看来，荆嗣已是砧板上的鱼肉。

此时，荆嗣率领的宋军已被耶律休哥拦腰截断，他率领的百余名前锋部队已完全陷入辽军的人海中，与主力部队失去联系。后面的宋军见联系不到主帅，只能返回瓦桥关，关闭城门，继续死守。好在辽军的注意力都在荆嗣身上，也无暇顾及他们。

荆嗣挥舞着大刀，在辽军队伍中纵横驰骋，当者披靡。将士受主帅的鼓舞，纷纷鼓起斗志，与辽军殊死搏杀。险恶的环境激发了宋军巨大的潜能，辽军成片地倒下，血流成河。耶律休哥心中暗暗着急——明明对方已是待宰的羔羊，自己为啥偏偏就拿不下？

荆嗣率领百余人的小部队斩杀七百辽兵，杀出一条血路，一路向南直奔莫州（治今河北任丘市）。耶律休哥面如死灰——数万大军拿不住一个小小的荆嗣，传出去，本王该如何面对？一世英名岂非要付诸东流？

"大王，已斩瓦桥关守将。"一个贼头贼脑的书吏凑近耶律休哥，脸上堆满讨好的笑容。

"住口，苍髯老贼！"耶律休哥不由得震怒。鼠辈竟敢拿本王开涮！

"大王，即刻上奏天子，已斩瓦桥关守将。"书吏眨了眨眼睛，加重语气道。

耶律休哥顿时明白过来，这人是让自己谎报战功。"不不不，这可不成，荆嗣好端端地活着，此辈日后再出现，不是马上穿帮吗？"

"谁说斩杀荆嗣了？我们斩杀的是瓦桥关守将，荆……不，张……张师，是张师。"书吏小声嘀咕道。

耶律休哥恍然大悟。"是啊，只要随便编造一个瓦桥关守将出来，就会死无对证，就可以继续保持我的战场不败神话。什么？后世史家会揭发我？荆嗣，张师，读音明明差不多嘛，翻译问题而已，耶律逊宁犯的事与我耶律休哥何干？"

斩杀了瓦桥关守将"张师"后，耶律休哥回过头来，将目光对准了大清河南岸的宋军。说来也怪，瓦桥关外杀得血流成河，河南岸的宋军竟毫无动静。这是什么原因呢？

原来，南岸的宋军正在为指挥权问题闹得不可开交呢。为了防止将领坐大，赵光义并未给镇定防线的宋军指定一个具体负责人，各将领互不统属，指挥系统混乱不堪。就在宋军将领还在为指挥问题大打口水仗时，耶律休哥已经率辽军如猛龙般渡过大清河，直扑宋军大营。

战争顿时成为一场单方面的屠杀。耶律休哥挥舞着屠刀，狞笑着砍向这群待宰的羔羊。"在荆嗣身上丢掉的尊严，终于在这帮蠢材身上找回来了！"

宋军兵败如山倒，潮水般退向莫州。此时，这帮身经百战的宋军将领方才缓过神来：自己戎马一生，就这么稀里糊涂地败了？如果天子怪罪下来，如何解释？即使天子不怪罪，自己有何颜面面对手下将士？

反省后的宋军公推崔彦进为指挥，在关南设下伏兵，引诱辽军进入包围圈后，宋军奋起直击，重创辽军，总算挽回了一丝颜面。此时，宋太宗赵光义率领京师禁军正在赶往瓦桥关的路上。听到镇定守军战败的消息后，赵光义龙颜大怒，结果马上又传来关南的捷报，赵光义转怒为喜，正式任命崔彦进节制镇定诸将。

赵光义继续率军快马加鞭奔向瓦桥关，在半路上又得到一个消息，这个消息令他哭笑不得：辽军已从瓦桥关撤军。"耶律贤小儿为啥撤军？难道是惧怕朕的天威？唉，朕恨不能亲自与此胡儿一较高下。"

赵光义！你装什么装？瓦桥关开打七天了，你才慢悠悠地率禁军从开封出发。你这是要打仗吗？你明明就是惧怕辽军，怕再次被射伤屁股，所以才磨磨蹭蹭不肯出发。你就是做做样子而已。

耶律贤确实撤军了。辽军从瓦桥关驱赶宋军到莫州，一路占尽了优势，此时传来赵光义率领禁军出发的消息。"如果赵光义到来，难免要进行主力决战，胜负也未可知，既如此，不如见好就收，也好落个战胜的名头。"耶律贤倒是蛮想得开。

至此，宋辽瓦桥关之战落下了帷幕。在这场战役中，辽方的耶律休哥依然是最耀眼的将星。他率领辽军风卷残云般痛打河南宋军，令崔彦进等人颜面尽失，耶律休哥不愧为当世第一名将！宋方的赵光义则昏着迭出，不仅未指定镇定宋军的具体负责人，造成指挥混乱，而且得知瓦桥关被围困后迟迟不发救兵，致使瓦桥关守军几乎全军覆没。赵光义，真怀疑你是老糊涂了！

第三章

梦断岐沟关：雍熙北伐

再向虎山行

早春，微雪初晴，正是乍暖还寒时，温暖和煦的阳光洒在雄伟的瓦桥关上，一支军队井然有序地从瓦桥关鱼贯而出。一位面目慈祥的将军全身披挂，在关上施施然走着，满怀欣慰地望着军队陆续出关。瓦桥关下，战马踏碎残雪；瓦桥关上，银铠映着阳光。

将军正是宋朝的幽州道行营前军马步水陆都部署曹彬（官名很长，我们只需要知道他是这支部队的总指挥官就行了），其时正是宋雍熙三年（辽统和四年，986 年）正月二十一日。刚刚从春节的喜庆中走出来的曹彬，将率领他的军队一路向北，挑战大宋朝最强大的对手——辽国，收复本就属于大宋朝的领土——幽州。

曹彬是一位沙场老将了。早在宋军攻灭后蜀时，他就作为监军随大军入川，因不滥杀、不劫掠，受到太祖皇帝赵匡胤的褒奖，从此声名鹊起、平步青云。宋军攻灭南唐时，曹彬被授予总指挥的头衔，率领潘美、田钦祚、李汉琼等大将马踏金陵，迫降南唐后主李煜。

四年前的九月，即宋太平兴国七年（辽乾亨四年，982 年）九月，辽国的一代雄主辽景宗耶律贤驾崩，年仅十一岁的娃娃皇帝耶律隆绪即位，由母亲萧燕燕（萧绰）摄政。少主临朝，牝鸡司晨，大辽国的局面不容乐观。得知消息的赵光义心中再次涌起了豪情壮志，历经七年的卧薪尝胆，也该跟契丹人算一下高梁河的旧账了。至于主帅的人选，赵光义首先想到的就是老成持重的曹彬。

　　鉴于上次在高粱河孤军深入导致失利，赵光义这次改变策略，制定了兵分三路进攻辽国的方针。作为主力的东路军，自然是由宿将曹彬挂帅，崔彦进辅之，趋涿州；以米信为西北道都部署，杜彦圭辅之，出雄州，剑指辽国的南大门——幽州。中路军则由田重进为主帅，谭延美为副，袁继忠为监军，自定州出发，出飞狐口（今河北蔚县东南恒山峡谷口之北口），截断辽军进入太行山的通道，保护东路军的后方。西路军由潘美为主帅，杨业辅之，出雁门，夺取朔州（治今山西朔州市）、云州（治今山西大同市）等山后[①]地区。

　　诸将出发前，赵光义面授机宜："咱们的终极目标，是三路会攻幽州。曹彬，你的行军路线最短，所以，朕对你的嘱咐就一个字——慢。你要慢慢行军，虚张声势，造成大举进攻幽州的假象，让河北的辽军无所顾忌，从而拖住他们，给潘美和田重进的进军创造有利条件。而为了更好地牵制辽军，在出关后，你和米信应该分开行军，最后在幽州形成合击。田重进，你的任务是保护东路军的后方安全，所以，你出飞狐口后，应该伺机夺取蔚州。潘美，你的任务是夺取山后地区，然后与田重进合兵，最后会同东路军，三路合攻幽州。朕这招分进合击管叫契丹人死无葬身之地！"

　　客观地说，赵光义这个行军计划是没有问题的。如果三路军能同时通关，不仅能形成分进合击会攻幽州的局面，而且西路军和中路军攻下了山后地区和太行山关隘，宋军将获得一个安全的后方，从而在无后顾之忧的情况下攻打幽州，基本上立于不败之地了。但是，计划是死的，人是活的。西路军和中路军攻打的地区敌人兵力薄弱，应该没有太大问题，可是东路军在河北作战，曹彬的对手将是辽国的南京留守、北院大王耶律休哥。

　　从高粱河到满城，从瓦桥关到大清河，从雄州到莫州，都能看到耶律休哥重创宋军的印记。他就像一个梦魇，在宋军将士的脑海中挥之不去。曹彬

---

　　① 太行山北支东南的檀、顺、蓟、幽、涿、莫、瀛七州称为"山前"，太行山西北的儒、妫（guī）、武、新、云、朔、寰、应、蔚九州称为"山后"。

怕了吗？曹彬没有怕，曹彬勇往直前。

三月初五，曹彬遣先锋李继隆攻占固安（今河北固安县）。三月十三日，攻克涿州，隐然剑指幽州。入涿州后，曹彬遣大将李继宣率轻骑渡过涿河侦察敌情。三月十七日，李继宣于城南击败反攻的辽军。与曹彬分开行动的米信部也进展顺利，于四月初四攻下新城（今河北高碑店市东南新城镇）。

曹彬不愧为沙场宿将，屡战屡捷，进军速度够快！等等，曹彬你是不是忘了天子给你的任务？你行军这么快干什么？不怕重蹈高梁河的覆辙吗？

面对来势汹汹的曹彬，兵力不足的耶律休哥不敢正面迎战，他一面派人向朝廷求援，一面利用契丹骑兵的机动性用游击战术骚扰宋军，让宋军疲于应付，并趁黑夜截断了宋军的粮道。

曹彬止步涿州十余天，粮食耗尽了，只得命令军队按原路撤回雄州，补充粮草。得知消息的赵光义急得直跺脚——曹彬真是糊涂啊，敌人在前面，你后退来取粮，失策啊失策！他急忙发出八百里加急命令：曹彬不要再前进了，你也沿着白沟河前往新城，与米信部会合，等潘美和田重进的军队打通山后，再合攻幽州。曹彬不敢违拗，率军与米信会合，然后开始打探西路军和中路军的状况。

中路田重进部于三月初九到达飞狐北，与辽方援军大鹏翼部展开会战。宋将荆嗣与谭延美利用疑兵之计惊走辽军，并迅速追击掩杀其后，辽军大败，主将大鹏翼被活捉。宋军于二十三日进占飞狐，于二十八日进占灵丘（今山西灵丘）。四月十七日，攻占蔚州（治今河北蔚县，蔚音 yù），顺利达成既定目标。

西路军潘美部更加势不可挡。自出雁门关后，三月初九于寰州（治今山西朔州市东北）击败辽军，三月十三日围朔州，三月十九日到达应州（治今山西应县），四月初三攻克云州。

听闻西路军和中路军连战连捷，曹彬的部下坐不住了。"我们明明是主力，却在这个鸟地方干等，真是岂有此理！"东路军的将士开始有了怨言。

血染岐沟关

由于手下众将都主张出战，四月，大宋北伐军东路军总指挥曹彬只好率领部下，第二次向涿州发动进攻。曹彬此时面对的对手已不再只是耶律休哥了，还有萧太后和辽圣宗率领的辽军主力。

得到耶律休哥送来的宋军大举入侵的消息后，辽承天太后萧燕燕迅速动员军队，与儿子耶律隆绪一道御驾亲征。三月十三日，萧燕燕母子率领的辽主力部队抵达幽州，太后母子驻扎在涿州城北的驼罗口，遥控大军与曹彬进行决战。

面对曹彬的再次来犯，耶律休哥并不与其进行主力决战，而是再次采用游击战术，率领骑兵对宋军进行骚扰。待宋军摆好阵势欲交战，耶律休哥马上率军退走，宋军散开休整时，耶律休哥的骑兵又返回偷袭，如此重复数次，宋军疲于应付。

为了应付辽军骑兵的骚扰，曹彬想出妙招，命令将士挖掘壕沟阻挡对方的骑兵。他手下将士一脸蒙："曹大人，我们是在行军唉，费半天劲挖好壕沟，又不能带着走，到时候我们一行军，不就白挖了吗？""这个问题容易解决，咱们边走边挖不就行了吗？从此地将壕沟一直挖到涿州城下，看他耶律休哥能奈我何！"

曹彬，您可真是个"天才"啊！

就这样，曹彬率领宋军边挖壕沟边前进，犹如蜗牛一般"冲"向涿州城。其时天气开始变热，宋军的将士找不到水源，只能取泥水来饮用。而耶律休哥看到曹彬画地为牢，心里顿时乐开了花，他率领骑兵再次截断了宋军的粮道，然后派兵一边尾随曹彬慢慢行进，一边饶有兴致地欣赏宋军挥汗如雨挖壕沟的场景，犹如猎人看着垂涎已久的猎物。

用了整整二十天，曹彬才"攻"到涿州城下。此时他那迟钝的脑子终于发现问题了：耶律休哥又断了他的粮道，他又没粮了！于是曹彬率部再次南下，企图撤回宋境。经过这番折腾，还未与辽军主力交战，宋军将士已被拖垮。而此时辽国主力部队已到达战场，统一归耶律休哥指挥。此消彼长，辽军已经是稳操胜券了。

"曹彬已败逃，追击吧，大王！"辽军将士早已按捺不住。耶律休哥神色凝重，缓缓举起战刀，下了追击的命令，也给曹彬下了催命符。

五月初五，辽军终于在岐沟关追上了宋军，而此时宋军的状态让耶律休哥大开眼界。只见宋军三五成群，二三一伙，犹如一群流浪汉集体往南逃窜。耶律休哥意兴阑珊地看着宋军，犹如看着一群死人。辽军将士如下山猛虎一般扑向宋军，刀如风，箭如雨，一场单方面的屠杀后，耶律休哥惊奇地发现，宋军主帅曹彬不见了。

原来，曹彬眼见招架不住，好汉不吃眼前亏，三十六计走为上。趁着月色，曹彬与米信跨上两匹骏马，向南逃去。"都是你们逼俺老曹进攻涿州的，不要怪俺不仗义，俺老曹不能为你们的错误搭上性命，你们自求多福吧。"曹彬暗暗在心中安慰自己。

没有了主帅，宋军完全崩溃，败兵如潮水一般向南涌去。耶律休哥快马扬鞭，率领将士们追杀宋军。

其时已追到拒马河畔，耶律休哥突然发现前面有一队宋军并未继续逃窜，似已力竭。耶律休哥已懒得浪费口舌下命令，朝部下挥了挥手示意进攻，然后就转过了头，懒得再看这队将死的宋军。

"大王，情况似乎有点不对啊。"耶律休哥闻言转过了头，看到一队衣甲鲜明的宋军临河而立，井然有序。

刀已出鞘，箭已上弦，银白的月光洒在波光粼粼的拒马河上。

忽地，宋军将士集体后退一步，当中闪出一人，器宇轩昂，卓尔不凡，端坐在一匹高头大马上。此人随即向耶律休哥拱手为礼："逊宁兄，久违了。"耶律休哥的嘴角泛起一丝不易察觉的苦笑："李将军，又是你。"此人正是担任东路军先锋的宋将李继隆。

当曹彬、米信等将领惶惶如丧家之犬一般狼狈逃窜时，担任先锋的李继隆并没有慌乱。他与部下李继宣组织队伍且战且退，一路退至拒马河边。也许是良心发现，也许是怕天子降罪，总指挥曹彬在逃到拒马河时，没有再继续南逃，而是留下来收拢溃兵，组织渡河。此时，李继隆和李继宣的队伍依然保有一定战斗力，遂留下来阻挡辽军。

在众寡悬殊的情况下，李继隆和李继宣硬是创造了奇迹。他们率部浴血奋战，成功阻挡了耶律休哥率领的辽军主力，掩护东路军主力部队顺利渡河。更为神奇的是，在完成任务后，李继隆率部安全撤回宋境，驻扎在宋辽战争的前线据点——定州。后来，大量溃退的残兵潮水般涌入定州，李继隆亲自慰问，妥善安置，很好地为宋军保存了有生力量。

在李继隆处碰了钉子，耶律休哥大感窝火——我堂堂大辽北院大王、战无不胜的耶律逊宁，居然栽在李继隆这小子手里，姓李的，咱们走着瞧！耶律休哥不知道的是，日后他和李继隆走着瞧的机会还很多，而李继隆也将继续给他制造麻烦。

耶律休哥正在懊恼时，传来一个令他大感兴奋的消息：曹彬率领的宋军主力并没有走远，他们以易州为目的地，此时正在沙河（易水中段，易水是拒马河的支流）边埋锅造饭。耶律休哥顿时两眼放光，如发现猎物的猎人一般兴奋，令旗一挥："兄弟们，直奔沙河！曹彬已经替我们做好了饭。"

连续多日的逃亡让曹彬率领的宋军饥困交迫。进入易州地界后，曹彬心里的一块石头终于落了地，于是下令全军停下休整，埋锅造饭。就在宋军准备开饭时，耶律休哥率领的契丹铁骑突然杀到。战斗毫无悬念，一场单方面的屠杀。曹彬打仗不行，逃跑的本事却是不差，危急关头，他和米信快马加鞭，直奔高阳（今河北高阳县东）。

耶律休哥大发神威，将曹彬率领的东路军杀得七零八落。战后，他收集宋军的尸体摆成京观，在恫吓宋人的同时也宣示自己的赫赫战功。之后，他上书萧太后，建议继续南征，将国境线推进到黄河一线。万幸的是，生性保守的萧太后拒绝了这个建议，否则，北宋亡国恐怕要提前一百年了。

五月初九，历经九死一生的曹彬终于逃回了开封，总算保住了一条老命。曹彬的糟糕指挥在朝廷激起了轩然大波，工部侍郎赵昌言反应最为激烈，六月，他上书请求赵光义斩杀曹彬，以谢天下。奇怪的是，赵光义并没有过多追究曹彬的责任，仅仅贬官了事，没过多久又恢复了曹彬的官职。

曹彬葬送数万宋军精锐，生性刻薄的赵光义居然对他网开一面。联想到曹彬在北伐时种种进退失据，不由得让人怀疑他替赵光义背了锅。

此时被弹劾的北伐将领不独曹彬一人，还有西路军的主帅潘美。

魂断陈家峪

潘美、杨业、王侁（shēn）等率领西路军连续攻克朔州、寰州、应州、云州，统摄辽国山后军事的耶律善补、韩德威慑于宋军军威，不敢应战；田重进、袁继忠率领的中路军则连克飞狐口、灵丘、蔚州；曹彬的东路军也连续攻占涿州、新城：宋军北伐的形势一片大好。

危急关头，统摄辽国军政大权的萧太后罢黜了畏敌如虎的耶律善补和韩德威，任命萧挞凛为兵马副部署，代替耶律善补抵御潘美的西路军，同时任命耶律斜轸为蔚州方面诸路兵马都统，全面主持西线战事。接着，她和辽圣宗耶律隆绪亲率大军南下，援助南京留守耶律休哥。

耶律斜轸、耶律休哥——辽国两大王牌齐上阵，宋军的苦日子来了！

当时，辽军主力在东线对付曹彬，西线的耶律斜轸难免兵力不足，但曹彬"帮了个忙"——攻入涿州后很快就因缺粮而自动撤走。萧太后长舒一口气，紧急从东线征调耶律抹只、耶律痕德驰援西线。

三月十三日，耶律斜轸率领的援军抵达蔚州，与刚刚打下此地的宋中路军田重进部在大岭（笔者推测在蔚州城西）展开激战。此时，蔚州城中的青壮年自发组织起来，助宋军对抗辽军，宋军登时士气大振，奋力击退了辽国的援军，蔚州暂时保住了。

大岭之战，宋军虽然击退了耶律斜轸，但是损失非常大。主帅田重进手下五位将校有四位战死，只有骁勇善战的荆嗣在谋略过人的谭延美的辅佐下保住了有用之身。可以说，田重进的中路军已经基本丧失了战斗力。

此时曹彬的东路军已败，赵光义颁下诏书，命令田重进和潘美率军退入宋境。耶律斜轸不愧是一位杰出的将领，他敏锐地抓住了宋军撤退之际的漏洞，集中优势兵力对宋军进行了一系列打击。

五月十六日，耶律斜轸集中十万大军攻打蔚州。此时田重进部已丧失战斗力，撤回宋境，西路军主帅潘美与雄州知州贺令图急忙驰援，双方在飞狐口展开激战，宋军大败。

耶律斜轸这把大巧不工的重剑已出鞘，出鞘必见血，见血必封喉！

潘美撤回西线，与杨业会合后，准备撤军。按照天子赵光义的旨意，他们需要把云、朔、寰、应四州的居民迁徙到宋境。毕竟在冷兵器时代，人口就代表着劳动力、税收和兵源。但迁徙居民自然会拖慢军队的行军速度，为日后西路军的厄运埋下了伏笔。

于是，潘美和杨业一路后撤，耶律斜轸一路追击，辽军先后占领蔚州、灵丘、寰州。当潘美和杨业进入朔州境内一个小村庄时，一股不祥的预感涌上了杨业的心头。"狼牙村？羊入狼村，我杨业看来是在劫难逃了。"杨业轻轻叹了一口气。

"大丈夫马革裹尸，战死沙场，也是无上荣光。"想到这里，杨业的目光重新变得坚毅起来，骑上马，找潘美去了。杨业找到潘美，跟他说了自己构思的让宋军将士安然撤回境内的计划："耶律斜轸士气正盛，我军不可与之正面交锋。现在朝廷让我们迁走百姓，我们应当联络云州、朔州守将，命令云州守将带领百姓先行，由我军吸引契丹大军，给朔州军民创造撤退的时机。我们派遣弓弩手守住石碣口，此地易守难攻，会给耶律斜轸制造麻烦，然后我军以骑兵冲击中路，则我军将士和代州、云州、朔州三州百姓可以安然撤回宋境。至于谁留下来领兵对抗契丹，我杨业责无旁贷。"

应该说杨业的计划是可行的，这个方案是西路军能够全身而退的唯一办法。但所谓"世上不如意事，十之八九"，潘美还未回应，监军王侁首先表示反对："杨业啊，你号称'杨无敌'，面对小小的耶律斜轸就畏敌如虎了？你应该出雁门关，主动迎击契丹人，以壮我大宋军威。"杨业心中如明镜一般，知道王侁这是要置自己于死地，但自己死倒无所谓，连累众多将士送命非大丈夫所为。杨业求救的目光望向主帅潘美，但潘美却沉默了。

潘美身经百战，自然知道让杨业主动出战是将他送入绝境，但潘美又不敢明确反对王侁，因为宋初的监军权力极大。宋太祖平定荆湖时，监军李处耘绕过主帅慕容延钊，采用恐吓手段平定湖南，主帅慕容延钊虽然是宋太祖的结拜兄弟，却也无计可施。太平兴国四年，名将郭进受到监军田钦祚的欺凌，无奈之下甚至愤而自杀。主帅要得罪监军，是要冒极大风险的。

杨业只得引兵自石峡路趋朔州，临行前，他哽咽着对潘美说："我本是太原降将，乃戴罪之人，得圣上不杀委以重任，今日已存必死之心，以报国恩。但手下将士无罪，我请求将军在陈家峪埋下伏兵，布下弓弩手，以随时救援败退的将士。"潘美连声答应。杨业纵马扬鞭，去迎接他未知的命运。

杨业一路向北，欲寻找耶律斜轸决战。突然，旌旗蔽日，金鼓齐鸣，一队契丹骑兵迎面拦住了杨业，当中闪出一员大将，正是耶律斜轸。"老贼，受死吧！"杨业一马当先，直取耶律斜轸。宋军将士紧随其后冲向敌军，眼看一场惨烈厮杀即将展开，就在这时候，耶律斜轸却拨转马头，退走了。杨业简直不敢相信自己的眼睛。难道是对方忌惮自己"杨无敌"的威名？管他呢，杨业令旗一挥，追了上去。

杨业中计了。得到杨业前来的消息，耶律斜轸不敢轻忽，派遣萧挞凛提前率兵埋伏在道路旁，再由自己诈败引诱杨业入彀，届时伏兵四起，自己回头再战，吞下这支宋军。但"杨无敌"毕竟是"杨无敌"，他左冲右突，率领将士杀出一条血路，向南逃去。耶律斜轸、萧挞凛亦步亦趋，紧追不舍。杨业纵马狂奔，恰好路过一个小村子，他慌不择路地带领将士躲了进去，以求得暂时的休整。

等心神安定下来，杨业却暗暗叫苦，他居然再次进了狼牙村。杨业迅速率军启程，直奔陈家峪，到了那里，有宋军的弓弩手压阵，将士们就安全了，至于他自己，既然三番两次地"'杨'入狼村"，看来注定要交待在这里了。

马蹄滚滚，裹挟着雁门关外的黄沙，奔向陈家峪。日暮时分，到了陈家峪，杨业的心却顿时凉了——谷口空空如也，没有半个援军的影子。原来，王侁左等右等不见杨业归来，即登上托逻台瞭望，他看见远处黄沙滚滚，以为杨业已击败辽军，于是领军离开谷口欲抢功劳，等听到杨业失利的消息，王侁顿时大惊失色，领军向南急窜，潘美无奈之下也跟着南逃了。

杨业悲愤莫名，对麾下尚存的百余人说："你们各有父母妻子，与我一起死，也没什么好处。你们逃回去，还能继续报效天子。"说完就挺枪杀入辽军阵中。这百余人没有一个独自逃生，而是追随杨业继续力战辽军，直到全军覆没。杨业手刃上百人，受伤数十处，愣是从辽军中杀出一条血路，再次逃脱。辽将耶律奚底率军穷追不舍，杨业的马又受了重伤，跑不快，他只好藏入一片密林中。耶律奚底率领辽军追进密林，展开了地毯式搜索。夕阳照耀下，耶律奚底隐约看到了战袍一角的影子，计上心来，缓缓取出弓箭。箭如疾风，势如闪电，一箭命中目标，正是杨业！

杨业就这样被辽国人活捉了。被俘后，他深感赵光义的知遇之恩，对契丹人的劝降毫不动摇，最终绝食而死，结束了他传奇的一生。杨业骁勇善战，深为契丹人所忌惮，他死后，契丹人无不如释重负，拍手称快。在大宋朝这边，则是另一番光景了。

得知杨业殉国的消息，宋太宗赵光义痛彻心扉，追赠杨业为太尉，将主要责任人王侁除名并发配金州充军，将主帅潘美贬官三级。杨业的五个儿子全部得到录用，其中长子杨延昭日后更是成为抗辽名将。

至此，历时半年的雍熙北伐正式画上了句号。

雍熙北伐是宋朝最后一次对辽国主动进攻，结果宋军惨败，损失惨重，柴荣、赵匡胤两代雄主构建的强大禁军毁于一旦。北宋河北防线退缩到代州、定州、高阳关、瀛州（治今河北河间市）、沧州（治今河北沧县东南）一线，处处被动。在这场战争中，担任东路军先锋的李继隆再次显示出高人一等的军事能力，而赵光义也终于正确认识了这位小舅子的实力，正式安排他担任沧州都部署。李继隆终于获得了独当一面的机会，他和辽国战神耶律休哥的巅峰对决即将上演。

第四章

易代鏖兵：君子馆、唐河、徐河之战

大雪满弓刀

冷风如刀，以大地为砧板，视众生如鱼肉；万里飞雪，将苍穹作洪炉，熔万物为白银。雪未住，风不定，一队数千人的骑兵从远方疾驰而来，马蹄碾碎了地上的冰雪，却碾不碎天地间的寂寞。

这队骑兵正是宋雄州知州贺令图所部精锐。其时正是宋太宗雍熙三年十一月。

贺令图一大清早就接到辽北院大王耶律休哥的密信，耶律休哥在信中极力恭维贺令图，表示他对贺大人之敬仰，犹如滔滔江水，连绵不绝。得到战神的称赞，贺大人有些飘飘然。耶律休哥还在信中说，萧太后重用佞臣韩德让，迫害忠良，朝纲不振，他已对大辽绝望，余生所愿仅追随贺大人效忠大宋。如此明显的诈降之术贺令图居然上钩了，他亲自点起两千骑兵，来到瓦桥关外迎接耶律休哥。

贺令图满怀诚意踏雪而来，迎接他的却是满满的恶意。来到大营，没有预想中的敲锣打鼓，也没有期待中的嘘寒问暖，只见耶律休哥端坐在一张胡床上，似笑非笑地看着他，而且两边的契丹武士全身披挂，如临大敌。"逊宁兄，此是何意？"贺令图突然有一种不祥的预感。耶律休哥手指贺令图破口大骂："鼠辈！你不是好言边事吗？你蛊惑光义老贼犯我疆土，今天怎么来送死了？"接着他一声令下，契丹武士便一拥而上，将宋军骑兵砍了个稀巴烂，贺令图如烂泥一样瘫在了地上。

雍熙三年十一月，耶律休哥亲率大军攻宋，在轻松活捉贺令图后，兵不血刃地拿下了瓦桥关，紧接着挥军南下，直取高阳关。

为了报复宋军年初的北侵，辽军这次也来了个不宣而战。耶律休哥以迅雷不及掩耳之势直扑关南重镇高阳关，高阳关守将杨重进登时成为刀下之鬼。与此同时，辽国的实际统治者萧太后立刻予以回应，派遣耶律蒲奴宁自西线入侵，攻击代州；萧太后则亲率大军南下，支援耶律休哥。

迫于辽军的压力，宋益津关（今河北霸州市）守将李敬源率部南退至君子馆（今河北河间市北），同时就近向瀛州守将刘廷让（即刘光义，因避讳而改名）、沧州守将李继隆发出求救信号。二人接到信息，决定由刘廷让率先赶往君子馆，路程较远的李继隆则随后到达，作为有生力量。

十二月初七，耶律休哥指挥契丹骑兵直奔君子馆，一场惨烈的厮杀即将上演。

刘廷让是一位身经百战的老将了。宋太祖时期，他就作为水路进军的指挥官，率部攻灭后蜀。后来蜀地发生全师雄叛乱，他临危不乱，平定叛军，显示了出色的战术素养。所以，面对契丹骑兵的冲锋，刘廷让指挥若定，他知道，只要契丹骑兵敢进入射程，宋军的弓箭足以将他们射成刺猬。

刘廷让有条不紊地吩咐着："弓箭手，准备放箭！"

契丹骑兵越来越近了。

"放箭！"

……

"搞什么？放箭！"

然而，并无一支箭射出。刘廷让突然有了一个不祥的念头。他夺过一名弓箭手的弓，用力拉了一下弦，登时脸色大变。原来，天寒地冻，宋军的弓弦全部结冻，拉不开了！耶律休哥哪会放过此等良机，令旗一挥，辽军先是射出一阵箭雨杀伤宋军，然后挥军冲杀过来，犹如狼入羊群。

写到这里就要说一下宋辽战争中必不可少的作战利器——弓箭了。草原民族以狩猎、游牧为生，他们的弓弦就地取材，都是动物皮革所制，不会受制于寒冷天气。宋军的弓弦则由麻绳制成，冷天容易结冻。所以，当宋军深为拉不开弓苦恼时，辽军却可以随时送给宋军一阵箭雨。

这支深陷绝境的宋军显示了极高的战斗素质，在刘廷让和李敬源的指挥下，结成方阵，与辽军对峙。辽军骑兵多次冲击，始终冲不垮宋军的防线。宋军知道，沧州都部署李继隆的援军不久就将赶到，只要李继隆的生力军加入战斗，他们就有一线生机。宋军将士苦苦坚持着，等待着李继隆的到来。

日子一天天地流逝，宋军将士度日如年，但李继隆却始终没有出现。三天过去了，在契丹骑兵的连番攻击下，宋军最终全军覆没，益津关守将李敬源战死。刘廷让侥幸逃脱，直赴京师向天子请罪，顺便打听李继隆的下落。

那么李继隆到底哪儿去了呢？他逃跑了。从定州驻地出发，刚走到半路，李继隆就发现了一个严重的问题：宋军的弓箭全部拉不开了。如果不能用弓箭，以宋军步兵的血肉之躯抵挡契丹人的铁骑，只有死路一条。于是，他退缩了，率军退往乐寿（今河北献县）。

面对见死不救的李继隆，刘廷让怒不可遏，恨不得将他就地问斩，如此方能平息自己心头之恨，方能告慰自己部下数万将士的在天之灵。但是，无情的现实让刘廷让无可奈何，经过中书的审判，最后一致裁定：刘廷让为李继隆所误，无罪；至于李继隆嘛，同样无罪。

"好一个各打五十大板！李继隆，你这个小辈！当初我与你父亲同殿为臣，同为开国功臣，你如今见死不救，害死我属下兄弟，犯下如此滔天大罪，却依仗和天子的姻亲关系毫发无损，气死我也！"第二年，刘廷让因为擅离职守被赵光义削夺官职，儿子也被罢黜，他心里闷闷不乐，很快便因病去世。这位沙场老将的下场令人唏嘘。

写到这里，笔者要为李继隆辩驳几句了。李继隆不是怕死，人固有一死，但死也要死得有价值。当时天寒地冻，弓箭拉不开，李继隆的人马即使赶到君子馆，也很可能就是给刘廷让、李敬源的军队陪葬。集体赴死固然可歌可泣，但有啥实际意义呢？君子报仇，十年不晚。李继隆选择了忍辱偷生。于是，大宋朝少了一位死节之士，却多了一位名将。

万马齐喑，烟尘滚滚，一支骑兵风驰电掣地奔走在胡谷寨（今山西繁峙县西）与代州之间的官道上。为首一人髡发左衽，气度不凡，正是辽国大将耶律蒲奴宁。

当耶律休哥进犯关南时，蒲奴宁率领的辽国西线大军自胡谷寨出发了。代州知州张齐贤本为文官，手下兵力匮乏，在蒲奴宁看来，攻下代州当不费吹灰之力。这时候，传来潘美率军救援代州的消息，蒲奴宁心中骤然紧张起来。

张齐贤得到蒲奴宁进犯的消息后，迅速派人赶赴太原，向潘美求援。但不知什么原因，潘美率大军出发时，却接到朝廷要他立即回师太原的命令，万般无奈的潘美只好回军。此时的代州城，书生挂帅，兵不满万，看来陷落是在所难免了。

耶律蒲奴宁并不知道潘美退兵了，他小心翼翼地朝代州前进，随时提防着宋军的突袭。五十里，四十里，三十里——越来越近了。十二月十七日晚，辽军抵达代州城西南三十里的土磴寨，代州城已经尽收眼底。

尽收眼底的不只有代州城，还有漫山遍野的旗帜，密密麻麻的火把犹如天上的繁星，晃得蒲奴宁眼花缭乱。"不好，潘美的军队果然到了。撤！"耶律蒲奴宁掉转马头，准备退兵。突然，伏兵四起，杀声震天。

原来，张齐贤得知潘美不能来救的消息后，第一时间封锁消息，然后在城外的土磴寨埋下伏兵。他又下令在城西遍插旗帜，点燃无数火把，造成大军来援的假象。耶律蒲奴宁一时被迷惑，只顾逃跑，张齐贤所部趁乱一顿冲杀，斩获良多。

辽军报复宋军的南侵行动至此告一段落，宋军虽然在西线取得小胜，但是在东线的数万大军却全军覆没于君子馆，可谓是损失惨重。从此，契丹大军频频南下河北掳掠，双方的局部战斗频频爆发，造成了河北地区的生灵涂炭。

唐河战未休

端拱元年（辽统和六年，988 年）十一月十七日，唐河北岸，定州都部署李继隆、定州监军袁继忠、中黄门林延寿立在凛冽的寒风里，似在争论着什么。只见袁继忠捶胸顿足，言辞激动；林延寿表情严肃，频频举起手中的诏书；李继隆则冷眼旁观着二人的争论。

宋军在君子馆的溃败造成了严重的后果，此后两年里，契丹铁骑频繁南下。雍熙四年（辽统和五年，987 年）正月，契丹人攻陷束城县（今河北河间市东北），纵兵大掠，接着又攻破文安（今河北文安县东北），将城中男女老幼杀戮殆尽。从端拱元年开始，辽国人全面南下，这年九月，辽军攻下涿州，宋军在南撤时遭到耶律斜轸的追击，被打得大败；十月，耶律休哥南侵，激战长城口，大败李继隆的部下李兴。契丹两大神剑再次合璧，一场腥风血雨已无可避免。

十一月十一日到十六日，南侵辽军先后攻占满城（今河北保定市满城区）、祁州（治今河北安国市）、新乐（今河北新乐市）。一时间，契丹铁骑在河北大地纵横驰骋，如入无人之境。河北地区满目疮痍，犹如人间地狱。

为了避敌锋芒，宋太宗赵光义急令定州都部署李继隆、监军袁继忠率部南走，驻扎于唐河沿岸。赵光义亲自颁布诏书，由中黄门林延寿带至军营，严令定州军坚壁清野，勿与辽军正面交战，以保存有生力量。林延寿宣读完诏书，诸将正打算听命行事，监军袁继忠站出来反对："契丹骑兵在北岸往来奔驰，烧杀掳掠，我们坐拥一万大军，却窝在这里做缩头乌龟，有什么脸面去见河北父老？"

袁继忠，并州（今山西太原市）人，在刘廷让率军灭后蜀的过程中，作为刘廷让的部将崭露头角。后来在北宋与北汉的战争中，袁继忠骁勇善战，颇有战功，慢慢成长为一位高级将领。在雍熙三年的三路北伐中，袁继忠担任中路军监军，与田重进合作无间，一度打通了山后诸州和幽州之间的通道。

东路军败退后，赵光义诏令中路军与西路军回师，袁继忠与田重进退往定州，继续主持河北防线的对辽作战。后来李继隆接替田重进担任定州都部署，袁继忠继续担任监军，他的合作对象就变成了他前上司的仇人——真是人生何处不相逢啊。

面对拿着禁止出战诏书的林延寿，袁继忠挺身而出，力主主动出击。但是林延寿毕竟有诏书在手，不会轻易屈服，所以袁继忠刚一开口，就遭到了拒绝和训斥。

"住口！休得胡言！天子诏书在此，谁敢违抗？"林延寿高高举起了诏书。几番争论，袁继忠还是软了下来，抗旨的后果是很严重的，他袁继忠既没后台，资历又浅，承担不起。袁继忠求助的目光望向主帅李继隆。这位李将军在九年前的满城之战就敢抗旨，这次，他还有这颗赤子之心吗？

李继隆部下有一队两千人的精锐骑兵——易州静塞军。先前，他将这些骑兵留在自己身边，却将他们的家眷留在易州城中。袁继忠劝他道："这些精锐的士卒是用来守城的，你把他们带走，若辽军来攻城，那么谁能守卫易州呢？"李继隆当时不以为然，结果，辽军真的攻下了易州，静塞军的家眷全部沦为俘虏。李继隆后悔未听劝告之余，又开始担心静塞军的忠心问题：这些骑兵的家眷都做了辽人战俘，如果他们受辽人胁迫反叛，岂不是潜在的巨大危险？于是李继隆打算将静塞军打乱建制，散编入其他军队中。此时袁继忠再次劝阻道："将军大可不必，这些骑兵虽然猛如虎，却也贪如狼。我们只需要提高他们的待遇，增加他们的饷银，他们就会忠心杀敌了。"鉴于上次的教训，李继隆择善而从，听从了袁继忠的建议，成建制地保存了静塞军。

两次的事后应验，都反映了袁继忠敏锐的洞察力。想到这里，李继隆下定了决心。他疾步向前说："将在外，君命有所不受。我们在战场杀敌，当随机应变。前年我李继隆没有选择去君子馆战死，正是为了今日一雪前耻！"李继隆的话掷地有声，一时间，战场上掌声雷动，将士们跃跃欲试，纷纷求战。

此时，契丹人的铁骑已经到达唐河北岸。李继隆心中久久不能平静，他知道，报仇雪耻的机会来了！

此战后来的发展再次印证了袁继忠的深谋远虑。战斗甫一发动，静塞军即奋勇争先，从中路突击辽军，辽军骑兵被打了个措手不及。接着，李继隆令旗一挥，宋军步兵紧随静塞军杀入敌阵，挥舞着明晃晃的朴刀专砍辽军马腿。辽军统帅耶律休哥纵横沙场这么多年，一向战无不胜，却被李继隆的怪招打得手忙脚乱。"好汉不吃眼前亏，弟兄们撤！"耶律休哥说完便掉转马头，自己"一马当先"往北逃去。契丹骑兵一哄而散，没命地纵马往北狂奔，生怕稍微落后一步就成了宋军刀下之鬼。宋军乘胜追击，直追到曹河。宋军将士已经杀红了眼，疯狂砍杀溃退的契丹士兵，鲜血染红了曹河水，河里横七竖八堆满了契丹士兵的尸休，河水几乎为之断流。战后清点战场，宋军共斩下一万多契丹骑兵的头颅，并缴获一万余匹战马，堪称一场大捷了。

忍辱负重的李继隆终于等到了扬眉吐气的这一天。这一晚，李继隆睡得很沉。在梦中，他又回到了那个冷风如刀的夜晚；在梦中，他又见到了君子馆战死的万千战友；在梦中，他又见到了李敬源焦急的眼神，见到了刘廷让的怒发冲冠。战友们，安息吧，你们的耻辱，我李继隆已替你们洗清！

唐河之战是宋辽战史上至关重要的一场战役。在这场战役中，李继隆再次抗旨，采用袁继忠的正确建议，重创了辽军的主力，也给了在河北地区耀武扬威的契丹骑兵致命一击，从而暂时遏止了宋军节节败退的形势。而辽国战神耶律休哥在此战中被李继隆用步骑结合的精妙战术击败，战场不败神话就此被打破。

唐河之战后，李继隆率定州军反击辽军，收复了易州、祁州等失地。但宋军的胜利只是暂时的，很快，辽国人的复仇大军再次侵入宋境。

端拱二年（辽统和七年，989 年）正月，年味还没散去，契丹人就又来了。二十一日，辽圣宗耶律隆绪率契丹大军围攻前不久刚被宋军收复的易州。易州刺史刘墀（chí）紧急向满城求援，但是这正好中了辽军的圈套。试想易州兵力匮乏，御驾亲征的耶律隆绪率辽军精锐的铁林军来攻，怎么会攻不破小小的易州城？耶律隆绪在乎的不是易州城，而是附近地区的宋军，他是想以攻打易州为饵，诱使附近宋军前来救援，他好来个围点打援，歼灭宋军的有生力量。

满城宋军马不停蹄地赶往易州增援，耶律隆绪提前安排的伏兵于半路截击，将宋军打得落花流水。易州城中的守军眼见友军被围，不能见死不救，于是迅速出城救援，此举又正中耶律隆绪下怀。二十二日，辽军两面出击，不仅攻占了易州城，而且几乎全歼了满城援军，易州刺史刘墀无奈之下竖起白旗投降了。

打下易州城后，辽圣宗耶律隆绪干脆来了个釜底抽薪，将城中百姓全数迁往幽州。于是，这座宋军河北前线的重镇变成了一座空城，即使日后宋军再夺回去，也没有任何价值了。

徐河大决战

骄阳似火，照在烟尘滚滚的河北官道上。耶律休哥一马当先，沿着宽阔的官道向南疾驰。他身后，契丹骑兵排成长队，紧紧跟着他们的主帅。于越①耶律休哥一向料敌如神，尤其擅长打劫对手的粮道。契丹将士们依然记得，曹彬在涿州断粮时的恐惧。这一次，于越再次带领将士们打劫粮草，那自然是手到擒来的事。"一定紧紧跟着于越，可不要因为落后而少得了功劳。"契丹士兵们一面美滋滋地想着，一面快马扬鞭。

其时正是端拱二年七月，赵宋朝廷因为威虏军（治遂城）缺粮，将派遣定州都部署李继隆率镇、定两州大军护送千余辆粮草车至威虏军。得到消息的耶律休哥兴奋异常——你李继隆今日自己撞到枪口上，正好让老夫报去年

---

① 辽国最高级别官员，位在宰相之上，不常置。

在唐河战败的一箭之仇！他点起八万大军，马不停蹄地南下。

李继隆带领着一万人的押运队伍，悄无声息地行进在定州到遂城的小道上。想到命令刚下来时，户部郎中张洎（jì）上奏反对，他依然心有愤愤。"张洎，你这个毫无骨气的南唐降臣，你这个欺凌旧主的卑鄙小人，你这个只知道纸上谈兵的无耻文人，你居然建议放弃威虏军，这不是自断臂膀的行为吗？威虏军，遂城，这可是河北防线的桥头堡啊。幸好天子圣明，接受了我老李的正确意见，才免于自毁长城。我得抓紧行军了，威虏军的给养怕是已经撑不住了。唉，耶律休哥这老小子，真是够损的，居然又想打我军粮草的主意。我还不了解你吗？你抬抬屁股我就知道你要干什么了。这次我改道走小路，叫这老小子白费心机。"

"尹继伦……范廷召……李继宣……孔守正……镇州……定州……唐河……徐河……嗯……嗯，甚好。"李继隆心中暗暗盘算着对付耶律休哥的计划，他已经为这位老相识布下天罗地网了。

耶律休哥意气风发，满以为会重复以前的剧本，轻松劫下宋军粮草，然后让得不到补给的威虏军宋军自生自灭。可惜，无情的现实击碎了他的美梦，他的对手不是曹彬，而是李继隆——在高梁河临危不乱的年轻将军，在拒马河一夫当关的铁血军人，在满城一锤定音的监军，在唐河让他痛彻心扉的梦魇。

耶律休哥率领大军预先埋伏在李继隆的必经之路上，左等右等，等得花儿都谢了，也没见到李继隆的影子。他派出斥候打探后才得知，李继隆早已将粮草送到威虏军了，现在，正在回军定州的路上。耶律休哥气得直咬牙："好小子，有你的。全军出发，追击李继隆！"

"知道我最喜欢玩什么游戏吗？"李继隆一脸坏笑地问旁边的范廷召。

"猫捉鼠。"范廷召情不自禁地笑出了声。

"猫捉住老鼠后，并不会马上吃掉，而是尽情戏弄，玩够了再吃。但耶律休哥可不是老鼠，他是一只老虎。"李继隆的表情变得凝重起来。他不敢大意，迅速做出了安排。

"孔守正！你率所部设伏曹河。"

"得令！"

"尹继伦！你率所部埋伏于城北，侦察敌情，随时向我汇报。"

"得令！"

"李继宣，范廷召，王杲（gǎo），各就各位！"

"得令！"

李继隆有条不紊地安排着。此时他率领的镇定军队已经快到定州，而耶律休哥的追兵也已渡过徐河，像猎犬一样追踪着宋军。

尹继伦率领着两千人的步骑混合队伍，优哉游哉地在定州城北的官道上巡逻。灼热的阳光照在他身上，将他的脸映照得黑里透红。"老子本就脸黑，再被这毒日头这般烤，怕是要黑成炭了。该死的耶律休哥！"尹继伦情不自禁地爆出了粗口。

远处传来阵阵马蹄声。近了，越来越近了，契丹骑兵来了！尹继伦和他的部下一时竟愣在原地，只见黑压压的骑兵仿佛一条巨龙，铺天盖地而来，一眼也望不到边。耶律休哥一马当先，率领他的八万大军疾驰而过，连看都没看尹继伦一眼。对这支小股部队他没兴趣，对这个黑脸汉子他更没兴趣，他的目标是李继隆，是宋军主力，他懒得浪费时间蹂躏这股小队伍。"等我干掉李继隆回来，再收拾这些臭鱼烂虾。"耶律休哥轻蔑地想。

契丹骑兵的背影越来越远了，尹继伦的脸也越来越黑了。"妈巴羔子！"尹继伦情不自禁地又爆出了粗口，他挥手将将士聚到一起，用洪亮的声音说道："这帮辽国人如此轻视我们，是把我们当成砧板上的鱼肉了。他们扔下我们追击李将军，如果失败了，回头就会靠杀戮我们来泄愤；如果打胜了，更是会把我们当作战利品，驱逐我们北上，做他们的奴隶。"

尹继伦越说越激动，额头的青筋根根突起，面目也变得狰狞起来。他干脆站到马背上，振臂高呼："左右都是个死，我们还不如干票大的，趁耶律休哥没防备，我们悄悄跟随，寻找机会偷袭他们，出其不意，攻敌不备，必能一击奏效。干掉契丹人！活捉耶律休哥！"将士们的情绪瞬间被点燃，他们大声欢呼着，急切地想要出战。

尹继伦率领将士悄无声息地尾随辽军，同时派人火速通知主帅李继隆，以求得支援。

朝阳初升，辽国于越耶律休哥正在享用自己丰盛的早餐。追击李继隆数日，他终于在昨晚睡了个安稳觉，打算饱餐一顿后，马上对李继隆发动攻击，以报去年的一箭之仇。突然，军营中爆发一阵骚乱。多年的战场直觉告诉耶律休哥，危险正在迫近，他迅速扔掉手中的汤匙，准备披挂铠甲，拿上武器，但是已经晚了。

一个黑脸汉子率军冲进大帐，挥刀直取耶律休哥，正是宋军骁将尹继伦！

原来尹继伦率军悄悄跟随在耶律休哥的大军身后，一直走了数十里路，来到了唐河、徐河之间的地区，见天色已晚，辽军的警戒又严，找不到偷袭的机会，于是尹继伦干脆命将士就地扎营，紧挨辽军大营睡了一晚。一夜无事，耶律休哥自然放松了警惕，命令军队埋锅造饭，准备饱餐一顿再发动对李继隆的总攻击，哪料到后面还埋伏了个尹继伦。

趁着辽军松懈，尹继伦一马当先，率领将士风驰电掣地杀入辽军大营。辽军将士正在吃饭，尹继伦这股宋军如神兵天降般杀了进来，契丹士兵被打了个措手不及，一时间乱作一团。大帐中，毫无心理准备的耶律休哥手臂被砍了一刀，鲜血直流，慌不择路地逃出大帐。

逃出大帐的耶律休哥逐渐冷静下来，他慢慢收拢散乱的部下，整军再战。在敌众我寡的情况下，尹继伦这股宋军逐渐落入下风，被辽军围了起来，形势岌岌可危。耶律休哥怒火冲天，指挥辽军将士一顿猛攻，恨不得将尹继伦砍成肉酱，以报那一刀之仇。宋军越来越少了，斩杀尹继伦就在眼前！

突然，金鼓齐鸣，杀声震天。宋军主帅李继隆带着援军来了！在接到尹继伦的报告后，李继隆迅速行动，率领李继宣、范廷召、王杲等宋将迅速增援。

来援的宋军如虎入羊群般杀入辽军阵中，本就受了惊吓又苦战多时的契丹骑兵瞬间崩溃，耶律休哥"一马当先"，率领辽军落荒而逃。

耶律休哥一路向北，率军疯狂逃窜。前面就是曹河，渡过曹河，当可获得喘息之机。其时已是初秋，秋风吹在缓缓流淌的曹河水上，更显得安静而祥和。耶律休哥的心情也稍稍平定下来，迅速组织辽军将士渡河。

一个沉默的人，率领一支沉默的军队，默默来到了河对岸。此人正是定州副都部署孔守正。他依照李继隆的安排，早已在此等候耶律休哥多时了。

"苦也！想不到宋军居然在此伏兵，我命休矣。"耶律休哥无心恋战，拨马就跑。孔守正率领宋军一阵冲杀，将这批已经丧胆的契丹士兵杀得七零八落，丢盔弃甲。耶律休哥不愧是大辽战神，在身受重伤且遭遇伏击的情况下，依然成功逃脱，安全回到幽州城。经此一劫，大辽于越耶律休哥性情大变，终其一生，再未侵犯宋境，甚至宋人的马匹跑入辽境，他也马上派人送还。一代战神耶律休哥竟然化身为和平主义者，真是让人惊叹。

至此，宋辽徐河之战落下了帷幕。在这场战役中，宋将李继隆再次展示了他出色的战场指挥艺术。在敌众我寡的情况下，他兵行险招，以自己为诱饵，逐步将耶律休哥的大军引入徐河、唐河之间的宋军腹地。他运筹帷幄，由尹继伦、孔守正和自己分散驻军，给进犯的辽军编织了一个三点一面的包围网。孤军深入的耶律休哥则形势处处不利，军事指挥上也出现了严重的失误——在敌方阵地追击敌方主帅，他竟然置途中遇到的一股敌军于不顾，给自己身后留下了一个巨大的隐患。

徐河之战的胜利对于赵宋朝廷有着重大的意义，搞定了北方的邻居，宋朝终于可以腾出手来对付西北的敌人了。"李继迁，你这蕞尔小贼，胆敢螳臂当车犯我虎威。"赵光义正要调兵遣将，专心对付西北党项族领袖李继迁的叛乱，西南却爆发了一场席卷三川的大起义。"唉，想单线作战就那么难吗？"

第五章

天下未乱蜀先乱：
王小波、李顺起义

愤怒的小波

味江河犹如撒欢的孩子一般穿过青城山，一路向北流去。狭窄的河道，陡峭的河谷，被蜿蜒曲折的山路割裂出一道道飞瀑。青山绿水，碧潭幽谷，勾画出一幅旖旎秀丽的人间仙境图。青城县（今四川都江堰市东南）居民王小波木然站立在味江河畔。

王小波出生在青城县一个客户家庭。所谓客户，就是没有土地的佃农。宋初，四川地区土地兼并越来越严重，无数农民失去土地，沦为客户，只能靠租赁地主的土地维生。青城山地区耕地稀少，可供租赁的土地也有限。幸好此地盛产茶叶，王小波靠收购本地茶叶卖给入蜀的茶叶商人赚取差价，倒也勉强活得下去。可"天有不测风云，人有旦夕祸福"，朝廷颁布的一项政策彻底断绝了王小波的生路，将他推上了不归路。宋太宗赵光义为了控制蜀地的经济命脉，在蜀地设立"博买务"，将茶叶、布帛等物产的专卖权收归国有。于是，小茶贩王小波瞬间就失业了。

味江河畔的王小波虽然置身在美丽景色中，却丝毫感受不到快乐，他能感受到的，只有人生的悲惨。他已经两天没吃饭了，原本就瘦削的脸越发显得憔悴不堪。他该何去何从？突然，一个可怕的念头映入他的脑海：反正都是死，与其活活饿死，不如轰轰烈烈地干一票大的！赵光义，你不让我活，我便不让你好过！

淳化四年（993 年）二月二十八日，茶贩王小波聚起一批流离失所的客户，在永康军青城县发动起义。起义大会上，王小波振臂高呼："吾疾贫富不均，今为汝均之！"均贫富，多么美好的愿望啊，生活在公元十世纪的王小波喊出这句话，无疑是极具革命性的。

在"均贫富"的美好理想驱使下，起义军拿起了锄头、扁担、菜刀、梭镖等原始武器，一举攻下了青城县城。随后，起义军流动作战，在邛州（治今四川邛崃市）、蜀州（治今四川崇州市）等地区纵横驰骋，队伍逐渐发展壮大。这时候，王小波和将士们将目标对准了一个人，一个激起极大民愤的人，一个"清正廉明"的人，他就是彭山（今四川眉山市彭山区）县令齐元振。

当初，赵光义派遣秘书丞张枢出使蜀地，调查蜀地官员，结果发现官员大都横行不法，共查出贪赃枉法者一百多人。彭山县令齐元振却是个例外，他家徒四壁，身无长物，真乃"清官"也。张枢立刻上奏太宗皇帝，赵光义大为高兴，将齐元振列为官员模范，进行嘉奖宣传。但齐元振其实是个大贪官，打听到朝廷钦差要来，他提前将金银财宝藏匿，蒙蔽了张枢。得到朝廷嘉奖后，齐元振更加肆无忌惮，变本加厉地搜刮百姓，彭山农民恨不得将之碎尸万段。

县城的兵力微不足道，王小波率义军一攻即破，齐元振被活捉。王小波聚集县民，当众宣布了齐元振的万般罪行，然后将之处死。起义军剖开齐元振的肚子，掏出内脏，再将铜钱塞入肚中。这个巨贪如此"胸怀万贯"地死去，倒也不算太亏。处死齐元振并将他搜刮的钱财还给贫苦民众，大大增强了起义军的影响力，蜀州、邛州农民纷纷加入起义军。

所谓乐极生悲，就在起义军迅速壮大之时，王小波的生命也走到了尽头。当年十二月二十五日，王小波率义军攻打江源县（今四川省崇州市江源街道），在这里，他将遇到他的克星——西川都巡检使张玘。

连续的胜利使得王小波有了骄傲情绪。在攻打江源时，他骑在一匹高头大马上，耀武扬威地指挥战斗，顿时引起了在城楼上指挥守城的张玘的注意。他悄悄取下了弓箭，弓开如满月，箭走如迅雷，一箭射中王小波额头。王小波头痛欲裂，但为了不影响义军的情绪，他忍着疼痛，继续指挥作战。受到主帅勇气鼓舞的义军群情激昂，一鼓作气攻下了江源县城。破城后，王小波亲自斩杀了张玘。

虽然大仇得报，但王小波的生命也走到了尽头，他伤势过重，不治而亡。经过商量，众人齐推王小波的小舅子李顺为首领，率义军继续战斗。

王小波作为一个茶贩出身的义军首领，有他的局限性。在起义之后长达十个月的时间内，义军始终徘徊在蜀州、邛州一带流动作战，目标也都是彭山、青城、江源这样的县城。或许在王小波心中，打下县城，顿顿鱼肉，就已经是人生巅峰了。义军长期窝在青城山地区，这里人口稀少，土地贫瘠，兵力难以得到大量补充。只要当时的西川转运使樊知古认真对待，派出大军围剿，扑灭义军可以说是易如反掌的。所以，即使王小波没有战死在江源县城，他的性命也不会延续太久。

王小波死后，西川转运使樊知古终于松了一口气，认为匪首已灭，可以高枕无忧了。于是当张玘的余部四百多人来投奔他时，他毫不客气地赶走了他们。"剿贼不力，有何颜面来见本官？"樊知古甚至感到了一丝愤怒。但他不知道的是，王小波之死正是他噩梦的开端。

可怕的李顺

李顺可不是王小波，他的胃口大得很！"区区几个县城，成得了什么气候？要么不做，要做就做大的。我的目标是刘备！我要做蜀地的皇帝。"李顺给自己定下了人生目标。

行家一出手，就知有没有。李顺刚一上位，就率领义军攻下了蜀州、邛州，彻底稳固了义军的后方。没了后顾之忧，李顺的义军成了一匹脱缰野马，再也拉不住了。打下邛州后，李顺挥戈东进，将目标对准了新津县（今四川成都市新津区）。

新津县位于成都府以南九十里，是成都的南大门。这个县依山傍水，地势险要，守将郭允能依托三渡水（岷江、西江、羊马河交汇处）天险，试图做拦路虎。但其时正值旱季，河水较浅，李顺熟知地况，率义军从水浅处涉水而过，打了郭允能一个措手不及，义军不费吹灰之力就占领了新津县，郭允能战死，另一名守将毛俨逃走。随后，义军先后攻克双流（今成都市双流区）、温江（今成都市温江区）、郫县（今成都市郫都区）、永康军（治灌口镇，今四川都江堰市），兵力发展到数万人，声势浩大。李顺不由得豪情万丈，决意攻打成都。

但李顺低估了成都府的城防力量。当他率领大军气势汹汹地攻打成都城西门时，守军在成都知府吴元载、西川转运使樊知古、成都十州都巡检使郭延濬（浚）、监军宿翰等人的指挥下展开顽强抵抗。千年古城的坚固城防不是浪得虚名的，义军被击败，被迫撤军。

遭遇挫折后，李顺改变策略，确定了先扫清外围城池，再攻打成都的策略。

淳化五年（994年）正月，李顺率义军先后攻占彭州（治今四川彭州市）、汉州（治今四川广汉市），彻底肃清了成都的外围，对成都形成了包围之势。此时，宋太宗赵光义才知道李顺造反之事，火冒三丈。成都是西南第一重镇，公孙述、刘备、李雄、王建、孟知祥等枭雄先后在此登上九五之尊的宝座，如果李顺也在成都称帝，我赵光义颜面何存？

天子一怒，就要有人倒霉了。赵光义颁布诏令，将成都知府吴元载革职，派素有贤名的郭载继任，与西川转运使樊知古一起守卫成都。

郭载走到梓州（治今四川三台县）时，遇到了一个算命的，此人对着郭载从头看到脚，又从脚看到头，长长地叹了一口气。郭载大感诧异："敢问先生，为何对郭某叹气？"算命的望着郭载，表情严肃地说："郎君此行，必有血光之灾，如若及时回头，事情尚可挽回。""对不起，我不信鬼神！"说完便继续赶路。算命的望着郭载的背影，仿佛望着一个死人。

郭载的确是送死来了。经过一年的战争，义军已经发展到了数十万人，并且积攒了丰富的攻城经验。在李顺的指挥下，数十万大军配以云梯、撞城木等攻城器械，对成都城发起一拨又一拨的攻势。郫水风寒，蓉城云紫，浩气横飞，雄师所指。"等打下锦官城，我李顺必与诸君痛饮，一醉方休！"

在这危急关头，新任成都知府到了，他带来了天子赵光义谆谆的教导，也带来了大宋朝廷真切的慰问。

"装腔作势。有什么用？"转运使樊知古暗暗骂道。樊知古本为三司使，三司使人称"计相"，主管中央的财政大权，是仅次于东西两府（政事堂、枢密院）负责人的大人物。被外放做转运使，他心里一直颇有怨言。

樊知古说的对，确实没什么用，郭载前脚进城，后脚成都城就陷落了。郭载是一条好汉，所谓"好汉不吃眼前亏"，他见势不妙，撒丫子就跑，直奔梓州而去。怎么来的，又怎么回去了。到了梓州，郭载刚平复下怦怦直跳的心脏，就被身后的人吓了一跳："是你？"樊知古讪讪地说："正是在下。"樊知古这老小子，居然一路跟随郭载，逃到梓州来了。

"我一定要杀回成都。天子圣明，一定会派禁军入川平叛。"郭载的眼中闪烁着光。樊知古则暗暗地叹了一口气。

樊知古，本为南唐屡试不第的落魄文人，因暗助宋军灭唐有功，在宋朝平步青云，先后做过江南转运使、京西北路转运使、右谏议大夫、三司使等职位，精明果断，颇有才干。李顺作乱，攻破成都，樊知古虽侥幸逃脱，但心中愤懑。后来他掌管两川漕运，擅离职守，被罚去均州，忧悸而卒。

郭载说的没错，朝廷的平叛大军马上就要来了。二月初一，赵光义得到了成都陷落的消息，气得浑身发抖："李顺，一介鼠辈，跳梁小丑，胆敢在朕头上动土！"急火攻心之下，太平兴国四年在高梁河受的箭伤又复发了。赵光义忍着剧痛，琢磨着率军入川的人选。

蜀中地势险要，易守难攻，如果在此地关起门来做皇帝，朝廷会大伤脑筋，所以这个人必须是自己人，要靠得住，不能养出个钟会来。第二，李顺拥兵数十万，声势浩大，所以这个人得是军事上过硬的人，不能再用出个曹彬来。最合适的当然是李继隆，但他另有任务。想到李继隆要对付的那个人，赵光义更加焦躁不安起来。

"有了，就是他！"想到这个人，赵光义焦躁的心情慢慢平复下来。是啊，在他一生最焦躁的那一天，是这个人亲手为他关上了焦躁之门，将他推上了九五之尊的宝座。这个人，是他最信任的人，也是他最贴心的人。这个人就是大……大宦官王继恩。

赵光义疯了吧？入川平叛这么重要的任务，居然交给一个"死太监"。不不不，赵光义没有疯，他心里精明得很。即使平叛无功，到时候重新派人就是。如果派个信不过的，冒出第二个钟会来，麻烦更大。

王继恩是一位后周时期即入宫的老宦官。宋太祖赵匡胤驾崩时，宋皇后派王继恩急诏赵匡胤之子赵德芳入宫即位，王公公权衡利弊，私自宣赵光义入宫，使一直觊觎大宝的赵光义得偿所愿。此后，王公公成为宦官界的翘楚、太监界的楷模。他不仅在宫中一手遮天，而且在河北前线担任过监军，是一位上过战场见过世面的……公公。所以说，王继恩是有一定的军事基础的，并非门外汉，这也是赵光义敢委之以重任的重要原因。

王继恩马不停蹄，率军直奔蜀地。一路上，他心里忐忑不安，祈祷李顺是个庸才，没有攻打那个地方，否则，可真要万劫不复了。

正月十六日，李顺率义军攻破成都。他终于能向刘备、王建看齐了。当天，李顺即建立了政权，定国号为"大蜀"，自称"大蜀王"，改元应运。

"从今天起，我李顺，再也不是青城山下贫贱的茶农，再也不是味江河畔吃了上顿没下顿的客户。我是大蜀王，我是天府之国的主宰。赵光义，你的好日子到头了！"大蜀王李顺开始运筹帷幄，布置大军攻占蜀中各地。

宋廷余孽郭载、樊知古逃往梓州，必须派大军讨伐。"军帅相里贵（又作相贵）听令，率领义军主力二十一万，进攻梓州！""得令！"

眉州（治今四川眉山市）是成都的南大门，尚在宋朝官兵手中。"中书令吴蕴听令，率大军十万，即刻启程攻打眉州，务必一举而克！""得令！"

剑州（治今四川剑阁县）、夔州（治今重庆奉节县）分别是蜀中的北大门和东大门，是从水陆两路入川的必经要道。只要攻下这两个地方，就可以高枕无忧地做一辈子蜀王了。得知这两个地方只有数百残军把守，李顺便只派了数千人去攻打，以为能手到擒来。自上位以来一直英明果断的李顺终于犯了第一个错误，这个错误将让他万劫不复。

李顺的错误

二月，草长莺飞，杨柳拂堤。杨广轻哼着小曲，率领数千将士优哉游哉地行进在官道上。"东风驿路马蹄香，晓起行春到夕阳。"这一行人难道是在踏春？他们全身披挂的盔甲和手上明晃晃的刀枪告诉人们，他们不是来踏春的，而是去杀人的。

李顺称王于成都后，立即派出四路大军分攻蜀中各大战略要地。杨广正是其中之一，他的任务是直赴剑门关，击败守将上官正，控制这个战略要地。

剑门关位于剑州东北，是走陆路自陕入川的唯一通道。若从关北向南入关，只有一条陡峭的羊肠小道，宛如一道悬挂的天梯。若是有人在关顶把守，纵有千军万马也难以攻破。换言之，只要占据了剑门关，就等于占据了入川的门户，只要关起门户，就可以在蜀地自由自在地做土皇帝。所以，剑门关自古以来便是兵家必争之地。

自北向南难以攻关，但是从南往北攻可就容易多了。剑门关一带崇山林立，峻岭绵延，地势南高北低，从关南的汉源坡直至剑门关，正是一条下坡路，攻方俯冲而下，守方势必难以抵挡。

剑门关守将上官正麻烦大了，不仅不占地利，手下还只有几百残兵，面对十倍于己的大蜀军，他看起来必死无疑。抱着必死的决心，上官正操练士卒，全力备战。

二月十三日，杨广率领蜀军进攻剑门关。"攻破此关，天下无关！"想到令无数名将折戟的剑门雄关即将被自己攻破，杨广不由得沾沾自喜起来。他令旗一挥，蜀军自汉源坡冲下来，如饿虎扑食般冲向宋军。上官正奋起余勇，率领守军拼死抵抗。

虽然宋军拼命阻击，但好虎难斗群狼。在蜀军潮水般的攻势下，宋军渐感不支，剑门关眼看就要被攻破了。就在此时，一支军队从天而降，挽救了宋军的命运，也击碎了李顺的皇帝梦。

这支军队的指挥官正是从成都逃走的都巡检使郭延濬和监军宿翰。当义军攻破成都时，二人率一股溃兵一路北逃剑门，途中得到了蜀军进犯剑门的消息，于是率宋军一路悄悄尾随蜀军，随时准备给予对方致命一击。

麻痹大意的杨广吃了大亏。当蜀军与剑门守军激战正酣之时，郭延濬、宿翰突然率军自背后杀出，打了蜀军一个措手不及，蜀军阵形瞬间被冲乱。上官正看到生机，激动不已，守军士气大振，奋起余勇与蜀军恶战。

在宋军的前后夹击之下，蜀军大败，数千人几乎被斩杀殆尽，只有三百人败归成都，杨广则不知所踪。郭延濬等人长舒一口气：入关的门户保住了，平定义军的希望大大增加，自己没守住成都的罪过也将大大减轻。

败军回到成都后，李顺得知杨广战败的消息，勃然大怒，将三百余人全部斩首。剑门没攻下，李顺只能寄希望于相里贵了，只要相里贵顺利攻下梓州，他依然可以依托两川与宋军抗衡，做他的土皇帝。"相里贵，大蜀的前程全靠你了！"李顺的内心不由得激动起来。

此时，相里贵率领的二十一万蜀军正在对梓州城发动一拨又一拨的攻势。梓州，位于蜀地中部，四周有涪江、凯江、凤凰山、三台山等天险环绕，易守难攻，是由川中北上入关中的重要通道。自唐代起，梓州便是剑南东川节度使的治所，具有重大的政治意义。对李顺的义军来说，攻下梓州，就意味着将东川收入囊中，与成都两相呼应，义军将拥有割据川中的巨大资本。

当义军攻打成都时，梓州守将卢斌率军驰援，成都被攻破后，卢斌率部成功逃回梓州，为梓州城的城防保存了有生力量。当王小波初兴义军时，梓州知州张雍即率领梓州军民修缮城防，招募士卒，囤积粮草，做好了应战的准备。卢斌来到梓州后，与张雍通力合作，日夜操练士卒，储备粮草，做好了与义军长期对抗的准备。

相里贵率领义军一路势如破竹，迅速攻克梓州城外围的州县，并占领了梓州城外的牛头山、凤凰山等制高点。但张雍和卢斌老谋深算，他们早已率领守军日夜作业，挖掘了丈余深的沟渠，再引附近的西河水，在城外形成了一条护城河。依托护城河之固，宋军龟缩城内，坚守不出，义军一时之间毫无办法。

相里贵不愧是义军头号名将，他眉头一皱，计上心来。一日，梓州城外出现了一队向守军挑战的义军，只见这队人老的老，小的小，衣衫褴褛，脸现病容。正在城头巡视的卢斌顿时喜形于色，令旗一挥，就欲派兵出城迎战。

"慢着！"一声大喝阻止了卢斌的冲动，阻止他的正是张雍，"相里贵从成都一路打来，所向披靡，怎么可能都是老弱残兵？其中必定有诈。"卢斌猛然醒悟，深深为自己的鲁莽惭愧。张雍的推测没错，这队残兵正是相里贵派来诱敌出战的，如果宋军出城迎战，相里贵的伏兵势必会一拥而上，后果将不堪设想。

看到诱敌出战的计策没有奏效，相里贵再生一计，他安排军士在城下展开攻心战术，大力揭露张雍和卢斌如何残暴，守城的将士如何受虐待等，同时表示义军人人平等，财富均分，热烈欢迎守军的加入。

这一招果然奏效了。为了扩充梓州城的城防力量，张雍曾经招募了一千多名新兵。面对义军的游说，这批新兵蠢蠢欲动，纷纷与城下的义军将士交谈诉苦，甚至有人溜出城外加入义军。眼看人心思动，溜出城的越来越多，张雍再次当机立断，斩杀了一批试图出城的士兵，危机暂时解除。

软的不行，只能来硬的了。在一个月黑风高的夜里，相里贵指挥义军架云梯爬上城墙，同时将满载燃料的车子点燃，跟着撞城木直冲城门，双管齐下。守军应付自如，先是扔大石猛砸了一阵云梯和车子，随后箭如雨下"招呼"攻城义军。义军损失惨重，攻势渐渐衰弱。

硬的不行，相里贵决定另辟蹊径。他派人继续不痛不痒地佯攻城门，同时偷偷将主力调出战场，带着云梯、冲车等攻城器械在城西北角集结，准备攻敌人之不备。此举怎逃得过张雍的眼睛？他一眼就看穿了义军的意图，将计就计，佯装将从东门出城击敌，派遣五百将士聚于东门。相里贵看到张雍增兵东门后，果然上当，将一万多名精兵埋伏在城东的万馀山，试图伏击守军。成功将义军主力引到东门后，张雍召集百余名死士，突然从西北角出城，向义军发动攻击，大败集结在此地的义军，并将义军的攻城器械付之一炬。

一计不成，再生一计。多次受挫后，相里贵决定使用火攻。一日，北风大作，相里贵指挥义军乘风放火，向北门发动攻击。此计再次被张雍和卢斌破解，他们亲自率军防守北门，冒着矢石指挥战斗，大大鼓舞了守军的士气，义军的攻势再次被击退。

双方斗智斗勇，没日没夜地鏖战着，一直过了八十天，虽然张雍和卢斌率守军拼死抵抗，但毕竟众寡悬殊，在义军的冲击下，梓州的陷落只是时间问题了。其时已是农历四月份，天气逐渐变热，张雍的内心却是无比冰冷。此时，张雍考虑的是守城将士们的性命，他开始安排身后事了："我死后，你们割下我的脑袋，交给相里贵请赏，这样你们就可以活命了。"好个张雍，竟然准备自杀。

张雍缓缓地抽出了自己的佩刀。刀锋冷，张雍的内心比刀更冷。"我张雍英雄一世，想不到竟葬身于这梓州城内。"他心一横，就欲引颈自刎。突然，守城将士爆发出一阵雷鸣般的欢呼声，张雍拿刀的手颤抖了下，刀就掉在了地上。张雍走上城头，看到一队盔甲鲜明的宋军，为首一人披挂整齐，颔下无须，尖声尖气地向张雍招呼道："咱家石知容（石知颙），奉王继恩王公公之命，特来解梓州之围。"

石知容令旗一挥，指挥宋军直扑义军。经过八十多天的鏖战，义军早已精疲力竭，哪挡得住这股生力军的冲击？张雍和卢斌看到生机，大开城门，率军杀入义军阵中。义军大败，惊慌失措的相里贵率余部溃退。

张雍正欲指挥将士追击，石知容挥手阻止了他："张大人不必着急，王继恩公公已攻占成都，匪首李顺亦已授首，消灭这股乌合之众，举手之劳而已。"

李顺的覆灭

清晨，微雪初晴，王继恩率领大军疾驰在积雪初融的官道上。"一定要赶在义军占领剑门关之前入蜀，否则，平叛之路将难如登天。"王继恩猛甩马鞭，疯狂地抽打马屁股，恨不得马上飞到剑门关内。

淳化五年二月，王继恩公公率领朝廷的平叛大军马不停蹄地赶往剑门关。近了，更近了！剑门关的影子在王继恩的眼中渐渐清晰。一起出现在他眼前的还有一支整齐有序的军队。王继恩忐忑不安地打量着，为首的三员将领趋步向前，在王继恩马前拜倒："卑职宿翰、郭延濬、上官正，参见王公公！"

看来剑门关保住了，平定李顺将易如反掌，王继恩心中一阵兴奋。他下马一一扶起三员宋将："三位大人有功于社稷，请受咱家一拜！"三人哪敢接受他的大礼，慌忙上前搀扶。

寒暄完毕，成都监军宿翰代表剑门关守将向王继恩详细汇报了剑门关之战的情况。王继恩激动地以手加额："天佑我大宋！李顺，你的死期到了！天子已经布下了天罗地网，你李顺插翅难逃了。"

原来，在王继恩兵发剑门的同时，受王继恩节度的雷有终、尹元等人率领的东路宋军，走长江水路，由夔门入蜀，在击溃了李顺派来攻打夔州的义军后，连续攻克果州（治今四川南充市）、渠州（治今四川渠县）、合州（治今重庆合川区），兵锋直指成都。此外，李顺派去攻打眉州的义军亦遭到守军的顽强抵抗，久攻不克。起义军的形势陡转急下，瞬间变得岌岌可危。

在剑门关休整了一个多月后，王继恩兵分两路，一路由自己率领，一路由内殿崇班曹习率领。王继恩这一路连续攻占剑州、柳池驿（今四川剑阁县柳沟镇）、绵州（治今四川绵阳市东），直扑成都。在攻占绵州后，为了震慑义军并瓦解义军的斗志，王继恩下令将俘虏的三百义军士兵全部处死，初步显露了刽子手的属性。在日后，他还将越来越多地显露这个属性。

曹习这一路自嘉陵江顺流而下，连续攻占葭萌（今四川省广元市昭化区）、阆州（治今四川阆中市）、巴州（治今四川巴中市），做好了攻打成都的准备。

至此，王继恩、雷有终、曹习三路大军斩关夺隘，对成都形成了合围之势，为李顺的大蜀政权编织了一张天罗地网。

自从做了蜀王，李顺的心态变了，他的欲望开始滋生，内心变得膨胀而脆弱。攻打剑门、夔门的义军先后失败，但李顺并没有为即将到来的恶战进行战略调整。攻打眉州、梓州的义军主力又不约而同地陷入了拉锯战之中，李顺本应撤回这两支军队，稳固成都的城防，以期与王继恩进行持久战，但李顺竟然反应迟钝，无所作为。

五月，王继恩运筹帷幄，开始指挥大军会攻成都。由于李顺的决策错误，此时义军的主力大军三十余万正在攻打梓州和眉州，成都兵力空虚，一攻即破。作为义军政治中心的成都竟然成为官军镇压义军过程中最轻松攻破的城池，义军领袖李顺仅过了不到三个月的"蜀王"瘾，就迎来了自己的末日。初六攻占成都后，王继恩派大军四处出击，扫荡义军，眉州、梓州相继获救。

如果说故事到此结束，那么王继恩的形象基本是正面的，他运筹帷幄，调度有方，不到一个月时间即扫平义军，证明了赵光义重用他是一个无比英明的决策。只可惜王公公并不是一般人，继"绵州杀俘事件"后，他在成都再次显示了刽子手属性。他不仅下令屠杀了义军三万余将士，还于五月二十五日将蜀王李顺及其部下吴文赏、李俊、彭荣、卫进、李师中等义军核心人员一股脑在凤翔斩首示众。

王继恩的嗜血杀戮再次激起了反抗。淳化五年五月，义军余部在张余的率领下再次起事，先后攻占嘉州（治今四川乐山市）、邛州、蜀州等地区，声势浩大。直到第二年二月，张余在嘉州被俘，起义才再次被平定。

至道二年（996年）五月，李顺部将王鸬鹚再次起事，攻占邛州、蜀州等地，自称邛南王，再次点燃了蜀中的战火。原本已经风平浪静的蜀地，因为王继恩的滥杀，再次变得遍地烽烟。

"王继恩，你这个死太监！"宋太宗赵光义勃然大怒，对王继恩进行了严重的口头警告。虽然王公公搞砸了，但他毕竟是赵光义的贴心人嘛。王继恩是不能再用了，赵光义派出宿将石普入川平叛，之后又派遣治理地方向有美名的名臣张咏入川，张咏在蜀地施行轻徭薄赋，蜀地的人心得到安定。

朝廷双管齐下，义军的声势逐步瓦解。至道二年，在石普的连续打击下，邛南王王鸬鹚兵败身死，至此，历时三年之久的蜀地农民起义彻底画上了句号。

以王小波、李顺为首的蜀地农民起义是北宋第一次大规模的民变，虽然最终失败了，却使北宋朝廷看到了民变的巨大能量。王小波、李顺的起义首次打出"均贫富"口号，无疑具有重大的进步意义。而起义失败，原因之一便是蜀王李顺犯了严重的战略错误。对于入川的门户剑门关，他仅仅派遣小股部队攻打，结果无法速战速决，贻误战机；他派主力攻打城防坚固的梓州城，本也合理，但战事久拖不决之时，他没有立即调整战略。

王继恩作为宋廷平叛大军的指挥者，在风卷残云般席卷义军后，过度杀戮，再次激起了民变，使得起义的烽火多燃烧了两年，给川中再次造成了战乱——可谓是功过参半了。

王继恩在蜀地的所作所为让赵光义大大失望。"如果当时朕派去蜀地的是李继隆，怎么会搞成如此局面？该死的李继迁，就是你屡次作乱，让朕无法派出自己最好的将军。朕，早晚将你碎尸万段！"

李继迁又是怎么回事呢？且听下回分解。

第六章

狼烟起西北：李继迁的

反宋战争

五州风波

骄阳似火，无情地炙烤着金黄色的大地，满地的黄沙都似要被烤焦了，穿着鞋子踩在上面，依然感到灼热。一只野狗趴在城外的树荫下，伸出舌头大口大口地喘气。它是在恐惧这无情的酷热，还是在逃避被人奴役的命运？

太平兴国七年六月，定难军银州城，一支送葬的队伍抬着棺木，施施然走向城门。为首的是一位二十岁左右的年轻人，他身披重孝，缓步而行，清秀的面庞上带着哀苦之色。

"站住！非常时期，严禁出城！"守城士兵伸手拦下了送葬队伍。

"在下的乳母刚刚去世，正要出城安葬，烦请老总放行则个。"年轻人脸现不悦之色。

"几位大哥，我家少爷是个大孝子，还请行个方便，成全我家少爷。如果有什么不放心的，我可以打开棺材给各位大哥检查。"年轻人旁边闪出一个长须的中年汉子，顺手将一点散碎银子递到士兵手中，然后作势就要揭开棺木。

"晦气，晦气！你们赶紧走吧。"为首的军士挥挥手，中年汉子连连作揖，千恩万谢地带着送葬队伍出城去了。

守城军士不知道，他们在不经意间改变了历史。他们放走的这支送葬队伍，将在日后成为赵宋王朝的噩梦。这支队伍领头的年轻人就是李继迁——定难军节度使李继捧的族弟。

话还得从唐末说起。黄巢起义时，党项族首领拓跋思恭与弟弟拓跋思忠率军勤王。在战斗中，拓跋兄弟前赴后继，弟弟拓跋思忠甚至献出了生命。黄巢被平定后，拓跋思恭被唐政府任命为定难军节度使，辖夏州（治今陕西靖边县北）、绥州（治今陕西绥德县）、银州（治今陕西榆林市横山区）、静州（治今陕西米脂县）、宥州（治今内蒙古鄂托克前旗东敖勒召其古城）等五州之地，并被赐姓李氏。从此，拓跋思恭成了李思恭，定难五州也就成了党项李家的固定领地，与定难军节度使一起，世代传承。

到了李思恭的后人李继捧在位时，他的叔叔李克文等人不服李继捧的领导，屡屡与其发生矛盾。深感势单力孤的李继捧于是上奏大宋天子赵光义，请求入朝任职，同时请求朝廷收回党项李家世代传承的五州之地。

想到自己即将超越前朝，收复独立方外上百年的定难五州，在高梁河战败不久的赵光义内心再次澎湃起来。

接收事宜有条不紊地进行着，但在银州城，却发生了一个小插曲。李继捧的族弟李继迁不愿意放弃故土，与自己的弟弟李继冲、谋士张浦（即前文的中年长须者，注意这个人，他将是李继迁日后崛起的关键人物）等人密谋，率领聚集在自己麾下的族人，伪装成送葬队伍，将兵器、盔甲藏在棺材中，混出银州城。于是就有了本章开头那一幕。出城后，几番辗转，他们来到了一个叫作地斤泽（今内蒙古巴彦淖尔市境内）的地方。地斤泽水草丰美，利于畜牧，是沙漠中的绿洲。在这里，李继迁将开启他辉煌的军事生涯。

在谋士张浦的策划下，李继迁取出自己祖先拓跋思忠的画像，一边放声大哭，一边厉声指责李继捧卖地求荣的恶劣行径，表示自己将不负祖先，誓要夺回定难五州。

此举为李继迁赢得了名声，一群激进的党项族年轻人很快聚集到他的麾下。李继迁从此有了跟赵宋朝廷叫板的资本。经过几个月的养精蓄锐，这年冬天，李继迁率部走出地斤泽，准备攻打离地斤泽三百余里的夏州城。夏州知州尹宪闻讯大惊，急忙向朝廷奏请救兵，赵光义于是派遣引进使梁迥率军驰援。

得知梁迥驰援的消息，李继迁再三思索后，决定退兵，此时的他实力弱小，尚不具备抗衡宋朝大军的能力。听到要退兵，李继迁的部下们难掩脸上的失望，悻悻地跟着李继迁退往地斤泽，李继迁的第一次军事行动就这样无疾而终。

西风料峭，大地萧索，一个疲惫不堪的人骑着一匹瘦马，默默走进了地斤泽。

屡败屡战

太平兴国八年（983年）五月，宋将田钦祚、袁继忠正率部巡视夏、绥等州，当队伍行进到一个叫葭芦川（今陕西佳县西北佳芦河）的地方时，早已埋伏于此的李继迁率兵突袭宋军。李继迁显然高估了自己的力量，双方刚一接触，党项军就抵敌不住，李继迁的队伍一败涂地。李继迁不愧是一条好汉，以迅雷不及掩耳之势率领队伍撤出战场，仓皇逃窜——好汉不吃眼前亏嘛。

见正面交战难以占到便宜，李继迁改变了策略。这年九月，李继迁再次出兵，袭击屯兵三岔口（今内蒙古乌审旗西南）的田钦祚、袁继忠所部宋军。双方一交手，党项军再次毫无悬念地退走。田钦祚和袁继忠几乎笑岔了气——就这点战斗力还敢来捋虎须？

田钦祚是一员猛将，他一马当先，率领雄武军追击李继迁。当宋军追到地势险峻的狐貉谷（今内蒙古乌审旗境内）时，突然金鼓齐鸣，万马齐嘶。"中计了！"田钦祚懊恼地大叫着。田钦祚不愧是一位猛将，他临危不惧，指挥部下们沉着应战，但好虎难斗群狼，好汉架不住人多，党项军队越来越多，宋军左支右绌，眼见是要抵挡不住了。

突然传来一声大喝，犹如晴天霹雳，震慑了党项人的胆魄，也挽救了田钦祚的命运。一位威风凛凛的将军随风而来，直取李继迁，正是宋军名将荆嗣。几年前在瓦桥关，就连辽军名将耶律休哥都在荆嗣手里吃尽苦头，对付初出茅庐的李继迁，自是不在话下。荆嗣率军一番冲杀，李继迁见势不妙，再次发挥"特长"，逃之夭夭。

连续几次对宋作战失利，让李继迁看清了自己和宋军的实力差距，他开始韬光养晦，在地斤泽招降纳叛，操练军士，暗暗积聚着力量。

经过半年多的埋头发展，在太平兴国九年（984年）七月，李继迁再次向宋朝挑战。兵强马壮的李继迁信心满怀，但想不到的是，这次出击差点让他走上了不归路。

这次战斗，李继迁将目标对准了位于夏州西北的王庭镇。王庭镇番汉杂居，人口众多，是绝好的兵员补充地。李继迁攻敌不备，突然袭击，以迅雷不及掩耳之势拔下了这个据点，俘获以万计，并在夏州知州尹宪赶来救援之前迅速撤走，行动迟钝的尹宪只能望敌兴叹。

当满载而归的李继迁率领党项将士回到地斤泽时，迎接他们的是英雄般的礼遇。但乐极生悲，李继迁的厄运马上要到来了。

九月，宋夏州知州尹宪、都巡检使曹光实率军突袭地斤泽，毫无防备的党项人一败涂地。久经考验的李继迁再次彰显了逃跑专家的本色，他抛下部下，与弟弟李继冲逃之夭夭。虽然李继迁逃走，但他的妻子、母亲以及数千名党项将士却全部做了宋军的俘虏。

秋风萧瑟，秋雨滂沱，李继迁和李继冲在凄风冷雨中狂奔着。

曹光实，你有种！别看你现在蹦得欢，有朝一日俺老李王者归来，一定叫你血债血偿！凭我祖上在夏绥的威望，凭我李继迁在党项人中的号召力，我一定可以卷土重来的！

说干就干，李继迁选中了一个叫作黄羊坪（今内蒙古乌审旗西北）的地方，在这里，他振臂一呼，再次聚拢起一支队伍。同时，他还有了一个意外收获——当地的党项大族野利氏看中了李继迁的潜力，将女儿嫁给了他。有了野利氏的支持，李继迁如虎添翼，他的实力不断壮大着。

冬去春来，乍暖还寒。春风吹走了寒冷的冬天，也吹醒了李继迁那颗复仇的心。

时间来到了雍熙二年（985 年，需要注意的是，宋太宗于太平兴国九年十一月改元雍熙）的二月。冥顽不灵、顽固不化、宛如附骨之疽的李继迁，投降了，向大宋都巡检使曹光实投降了！

如此盖世奇功，曹光实自然不能与他人共享。二月二十日，他召集了一百名亲兵，静悄悄地出了夏州城，赶往李继迁的营寨。想到大名鼎鼎的李继迁，马上就要匍匐在自己脚下，曹光实情不自禁地笑出了声。

曹光实高兴得太早了！当他到达李继迁的营寨时，等待他的并不是鲜花和掌声，而是冰冷的屠刀。"无耻老贼！竟敢不宣而战，袭我地斤泽，掠我妻女，屠我子民，今天我要你血债血偿！"随着李继迁一声令下，曹光实人头落地，他带来的一百宋兵也变成了党项人刀下之鬼。

诱杀曹光实后，李继迁打着曹光实的旗帜赚开了银州城，兵不血刃地占据了这座西北重镇。占领银州，李继迁倍感兴奋，从此，他有了一个正儿八经的根据地了。他再也不是那个混迹在地斤泽中的落魄小子了，现在他是银州城的主人，而有了银州，夺回定难五州将不再是梦。

此时的李继迁已经有点膨胀了，这年三月，他引兵攻克会州（治今甘肃靖远县东北），然后将城池付之一炬。此举震惊了大宋天子赵光义，他当即派出秦州知州田仁朗、阁门使王侁等人率军讨伐李继迁。

李继迁焚毁会州后，马不停蹄，直奔附近的重要据点抚宁寨。这次他遇到硬茬了，面对这个小小的据点，他连攻多日依然没有攻克。俗话说"顿兵于坚城之下，兵家所大忌也"，顿兵于坚寨之下的李继迁这次是犯了大忌了。

就在李继迁苦苦攻打抚宁寨的时候，危险来了！王侁率领的宋军马上就要到了！万般无奈，李继迁只有硬着头皮迎战了。在一条叫浊轮川（即牸牛河，是窟野河的支流，流经今内蒙古准噶尔旗、山西神木市境内）的河边，李继迁与王侁相遇了。王侁在日后陷害杨业，实为一奸诈小人，但是不得不说他的军事能力还是不错的。面对如狼似虎的宋军，已经连续作战多日的党项军队一触即溃，对这种情况已经轻车熟路的李继迁再次逃之夭夭。

击败李继迁后，王侁得陇望蜀，一鼓作气攻入银州城，李继迁再次被迫流浪。多次的失利引发了李继迁的思考，在与谋士张浦商量后，李继迁派人出使契丹，向辽国的承天太后萧燕燕请降。此举对李继迁来说可谓一本万利，他不仅被辽国封为定难军节度使、都督夏州诸军事，还娶了辽国的公主，成了大辽的驸马爷。名利双收的李继迁从此找到了一个巨大的靠山。

找到靠山的李继迁再次将目标对准了"大城市"——夏州。毕竟他是大辽册封的"都督夏州诸军事"嘛。从雍熙四年二月到八月，李继迁先后三次攻打夏州，均未攻克。连续的作战无功使李继迁的脾气变得暴躁起来，他开始鞭打责罚部下，此举使得他与部下之间出现了裂痕，他甚至为此差点送命。

有一次，李继迁正在校阅军队，他的部下遇乜（niè）布等九人突然发难，行刺他，久经沙场、身手敏捷的李继迁虽然躲过此劫，但鼻子上还是被遇乜布射了一箭。摸着鼻子上的箭伤，李继迁暗暗担忧起来：如此屡战屡败，疲于奔命，部下们势必会与自己离心离德，该怎么办呢？

就在李继迁苦思无策之时，一位老熟人来到了定难军，他的到来使李继迁的事业迎来了转机。

兄弟阋墙

端拱元年（988年）五月，一个叫赵保忠的人来到了夏州，坐上了大宋朝廷的定难军节度使的宝座。一时之间，定难军同时有了两位节度使，一位是辽国册封的李继迁，另一位则是大宋册封的赵保忠。一山不容二虎，正常来说，这两位节度使势必会为了争夺地盘而打得你死我活，但真是这样吗？

答案是否定的，因为这位赵保忠不是别人，正是此前给赵宋朝廷献上定难五州的李继捧。当赵光义被李继迁的叛乱搞得心烦意乱之时，宰相赵普献上一条妙计，赵光义听完微微一笑，立即做出了安排：赐李继捧姓赵氏，赐名曰保忠，任定难军节度使。在赵光义看来，赵保忠作为拓跋思恭的嫡系子孙，自然比李继迁这个旁支更有号召力了。但是事实证明，这位赵保忠可不是善男信女，他日后的表现可谓是狠狠打了赵光义、赵普君臣的耳光。

正所谓"本是同根生，相煎何太急"，李继迁、赵保忠同为党项拓跋家的后代，深深明白这个道理。于是，两人在定难军你来我往，上演了一出"友谊第一，比赛第二"的假打好戏。两人隔三岔五地拉出军队，装模作样地打一番，然后赵保忠就上奏朝廷，说击退了逆贼李继迁。于是，李继迁获得了休养生息的机会，他的势力逐渐壮大起来。到了淳化三年（992年），李继迁已经牢牢占据了银州、绥州。他的羽翼已经丰满了。

看到自己面前厚厚的一札赵保忠上奏的捷报，赵光义开始怀疑起来："这个赵保忠，天天奏报痛打李继迁，甚至不久之前还奏报打得李继迁丢盔弃甲，再次逃往地斤泽当难民。既然如此，为何李继迁的势力反而越来越大？"于是，赵光义策反了赵保忠手下一个叫赵光嗣的军校，终于发现了赵保忠的秘密。"赵保忠，不，李继捧，好个贼子，竟敢跟朕耍花枪！李继隆何在？"

"臣在！"

"你即刻带兵西征，将李继迁和李继捧二贼押解回京治罪！"

"得令！"

淳化五年，赵光义派出头号战将李继隆西征夏绥，征讨李继迁。应该说赵光义这次是真动怒了。其时，正是李顺起义大爆发的时候，为了解决定难军问题，赵光义不惜派出自己的头号战将，而被迫在平蜀的战争中使用了"死太监"王继恩，导致了蜀地日后的动荡。

西北边陲，狼烟滚滚，呼声震天。两支盔明甲亮的军队蓄势待发，正欲决一死战，两支军队的首领正是此地的两位主人——大辽定难军节度使李继迁、大宋定难军节度使赵保忠。

这种阵势，两人早已经轻车熟路了，七年了，两人都是这么过来的，双方摇旗呐喊一番，然后各回各家，赵保忠上奏朝廷说已经痛打李继迁，李继迁则闷头发展实力，两人各取所需，不亦乐乎。但这次，似乎遇到点小麻烦，赵保忠事前得到奏报，朝廷将派出大军征讨李继迁。"征讨一个小小的李继迁何须朝廷大军？有俺老赵足够了。俺老赵一声令下，他李继迁就得乖乖认罪悔过。"于是赵保忠上奏朝廷表示，在自己的严厉叱责下，李继迁已经承认了错误，朝廷无须大动干戈，征讨大军还是回去吧。上完奏章后，如释重负的赵保忠亲自率军同李继迁展开会战，准备重复他们的老把戏。

弓如满月，刀映斜阳，赵保忠纵马来到两军阵前，厉声叱骂："李继迁，你可知罪？"同时令旗一挥，他的部下们开始摇旗呐喊。

李继迁同样令旗一挥，"招呼"赵保忠的是一阵箭雨，赵保忠的部下纷纷中箭，杀猪般地号叫起来。赵保忠顿时蒙了："迁弟，此是何意？你怎么不按套路来？"

李继迁心说还按什么套路，宋廷的征讨大军马上就要到来，你李继捧对我已经没有利用价值了，此时不火并你，更待何时？

李继迁的军队一阵冲杀，毫无防备的赵保忠军瞬间溃不成军。赵保忠不愧是李继迁的兄长，逃跑技术丝毫不亚于其弟，在被打得晕头转向的情况下依然成功逃脱，丧家之犬一般地逃往夏州城。他刚一回城，手下的将领赵光嗣就出来迎接，并将他引入府邸休息。"赵光嗣，你可真是本帅的贴心人啊！"赵保忠突然感慨起来。

赵保忠这次可又想错了，赵光嗣早就是赵光义的人了，赵保忠的所作所为就是赵光嗣报告给赵光义的，怎么可能对他贴心？

刚一进入府邸，赵光嗣就将赵保忠软禁起来："赵大人，您可麻烦了，李继隆将军马上就到，您有什么冤屈，就跟他说吧。"赵保忠心知一切都暴露了，像烂泥一样瘫倒在地上。

李继隆的大军终于到了！面对这位战功赫赫的名将，"好汉"李继迁自然是"不吃眼前亏"了，他放弃银、绥二州，遁入沙漠，杀气腾腾的李继隆只能望沙兴叹了。无可奈何之下，李继隆只能押解着赵保忠回京述职了。回到开封后，赵光义并没有为难赵保忠，将他叱责一番后封了个闲职，并封其为宥罪侯。这个封号也够讽刺的，赵光义倒是挺会玩黑色幽默的嘛。

李继隆撤兵后，李继迁长舒一口气："又一次躲过一劫，好悬！如果跑慢一步，这回在开封城匍匐在赵光义脚下请罪的就是我李继迁了。"见识到大宋禁军的强大战斗力后，李继迁悟出了一个道理：不能惹毛赵光义。

从此，李继迁的对宋战略有所调整，他虚与委蛇，表面上对赵光义臣服。这年八月，李继迁派堂弟李延信入朝跟大宋天子赵光义谢罪，深刻检讨了自己的错误，并表示此前的冲突都是赵保忠暗地搞鬼，他李继迁对陛下只有忠心一片。听到李延信转达的李继迁的这番话语，赵光义暗暗冷笑，心说你骗鬼呢，普天之下，就属你李继迁最不老实。

尽管如此，赵光义还是对李延信说了些安抚的话，并对李继迁表示勉励。毕竟李继迁远在千里之外，他赵光义心有余而力不足，死马当活马医，希望自己的良好姿态能让李继迁保持安静，别再给自己添乱了。

李继迁终于安静了。长达一年的时间，他除了偶尔在定难五州周围劫掠一下，再没有对宋军发动大规模攻击。可惜好景不长，赵光义的一个举动再次惹恼了李继迁，从而导致了一场大规模的冲突。

至道元年（995 年）正月，为了表示对大宋朝廷的友好态度，李继迁派遣头号谋士张浦赴开封进贡，实则刺探赵宋朝廷的虚实，心知肚明的赵光义干脆扣留了张浦，给李继迁来了个釜底抽薪。

要知道张浦可是李继迁的谋主，少了张浦，等于少了一条臂膀。李继迁很生气，后果很严重，他暗暗等待着报复赵光义的机会。

五路西征

至道二年三月，赵光义派遣将领皇甫继明、白守荣等人押送粮草四十万石，送往灵州城（今宁夏吴忠市东）。灵州地处定难五州之西，孤悬塞外，对大宋牵制李继迁具有重大的战略意义。赵光义对这次押运非常重视，安排重兵组成方阵护送，并给运粮的丁夫配备了弓箭，同时命令大将田绍斌率军迎接，以确保万无一失。

春满乾坤，万物复苏，塞外亦有江南景。白守荣却没心情欣赏这良辰美景。"天子对这次押运非常重视，正是俺老白建功立业的好机会。只可惜天子不解风情，居然派了皇甫继明这个老家伙制约我。老家伙胆小如鼠，一路上喋喋不休着不要招惹李继迁，我白守荣岂是吃素的？李继迁小儿不来则已，他敢来，定叫他好看。"

上天注定要给白守荣一个机会，请他开始自己的"表演"。皇甫继明本来就年纪大了，一番鞍马劳顿后病倒了。白守荣几乎按捺不住自己的激动："皇甫将军，既然病了就歇着吧，这点小事，俺老白搞得定。"

深知白守荣心思的皇甫继明哪里放心得下，心说年轻人太冲动，搞出幺蛾子，天子降罪下来我可承受不起。于是皇甫继明抱病坚持出征，一路上制约着白守荣，白守荣气得七窍生烟："老小子，你这是在玩命地阻碍我啊。"

皇甫继明还真是玩命了，当队伍行进到清远军（治今宁夏同心县东）时，他就病势加重一命呜呼了。可怜一代老将临死还要被白守荣诅咒。咒死了碍手碍脚的皇甫继明，白守荣终于可以大展宏图了。只可惜离灵州越来越近了，白守荣还是没有发现李继迁的踪迹，无从立功。

突然，远方尘土飞扬，传来阵阵急促的马蹄声。白守荣不禁一阵兴奋。近了，更近了，已经看到对方的旗号了。一支军队匆匆赶来，为首的却是前来迎接他的田绍斌。

"你好啊，田将军。"白守荣的语气中充满了冷淡。

"白……白将军，有敌人。"田绍斌气喘吁吁道。

田绍斌话音未落，一队盔明甲亮的骑兵施施然出现在他的身后，正是党项人！与此同时，白守荣的后队一阵鼓噪，一队骑兵从天而降般突然杀出，截断了他的后路，为首一人剑眉星目，辫发髡首，正是李继迁。

原来，李继迁早就对宋军的行动了如指掌，他派出三千骑兵在半路拦截田绍斌，自己率大部队埋伏在白守荣的必经之路上，准备对宋军来个各个击破。田绍斌不愧是一员虎将，一番冲杀之下，居然将党项骑兵击退。李继迁多年苦心练兵的成果在这时候显现出来了，党项骑兵训练有素，退而不走，亦步亦趋地跟随着田绍斌。

当田绍斌与白守荣会合时，党项两路大军一前一后适时出现，登时将宋军围在垓心。

"党项小儿，拿命来！"白守荣一马当先，率领队伍直取李继迁。田绍斌亦鼓起余勇，率军回头迎击党项骑兵。两军刚一接战，党项人就显出不敌的样子，在李继迁的率领下一溜烟逃跑了，白守荣轻蔑地唾了一口："就这点能耐，也敢来捋虎须！"

"弟兄们，跟我追啊！"白守荣令旗一挥。"白将军，万万不可！"田绍斌阻止了他的盲动，"李继迁骁勇狡诈，断没有一触即溃的道理，必是此贼诱敌之策。"白守荣心说刚走了个皇甫继明，又来个田绍斌，这是存心跟我老白过不去啊。他狠狠地挥了挥手，拒绝了田绍斌的劝告，率军追击李继迁。

田绍斌猜得没错，李继迁的确是老奸巨猾，他早就安排好了包围圈，就等着白守荣入瓮了。

战斗毫无悬念，信心满满的白守荣刚一交战就做了党项人的俘虏。一看主帅被擒，押运粮草的丁夫一哄而散，赵光义配置的弓箭完全成了摆设。四十万石粮草就这样被李继迁夺走了。至于白守荣，李继迁懒得杀这个毫无价值的草包，直接扒光他的衣服，扔进了臭水沟。

随后，李继迁押着宋军的粮草和俘虏，直奔灵州城，誓要拔掉这颗让他寝食难安的钉子。灵州危急！西北危急！

得到灵州被围的消息后，赵光义雷霆大怒。"好个李继迁，竟敢劫夺朕的粮草，杀戮朕的军士，围困朕的城池，朕与你不共戴天！"

赵光义这次是动了真格了，宋军在西北的军队迅速完成了集结：十州都部署李继隆率环州军，容州观察使丁罕率庆州军，殿前都虞候范廷召率延州军，殿前都指挥使王超率夏州军，西京作坊使张守恩率麟州军，五路大军殊途同归，直抵灵州。"这次，李继迁插翅也难飞了。"赵光义暗暗琢磨着。

"五路大军被李继迁牵着鼻子走，非用兵之道。"李继隆暗暗琢磨着。李继隆从来不是一个墨守成规的人，满城之战时，他就曾力排众议抗旨变阵，挽狂澜于既倒，在军中传为佳话。所以这次对赵光义安排的进军路线，他很不以为然："率军直扑李继迁的老巢平夏，等李继迁主动来救援，反客为主，岂不妙哉？"

将在外，君命有所不受。既然没法在朝堂上和天子争辩，那就自己改行军路线吧。于是李继隆将赵光义的命令抛到脑后，半路与丁罕会合后，昼夜兼程率军直扑李继迁的老巢——平夏。等到了平夏，李继隆和丁罕却傻眼了。

平夏依旧空空如也，连李继迁的人影也没看到。二人等了多日，等到花儿都谢了，李继迁却仍然难觅影踪。李继隆和丁罕不由得面面相觑：李继迁到底去哪儿了呢？

李继迁已经吃了败仗，再次逃之夭夭了。李继隆的判断是正确的，李继迁确实是有回师平夏的打算的，但是他在回师途中经过灵州西面的乌白池时，遇到麻烦了。在此地，他遇到了两股宋军，正是来自夏州的王超和来自延州的范廷召。

面对如狼似虎的党项骑兵，王超和范廷召忐忑不安。本来计划五路一起破敌，如今李继隆的主力并未到达，他俩兵力单薄，一旦战败，将死无葬身之地。"反正天子的命令是在灵州会师，如今尚未到灵州，不出战不算抗旨。"二人心里暗暗打着小算盘。

"父亲，党项人归心似箭，毫无战备，孩儿请缨出战，一战必破之！"王超循声望去，就看到了一张稚气未脱的脸，正是自己随军出征的儿子、年仅十七岁的王德用。

正所谓"初生牛犊不畏虎"，在获准出战后，王德用一鸣惊人，力挫李继迁。看到儿子的军事才能远在自己之上，王超干脆做起了甩手掌柜，与范廷召一起接受王德用的指挥。王德用三战三胜，大败李继迁。无奈之下，李继迁只能再次使用绝招——逃跑大法，一溜烟似的遁入沙漠。

乌白池之战是王德用初出茅庐的一战，在日后，这颗将星将继续闪耀在赵宋抗击外族的战场上。

至道二年宋军的五路西征，至此落下了帷幕。在这次战役中，作为主力的李继隆战意浓浓却一无所获，作为偏师的王超本无战意却成为功臣，不得不让人感叹：造化弄人啊！

乌白池之战，李继迁被打成了丧家之犬，元气大伤。但仅仅一年后，李继迁就得到了自己梦寐以求的东西：他被宋廷正式任命为夏州刺史、定难军节度使，正式成为定难五州的主人，党项祖先的基业至此完全被李继迁收复。

这是什么原因呢？难道是一向好勇斗狠的赵光义吃错药了？其实这并不关赵光义的事，因为他已经驾崩了。即位的宋真宗赵恒本着息事宁人的态度，对李继迁实行了怀柔政策，正式承认了李继迁对定难五州的统治权。自李继捧献土入朝后，经过十多年的折腾，赵宋朝廷在付出大量人力物力后，始终没有消化定难五州，定难五州对赵宋朝廷来说，犹如南柯一梦。

李继迁之死

正式成为定难五州的主人后，李继迁并没有给赵恒任何面子，他不能容忍灵州这颗钉子嵌在他的后方，让他如芒在背，寝食难安。于是李继迁组织兵力，对灵州发动了旷日持久的围城战。灵州城军民在守将裴济的率领下，誓死抵抗。

面对李继迁的再次发难，宋真宗赵恒紧急召开御前会议。关于救援灵州的问题，与会众人的意见分成了两派：一派以宰相李沆、张齐贤、参知政事李至等大臣为代表，认为灵州孤悬塞外，只要李继迁不死就会不停地骚扰，不值得为此消耗大量人力物力，应该放弃；另一派则是宋真宗本人，认为不应该放弃。最终，赵恒选择了坚持自己的意见，派遣大将王超领兵六万，千里驰援灵州城。

赵恒啊，你父亲对敌的强硬你没学会，一意孤行的弱点你倒是学得有模有样，损兵折将，看来是在所难免了。

此时，李继迁已经攻破了灵州西面的清远军。清远军地处要冲，是从环州（治今甘肃环县）、庆州（治今甘肃庆阳市）入援灵州的交通要道，清远军被李继迁打下，灵州顿时成了无根之草，陷落只是时间问题了。

咸平五年（1002 年）三月，经过长达半年多的围城战，灵州终于陷落，知州裴济被杀。直到此时，王超率领的救援大军还是没有抵达。宋真宗的脸被打得啪啪响。李继迁称夏国王，将灵州改名为西平府，作为夏国的首都。历经二十年的奋斗，李继迁终于登上了人生巅峰。但乐极生悲，死神也在一步一步向他靠近。

北风肃杀，万物萧条，大雪覆盖在稀稀疏疏的胡杨上，压得这些弱小的树木岌岌可危。夏王李继迁骑在一匹高头大马上，带着几个随从，威风凛凛地奔驰在积雪覆盖的大道上。"潘罗支，这个死硬的吐蕃人，终于向我低头了。你投降得正是时候，再晚一步，本王就对你不客气了。"李继迁潇洒地提了下缰绳，他仿佛看到潘罗支跪倒在自己脚下，口称"大王"。李继迁手上略微加了把劲，胯下的战马扬起四蹄，撒了欢地跑了起来。

潘罗支，是吐蕃六谷部的首领。李继迁纵横河西，早已将六谷部当成自己的绊脚石。为了自己部落的生存，潘罗支时刻和李继迁周旋着，为此，他将目光投向了赵宋朝廷。潘罗支先后两次派出使者，与宋朝联系，终于打动了赵宋朝廷，被宋真宗赵恒封为朔方节度使。

看到潘罗支和宋朝联手，李继迁马上出击，对潘罗支施以重拳，攻陷了六谷部的重镇凉州城（今甘肃武威市）。见识了李继迁的威力，潘罗支马上服软，派出使者，向李继迁诚恳道歉，并表示之前的一切都是误会，自己从此以后将洗心革面，坚决接受大王的领导，请大王纡尊来卑职的营帐，接受卑职的正式投降吧！

连续的胜利冲昏了李继迁的头脑，接到潘罗支的投降信号，李继迁想都没想，跨上高头大马，只带了几个随从就直奔目的地。

到了营帐，迎接李继迁的并不是鲜花和掌声，而是潘罗支冰冷的目光。"关门！放箭！"潘罗支不疾不徐的命令变成了李继迁的催命符。

李继迁不愧是"逃跑专家"，在如此的绝境下，竟然再次成功逃脱，但这一次，他身中数箭，失血过多，看来是活不成了。李继迁将儿子李德明叫到床前，草草交代了后事。

景德元年（1004 年）正月初二，一代枭雄李继迁魂归天国，年仅四十二岁。

李继迁是党项族的杰出首领，他坚韧不拔、百折不挠，为党项人成功赢得了一块繁衍生息之地，也为西夏王朝的建立打下了基础。在他的孙子李元昊称帝后，他也被尊为夏太祖，可谓实至名归。

李继迁死了，即位的李德明埋头苦干，并不与宋朝冲突。此时，宋朝的对外重心重新转回到北方的辽国身上，宋辽之间的战火已经重燃多时了。

第七章

鸵鸟将军：裴村之战

烽烟再起

萧燕燕最近比较烦。作为大辽皇帝耶律隆绪的生母、大辽朝廷实际上的统治者，萧太后无疑是天下最有权势的女人，那么烦自何来？

烦自军中来。辽统和十六年（宋咸平元年，998 年），在经历了与赵宋政权长达十年的和平期后，野心勃勃的萧太后开始策划再一次的侵宋行动。至于主帅人选，萧太后首先想到的就是大辽头号战神——于越耶律休哥。作为辽国最耀眼的将星，耶律休哥多年来南征北战，在宋辽战争中立下了赫赫功勋，堪称辽国的守护神。

自从十年前的徐河之战遭遇重创后，耶律休哥开始韬光养晦。他在南京（即幽州）轻徭薄赋，抚恤老幼，将幽云十六州治理得欣欣向荣，大大增强了辽国的国力，宋辽两国也维持了长期的和平。如此过了十年，萧太后又蠢蠢欲动了。既然在于越耶律休哥的治理下，南京已经积蓄了充足的力量，不充分利用这些力量，怎么对得起耶律休哥的苦心呢？况且，张牙舞爪的大宋太宗皇帝赵光义已驾崩，新即位的赵恒软弱无能、胆小怕事，是个易欺的主。如此天赐良机，岂能错过？

就在萧太后摩拳擦掌之际，噩耗传来：大辽战神耶律休哥去世。这无疑是一个晴天霹雳。三军未行，先折主将，给萧太后的侵宋行动蒙上了一层阴影。无妨无妨，没了耶律休哥，还有耶律斜轸嘛，大辽双子星，岂是白叫的？

辽统和十七年（宋咸平二年，999 年）九月，萧太后与耶律隆绪母子亲赴南京，准备召集三军将士，安排南侵相关事宜。就在这时，噩耗再次传来：

南征主帅耶律斜轸在军中去世。

大战当前，连折双翼，为之奈何？为之奈何？萧太后的心情一下子沉到了谷底。烦，烦透了。

就在这时，萧太后想到了一个人，一个贴心人，一个对自己绝对忠心的人。这个人就是韩德让，满城之战中败军之将韩匡嗣的儿子。虽然父亲是无能之辈，但韩德让却是个有本事的人。高梁河之战时，他死守幽州危城，勇拒赵光义，为耶律休哥、耶律斜轸等人的反攻赢得了条件，显示了出色的军事才干。

韩德让不仅有才干，他还有背景。据《乘轺（yáo）录》记载，韩德让和萧太后原是一对恋人，而且已有了婚约。后来辽景宗横刀夺爱，韩德让自然不敢与天子争风吃醋，只能忍痛割爱了。辽景宗驾崩时，作为顾命大臣的韩德让挺身而出，力助萧太后压服了蠢蠢欲动的各路宗室，使耶律隆绪顺利即位。自此，韩德让成了辽国权倾朝野的人物，至于他和萧太后，那自然是旧情复燃了。

有了这层关系，将兵权交给韩德让，萧太后自然是放了一百个心。

辽统和十七年九月二十四日，韩德让正式代替耶律斜轸成为辽国南征军主帅，挥师南下。萧太后与儿子耶律隆绪则坐镇中军，亲自压阵。狼烟四起，遮蔽九重天；马蹄滚滚，卷起千里尘。"赵恒，我来了！我父亲当年所受的委屈，我今天要一并洗清。"韩德让暗暗发狠。

早在两个月前，赵宋朝廷便获知了辽军将要南侵的消息，迅速做出了部署，以驻有重兵的镇州、定州、高阳关三大战略要地为主战场，调兵遣将，安排防务。至于主帅的人选，相信读者朋友们一定能脱口而出吧？李继隆。舍他其谁呢？

但，李继隆已经上不了战场了。一朝天子一朝臣，他被闲置了。在宋太宗驾崩之时，李继隆之妹李皇后在宦官王继恩、参知政事李昌龄等人支持下，密谋拥立赵恒之兄赵元佐即位，结果被赵恒的老师吕端巧妙化解。

赵恒成功即位后，对此事进行了软处理。李皇后明面上被尊为太后，实际上却被安置于万安宫，形同软禁。至于李皇后的哥哥李继隆，自然是不能再被授予兵权了。李继隆不能用了，那么用谁呢？赵恒很快给出了答案：傅潜。

傅潜是宋太宗的潜邸旧人。宋太宗即位后，傅潜跟随他南征北战，混足了资历，做到了镇州都部署的位置，成为河北防线举足轻重的将领。作为一员身经百战的武将，傅潜不仅资历老，路子正，而且有两个重要"优点"：一是勇敢，勇敢地当缩头乌龟，打死不出战；二是坚持原则，坚持保命第一的原则，轻易不犯险。宋辽大战前夕，傅潜被任命为镇州、定州、高阳关三路行营都部署。他将很快开始他的"表演"。

韩德让豪情万丈，但宋军也不是吃干饭的。刚一交手，辽军就连续吃了大亏。

九月底，辽军渡过徐河。宋保州（治今河北保定）守将石普、田绍斌、杨嗣经过商议，决定主动出击，攻其不备，给辽军一个下马威，他们将目标对准了由辽国皇弟耶律隆庆率领的先头部队。

耶律隆庆正一边行进，一边欣赏大宋河北的秀丽江山，石普与杨嗣突然率军杀出，毫无防备的辽军一时被打蒙，阵形大乱。耶律隆庆不愧是皇弟，他临危不乱，迅速安定了军心，辽军重组阵形，石普和杨嗣寡不敌众，顿时落入下风。

眼看初战告捷，耶律隆庆不由得志得意满："蕞尔小贼，竟敢偷袭本王，今天让你们血溅五步！"耶律隆庆的面目开始变得狰狞起来。就在此时，一支军队斜刺里杀出，一下子扭转了宋军的劣势，惊醒了耶律隆庆的黄粱美梦。为首一人银鞍白马，亮甲明盔，正是田绍斌。

田绍斌的到来犹如一场及时雨，石普和杨嗣精神为之一振，率军一顿冲杀。辽军大败。保命要紧，耶律隆庆也顾不得皇弟的威严了，带着残兵败将仓皇逃命去了。

虽然先锋部队吃了败仗，但在主帅韩德让和萧太后看来，这点小挫折无伤大雅。辽军一路南进，马不停蹄，十月二十四日，抵达宋河北防线的重要据点——遂城。遂城城防薄弱，兵力空虚，在韩德让看来，这是个弹指可破的地方，但是这次他又想错了，在这里，他将遭遇当头一棒。

傅潜的"表演"

遂城的守将不是别人，正是杨延昭。杨延昭，就是"无敌将军"杨业的儿子。杨业在雍熙北伐中殉国，宋太宗赵光义深感悲痛，开始提拔他的儿子，杨延昭就此进入军界。杨延昭智勇双全，身经百战，令契丹人胆寒，以为他是天上的六郎星下凡，所以，杨延昭又叫杨六郎，其实他是杨业的长子。

契丹大军气势汹汹地来到遂州城下，开始攻城。杨延昭临危不乱，发动了城中的青壮年劳力帮助守城，遂城城防得到加强，顽强地顶住了辽军的冲击。但毕竟众寡悬殊，在辽军的疯狂攻击下，遂城已经岌岌可危，眼看就要被攻破了。

一阵冷风袭来，韩德让不由得打了一个寒战。其时已是严冬，天气严寒，韩德让有点难以忍受了。"先回营帐休整一晚，反正遂城弹指可破，就让他们再苟活一晚吧。鸣金收兵！"

回到大帐，酒足饭饱后，韩德让美美地睡了一觉。"一觉醒来，旗开得胜！"韩德让在睡梦中情不自禁地笑出了声。

天亮后，摩拳擦掌的辽国将士来到遂州城下，顿时傻眼了。遂城，已经变成了一座冰城。原来，杨延昭派人连夜往城墙上浇水，由于天气太冷，泼上城墙的水瞬间就结冰了。"唉，失策啊失策。"韩德让晃了晃脑袋，无可奈何。

杨延昭，算你狠！惹不起，我躲着你总可以了吧？此时，辽军果断分兵：

萧太后的干哥哥萧继远率军走西线，进攻狼山砦（在遂城西北），威胁唐州（治今河南唐河县）、定州等地，战略目的在于骚扰并牵制宋军；萧太后母子和韩德让则率领辽军主力，绕过遂城南下，进攻关南、祁州（治今河北无极县）、瀛州等地，并进一步威胁黄河以南地区。

对于进攻狼山砦，萧继远的内心是忐忑的。狼山砦往南几十里就是定州。宋朝的镇州、定州、高阳关行营都部署，河北防线的总负责人傅潜拥兵八万，坐镇定州城。若面对这支宋军主力部队，萧继远是没有任何把握取胜的。所以，他必须抢时间，在傅潜的援军到达之前拔下狼山砦。"但愿傅潜的反应比我慢吧。"萧继远忐忑不安地想。

怀着忐忑的心情，萧继远开始进攻狼山砦。直到攻破这个据点，傅潜还是不见踪影。萧继远心里开始犯嘀咕：莫非这老小子是在诱敌深入？小心驶得万年船，还是小心为妙，这老小子毕竟也是身经百战了。

既然意在骚扰牵制，萧继远便开始试探性地攻击祁州、赵州（治今河北赵县）等地，在这些地方到处劫掠骚扰。如此过了一段时间，傅潜依然毫无动静。萧继远开始加大骚扰力度，契丹骑兵在赵州、祁州、邢州（治今河北邢台市）、洺州（治今河北邯郸市永年区）等地的乡村四处烧杀劫掠。百姓惊慌失措，纷纷抛弃家业往城里避难，契丹士兵耀武扬威，在田间地头肆意追逐杀戮着这些赵宋百姓，将这些地方变成了人间地狱。祁州等地的守军无能为力，纷纷向傅潜求援，告急文书如雪片般飞入定州城。

面对这些遭遇悲惨的大宋百姓，傅潜的应对依然是事不关己高高挂起，他坚持打死不出战、轻易不犯险的原则，躲在定州城中当起了缩头乌龟。宋军将士群情激昂，纷纷请求出战，傅潜报以他们的是一顿臭骂："有敢轻言出战者，斩！"

渐渐地，高级将领们也坐不住了，监军宦官秦翰、三关都钤辖张昭允纷纷劝说傅潜出战。傅潜充分显示了自己的厚脸皮精神，拒不出战。

西线辽军战果累累，东线的辽军主力也不遑多让。虽然途中李继宣、石保兴等宋军将领率军拼死阻击，但总负责人傅潜不发一兵一卒，使得东线辽军进展无比顺利。辽军主力突破宋军的河北防线，直抵关南地区，威胁瀛州。辽军在河北烧杀掳掠，河北地区百姓苦不堪言。

傅潜的贪生怕死在朝野中也激起了巨大的反响。河北转运使裴庄屡次上书弹劾傅潜的失职行为，但奏疏却被与傅潜交好的枢密使王显扣留。但世上没有不透风的墙，傅潜的恶劣行径最终还是被宋真宗赵恒知道了，这次揭发他的人是工部侍郎、集贤院学士钱若水。

"傅潜贪生怕死，延误军机，严重挫伤了将士们的士气，应该将其斩首！"钱若水的话掷地有声，说出了大宋军民的集体心声。"陛下应该提拔杨延昭、杨嗣这样有能力的将领，给予他们兵权，这样不出半月，就能击退契丹人。"钱若水不愧是一位能臣，连退兵方法都替赵恒想好了。

钱若水的话获得了大臣们的响应。右司谏梁灏等人纷纷支持钱若水的主张，要求宋真宗斩傅潜以谢天下，但宋真宗在此时显示了自己优柔寡断的性格。他不仅没有将傅潜斩首，甚至连处罚傅潜的举措都没有。傅潜的无能和宋真宗的纵容，最终酿成了一场惨烈的大败。

虽然宋真宗没有处罚傅潜，但河北前线的不利局面，他还是不能坐视不管的，他将如何应对呢？

御驾亲征

早在辽军攻打遂城之后，如京使柳开就上奏宋真宗，建议他学习父辈宋太祖、宋太宗，御驾亲征，赴镇州指挥作战。"圣驾若至河北，契丹人慑于天威，必将自行引退。"为了忽悠赵恒上前线，柳开甚至连拍马屁的绝招都用上了。

"上前线，那可不是闹着玩的。"宋真宗的心里一阵忐忑。他依然记得父亲晚年的惨状。由于在高粱河之战中被射中大腿，宋太宗赵光义每年都要忍受旧伤复发的痛苦。每当想起父亲旧伤复发时那痛苦的表情，赵恒的心里就不由得一阵恐惧，他甚至听得到自己内心深处的呐喊："上前线？我不要，我不要！"

但这次不要也得要了。傅潜在河北搞得一塌糊涂，契丹人的铁骑遍及河北、山南、河南甚至山东，来去如风，纵横驰骋。长此以往，国将不国了！赵恒必须对国人有个交代，哪怕只是象征性的。

同年十二月，宋真宗赵恒决定御驾亲征。在出征前，赵恒任命有"圣相"之称的名臣李沆担任东京（即国都开封）留守，处理朝中政事。除此之外，他还重新起用了一位被遗忘多时的老将张永德，任命他担任东京内外都巡检使，主持开封城的治安和防务。

张永德是一位"活化石"级别的武将了，他是后周太祖郭威的女婿、后周世宗柴荣的姐夫，还曾是大宋太祖赵匡胤的顶头上司。当年赵匡胤能发迹，还得多亏张永德的推荐提拔呢。虽然对赵匡胤有恩，但是赵宋政权建立后，张永德由于和前朝的特殊关系，并没有得到重用，一直被闲置。这次赵恒请他出山，也是看中了他在军中的资历和威望，希望他能保持京城的稳定局面。

有了李沆和张永德这文武两大保险，宋真宗可以放心地出发了。御驾亲征，目标——大名府（治今河北大名县）。

在出发之前，赵恒也没忘了他赵家的传家法宝——阵图。当年赵光义为了控制武将，制定阵图，让将领们依阵图排兵布阵，完全束缚了宋军将士的手脚，他的阵图更是屡屡给将领们制造麻烦。赵恒不去学父亲亲赴前线的勇气，却专门学他这种沦为笑柄的糟粕，也真是让人颇为无语。

十二月四日，赵恒在行宫宴请随他亲征的将领，正在大家酒酣耳热之际，赵恒微微一笑，掏出了那张家传的阵图："这是父皇传下来的，是我大宋将士行军打仗的不二法宝，诸位爱卿请仔细参详。击退契丹人的进犯，就靠它了。"看到赵恒脸上兴奋的表情，先锋官王超、枢密使王显、枢密副使宋湜（shí）

等人不由得面面相觑：摊上这么一位爷，没好了。

十二月十五日，赵恒率将士们抵达大名府。"大名府再往北就是辽国骑兵随时出没的洺州，不能再往北走了。"赵恒心里暗暗盘算。于是，赵恒所谓的亲征，车驾就在大名府停下来了。赵恒在这里召见老人，宴请乡绅，俨然一副盛世明君的派头，却不知河北前线的宋军将士大祸临头了。

此时的河北前线，局势已经彻底失控。萧继远率契丹骑兵在西线风驰电掣，前锋已经触及邢州、洺州等地区，坐镇大名府的赵恒很快就可以听到萧继远的马蹄声了。而在东线，耶律隆庆率领的辽军前锋部队已经到达瀛州，正在与范廷召率领的宋军展开一场殊死搏斗。

等等，范廷召不是在定州吗？怎么跑到瀛州来了？

鏖战裴村

范廷召是被傅潜派来的。傅潜这个老乌龟难道突然良心发现了？竟然派军出战了？他才没那么好心呢！范廷召，实际上是被傅潜算计了。

当萧继远在西线烧杀掳掠时，秦翰、张昭允等人就请求傅潜发兵救援，但傅潜一副死猪不怕开水烫的样子，坚持一不出战，二不犯险的原则，始终不救援，秦翰等人只能徒唤奈何。眼看着自己的同胞在契丹人的铁蹄底下呻吟，范廷召彻底爆发了。"当年老子在瓦桥关，由于号令不一，指挥混乱，大军惨败在耶律休哥手里，但我们知耻而后勇，奋起余勇在关南击败了耶律休哥一次。俺老范连耶律休哥都不怕，岂能怕一个小小的萧继远？今日局面都是傅潜这个老乌龟无能所致！"

范廷召越想越生气，他来到傅潜的官邸，指着傅潜的鼻子破口大骂："老匹夫，你贪生怕死，懦弱无能，只懂得当鸵鸟，完全玷污了军人的荣誉，你，就是个缩头乌龟，连一个老娘们都不如！"

傅潜虽然职位在范廷召之上，却也不敢跟范廷召硬碰，万一把老范逼急了，一顿老拳下来，也不是闹着玩的。"别急嘛，老范。出兵，那是可以考虑的。"傅潜脸上装出一副笑嘻嘻的表情，"老范啊，现在关南形势危急，单靠康保裔是远远守不住的，本帅拨给你一万人马，命你即刻启程，全力救援关南。"

范廷召心里不由得暗骂一声"老匹夫"。一万人马，派到西线阻击萧继远，效果自然是立竿见影，但要是拿去对抗契丹人的主力，那无疑是羊入虎口，与送死无异。但傅潜以军令相压，范廷召已是骑虎难下了，只能硬着头皮率领一万将士奔赴关南。

总不能坐以待毙吧？思索再三，范廷召派人向驻扎在高阳关的关南都部署康保裔求援。双方约定在瀛州西南的裴村会合，共抗辽军主力。

康保裔，是一位沙场老将了。早在后周时期，他就在禁军中担任下级军官，而当时的禁军大统领正是殿前都点检赵匡胤。赵匡胤代周自立后，康保裔跟随赵匡胤、赵光义兄弟南征北战，做到了高阳关副都部署的位置，成为河北前线的高级军官。宋真宗赵恒即位后，康保裔被提拔为高阳关都部署，镇守关南，是河北防线极其重要的一环。

当接到范廷召的求援文书后，康保裔不敢拖延，亲率前锋部队火速赶往裴村，同时令部下张凝、李重贵率主力部队作后援，以策应自己。"辽人若攻克瀛州，我作为高阳关都部署将负有不可推卸的责任。如若和范廷召联手与契丹人周旋，等待朝廷援军的到来，或许可以迎来转机。"康保裔暗暗盘算着。

等到了裴村，康保裔却傻眼了。偌大的裴村被白茫茫的积雪覆盖，范廷召呢，却连个影子也没看到。就在这时，康保裔听见了一阵"哒哒哒"的马蹄声，犹如催命的无常鬼用勾魂幡在敲击着地面。近了，越来越近了。马蹄声、号角声、战马的嘶鸣声混杂着胡人的呐喊声，响成了一片。"是契丹人！"康保裔顿时感到毛骨悚然。老范呢？老范哪里去了？

老范已经逃跑了。在向康保裔发出求救信号后，范廷召就在瀛州遇上了辽国皇弟耶律隆庆率领的先头部队。见对方并非主力大部队，范廷召顿时放下心来，他命令宋军结成方阵，以应对辽国骑兵的冲击。

看到宋军阵容严整，耶律隆庆倒也不敢大意。他之前在保州吃过宋军的苦头，深知宋军并不是待宰的羔羊。耶律隆庆表情严肃，询问部下破敌之策："宋军阵容齐整，并无破绽，该怎么办呢？""大王，山人自有妙计。"耶律隆庆抬眼望去，说话的正是大将萧柳。"若大王赐给末将一匹骏马，末将必能破敌。"耶律隆庆对萧柳的故作高深十分反感，于是派人给了他一匹中等马，心说再啰唆，本王要你好看！

骑上战马，萧柳顿时精神抖擞，他长啸一声，挥手向耶律隆庆喊话："宋军阵形若动，请大王立刻攻阵。"说时迟那时快，萧柳已纵马冲向宋军军阵。接着，耶律隆庆令旗一挥，辽军风驰电掣般冲向宋军，宋军登时溃不成军，范廷召率残兵败将狼狈而逃。

虽然辽军获胜，但头号功臣萧柳却受伤了。原来，萧柳是要靠自己出色的骑术冲击宋军军阵，诱使对方露出破绽。由于耶律隆庆给他的只是中等马，所以他移动不够迅速，被宋军射伤。得知自己错怪了部下，耶律隆庆内心不由得惭愧不已。

原本期待联合康保裔与辽军拼一把的范廷召，还未见到辽军主力，就被耶律隆庆率领的前锋部队打得丢盔弃甲。范廷召的内心彻底崩溃。他丧失了勇气，收拾起自己的残兵败将逃之夭夭，只留下康保裔在裴村望穿秋水。

此时的康保裔虽然陷入辽军的包围圈，却并没有趁着夜色突围。他还期待着范廷召到来，一起与契丹人鏖战裴村呢。等到天亮，他傻眼了，辽军的主力里三层外三层将他围了个水泄不通，范廷召却依然没有来。"吾命休矣。"康保裔绝望得闭上了眼睛。

此时，康保裔的一位部下主动要求与他更换甲胄马匹，以掩护他脱身。倏地，康保裔圆睁双目，不怒自威："大丈夫自当战死沙场，马革裹尸，何惜区区一具皮囊哉。"康保裔大喝一声，一马当先冲入敌阵……

战斗的结果不言而喻。康保裔部宋军几乎全军覆没，康保裔力竭被俘。虽然康保裔做了辽军的俘虏，但也许是辽军佩服他的骁勇，他日后在辽国过得还不错，曾做过彰顺军节度使，也算是"失之东隅，收之桑榆"了。

待康保裔安排的后手——张凝、李重贵二人到达裴村，战斗已结束多时。二人徘徊一阵，便领军回高阳关去了。

莫州大捷

康保裔被俘，范廷召逃走，辽军主力的东进之路已畅通无阻。他们一路南下，在棣州（治今山东惠民县）、德州（治今山东德州市陵城区）等地劫掠，吃饱喝足后又渡过黄河，在山东地区的淄州（治今山东淄博市淄川区）、齐州（治今山东济南市）大发横财。辽国人抢得盆满钵溢，萧太后乐得合不拢嘴。她的老相好韩德让也终于替父亲出了一口恶气，狠狠地蹂躏赵宋的汉族子民，完全忘记了他自己也是一名汉人。

抢的东西太多，实在拿不动了，萧太后令旗一挥，率领辽国将士满载而归，与韩德让"双双把家还"去了。只留给赵宋河北大地，一片狼藉。

看到辽军终于退走了，宋真宗赵恒长舒一口气。契丹人终于退走了，该他出场了！宋真宗开始秋后算账，对战役的相关负责人进行具体问责。

头号责任人傅潜，罪大恶极，激起民愤极大，经过钱若水、冯拯等官员的联合审讯后，被判处决。虽然傅潜罪大恶极，但天子赵恒有好生之德，亲自下诏宽恕傅潜的罪行，将死刑改为流放。得知傅潜居然没死，河北百姓无不扼腕叹息。

二号责任人范廷召，临阵脱逃……"报——报！将军范廷召在瀛州以西、莫州以东与契丹战，斩首三万，缴获无算！"

"竟有此等事？传朕旨意，范廷召无罪有功，加检校太傅衔。"赵恒兴奋得难以自已，亲自作了一首《喜捷诗》送给范廷召，以庆祝这次大捷。在场的文武官员纷纷向赵恒道贺，朝堂内外充满了欢乐的气氛。

那么范廷召的此次大捷，到底是怎么回事呢？史书的记载也是语焉不详，很可能是照搬的范廷召自己上奏的捷报。笔者认为，这次所谓的莫州大捷，是一场彻头彻尾的骗局。

试想一下，范廷召手底下原本只有一万兵力，在被耶律隆庆打垮后，充其量只剩下几千残兵败将。这些人能将辽军主力打得大败，斩首三万级，骗鬼呢？范廷召要是有这个能耐，怎么会被耶律隆庆的先锋部队打得一败涂地呢？联想到瓦桥关之战时范廷召上报的那次同样语焉不详的"关南大捷"，他对操作这种事情想必是轻车熟路了吧？

我们可以试着还原下历史的真相。在丢下康保裔私自逃走后，范廷召心里一定是恐惧的。想想当年的王侁——大周名臣王朴的遗孤，因为在雍熙北伐中导致杨业殉国，直接被赵光义发配充军，一生富贵荣华瞬间付诸东流。杨业只是一名敌国降将，作为名臣之后的王侁害死他尚且要付出惨重的代价，范廷召既没有王侁的背景，康保裔又是跟随过太祖、太宗的宿将，不乐观地说，是要掉脑袋的。得知傅潜被判死刑的消息，范廷召肯定吓得魂飞天外。经过一番激烈的思想斗争，他鼓起勇气，编造了这个弥天大谎。即位后与辽国的第一次战役，赵恒就输得一败涂地、颜面无存，此时正好范廷召的捷报传来，赵恒就像抓住了一根救命稻草，哪里还管什么真假。于是，一场漏洞百出的"莫州大捷"就在赵宋君臣的掩耳盗铃下产生了。

造假的范廷召受到了表彰，真正立功的几位将士就更需要表彰了。第一个自然是康保裔。老康忠君为国，英勇牺牲，真乃我大宋军魂也，必须着重嘉奖！等等，老康不是没死吗？还做了大辽的节度使。赵恒是被契丹人吓得脑子坏掉了吗？

赵恒才没傻呢，他精明得很。管他康保裔是生是死，都必须把他立为本朝武将典范，以供后人效仿。于是，我们看到了《宋史》中滑稽的一幕，一个在辽国为官的人位列《宋史·忠义传》第一位。

"死去"的康保裔得到嘉奖，活着的立功将士——杨延昭、杨嗣、石普等人也纷纷获得了赵恒的表彰。只有田绍斌倒了大霉，虽然他在保州之战中和杨嗣、石普一起重创辽军，但由于傅潜的供词有牵连到他，田绍斌不但未得到嘉奖，反而被免了官。

处理完了所有善后事宜，宋真宗赵恒率领着他手下的文臣武将，浩浩荡荡地自大名府起驾回京。至此，宋真宗即位后，宋辽之间的第一次战役画上了句号。

在这次战役中，辽军在韩德让、萧继远等人的指挥下，采取了正确的战术：在保州、遂州连续受创后并没有纠结于一城一地之得失，而是绕过这两块硬骨头，兵分两路攻击赵宋兵力空虚的山南、关南两地。结果辽军大获全胜，不但重创了赵宋高阳关行营的精锐部队，还破坏了山南和关南的民生状况，使得两地生产力遭到严重破坏。萧太后、韩德让等人也借此扬眉吐气。

反观宋军，宋真宗不但胆小如鼠，而且昏庸无能，他重用傅潜这个"鸵鸟将军"，将对宋辽战争至关重要的河北防线的指挥权完全交给他。结果傅潜窝在定州城中当起了缩头乌龟，坐观辽军蹂躏河北。在被部下指责后，傅潜更是公报私仇，将范廷召派往关南，送给辽军主力当"开胃菜"，结果不但范廷召损失惨重，还连带让康保裔率领的高阳关行营主力部队被重创，一手毁了赵光义苦心经营多年的河北防线。而赵恒的所谓亲征，更是一场闹剧。他的御驾一直停在远离前线的大名府，对前线战事毫无作用。这场御驾亲征，除了劳民伤财，笔者想不出还有什么意义。

当然了，赵恒借坡下驴的本事还是不错的，为了掩盖自己的耻辱性失败，他不惜将范廷召的谎言当作救命稻草，君臣二人掩耳盗铃，生生造出了一个"莫州大捷"。除了自我麻痹，这个所谓的"大捷"又有什么意义呢？赵恒，你连你父亲赵光义都不如，你不但不知兵，而且不知廉耻。

这场从咸平二年九月到咸平三年（1000 年）正月、以裴村之战为核心的宋辽战事，是宋辽战史上宋军最耻辱的一段。在以往的战役中，虽然宋军也有雍熙北伐、高梁河之战、瓦桥关之战这样的败仗，但这些战事中的宋军还是取得了一些阶段性战果的。而裴村之战中，辽军萧继远部和韩德让部在河北大地纵横驰骋，屠戮赵宋子民，如入无人之境。赵宋皇帝赵恒躲在大名府，赵宋河北前线负责人傅潜躲在定州，全部当起了缩头乌龟，坐视契丹铁骑在宋朝的土地上杀人放火。契丹人在杀足抢抱后，更是大摇大摆地悠然退去，赵恒君臣完全成了笑柄，被钉在了历史的耻辱柱上。

可以说，在宋辽战争这幕大戏中，赵恒一出场就跌了个狗吃屎。那么，在以后的战事中，赵恒能不能知耻而后勇，扳回一城呢？让我们拭目以待。

第八章

赵恒雪耻记：遂城、望都之战

御敌于国门之外

初冬，万物凋敝，大地萧索，一支军队在宋辽边境的长城口蹒跚而行。虽然已是冬季，河北大地的雨水却仍然很多。连续的阴雨使得道路泥泞不堪。这支全副武装的骑兵队伍频频陷入泥泞中，步履维艰。

"这样的鬼天气，还要南下打仗。"一名老兵不停地抱怨。"嘘——别说了，让梁王殿下听到了，可了不得。"一名年轻的骑兵赶紧阻止他。"这种鬼天气，还要打仗，不下雨还好，要是现在来一场大雨，恐怕我们就要葬身此地了。"老兵不停地摇头。

这支部队正是辽国最精锐的铁林军，而他们的统帅，正是年轻骑兵口中的"梁王"——耶律隆庆。

其时正是辽统和十九年（宋咸平四年，1001 年），辽圣宗耶律隆绪已近而立之年，越来越老迈的萧太后逐渐退居二线，耶律隆绪获得了亲自处理政事的机会。

耶律隆绪野心勃勃，一心要证明自己是一位有为的君主。他要展示自己的能力，最好的方法自然是南下侵宋了。于是，在征得母后萧燕燕同意后，耶律隆绪亲率大军南下，宋辽大战一触即发。

担任辽军先锋的，是一年前在瀛州之战中大出风头的皇弟耶律隆庆。为了给弟弟建功立业的机会，辽圣宗不惜血本，将契丹王牌骑兵铁林军划归他指挥，期待他重创宋军。

看着自己手下如狼似虎的铁林骑兵，耶律隆庆仿佛看到了赵宋天子赵恒匍匐在自己脚下颤抖的情景。"全速前进！目标，遂城。"耶律隆庆豪情万丈地下了命令。

耶律隆庆动动嘴，他手下的铁林军将士可就苦不堪言了。由于连日降雨，道路早已变得泥泞不堪。当辽军走到遂城北面的长城口时，陡峭的道路让契丹骑兵们寸步难行，抱怨情绪逐渐弥漫全军。

对于这次辽军的入侵，宋军已经准备多时了。当然了，考虑到赵恒的业务水平，准备多时，也不见得就准备好了。

早在几个月前，宋军就得知了辽军将要入侵的消息，赵恒对此极为重视，遂召开大会讨论。会上，枢密使王显（就是裴村之战时包庇傅潜的那个人）提出了一个宏伟的计划："我们应该集结镇州、定州、高阳关三大行营的主力，全体北上，在威虏军布下大阵，御敌于国门之外，与契丹主力决战，可一举歼灭之。"

王显作为大宋的军事一把手——枢密使，居然提出这种纸上谈兵的方案。你把主力全部摆到威虏军，辽军就一定要从威虏军入侵吗？如果辽军改道走瓦桥关，以宋军的机动能力，是完全跟不上的。如果跟不上，辽军从瓦桥关侵入，河北防线将名存实亡。而且，三大行营近十万大军摆在威虏军，光队伍的后勤供给就是个大问题。如果辽军逗你玩迟迟不入境，十万宋军在威虏军坐吃山空，赵恒将再次沦为笑柄。

担心什么，就来什么。宋军的主力集结在威虏军，等啊等，一直等了四十多天，却连辽军的影子都没见到。眼瞅着粮食已经吃完，赵恒无奈地下了命令：撤军，各回各营。

就这样，三大行营十万大军在威虏军"旅游"一个多月，又回到了各自的行营。赵恒，被耶律隆绪结结实实地摆了一道。

宋军在一个多月前就得到了耶律隆绪御驾亲征的消息，为啥到现在都没见到踪影呢？只能感叹，赵恒君臣的军事水平实在令人着急，连基本的知己知彼都做不到。耶律隆绪确实是御驾亲征来了，但他的第一站不是威虏军，而是炭山（在今河北独石口外滦河上游）。

炭山地处契丹和室韦人的边界，是辽国皇族"捺钵"的地方。按照辽国的制度，君主每个季节都要出巡行营，进行狩猎活动，即"四时捺钵"。而七月份，正是"秋季捺钵"的时候。耶律隆绪在侵宋前，当然先得完成这件必须要做的事情。

依照惯例，宋军三大行营的步兵队伍率先撤走。当步兵撤走后，尚在威虏军的宋军骑兵约三万人，在秦翰、李继宣、杨延昭、杨嗣、张斌等人率领下分散驻扎在威虏军各处要塞，正准备撤军，辽军却来了。

"捺钵"完了当然就来了。赵恒啊，你真是个猪脑子。但是，"福兮祸之所依，祸兮福之所伏"。三大行营的主力撤走是坏事，但同时也摆脱了王显等无能之辈的指挥。留在威虏军的这些优秀将领，没有了赵宋腐朽指挥体系的羁绊，反而迸发出巨大的力量。

得到辽军入侵的消息，宋军迅速做出反应。在长城口的张斌负责延缓辽军南下的速度，其他将领全体向遂城集结。秦翰、李继宣等人在遂城以北列阵，正面对敌。杨延昭、杨嗣率所部驻扎在遂城西北面的羊山，等辽军抵达遂城后，来个前后夹击。一切已布置妥当，只等辽军入瓮了。

秦翰、杨延昭、李继宣这些将领级别相当，互不统属，却能很好地协调指挥，统一号令。拥有一批如此优秀的将领，赵恒却在对辽作战中频频表演狗吃屎，说明不是将士无能，是统治者太腐朽啊。

遂城北，长城口，西风凛冽，战马嘶鸣。大辽梁王耶律隆庆跨坐在一匹高头大马上，一脸的不可一世。

一阵冷风吹过，耶律隆庆打了个激灵。"这鬼天气，虽然恶劣了点，杀起人来，倒也颇为得劲。"耶律隆庆打起精神，跟旁边的铁林相公说笑道。铁林相公是铁林军的首领，天子派他亲率铁林军辅佐耶律隆庆，他肩头的担子倒也颇为沉重。

北方的天气说变就变，忽而乌云密布，眼见是要下雨了。铁林相公的心猛地沉了下去。

渐渐沥沥的细雨当空洒落，梁王耶律隆庆不由得皱起了眉头。突然传来一阵号角声，喊杀连天，伏兵四起。一队宋军毫无征兆地出现，拦住了耶律隆庆的去路。

"来者何人，竟敢在本王头上动土？"耶律隆庆怒不可遏。

"大宋北面阵钤辖张斌。"张斌已经在长城口的凄风冷雨中恭候耶律隆庆多时了。

耶律隆庆笑得合不拢嘴："区区几个毛贼，胆敢挑战我大辽铁林军，真是不自量力。放箭！"耶律隆庆满以为他一声令下，就能将这队宋军射成刺猬。谁知铁林军竟然毫无动静。

"怎么回事？放箭！"耶律隆庆不耐烦地向身边的铁林相公喊道。

"大……大王，放不了。"

"大胆！怎么回事？"

"禀大王，弓箭被雨水浸湿，已经不能用了。"

前文讲过，辽军的弓弦是用兽皮做的，宋军的弓弦是用麻绳做的。皮质弓弦弹性较好，却有一个致命弱点——怕水。麻绳弓弦虽然弹性较差，却不会因为雨水而失效。所以契丹铁林军将士最怕的就是雨天，这次刚入宋境就遇上下雨，也活该耶律隆庆倒霉了。

看到铁林军将士急得嗷嗷乱叫，宋军将士情不自禁地笑出了声。"放箭！"张斌一声令下，宋军万箭齐发，铁林军顿时乱作一团。张斌令旗一挥，宋军将士虎入羊群般冲入辽军阵中，一番砍杀之后，辽军纷纷后退。张斌艺高人胆大，索性来个擒贼先擒王，率宋军直冲辽军中军，欲对辽军主帅耶律隆庆实施斩首行动。

危急关头，耶律隆庆终于冷静下来："听我将令，后退者斩立决！"慑于主帅的威严，辽军终于停止了后退。"这只是宋军小股部队，不是我们的对手，大家切勿慌乱。"耶律隆庆终于窥破了宋军的底细。

毕竟张斌所率的只是一支小分队，重整旗鼓的辽军逐渐显露出铁林军的强大战斗力，慢慢占据了上风。看到延缓辽军南下的目的已达到，张斌也并不恋战，及时率军撤退，直奔遂城。

"前进，遂城！"耶律隆庆斗志昂扬地下了命令。

骑兵大会战

遂城西北，号角声响，战马长嘶。三队骑兵错落有致地排列在城门前的空地上，三员全身披挂的将领骑马穿梭在自己的队伍中，检阅着自己的将士。

左翼一将，白面无须，文静儒雅，正是宦官将军秦翰；右翼一将，满面虬髯，骁勇凶悍，却是易州猛男田敏；中间将领，身材高大，端坐如山，乃是山东大汉魏能。三员将领率三支骑兵呈"品"字形，首尾呼应，等待着敌军的到来。

敌军说来就来了。在长城口窝了一肚子火的大辽梁王耶律隆庆，率领大辽百战雄狮铁林军，带着恨意扑面而来了。遂城西北，号角声动，银甲光转，旗帜随风飘扬。

"大王，此地不宜交战。"身经百战的铁林相公早已看破了宋军的意图。宋军在城西北空地上列阵，背靠遂城，两面都是山地，辽军骑兵最擅长的侧翼包抄战术完全施展不开，而正面对冲，辽军未必是宋军的对手。耶律隆庆哪听得进他的劝说，决绝地挥了挥手，大声喊道："众军听令！目标遂城。出击！"无可奈何的铁林相公只能硬着头皮率军出战了，用他并不擅长的正面冲击战术，来对抗宋军的虎狼之师。

此举正中宋军下怀。中路宋军的主将魏能是一位优秀的将领，他指挥打仗，从来都是"弟兄们，跟我上"，而不是"弟兄们，给我上"。魏能下达指令后，提了提缰绳，身先士卒直冲铁林军，他手下的将士们紧随其后。秦翰、田敏部则从魏能两翼冲锋，三军互相保护。一场骑兵大对决开始了。

魏能出身行伍，是一位向有勇名的将领，曾被宋太宗赵光义亲自下过"材勇过人"的评语。秦翰，是一位宦官。在我们的印象中，宦官由于生理上的缺陷，往往极度变态，不干好事，比如镇压李顺起义的那位王继恩王公公，我们称之为"死太监"。但秦翰绝对不是"死太监"。他长期在河北防线驻守，颇有军事才能。在裴村之战中，劝傅潜出兵的，就有这位秦公公。可以说，秦翰不仅有才能，而且人品好。田敏是易州牙吏出身，同样骁勇善战，身经百战。这次三关行营齐集威虏军，秦翰、魏能、田敏与李继宣、杨延昭、杨嗣等人一起，被任命为三关行营前阵钤辖，指挥宋军的骑兵队伍。

虽然辽国的铁林军骁勇善战，但他们在泥泞的路上行军多时，又刚刚在长城口经历恶战，早已疲惫不堪，再加上弓弦尽湿，不能射箭，并且受场地限制而无法实行侧翼突击，战斗力大打折扣。而宋军的魏能、秦翰、田敏无一不是骁勇过人的猛将，再加上宋军以逸待劳，胜负的天平已完全倾向宋军了。双方一交手，疲惫不堪的辽军马上处于下风，秦翰、魏能、田敏率宋军奋勇冲杀，当者披靡，辽军眼见是抵挡不住了。

铁林相公心里叫苦不迭。摊上耶律隆庆这么一位爷，自己与铁林军的威名怕是要一朝尽丧了。死，我不怕，这么糊里糊涂地送命，真的是……"啊！"铁林相公发出一声惨叫。一支穿云箭划出一道漂亮的抛物线，正中他的咽喉。鲜血，从他的口中溢出，染红了他银色的战袍。铁林相公，就这么倒下了，他最后一眼看到的，是魏能那冰冷又略带嘲意的目光。"醉卧沙场君莫笑，古来征战几人回？"安息吧，铁林相公。

主将阵亡，辽军顿时兵败如山倒。耶律隆庆也顾不上摆大辽梁王的架子了，一提缰绳，没命地往北逃窜。辽军将士也完全崩溃了，乱作一团，哭天抢地地跟着耶律隆庆往北逃去，只恨爹娘少生了两条腿。

魏能欲率军追击，秦翰挥手阻止了他："魏将军作为中军主力，损失较大，应当入城休整，追击的事情，就交给咱家和田将军吧。另外，不要忘了，咱们还有一张底牌没打出来呢。"魏能虽然不情愿,但也觉得秦翰言之有理,于是悻悻地回城休整去了。秦翰、田敏率左右两翼宋军一路向北,追击耶律隆庆。

辽军将士没命地往北狂奔,过了羊山,就是大辽国境了,就可以安全回家了。但是,他们不知道的是,前方早已荆棘密布,一个巨大的危险正等着他们,要吞噬他们的生命,让他们的家人眼泪汪汪。

血战羊山

北风呼呼地刮,细雨淅沥沥地下,耶律隆庆策马狂奔在凄风冷雨中。

"等过了羊山,与皇兄的主力部队会合,本王必将一雪前耻!"看着再次集合起的队伍,耶律隆庆恢复了自信。"除了折了个主将铁林相公,损失并不大嘛,本王,依然有再战的本钱。"

羊山,在遂城西北面数里,说话间就到了。"宋军如有心,当在此地设伏,则本王插翅难逃。"耶律隆庆心情不错,竟然幽默起来。突然,号角声响,金鼓齐鸣,杀声震天。一支伏兵自山中杀出,迎面拦住了辽军的去路,正是杨延昭、杨嗣二将。辽军将士心里暗骂耶律隆庆。

按照原来的布置,杨延昭、杨嗣二人是要与秦翰他们前后夹击,对辽军实行全面打击的,但铁林相公甫一交战就阵亡,耶律隆庆又在战场上带头逃跑,辽军败退速度之快,完全超出了二杨的预期。于是,二杨改变策略,选择在羊山阻击辽军,痛打落水狗,给耶律隆庆的伤口上撒把盐。

但狗急了会跳墙,落水狗也是会咬人的。虽然在遂城西北被宋军打得大败,但辽军的溃退更多是由士气受损所致,剩余的辽军依然拥有强大的实力,尤其是他们的人数远远多于二杨率领的宋军小分队。当自己北逃的退路被切断,置身于死地后,辽军迸发出惊人的战斗力。在耶律隆庆的指挥下，铁林骑兵各个被激发出嗜血的狼族本性，只见他们眼珠发红，嗷嗷怪叫着与宋军殊死搏斗。

虽然二杨骁勇无敌，宋军将士浴血奋战，但好虎难斗群狼，好汉架不住人多。在契丹人的疯狂攻击下，宋军逐渐抵挡不住了。耶律隆庆这只落水狗，成了一只挥舞着利爪的恶狼。

危急关头，秦翰和田敏率领的追击部队赶到了战场。但此时二杨所部损失惨重，已基本丧失战斗力，被迫撤出了战场。在遂城轻易获胜后，秦翰显然低估了辽军的战斗意志。求生的本能让契丹将士迸发出可怕的战斗力，满以为会轻易击溃敌军的秦翰、田敏二人顿时受挫。辽军愈战愈勇，秦、田二人已完全抵挡不住，被迫率军撤退。

羊山山头，北风瑟瑟，旌旗蔽野，耶律隆庆威风凛凛地屹立在羊山之上。虽然刚入宋境就连续受挫，但他知耻而后勇，绝地反击，连续击败杨延昭、杨嗣、秦翰、田敏等宋军骁将，淋漓尽致地展现了契丹军人的威风，也算没有辜负他皇兄的信任。

虽然辽军获胜，但连续经历三场恶战，契丹将士的体能已经到了临界点，他们拖着疲惫的身躯，跟着耶律隆庆开始北返。

书中的故事总是曲折离奇的，书中的历史亦是如此。耶律隆庆不知道的是，战斗，远没有结束，宋军的底牌还没打呢！

就在辽军即将离开羊山之际，一支生力军犹如出笼骝马般疾驰而来，追上了耶律隆绪。为首一人白马银枪，英姿飒爽，向耶律隆绪拱手为礼："梁王殿下，你好啊。"耶律隆庆的心瞬间沉到了谷底。

来的正是李继宣。当秦翰、杨延昭他们各就各位布阵完毕时，李继宣也执行了自己的任务。他的任务就是驻扎在遂城附近的赤虏砦，作为这次战役的预备队。在秦翰追击辽军时，李继宣及时派人与秦翰联系，获知了辽军的行动路线。从辽军入长城口一直到现在，李继宣部一直没有出战，此时，敌军和友军皆已筋疲力尽，李继宣这支生力军的优势无疑是碾压式的。

李继宣率军一番冲杀，辽军奋起余勇迎战，却是力不从心，看起来败局已定了。但耶律隆庆不愧是大辽皇弟，绝境之中，他再次想到了克敌制胜的方法，那就是放冷箭！

李继宣骁勇善战，每战必身先士卒，这也给了耶律隆庆可乘之机。耶律隆庆悄悄派人找来一名射术高超的骑兵，取来宋军遗留下来的弓，给他下达了任务："前方骑白马使银枪者，正是宋军主将李继宣，所谓'射人先射马，擒贼先擒王'，我军的成败，就看你的了。"

李继宣命不该绝，契丹射手三次出手，全部射中李继宣的战马。李继宣也够猛的，换了战马，继续冲杀，对契丹人的暗算浑不在意。主帅不怕死，将士便也愿效死力。宋军将士在李继宣的鼓舞下，奋勇冲杀，将辽军杀得丢盔弃甲，血流成河。

耶律隆庆彻底放弃了幻想，再次纵马狂奔，一溜烟似的往北逃去。宋军大获全胜，缴获无算。李继宣派人将辽军尸体割下首级，再筑成京观，摆放在宋辽边界，在震慑辽军的同时，也宣示着宋军将士的赫赫战功。

宋辽遂城之战就此落下了帷幕。在这次战役中，宋军在李继宣、秦翰、张斌、魏能、杨嗣、杨延昭等优秀将领指挥下，合理地利用了地形优势，从长城口、遂城一直到羊山，三场阻击战彻底打垮了耶律隆庆率领的契丹精锐骑兵，歼敌两万有余，斩将十五员，取得了辉煌的胜利。在一定程度上，宋真宗也算洗刷了前一年裴村之战中的耻辱表现。

由于赵恒、王显君臣蹩脚的指挥，宋军三关行营的主力部队早已撤回行营，宋军的精锐骑兵被迫独自对抗耶律隆庆率领的契丹精锐——铁林军，因此宋军骑兵也在这一战中损失不小，杨延昭、杨嗣两部损失尤其严重，几乎丧失了战斗力。而辽圣宗耶律隆绪率领的契丹主力部队马上就将到来，宋军面临的形势依然十分严峻。

此时，赵恒也看出了三大行营北上威房军布阵的弊端，于是趁战胜之机，重新布置河北防线，宋军回收镇定防线，沿唐河一线布防，恢复了赵光义时代的正确策略。而此时，尚在威虏军境内的杨延昭、李继宣等人也奉命撤到宁边军（治今河北蠡县），以稳固镇定防线。

宋军将士小心翼翼地南撤，但其实他们大可不必紧张，因为此时的辽军主力已经绕开遂城，从西面的易州入境，渡过徐河，在满城驻扎，兵锋直指河北重镇定州。宋军沿唐河布防完毕后，与辽军主力咫尺之遥，双方的大决战一触即发。

就在宋军将士们摩拳擦掌，准备与辽军大战一场时，耶律隆绪却退兵了。耶律隆绪不战而退，表面上看起来不可思议，实际上是可以理解的。宋军及时调整战略，回到了宋太宗时代的防守状态。而赵光义时代的辽军深入唐河、滹沱河流域客场作战时，往往都会吃大亏。当时的辽军坐拥耶律休哥、耶律斜轸两大名将尚且占不到便宜，耶律隆绪对自己的斤两还是很清楚的。之前耶律隆庆在羊山战败，宋军骑兵的冲击力展现得淋漓尽致，辽军的士气早已动摇。耶律隆绪推进到满城，也算给自己找回了面子，自此见好就收，也不失为一个万全之策。于是他找了个"连日阴雨、道路泥泞，不利骑兵作战"的借口，便率军北返了。

看到辽军退去，宋军三大行营总指挥、枢密使王显大喜过望。王显本来就是个绣花枕头，靠宋太宗的潜邸旧人身份被委以重任，对契丹铁骑的战斗力怀有深深的忌惮，耶律隆绪不战而退，正是他求之不得的。于是他赶紧给赵恒上奏报捷，声称自己指挥军队大破辽军，杀敌两万。对此类事司空见惯的赵恒也顺水推舟，表彰了王显的功绩，同时对遂城之战中有功的李继宣、秦翰等人亦大力嘉奖。

王显也知道自己不是领兵打仗的料，于是选择了见好就收，再三请求赵恒免去自己的兵权，赵恒不胜其烦，也就答应了。接替王显位置的又是一个赵光义的潜邸旧人——王超。王超本就是个无能之辈，赵恒对他又缺乏信任，最终酿成了苦果。

望都之战

初夏的天气已开始变热，王超的心却是无比冰冷。作为大宋镇州、定州、高阳关三大行营都部署，他是河北防线的头号人物，但他却调动不了高阳关的兵力。

早在两年前，王超被任命为三关大帅时，他就跟天子赵恒提了个条件，要求自己拥有处理前线一切事宜的绝对权力，天子当场准许他"便宜行事"。但想不到的是，上有政策，下有对策。现如今，契丹人大兵压境之际，王超欲调动高阳关兵力参战，却遭到高阳关都部署周莹的拒绝。

对于周莹的不合作，王超有苦难言。唉，当初我接替王显坐上这个职位，天子就不信任我，派遣自己的潜邸旧人王继忠来监视我。王继忠这个绣花枕头，除了整天披金戴银地摆阔，还会干什么？靠周莹、王继忠这样的同僚，叫我如何与契丹人作战？

王超焦头烂额，契丹人可不会怜悯他。宋咸平六年（辽统和二十一年，1003年）四月，辽国南京统军使萧挞凛、南府宰相耶律诺衮（奴瓜）率领的契丹南征军团，浩浩荡荡，直逼定州东北的望都（今河北望都县）。

在雍熙北伐时期，萧挞凛曾与耶律斜轸协同作战，击退了宋西路军的攻势，他还亲手擒获了骁勇善战的杨业。辽国名将双璧耶律休哥、耶律斜轸已去世数年，萧挞凛已是辽国的头号名将。这次萧太后和辽圣宗派他南侵，可谓是志在必得。

得知辽军进攻望都的消息，坐镇定州的宋三关大帅王超马上派出一千五百人的先头部队救援，自己则率大部队紧随其后，同时，传令镇州、高阳关两行营都部署桑赞、周莹，命他们火速与自己会合。接到命令后，镇州都部署桑赞与副都部署李福点起人马，火速赶去与王超会合。然而到了高阳关都部署周莹那里，王超却碰壁了。周莹表示要自己出兵可以，但需要有枢密院签署的指令——程序还是要走的嘛。

"先请示枢密院，等到指令下来，契丹人都要打到东京了。这老匹夫分明是惧怕契丹人，不敢参战嘛，还说得冠冕堂皇的，我呸！"王超心里暗暗骂道。

虽然碰了壁，但生活还要继续，契丹人该来还是会来。王超无可奈何，与桑赞、李福、王继忠等人率领凑起来的六万人马，一路向北，救援望都。

王超的一千五百人先头部队杯水车薪，等宋军大部队赶到时，望都早已被辽军攻占。萧挞凛并不急于南下，索性来个反客为主，亲率大军来到望都南面驻扎，等待王超的大军来战。说到就到，王超和王继忠等人风尘仆仆，率领六万大军来到望都城南，一场大战即将上演！

两军相遇，王超并不急于冲锋，他令旗一挥，宋军依令而行，有条不紊地摆成了一个方阵。宋辽战争时，以步兵为主的宋军在作战时往往会排成方阵，以应对契丹骑兵的冲击。宋太宗赵光义在位时，制定阵图，要求将士严格按照阵图布阵，并美其名曰"平戎万全阵"。

平戎万全阵布阵烦琐，且需要十四万人方能排成，大战在即，王超只能一切从简。宋军迅速排好了简化版阵形，王超横刀立马站在阵中，向萧挞凛钩钩手指："有种放马过来。"

"嘿，给你点颜色，你就敢开染坊了！不教训教训你，你不知道本将军的厉害。"萧挞凛令旗一挥，契丹骑兵风卷残云般冲向宋军方阵，犹如虎入羊群。

萧挞凛想错了，宋军并不是一群待宰的羔羊，而是一群狼。契丹骑兵先后采用了正面冲击、两翼侧击、前后包抄等战术，宋军方阵依然如太行山脉一般，岿然不动。一股无名火在萧挞凛心中冉冉升起，他亲自率军，从中路猛冲宋军方阵，心说小样儿我就不信冲不开你。

冲动是魔鬼。当萧挞凛强行突入宋军方阵后，王超令旗一挥，宋军将士迅速移动方位，阵形立变，登时将萧挞凛围在了垓心。萧挞凛的内心这才开始恐惧起来，他打起精神，率领辽军强行突围，好在宋军兵力太少，并不能对辽军形成毫无破绽的包围圈，萧挞凛瞅准破绽，率领辽军杀出重围，这才长吁了一口气。

宋军旗开得胜，歼敌两千余人，王超的心里却高兴不起来。如果高阳关的兵力能参战，如果镇定前线的兵力再多一点，今天就一战功成了。唉，可惜啊可惜。

经历惊险后的萧挞凛冷静下来，约束部下，敌不动我不动。天逐渐黑了，宋辽双方就这么默默无声地对峙着，等待黎明的到来。

旭日初升，晨露未晞，天终于亮了。萧挞凛的内心却亮不起来。自己深入宋境作战，如此长期对峙下去，倘若宋军援军到来，自己将万劫不复。怎么办呢？萧挞凛苦苦思索着破敌之法。

宋军的阵形还是那样，王超、桑赞、王继忠、李福、王升……诸将各就各位，配合无间。萧挞凛的目光从宋军方阵中扫过，突然，他的眼睛亮了。

萧挞凛发现，宋军方阵东面的一部与大阵整体稍有偏移，一位衣着华丽的将领耀武扬威地立在垓心，指挥着他的部下，正是定州副都部署王继忠。机不可失，时不再来，萧挞凛派出南府宰相耶律诺衮率军猛攻宋军东翼，宋军阵形顿时被冲乱，王继忠部与主力方阵的距离越来越远。

福无双至，祸不单行，就在这时，宋军的运粮车到了。耶律诺衮毫不客气，顺手就劫走了宋军的粮草。得知粮草被劫的消息，王继忠大急，带上几名亲兵就去侦察。他满以为契丹人不认识自己，哪知道自己华丽耀眼的衣着早就被辽军注意到了。耶律诺衮哪会放过这送上门的肥肉，照单全收，王继忠立时被俘。

王超大惊失色，急忙找部下商量对策，却发现李福、王升二将早已擅自开溜了。副手被俘的被俘，逃跑的逃跑，粮草又被劫，王超除了退兵，也别无他法了。此时天已渐黑，借夜色的掩护，王超率军连夜退走，总算没有全军覆没。

大获全胜，萧挞凛和耶律诺衮志得意满。重创了镇定防线的主力，又俘虏了王继忠，萧挞凛的战略目的已经达到，若继续南下的话，又要陷入深入唐河一线与宋军决战的不利局面，凶多吉少，不如自此见好就收。萧挞凛开始率军北返。

经过威虏军境内的遂城时，萧挞凛看到了当年李继宣用辽军首级摆成的京观。想起前年梁王耶律隆庆在这里遭遇的惨败，萧挞凛不禁潸然泪下。于是他又冲动了，派出一支骑兵部队攻打遂城，意欲报前年的一箭之仇。

遂城的守将正是前年大破铁林军的魏能。侦知辽军来犯的消息，魏能知道遂城兵力薄弱，于是火速向驻扎在徐河的李继宣部求救。魏能相信，两大契丹克星珠联璧合，必将再破敌军。但不知道什么原因，李继宣始终未能赴援。辽军越来越近了，怎么办呢？名将就是名将，魏能不仅有勇，而且有谋。他亲自带队，在辽军必经之路设下伏兵，然后分出一半将士由部将率领，在辽军到来后从背后攻击，前后夹击大破辽军，总算为宋军挽回了一点颜面。

望都之战就此全部结束。在这次战役中，宋军河北三大行营众将领再次呈现了拙劣的"表演"。赵恒的发小——定州副都部署王继忠，毫无战场常识，先是排阵失误被辽军所乘，又在粮草被劫时轻骑前往侦察，身上显眼的衣服又将自己完全暴露，自己被俘不说，还连累宋军方阵被攻破，堪称本次战役的头号罪人。另外两员将领——镇州副都部署李福、拱圣都指挥使王升，在主帅王超完全不知情的情况下，擅自从战场逃走，可谓是给军人脸上抹黑了。而高阳关都部署周莹更是恶劣，竟然抗拒上司的军令拒不参战，宋朝的军事指挥系统真是混乱到了极点。宋军主帅王超也负有不可推卸的责任。萧挞凛发现王继忠的失误后猛攻宋军东翼、劫夺宋军粮草、俘虏王继忠，李福与王升逃走，王超面对这一系列战场变化，毫无反应，既没做出调整补救，也没及时掌握战场信息，真是一个木头主帅。

战后，怒不可遏的王超上书宋真宗，控诉周莹不遵将令的恶劣行为。宋真宗对此事的处理方法竟然是和稀泥，既没反驳王超，也没处罚周莹，可谓是昏庸到了极点。而他对自己的发小王继忠，那就大大不同了。宋真宗派人仔细追查，将在战场上逃走的李福、王升二将发配岭南，狠狠地为发小出了一口恶气，同时，他将王继忠确认为"为国捐躯"，赠王继忠为大同军节度使、侍中，并录用王继忠的三个儿子为官。赵恒对发小可谓是仁至义尽了。殊不知此时的王继忠已经成为大辽忠臣，他在被俘后马上变节，信誓旦旦地表示效忠辽圣宗、萧太后，使得辽圣宗龙颜大悦，亲自为他改名为耶律显忠。耶律显忠在大辽平步青云，一路被封为楚王，可谓是仕途亨通。

大辽楚王耶律显忠竟被赵恒追认为大宋烈士，真是滑天下之大稽。耶律显忠的"表演"还未结束，在不久的将来，他将再次出现，促成一件大事。这件大事，将彻底结束宋辽的战争状态。

第九章

战争与和平：澶渊之盟

镇定大阵

景德元年，宋真宗赵恒喜事特别多。年初，那个该死的、阴魂不散的西北灾星李继迁终于死了，他的儿子李德明倒也乖巧懂事，即位以来，一直与大宋相安无事，西北的祸患看来是解决了。父亲殚精竭虑多年都未解决的党项问题居然让自己解决了，赵恒怎能不高兴呢？

当然了，与强过党项十倍的契丹比起来，党项的问题也不算问题了。不过，这个大麻烦，赵恒也解决了。至少，赵恒自己是这么认为的。

自宋太宗赵光义起，赵宋朝廷应对辽国人入侵的策略就是弹性防御。具体来说，就是将兵力部署于唐河流域的镇州、定州、高阳关三大行营，放辽军入境，依托唐河、徐河的地形优势对辽军进行"关门打狗"。但这个战略思想在赵恒即位后遭到了破坏。

赵恒采纳枢密使王显的建议，将三大行营的兵力北上聚集在威虏军，企图"御敌于国门之外"，结果敌人没御到，却上演了一场"旅游"的闹剧。虽然他后来修正了这个错误，但在去年，三关大帅王超再次采取北上御敌的错误战略，导致宋军在望都之战遭受重创。宋军连续在主场作战受挫，这在赵光义时代是不敢想象的事情。

于是，遭受失利的赵恒开始了思考。赵恒这个人啊，他不思考还好，一思考准坏事。鉴于上次望都之战宋军三大行营兵力分散导致指挥不灵（指挥不灵难道不是赵恒纵容周莹造成的？），赵恒决定，将三大行营的兵力集中到定州行营，在唐河岸边结成"平戎万全阵"，以应对辽军的来犯。望都之战时，王超的迷你版平戎万全阵就让萧挞凛吃尽苦头，这次朕摆一个货真价实的大阵，契丹军队敢来，管叫你插翅难飞！

赵恒啊赵恒，你也不想想，你的阵是死的，契丹人的骑兵却是活的，如果契丹人绕过你的大阵挥军南下，你将如何应变呢？你父亲永不退缩的精神你没学会，纸上谈兵的本事倒学得惟妙惟肖。

排好大阵的同时，赵恒在北面边境也做了布置：在威虏军、顺安军（治今河北高阳县东）、保州、北平砦等边境据点分屯骑兵，分别由杨延昭、魏能、田敏、张凝等骁将指挥，作为应对辽军的机动力量。此外，赵恒还发动劳工，在威虏军至顺安军一线挖掘壕沟，以阻挡契丹骑兵的冲击。

做好了这一切，赵恒深深感到，契丹骑兵就算插上翅膀，也无法侵入大宋境内了，自己从此可以在开封城高枕无忧了。想到这里，赵恒情不自禁地笑出了声。

赵恒只想躲在开封城安安稳稳地做自己的太平天子，辽圣宗耶律隆绪和萧太后却不想他过得太过安逸。母子二人正摩拳擦掌，策划再一次的南侵行动。

一切安排就绪，景德元年（辽统和二十二年）闰九月，萧太后和耶律隆绪再一次御驾亲征。由上次在望都之战大放异彩的萧挞凛担任统军使，奚王萧观音奴、东京留守萧排押等人为副，发动番汉军队十五万人，浩浩荡荡，杀奔宋境。

和战之间

统军使萧挞凛与奚王萧观音奴率领的契丹先锋军团，风驰电掣，直奔宋辽边境的唐兴口（今河北新安县西南）。唐兴口防备力量薄弱，辽军一击成功。之后，萧挞凛的目光再次望向了那个让他魂牵梦绕的地方——遂城。

遂城，是宋威虏军的治所所在，也是宋辽边境的重要城市。宋将杨延昭、魏能先后驻守此地，遂城多次抵挡住契丹铁骑的冲击，得到了"铁遂城"的美名。当年耶律隆庆在此地战败，宋军将契丹将士的首级筑成京观，宣示战功，深深刺痛了契丹人的内心。去年萧挞凛率军侵入宋境，在望都击溃王超率领的宋军主力，回军途中却再次在遂城受挫，萧挞凛将之视为奇耻大辱，时刻等待着报仇雪耻的机会。

"萧大王，此次南征的首要任务是拔掉威虏军、顺安军，咱们分头行事，威虏军交给在下，顺安军交给大王，然后咱们一起南下，会攻定州。祝大王旗开得胜。"萧挞凛交代完毕后，与萧观音奴兵分两路，分取威虏军、顺安军。

萧挞凛恨不得一步跨到遂城，将守将魏能撕成碎片。一年前的失利依然历历在目，原本无比辉煌的望都之战成果也大打折扣，怎不叫人痛彻心扉？萧挞凛又冲动了。他一冲动，就要吃亏。

得知萧挞凛再次入寇的消息，魏能再次显示了自己有勇有谋的本色，他并没有在城内等候萧挞凛，而是率军出城北上迎战，准备给萧挞凛一个"意外之喜"。

萧挞凛率领契丹铁骑正心急火燎地赶往遂城，不料魏能突然在半路杀出，完全没有防备的契丹骑兵顿时人仰马翻，乱作一团。魏能率宋军将士在契丹军阵中纵横驰骋，一顿冲杀，直杀得契丹军血流成河，鬼哭狼嚎。

"撤！"萧挞凛也顾不上报仇雪耻了，率领契丹骑兵狼狈而逃，背后传来宋军将士的哈哈大笑声。"小子，你有种。好汉不吃眼前亏，有朝一日，本将军定叫你们加倍奉还！"萧挞凛不愧是大辽名将，逃命也不忘撂下句狠话。

萧挞凛碰了钉子，萧观音奴也好不到哪里去。顺安军的守将是石普，这又是一个狠人，得知辽军到来的消息，二话不说，抄起家伙就带人出城了，一番砍杀，将萧观音奴打得大败而逃。

当萧挞凛和萧观音奴会面后，二人面面相觑：这些疯子，惹不起啊。惹不起，躲着总可以了吧？于是萧挞凛与萧观音奴绕过魏能和石普驻守的区域，一路向南，直奔自己一年前扬眉吐气的地方——望都。望都兵力空虚，萧挞凛轻而易举地攻破城池，就在此地驻扎下来。萧太后和辽圣宗率领的辽军主力马上就要到了，萧挞凛将与他们在此地会合，商讨攻打定州的方略。

很快，契丹主力与萧挞凛所部会师，兵强马壮的契丹骑兵开始四处劫掠周边村寨，对宋境的民生进行破坏。而此时，坐拥数万大军的王超由于要时刻保持"平戎万全阵"的完整，不敢轻易出战，只能眼睁睁地看着辽军蹂躏宋朝子民，与几年前傅潜在定州的所作所为"异曲同工"。就这样，王超的大阵不动如山，契丹人也懒得动他，就在望都周围四处掳掠，双方开始了另类的对峙。

辽军主力深入定州附近，形势危急。得到消息的宋真宗赵恒马上召开了御前会议，商量退兵之策，岂料多数大臣的意见竟然是迁都。

"契丹人太狠了，定州我看是保不住了，开封府恐怕也难以保住。陛下乃千金之躯，理应规避风险，而今之计，应该效法唐僖宗，西幸巴蜀，徐图后举，方为万全之策。"说话的是枢密使陈尧叟。他是蜀人，想让圣驾入蜀，他好来个衣锦还乡。

"陛下，金陵自古是王气所在地，陛下应南巡金陵，方能延续我大宋国运。"参知政事王钦若是金陵人，他也想衣锦还乡。

"陛下应该将这些妄言迁都的人斩首示众！"宰相寇准趋步向前，斩钉截铁地说，"契丹人深入我境，已是强弩之末，陛下只要御驾亲征大名府，必能鼓舞河北将士的士气，萧燕燕母子必能一战擒之！"这位大宋名臣的话落地有声，威严十足，顿时压制了迁都派的声音。

赵恒虽然无能，却也不是傻子。这些迁都派大臣只想着自己衣锦还乡，哪将赵家的江山放在心上？还是寇公言之有理。在确定了亲征后，赵恒听从寇准的建议，将参知政事王钦若提前派往大名府，担任天雄军都部署、河北转运使。王钦若性情狡诈又多谋，寇准担心他再给赵恒出馊主意，于是提前将他支开，以免赵恒的信心再次动摇。

在支走王钦若后，赵恒收到了一封密信，写信人正是在望都之战中"殉国"的王继忠。不，现在是耶律显忠。

自从向辽圣宗宣誓效忠成为大辽臣子后，耶律显忠在辽国一直官运亨通。耶律显忠是个爱好和平的人，所以经常在辽圣宗和萧太后面前大谈与宋议和的好处："我们和宋人打仗，无非是为了抢点东西嘛，与他们议和，让他们定期给咱们上供，这样不费一兵一卒就能和打仗一样得好处，何乐而不为呢？"

对于议和一事，萧太后倒也颇为心动。宋辽连年战火不熄，双方边境上做贸易的榷场早已关闭，严重影响了契丹人的日常生活。而连年的战乱也消耗了辽国的国力，民生遭到破坏。但和平是靠打出来的，即使要议和，也要做一票大的再说！

于是萧太后和辽圣宗一边率军南下侵宋，一边安排随军的耶律显忠给赵恒写信，商谈议和的事情。至于怎么将信送到赵恒手中，耶律显忠倒也颇费了一番周章。他将信绑到一支箭上，派人来到宋将石普驻防的莫州，将信件射入城中。石普立刻派人快马加鞭，将信送至赵恒手中。

得知自己的发小王继忠还活着，赵恒先是一阵兴奋，接着又满腹狐疑："王继忠既然已经做了辽国的高官，他这议和信件的诚意又有几何呢？不会下个套让朕钻吧？"

赵恒将疑问抛向了众臣，宰相毕士安表示可以相信："契丹人也不想打仗，只是碍于面子继续进军而已，我们给他们个台阶下，给他们点甜头吃，议和必然是毫无问题的。"

对于议和，赵恒倒是颇为心动，毕竟他本来就是个爱好和平的人嘛。对嚣张跋扈、反复无常的李继迁，赵恒都能让步，何况彬彬有礼的萧太后和发小耶律显忠呢？但是有一点，让赵恒颇为担心。

当年周世宗柴荣北伐契丹，攻取了三关的土地，一直将幽云十六州视为自己地盘的辽国人自然是不甘心，必欲夺之而后快。如果与辽国议和，赵恒最担心的就是契丹人索取三关的土地。给点钱可以，要是割了地，这骂名赵恒可不敢承担啊。于是赵恒提笔给耶律显忠回信，表达了议和的想法，同时也是作为对辽国的一个试探。

就在双方大谈世界和平之时，辽军也没闲着，继续在宋境攻城略地。萧太后与萧挞凛再次兵分两路：由萧挞凛率军绕过王超指挥的大阵，南下攻打祁州；萧太后和辽圣宗亲率契丹主力东进，绕过高阳关，攻打宋朝在关南的重要据点——瀛州。

萧挞凛终于显示出了自己的名将本色，一举攻克祁州城，但萧太后率领的辽军主力却在攻打瀛州时碰了钉子。萧太后母子气势汹汹地率领十多万契丹骑兵，风驰电掣般直奔瀛州，瀛州兵力薄弱，知州李延渥又是个籍籍无名之辈，萧太后满以为瀛州城能手到擒来："杨延昭、魏能不好对付，对付个小小的李延渥还是毫无问题的。等我攻下瀛州，将李延渥的脑袋摆到赵恒的案板上，他一定会当场吓晕。到时候再议和，还不是想要三关就要三关，想要多少钱就要多少钱？"

但萧太后这次看走眼了，李延渥虽然没名气，却是个有能力的人。谁说有能力的人一定就有名气？在这个世界上，又有多少身负才能的人"只辱于奴隶人之手，骈死于槽枥之间"呢？不是他们没有能力，只是他们没有机遇而已。

意料之外的失利

风骤起，吹破护城河上的薄冰。河水瑟瑟，倒映出城边几株枫树。木叶萧萧而下，拨动着离人的愁思。已是初冬季节了，刺骨的北风让人倍觉寒意。

宋朝瀛州知州李延渥木然站立在城头，站立在萧萧而下的枫叶中。北风料峭，李延渥的内心却是火热的。他一直在等一个机会，等一个扬名立万的机会，今天这个机会终于来了。辽国萧太后和皇帝耶律隆绪亲率大军十多万，马上就要来了，李延渥早已安排好一切，他将让契丹永远记住他的名字。

关南，滹沱河畔，瀛州城下。大辽至高无上的萧太后坐在鸾轿中，用她那高贵的左手掀开了轿帘，低声跟大将萧排押耳语几句，萧排押点了点头，一步一顿来到阵前，用并不纯熟的汉话大声喊道："李什么渥的，你给我听着，太后有旨，缴枪不杀，乖乖打开城门投降，你还有活命的机会，否则，我大辽雄兵，将踏平你小小的瀛州城，杀你个片甲不留！"

李延渥站立在城头，面不改色。宋军将士们也表情严肃地看着萧排押。

萧排押深深地感到自己受到了伤害，他纵横沙场十多年，何时受过此等轻视？他俯首鸾轿旁，请示完之后，一声令下，契丹将士潮水一般冲向瀛州城。李延渥不慌不忙，他令旗一挥，瀛州城头万箭齐发，登时将爬到城墙半空的契丹士兵射成了刺猬。在宋军的箭雨下，辽军攻势受挫，萧排押不由得皱起了眉头。

辽圣宗耶律隆绪骑在一匹高头大马上，一直在冷眼观察着战场上的局势。这位雄心勃勃的帝王，时刻寻找着宋军的破绽，寻找着出风头的机会。

天很快黑了，双方的对峙却仍在继续。耶律隆绪灵机一动，计上心来。他派契丹将士每人身背一块木板遮蔽弓箭，架起云梯，趁着夜色攀缘而上。一步，两步，三步……近了，更近了。眼瞅着契丹将士就要攀上城墙，突然传来一声大喝，李延渥威风凛凛地出现在城头。在他的指挥下，宋军用早已准备好的礌石、滚木狠狠地砸向辽军将士。顿时，辽军将士的尸体一具又一具地从云梯跌落，横七竖八地倒在墙城下。

瀛州城下，尸横遍野，血流成河。瀛州城头，银刀光映皓月。

就这样，萧太后和辽圣宗指挥辽军对瀛州城发动了一拨又一拨的攻势，均被早有防备的李延渥化解。萧太后和辽圣宗甚至全身披挂，亲自擂鼓鼓舞辽军的士气，瀛州城却依然如巍峨的木叶山一样，屹立不倒。

瀛州之战持续了十多天，战斗异常惨烈，光双方遗留在城壕里的箭镞就有四十余万支。在遗尸三万多具后，萧太后放弃了继续攻打瀛州，辽军绕过瀛州，挥师南下，将目标对准了大名府。同时，萧太后派耶律显忠再次给赵恒写信，商讨议和的可能性。

赵恒对瀛州的战事早已有所耳闻，知道辽军在此遭遇重创，但此时，祁州被辽统军使萧挞凛攻破，而对于辽军攻打大名府的意图，赵恒心中也感到不安。于是赵恒顺水推舟，派遣一个叫曹利用的人赴辽军大帐谈判。

曹利用之前籍籍无名，只是一个担任枢密院殿直的小官员。这次出使将让他名垂青史，而且他之后是平步青云，最终做到了枢密使的位子。

面对辽军对大名府的威胁，赵恒一边下诏，做出了亲征的指示，一边调集天雄军都部署周莹、禁军将领孙全照等人火速北上，增援大名府。关于自己亲征后朝廷的运转，赵恒也做了妥善安排，以雍王赵元份为东京留守，代替自己处理政事，以卫州防御使李重贵为大内都部署，主持开封城的治安及防御。万事俱备后，赵恒在众大臣簇拥下北上，御驾亲征！

还有一件事不得不提一下，这次亲征，赵恒思前想后，最终决定带上一个人。这个人，已经被自己闲置多时了。他曾经在拒马河畔浴血奋战，掩护宋军主力从辽境安然撤退；他曾在徐水河畔力排众议，挽救了满城中的万千将士；他曾在唐河岸边悍然一击，使辽国名将耶律休哥胆寒。他就是李继隆，宋太宗赵光义的小舅子，宋真宗赵恒的政敌李皇后的哥哥。

虽然李皇后是赵恒的政治敌人，但大敌当前，性命远远比面子重要，李继隆的能力无人能及，带上他，就是带上一张保命牌。事实证明，赵恒这一步棋走对了，李继隆将在前线发挥决定性的作用。这位名将辉煌的军事生涯，也将画上一个圆满的句号。

刚离开京城，赵恒再次接到了王继忠的议和信。在信中，王继忠，不，耶律显忠重申了萧太后母子对宋辽和平的期待，强调了对宋辽睦邻友好关系的向往："在等待陛下答复期间，我大辽寸步未进，静候与陛下达成和平的佳音。"

王继忠，你改名为耶律显忠后进入角色很快啊，这么快就开始帮契丹人忽悠起赵恒来了？祁州、瀛州城下打得热火朝天，你当赵恒是傻子啊？

赵恒当然不是傻子，但他却愿意装傻，很快就提笔给耶律显忠写了回信："王爱卿不必焦急，朕已经派枢密院殿直曹利用为代表，赴贵军大营商谈议和事宜了，爱卿就静候佳音吧！"赵恒翘首以盼，以为曹利用很快就会带来和平的消息，却不知道此时的曹利用已经出事了，他被扣留在大名府，走不了了。

扣留曹利用的正是被赵恒派往大名府督战的王钦若。自从到大名府担任判天雄军府事以来，王钦若就没过过一天安稳日子。

萧太后率领的辽军主力，放弃久攻不下的瀛州城，绕道南下，直扑大名府。途中，率领先头部队的大将耶律课里与正赶往大名府的宋天雄军都部署周莹遭遇。周莹虽然经常抗拒上级，但打起仗来倒是毫不含糊，双方抄起家伙一顿对砍，登时斗了个旗鼓相当。一番砍杀之下，周莹心里倒也没糊涂，明白耶律课里所部只是辽军先头小分队，辽军主力随后便到，还是暂时撤退为妙。"众军听令，即刻收队。目标——大名府。"周莹令出如山，宋军鸣金收兵，直奔大名府。

周莹、孙全照率领大宋援军，顺利抵达大名府，与王钦若商量起守城事宜，但一些天雄军官员却由于行动缓慢，在大名府外与正好赶到的辽军将领萧排押遭遇，做了辽军的俘虏。

曹利用恰好在这个时间点赶到。脾气暴躁的孙全照登时火了："议和，议和，议甚鸟和！敌人都攻到眼皮底下了，很多我们的官员做了契丹人的俘虏，这议的哪门子和？契丹人分明是在耍我们！王大人，卑职建议，扣留曹利用，以免中了契丹人的奸计。"王钦若深以为然。赵恒派出的议和使者就这样滞留在了大名府。王钦若虽然奸诈，但也是个能干的人，他和孙全照、周莹等人火速安排好了大名府的城防事宜，做好了抵抗契丹人的准备。

在瀛州城下受挫后，萧太后见识到了宋军强大的战斗力，开始稳扎稳打。她颁下懿旨，命令在西线颇有战果的萧挞凛、萧观音奴火速东进与自己会合，双方合兵一处，聚集起千军万马，直取大名府。

狼烟滚滚，马蹄阵阵，萧太后、辽圣宗、萧排押、萧挞凛、萧观音奴等辽国君臣，率领契丹铁骑十五万，如猛虎下山般来到大名府城北门。眼前的景象却让他们大吃一惊——偌大的大名城，吊桥放着，城门开着，完全一副不设防的状态。萧太后一阵激动，久闻王钦若是个无能之辈，传言果然不虚。"众将听令，杀入大名府，活捉王钦若！"

"且慢！"一个人纵马向前，阻止了萧太后的冲动，正是大辽名将萧挞凛，"太后，此门进不得！久闻孙全照骁勇善战，他手下有一支强弩兵，可以射透千斤重甲，据说此人正在城中。宋军门户大开，必然是想诱我军进城，再用强弩摧毁我军。"

萧太后惊出了一身冷汗。

萧挞凛的判断是正确的，此时宋军防守北门的正是孙全照。当初王钦若安排守城事宜时，对于首当其冲的北门，宋军将士是逃避的，各种推脱，不愿守北门，幸好孙全照主动请缨，才解了王钦若的燃眉之急。

孙全照倒不是一个莽夫，主动请缨是因为他早有破敌之法。在契丹人到来前，他安排将士们放下吊桥，打开城门，一副不设防的样子，目的就是要诱敌上钩，再用强弩狠狠"招呼"契丹人。

孙全照的计策不可谓不精明，无奈他的对手是萧挞凛。作为一位百战名将，萧挞凛轻易识破了孙全照的计谋。辽军弃空门而不入，掉头南下。在对东门进行了试探性的进攻后，辽军并不恋战，迅速南下，直取德清军。

德清军是大名府南的重要据点，有宋将张旦率军驻守，与大名府呈掎角之势。唇亡齿寒，得到辽军攻打德清军的消息，王钦若急派大名府中精兵南下救援。

此举正中萧挞凛下怀。当辽军绕过大名府南下时，萧挞凛已在大名府与德清军之间的必经之路狄相庙布下伏兵。消灭这支来援的宋军精兵，大名府的城防力量将大大削弱，到时候辽军就可以不费吹灰之力拿下大名府了。

　　"王钦若，你的末日到了！"萧挞凛舔了舔嘴唇，一脸狞笑地指挥着契丹士兵围歼这支宋军精锐，他仿佛看到了王钦若匍匐在自己脚下求饶的情景。

　　眼看宋军精锐即将被围歼，萧挞凛的目标即将实现时，一支宋军从天而降，击碎了萧挞凛的黄粱美梦。

名将之死

　　这支部队的指挥官正是孙全照。

　　得知宋军被伏击后，孙全照主动向王钦若请缨，进行营救。王钦若心里倒是颇为踌躇："孙将军防守北门，重任在肩，不可轻举妄动。""王大人，契丹主力已南下攻德清军，北门暂时无虞。若这支精兵被歼，大名府将万劫不复！"王钦若权衡利弊，采纳了孙全照的意见。

　　萧挞凛正做着全歼宋军精锐、活捉王钦若的美梦，却不料孙全照率部斜刺里杀出，坏了他的好事。由于此时辽军主力已南下攻击德清军，孙全照的参战瞬间扭转了战场形势，萧挞凛抵挡不住，被迫率军南走与辽军大部队合流。死里逃生的宋军将士长舒了一口气，也无心理会萧挞凛了，救火队长孙全照率宋军将士荣归大名府。

　　大名府是保住了，但是对于德清军，宋军也无能为力了。景德元年十一月二十日，辽军主力攻陷德清军，守将张旦被杀。萧挞凛意气风发，随同萧太后母子率辽军主力一路南下，直取澶州（治今河南濮阳县）。

　　澶州最初设置于唐高祖武德年间，治所先后在澶水县、顿丘县。五代时，后唐大将李存审驻守澶州，为了对抗后梁，他在黄河德胜口夹河筑南北两城，将治所迁移到此处。从此，澶州与西面的滑州一起，成为开封城北面的两大屏障。攻下了澶州城，就可以直接威胁北宋的东京开封府，威胁宋王朝的统治心脏。如此千秋伟业，萧挞凛自然是迫切地想建立了，但想不到的是，萧挞凛在这里并没有建立千秋伟业，反而进了鬼门关。

此时，大宋天子赵恒的御驾已经到了滑州境内的韦城县，听到辽军主力进逼澶州的消息，赵恒不由得惊慌失措："王超呢？该死的王超呢？"赵恒在亲征前，即指示驻防定州的王超率领他的定州大阵南下澶州，表面上是为了抵御辽军，实际上是为了确保赵恒自己的人身安全。无奈王超的"平戎万全阵"行军速度比蜗牛还慢，辽军经过围攻瀛州、大名府，攻陷德清军等一系列激战杀到澶州城下时，王超依然杳无音讯。王超是指望不上了，赵恒急忙指示黄河沿岸的知州发动民工，凿开黄河上的坚冰，以防契丹骑兵踏冰过河，威胁他的人身安全。

安排好一切后，赵恒长舒了一口气。澶州虽好，怎及此地安全？于是赵恒就在韦城驻扎下来，每日早睡晚起，过起了神仙日子。可惜好景不长，一个人不请自来，将赵恒的好日子敲得粉碎，这个人就是寇准。

"陛下，此地不宜久留。河北前线将士士气正盛，如若陛下亲临澶州前线指挥，则将士必定士气更盛，擒获萧燕燕母子将指日可待，如若陛下畏敌不前，将士势必情绪低落，则澶州危矣，河北危矣！""寇爱卿忠心可鉴日月，朕知道了。"赵恒嘴上应承着，却丝毫没有继续北上的行动。寇准无可奈何，悻悻然而去。路上，寇准遇到了一个人，看到这个人，寇准的眼睛顿时亮了。

这个人就是殿前都指挥使高琼。高琼出身绿林，年轻时是一个打家劫舍的强盗。所谓"常在河边走，哪有不湿鞋"，高琼终于被抓了。高琼也真是个猛人，即将问斩时，他趁看守松懈，成功越狱逃走。痛定思痛之后，高琼决定改邪归正，他投身军营，凭借一身好武艺，在军队中逐渐小有名气。宋太祖时，高琼被当时的晋王赵光义网罗，成为赵光义的潜邸旧人，从此踏上了一条飞黄腾达之路，在宋真宗即位后，做到了殿前都点检的位置，成为禁军中的显贵人物。

高琼骁勇善战、心直口快，颇得赵光义、赵恒父子的赏识。寇准见到高琼后，马上用起了激将法："太尉受了朝廷的厚恩，今澶州危在旦夕，太尉能与我共劝君王吗?""能!"高琼斩钉截铁道。

于是寇准和高琼再次折回御所,对赵恒慷慨陈词,力劝御驾北上。经过一番苦口婆心的劝说,终于说动了赵恒。"传朕旨意,起驾北上,目标——澶州城。"

此时的澶州城正经受着严峻的考验。契丹大军将澶州北城的北、东、西三面团团围住,发动了一拨又一拨的攻势。萧挞凛横刀立马,在城下指挥辽军攻城。辽军蜂拥而上,用了各种攻城办法,澶州城依旧岿然不动,坚如磐石。

"澶州守军调度有方,必有能人在城中指挥。难道是他?此人难道尚在人间?"一个不祥的念头涌上了萧挞凛的心头。他马上派出探子,打探澶州城的守将是何人。"启禀将军,宋方守将是李继隆。"探子很快回报。萧挞凛登时面如死灰。李继隆,是连一代战神耶律休哥都讨不到便宜的狠角色,销声匿迹那么久了,竟然尚在人间!

契丹军队自固安出发,一路南下千里,深入宋境。由于沿途的遂城、瀛州、大名等城市都无法攻破,辽军实际上是绕过很多城池一路南下的,形态上已是孤军深入之势。此时,宋军的河北前线有杨延昭、杨嗣、石普等骁勇之将,定州的王超虽然愚蠢,却也是一股不可小觑的力量,辽军如若能打下澶州,还可以威胁一下赵恒,现在有李继隆坐镇,攻下澶州是绝无可能了。怎么办呢?一阵沮丧感涌上了萧挞凛的心头。

突然一通鼓响,澶州城墙上爆发出一阵欢呼声。澶州守将李继隆大声宣布:大宋天子赵恒亲临前线,慰劳将士们来了!

赵恒在被寇准和高琼说服后,硬着头皮,起驾北上,在到达南城后,赵恒再次畏缩了。"到此地已是前线,朕就在此坐镇指挥吧。""陛下,万万不可。如若陛下不过河,则我军将士难免失望;如若陛下过河,我方将士必将士气倍增,以一当十!"寇准疾步向前劝谏道。"寇大人,陛下已经同意过河了,赶紧起轿!"高琼抽出马鞭,边抽打边命令轿夫过河。就这样,赵恒几乎是被寇准和高琼绑架着过了河,抬到了澶州北城。

赵恒的到来完全出人意料，宋军将士看到天子亲临前线，无不战意满满，跃跃欲试。看到战机的李继隆毫不迟疑，派人打开城门，亲率大军出城列阵应敌。

萧挞凛简直不敢相信自己的眼睛，宋军竟然主动出城野战。"攻城，我不行；野战，你可不行！李继隆，你毕竟是聪明一世，糊涂一时啊！"机不可失，时不再来，萧挞凛抖擞精神，率契丹骑兵直取宋军方阵。

萧挞凛不愧是辽国名将，他率契丹铁骑奋勇冲杀，将宋军阵形压迫得逐渐散乱。"李继隆，你的末日到了。阵斩名将，名垂青史，我的威名将超越耶律休哥！"

一支穿云箭，千军万马来相见。就在这时，一支弩箭带着呼啸声破风而来，不偏不倚，正中萧挞凛的额头，萧挞凛一声惨叫，跌下马来。萧太后大惊，急令鸣金收兵。回到营帐后，萧挞凛伤重不治而亡，一代名将魂归天国。

萧挞凛是萧太后的族弟，又是尚公主的驸马，位高权重，骁勇善战，是辽国的军中之胆。他的阵亡让萧太后完全丧失了斗志。此前耶律显忠再次派人将议和信射入贝州（治今河北清河县）城中，但宋人似乎没有议和的打算，送出的信件如泥牛入海；辽军孤军深入，已陷入前后受敌的险境。"难道我母子要丧命这澶州城下吗？"一股凉意涌上萧太后的心头。

就在此时，左右来报，抓到宋军奸细一名。萧太后审问后，收到了一个意外之喜。原来，石普在接到耶律显忠的议和信后，不敢耽搁，马上派小校张皓携带信件赴澶州求见天子赵恒，却在城外被辽军擒获。得知事情的来龙去脉后，萧太后喜出望外："原来不是赵恒没回应，是他压根没收到啊。天无绝人之路，看来议和尚有机会。"于是萧太后亲自释放张皓，让他赴澶州禀报赵恒，转达辽国萧太后的议和意向。

得到萧太后希望议和的消息，赵恒急召重臣，商议对策。他本人是倾向于议和的，毕竟他热爱和平嘛。西北的麻烦——李继迁已经死了，如果和辽国也达成和解，那么自己将高枕无忧地窝在开封城中做太平天子，岂不美哉？

自己一举解决了父亲一生都未解决的两大麻烦，岂不伟哉？

"议和可以，但契丹人需要归还幽州、蓟州。"寇准缓步向前，慢条斯理道。好你个寇准，明明就是不想议和，契丹人的条件是要我们献上三关之地，你反而索取幽蓟，契丹人岂能答应？

在寇准这里碰了钉子，在武将那边，议和之举也遭到了反对。河北前线的杨延昭亲上奏折，力陈不可议和："契丹人深入我境，我军当固守河北要道，对他们进行截击，则幽燕地区唾手可得。"应该说杨延昭的计策是可行的，此时的辽军，孤军深入，已是强弩之末，又丧失了军中支柱萧挞凛，形势对宋军是相当有利的。

但赵恒不愧是一位和平主义者，拒绝了寇准和杨延昭等人的主张，指示大名府的王钦若火速放行曹利用，准备与辽国重开谈判。最终，双方达成了协议，宋朝以金帛换和平，以每年给辽国进贡银十万两、绢帛二十万匹为条件，双方结成兄弟之国，永世友好。

萧太后本来已经身处险境，结果现在不但能平安回国，还能每年收钱，笑得合不拢嘴。她和韩德让、耶律隆绪一起带着抢来的各种金银财宝和宋人每年进贡的承诺，安全返回了辽境，直气得杨延昭等主战派将士捶胸顿足。

这就是宋辽战史上著名的"澶渊之盟"。自此，宋辽百年内再未交兵。双方百姓休养生息，进入了稳定发展时期。虽然赵恒畏敌如虎，但他用每年三十万的微小代价（相当于两个县的税收）换来了和平发展，也算是一个不错的结果了。

至此，宋真宗景德元年发生的宋辽战争画上了句号。在这次战役中，宋军的杨延昭、魏能、李延渥、李继隆、孙全照等率将士浴血奋战，是大功臣，而三关大帅王超再次显示了自己拙劣的指挥能力，他手下的定州大阵自始至终没有加入战斗，完全充当了观众，他与傅潜也并无二致了。

宋朝的三位重臣——寇准、高琼、王钦若则各自做出了重大的贡献。寇准和高琼力促赵恒北上亲征，对鼓舞前线的士气起了重要作用。王钦若虽然一开始劝谏迁都，但在大是大非面前还是毫不含糊的，他亲赴前线，在大名府指挥有方，成功守住了城池。王钦若在历史上虽然被认为是奸臣，但奸臣不等于庸臣，王钦若至少也是一位有才能的奸臣吧。

最后重点要说的是一代名将李继隆。澶州之战中，被闲置多年的李继隆得到重新披挂上阵的机会。在这次战役中，李继隆审时度势，出城迎战，指挥射杀了辽军的军中之胆萧挞凛，直接摧毁了萧太后的战意，可谓是本次战役的头号功臣。也许是在澶州之战中操劳过度，战后不久，李继隆就去世了，年仅五十五岁。至此，大宋太祖时期得到百战淬炼的那批将领基本都退出了历史舞台，取而代之挑大梁的是一批中生代将领，他们在即将开始的宋夏战争中表现如何呢？让我们拭目以待吧。

第十章

半岛风云：辽国高丽战争

麻烦的邻居

辽圣宗耶律隆绪最近很悲伤，因为他失去了母爱。母亲将他培养成人，扶持他登上皇位，代替他治理国家、行军打仗，大辽国日渐强盛，他的威望也与日俱增，如果没有母亲，他不会得到这一切。但是，母亲的去世又让他有一点窃喜。从他十一岁登上皇位，他的母亲萧燕燕就大权独揽，临朝称制。她这一干就是二十七年，一直将权力牢牢地抓在手中，直到弥留之际。他已经三十八岁了，早已不再年轻，他是九五之尊，他是天下之主，他理应主宰一切。

他爱母亲，母亲替他打理好一切，但他又恨母亲，母亲剥夺了他主宰天下的权力，让他形同傀儡。随着母亲的去世，他对她的爱和恨都已化作尘埃，烟消云散了。他也不用纠结开封城中的宋真宗了，早在五年前，他们已握手言和，结为兄弟。他也不用担心北面的蛮夷部落了，他专门设立了乌古敌烈统军司来统治他们，他们已不敢造次。

他唯一纠结的，是东南面的邻居。这个邻居，自大辽立国起就是个巨大的麻烦，它首鼠两端，阳奉阴违，无时无刻不在恶心着大辽。母亲在世时，他只能唯唯诺诺，如今母亲去世了，他大可大军压境，惩罚这个恶心的邻居。这个邻居就是高丽。

高丽的开国君主叫作王建，是十世纪朝鲜半岛上的一代枭雄弓裔的帐下大将。后来，羽翼渐丰的王建弑弓裔自立为帝，于是就有了高丽国。高丽自立国起，就开始往北扩张领土，这就与北面的辽国有了诸多冲突。

对于王建的北进，志在中原的辽太宗耶律德光无暇顾及，他将东丹国故地的居民大批内迁，并在辽阳府（治今辽宁辽阳市）设立东京兵马都部署司，安排重兵把守，以防备高丽人的入侵。

契丹人做出让步，高丽人自然就得寸进尺。王建开始大量诱惑渤海国遗民南投，并扣押辽国使者，以示态度坚决。同时王建派遣使者赴中原，与当时的后晋政权取得联系，相约共攻辽国。但未及实施，王建就去世了。临终前，王建告诫自己的继承人："契丹是豺狼蛮夷之邦，不讲信义，我们当世代与中原的汉人政权交好，共谋契丹。"

辽统和四年（宋雍熙三年），宋太宗赵光义派出三路大军北伐燕云，开始了"雍熙北伐"。同时，赵光义还派使者出使高丽，相约共攻辽国。当时在位的高丽王王治马上答应，调集兵马，准备攻辽。担心两面受敌的萧太后急忙派遣使者赴高丽求和。权衡利弊之后，王治最终没有轻举妄动，但辽国人深切感受到了这个邻居对自己的威胁，若不除之，则寝食难安了。

辽统和十年（宋淳化三年），辽国派遣东京留守萧恒德为主帅，率东京兵马都部署司的军队讨伐高丽。得知辽军来犯的消息，高丽王王治并不惧怕，而是调兵遣将，亲率大军抵御辽军。

双方一交手，高丽人就见识了契丹铁骑的威力。来去如风的契丹骑兵如猛虎下山般冲击着高丽军队的阵营。先锋军使尹庶颜转眼间就成了契丹人的俘虏。王治哪里见过这等阵势，慌忙向辽军求和。虽然是求和，但王治可不是个肯吃亏的主，他要求萧太后将女真旧地"赐"给自己，自己将奉辽为正统，世代称臣。

正与宋朝在河北地区长期拉锯的辽国自然不愿意两线开战，于是就答应了王治的要求，同时提出了一个条件：高丽必须与宋朝断交。王治表面上满口答应，暗地里却依然与宋朝保持着联系。就这样，高丽以败军之姿攫取了大量土地，取得了丰厚的利益。

辽国付出了割让土地的代价，却并没能换来高丽人的臣服。对王治的阳奉阴违，萧太后自然是恨得牙痒痒。无奈其时宋辽连年交战，北面的乌古部、敌烈部等部落又频频反叛，萧太后焦头烂额，对高丽也就只能睁一只眼闭一只眼了。

辽统和二十七年（宋大中祥符二年，1009年），萧太后驾崩，耶律隆绪终于大权独揽。此时，积累数十年的耶律隆绪显示了自己出色的能力。其时宋辽已握手言和，耶律隆绪又凭借自己的政治手腕，或派使者交好，或设招讨司镇抚，先后搞定了党项李德明、乌古部、敌烈部、阻卜部等周围势力，彻底稳固了自己的后院。耶律隆绪甚至派出使者远赴大食国，与阿拉伯人进行友好交流。他将宗室之女封为公主，嫁给大食王子，与大食国建立了良好的外交关系。

搞定这一切后，耶律隆绪终于能够腾出手来收拾东南面的高丽国了。这个自大辽立国之初就频频作怪的邻居，这个令母亲寝食难安的麻烦邻居，决不能任之继续作怪下去，必须将之连根拔起，方能解自己心头之恨，方能告慰祖宗在天之灵！耶律隆绪暗暗下了决心。

无奈辽国与高丽已交好十数年，耶律隆绪纵使雄心勃勃，也难以找到出兵的口实。怎么办呢？耶律隆绪苦苦思索着对策。

就在此时，高丽国内发生了一场变故，给了耶律隆绪举兵的口实。高丽的西京留守康肇（康兆）发动政变，杀死高丽王王诵（高丽穆宗），拥立王诵堂兄王询为帝，也就是历史上的高丽显宗。

得知消息的耶律隆绪兴奋得跳了起来。"真是天助我也！我不管你王诵是不是昏庸，也不管你康肇是不是忠臣，你弑君，就是犯上作乱，我作为宗主国，一定要入境戡乱！"

辽统和二十八年（1010年）八月，耶律隆绪以"问逆罪"为口号，亲自点起四十万大军，以北府宰相萧排押、北面林牙耶律盆奴等人为主将，过鸭绿江，南下征讨高丽。

康肇之死

康肇骑着一匹白马，威风凛凛地驰骋在通州（今朝鲜平安北道宣川郡）平坦的官道上。康肇的身后，三十万高丽将士身负长剑，小跑跟随着。康肇的旁边，则是他的心腹大将李铉云。康肇能有今天的地位，李铉云可是功不可没。

仅仅一年前，康肇还只是一个驻守地方的边将。高丽皇室的内斗将他卷入了风起云涌的政局之中，凭借敏锐的判断力和心狠手辣的作风，康肇与心腹李铉云披荆斩棘，最终登上了权力的巅峰。他杀了国王王诵、千秋太后以及太后姘头金致阳等一干权力核心人员，拥立王诵的堂兄王询即位，自己担任中台使（相当于宰相），独揽大权。为了防止宗主国辽国兴师问罪，康肇严密封锁消息，对外宣称王诵是自杀。一切都天衣无缝，康肇开始了自己美滋滋的权臣生涯。

要想人不知，除非己莫为。康肇弑君一事最终还是走漏了风声，传到了辽圣宗耶律隆绪的耳朵中。耶律隆绪岂能放过这天赐良机，他召集大军，御驾亲征，欲将高丽连根拔起，处死康肇。

面对辽国大军压境，康肇倒是颇费了一番心思。他身为边将，入典中枢的日子并不长，自然不放心把兵权交给其他将领，而且他擅行废立，全靠武力压服，要是将兵权交出去，对方反叛，他必将死无葬身之地。唯一可信的就是心腹李铉云，但李铉云威望不足，独自指挥军队恐怕难以服众，故还得康肇亲自压阵。

"契丹骑兵虽然厉害，我康肇可不怕你！"康肇早已想出了对付契丹骑兵的法子。他相信他的法子必将一击奏效；他相信他与李铉云联手，必能拒敌于国门之外；他相信他康肇必将名垂高丽国史册！

辽统和二十八年十一月，大雪纷飞，辽圣宗耶律隆绪率领的四十万大军与高丽权臣康肇所部鏖战于通州。

　　辽圣宗令旗一挥，萧排押、耶律盆奴纵马疾驰，率领契丹军队直扑高丽军。康肇冷笑一声，下达了命令："布阵！"一片耀眼的银光闪过，高丽将士人手一把出鞘长剑，迅速乘坐到早已准备好的战车上，车手驾车绕场疾驰，剑手挥剑疾刺，迅速摆出了一个车剑阵。

　　萧排押和耶律盆奴笑得腰都弯了："还在玩春秋时期的这套玩意呢。你落伍了，小子！"萧排押和耶律盆奴挥军疾突，分别从两翼包抄高丽军，满以为可以一击奏效，打得敌军抱头鼠窜。

　　轻敌，就会付出代价。当契丹骑兵从两翼侧击高丽军时，高丽的车剑阵迅速移动，车与剑攻守一体，缠住了契丹骑兵。从未见过这种阵仗的契丹骑兵极为不适应，双方激战半天，契丹骑兵损兵折将，没有占到丝毫便宜。

　　"陛下，不如暂且收兵，徐图后举。"大将耶律盆奴进谏道。"只好如此了，鸣金收兵！"契丹骑兵迅速后撤，"扎紧篱笆"，开始了防御。高丽军的剑阵意在防守，如果主动攻击对手的话，行动就较为迟缓了。于是双方就这样对峙起来，从白天对峙到黑夜。风已定，雪初住，战场顿时陷入了一片死一般的寂静。

　　"你们先顶着，俺老康要回通州城运筹帷幄。哈哈哈哈，真是见面不如闻名哪，契丹骑兵不过如此。"康肇作为高丽国最有权势的人物，岂能在此忍受严寒的侵袭？回到通州城，有酒有暖炉有女人，更重要的是，有棋！

　　康肇是一位棋迷，即使上了战场，依然带着棋子。他安排好军中诸事后，即躲入通州城中，找来几个擅弈者开始了切磋。

　　就在康肇在通州城中纹枰论道时，辽圣宗君臣也正在军营中围炉论道。不同的是，康肇论的是棋道，辽圣宗君臣论的却是兵道。

　　"高丽人的车剑阵无懈可击，怎么办？"辽圣宗紧锁的眉头一晚上都没舒展开过。

　　耶律盆奴道："陛下不必焦急，高丽人的剑阵虽然厉害，却毫无机动能力，有诸多的缺点，我军只要充分发挥骑兵的机动优势，调动他们，将他们的阵形搞垮，就会一击奏效。我们只需……"

耶律隆绪和萧排押听得连连点头。契丹骑兵迅速集结，连夜对高丽军发动攻击。再次交锋，辽军吸取了白天的教训，并没有猛冲猛打，而是充分利用骑兵的机动能力，一击即走，当高丽军松懈之时，回头再击，当高丽军再次调动剑阵时，契丹骑兵又已遁走。如此反复，高丽军的耐心逐渐丧失，体能也慢慢被耗尽。加之高丽主帅康肇已脱离战场，面对复杂的战场形势变化，李铉云没有能力迅速做出应对调整，胜利的天平开始慢慢向辽军倾斜。

"听我将令，出击！"看到时机已经差不多了，耶律盆奴令旗一挥，契丹骑兵犹如虎入羊群，直扑高丽军。高丽军早已被折磨得疲惫不堪，毫无抵抗能力，登时变成待宰的羔羊。李铉云倒也不是傻子，赶紧集结败兵，潮水般退往通州城。

通州城内，康肇正在苦苦思索着棋局，战场失利的消息突然传来："大人，不好了，辽军凶猛，我军败退！""出去出去出去，没看到本大人正忙着吗？"康肇不耐烦地喝退了手下，"天大地大，棋盘最大。谁扰我棋道，我要谁脑袋！"

"大人，耶律盆奴已突破三水寨，通州危急！"终于还是有人冒着砍脑袋的危险汇报了军情。康肇此时才如梦初醒。"什么？我方有车剑阵在，如何会败给契丹人的！"一丝担忧划过康肇的内心，但他马上恢复了镇定，"来得越多越好，正好给本大人祭剑！"多年的纹枰论道，康肇早已是宠辱不惊。

"大……大人……啊！"一名传令兵急匆匆跑进康肇府邸，话还未说完，后背即中了一箭，倒地毙命。门外传来哈哈大笑声："康大人，耶律盆奴有礼了。"

来者正是契丹大将耶律盆奴，他已攻破通州城，康肇成了瓮中之鳖了。

通州之战，辽军大获全胜，高丽军自康肇、李铉云以下的高级将领被一锅端，全部做了契丹人的俘虏。耶律隆绪倒是颇有明君风范，他下令给康肇松绑："老康，做我大辽臣子如何？""我生是高丽人，死是高丽鬼，岂能侍奉外邦？"康肇倒是颇有骨气。"我呸！你君都敢弑，侍奉外邦又有啥不好意思的。拖出去，砍了。"耶律隆绪不耐烦地挥挥手。

就这样，康肇在权力的巅峰仅仅过了一年瘾，就摔得粉身碎骨。得知康肇被杀，高丽王王询马上上表耶律隆绪求和："坏事都是康肇干的，我是无辜的。"

耶律隆绪笑得合不拢嘴，心说你无辜也好，有辜也好，与朕何干？"继续进军，目标——开京。"开京，即今天位于朝鲜境内的开城，彼时是高丽国的国都。契丹骑兵在萧排押、耶律盆奴、耶律敌鲁等将领率领下，斩关夺隘，直扑开京城。在开京西岭，辽军击溃了高丽军的主力，斩首数千，开京城已是摇摇欲坠了。

面对大军压境，王询只有"三十六计，走为上计"，逃往平州。耶律隆绪率领契丹将士耀武扬威地进入开京，同时，派大将萧排押对逃走的高丽王王询赶尽杀绝。

王询别的不擅长，逃跑技术倒是颇为了得，身后有契丹骑兵风驰电掣般追击，他依然成功逃脱。在渡过清江，进入平州城后，王询方才松了一口气。他开始组织高丽军民坚壁清野，据城顽抗，心说打不过你我还耗不死你吗？同时，王询亲自上表，再次向辽圣宗求和，表示辽国如若退兵，高丽将永世臣服大辽。双管齐下，软硬兼施，王询也是煞费苦心哪。

耶律隆绪做出了最后的决定：见好就收。辽军攻破高丽都城，祸首康肇伏诛，高丽王王询服软，面子上已经捞足了，如果继续纠缠下去，面对全民皆兵的高丽人，辽国未必讨得了便宜。辽统和二十九年（1011年）正月，耶律隆绪传令大军，启程回国。辽圣宗对高丽的第一次征讨，就此画上了句号。

辽开泰元年（1012年），王询派使者出使辽国，再次对耶律隆绪表示臣服，并重申双方的睦邻友好关系。但耶律隆绪此时不干了："睦邻友好可以，但你们须将女真故地还给我大辽。"将女真故地割给高丽，是萧太后一辈子的恨事。耶律隆绪必须为母亲雪耻！

高丽王王询此时的腰杆挺直起来："上次你攻破我国都，朕还不是毫发无损？你能奈我何？想索取女真故地，没门！"

耶律隆绪的报复

春风送暖，草长莺飞，正是人间好光景。春风轻柔地吹在鸭绿江上，一片波光粼粼。远处，一轮旭日在东方冉冉升起，倒映在江水中，江水与长天似已连成了一片。

辽开泰三年（1014年）夏，辽阳府东，鸭绿江畔，萧敌烈木立在一棵松树下，木立在这良辰美景中。为了督造浮桥，他已站立了一夜，他还将继续站立下去。

如此良辰非昨夜，为谁风露立中宵？为了大辽使者耶律资忠，为了大辽天子耶律隆绪，更是为了那该死的高丽人！

先前，大辽天子耶律隆绪派遣耶律资忠出使高丽，觐见高丽王王询，商谈归还鸭绿江以东的女真旧地的相关事宜。耶律隆绪信心满满，他自认替王询除掉了逆臣康肇，让王询做了名副其实的高丽王，王询出于感恩，也应归还原本就属于大辽的土地。而且，上次辽国大军压境，攻破开京，耶律隆绪相信王询见识了大辽铁骑的厉害，也没胆量拒绝辽国的要求。

但耶律隆绪失算了。当耶律资忠向王询提出归还土地的要求后，王询原本堆着笑的脸陡然间就"晴转多云"了："让朕称臣可以，想索取土地，没门！来人哪，把他给朕关起来，听候发落！"

不归还土地也就算了，还扣押人家的使者，叫谁谁也忍不了啊，何况是雄才大略的耶律隆绪呢？得知耶律资忠被扣押后，耶律隆绪直气得七窍生烟："好你个高丽奴王询，不把你绑到临潢府跪倒在朕面前，你不知道我大辽铁骑的厉害！"

耶律隆绪决定再次征讨高丽。他派详稳（即将军）萧敌烈为监工，征发劳工，尽快在鸭绿江上架设浮桥。萧敌烈与东京留守耶律团石发动数千民工，开始了架桥工作。为了赶时间，萧敌烈与耶律团石轮流监工，日夜操劳，一刻也不敢懈怠。

得知浮桥终于架成了，耶律隆绪立即下令萧敌烈、耶律团石二人率东京辽阳府的军队过江，攻打位于女真故地的兴化城。但因为行动仓促，兵力不足，萧敌烈和耶律团石初战不利。耶律隆绪冷静下来，急令萧敌烈和耶律团石班师。

经过一番调兵遣将，辽军主力终于完成了集结。开泰四年（1015年）五月，耶律隆绪再次下诏，兴兵讨伐高丽。关于主帅的人选，耶律隆绪思索再三，决定由北府宰相刘慎行担任。

刘慎行，在历史上毫无名气，等同于"路人甲"，其实是个大有来头的人物。刘慎行的先祖叫作刘怦。刘怦与儿子刘济、孙子刘总三代人，割据幽州卢龙军，是中唐时期声名显赫的家族。刘慎行的父亲刘景历仕辽穆宗、辽景宗、辽圣宗三朝，是一位颇有贤名的良臣，曾被辽景宗称赞"可为宰相"。

出身于如此显赫的家庭，刘慎行进入仕途后自然是平步青云，一路做到北府宰相的高位。刘慎行并无军事才能，耶律隆绪派他做主帅，自然是看中他的声望了，至于实际指挥打仗的人，耶律隆绪另有安排。他任命老将耶律世良为副都统，协助刘慎行。

刘慎行和耶律世良这对组合可谓是文武兼备、珠联璧合了，耶律隆绪望着他们远去的背影，不由得捋须微笑起来。

耶律隆绪满怀期待地等待着捷报传来。可惜理想很美好，现实很冷酷。刘慎行此人，什么都好，只有一个毛病——恋家。他是一个时时刻刻都离不开老婆孩子热炕头的人。被天子指派率部远征，刘慎行的心里是抗拒的，但他又不敢当面忤逆天子的旨意，怎么办呢？

刘慎行终于想出了一个"绝妙"的主意——带家眷随军。于是，刘府上上下下忙得热火朝天，开始准备在军中的生活物资。磨蹭了数日，一切准备就绪，终于可以出发了。妇幼老小骑不了马，只能坐轿而行。于是，数万大军陪着这一家老小，像蜗牛一样朝高丽国出发了。

耶律隆绪等啊等，满以为会传来捷报，结果却等到了大军尚未出境的消息。耶律隆绪气得鼻子都歪了：刘慎行啊刘慎行，你可算没起错名字，还真是"慎行"哪。亡羊补牢，耶律隆绪火速将刘慎行撤职，以副都统耶律世良代替刘慎行指挥，辽军终于提高了行军速度，日夜兼程直奔高丽。

耶律世良是辽国的一位宿将。他多次率军镇压辽国北部的乌古部、敌烈部等部落的反叛，战功赫赫。此次被天子委以重任，耶律世良雄心勃勃。四年前的那次战役，耶律盆奴、萧排押等人大发神威，耶律世良未能参加，对此他一直耿耿于怀。"我一定要攻破开京，活捉王询！"耶律世良暗暗给自己定下了目标。

行家一出手，就知有没有。耶律世良不愧是一代名将，辽军自过江后，一路势如破竹，当者披靡。在攻占定远、兴化等城池后，辽军又于开泰五年（1016年）正月，在郭州城西击溃王询派来的援军。耶律世良很满意："众军前进！目标——开京！"

耶律世良满怀信心要大干一场，但无奈"天有不测风云，人有旦夕祸福"，就在辽军一路奏凯、所向披靡时，他却病倒了。也许是水土不服，也许是连续征战过于劳累，耶律世良病死在高丽的土地上，这位战功赫赫的将军就此走完了自己的一生。

主帅去世，群龙无首，耶律隆绪只能下诏命令辽军班师了。这次准备许久的军事行动再次草草收场。

辽军回国后，耶律隆绪越想越咽不下这口气，于是他再次集结大军，准备东征。开泰六年（1017年）五月，耶律隆绪派北院枢密使萧合卓为都统，汉人行宫都部署耶律显忠为副都统，再次讨伐高丽。

萧合卓是辽国的一位名臣，史载其"明典故，善占对"，为官清廉。但名臣不一定就是名将，萧合卓之前并没有行军打仗的经验，耶律隆绪任命他为主帅显然是欠考虑的。至于副都统耶律显忠，相信大家一定不会陌生，他就是宋真宗赵恒的发小王继忠。

王继忠在望都之战被辽军俘虏后，在辽国混得风生水起，平步青云，这就引起了以萧合卓为代表的契丹大臣的不满。试想你区区一个敌国降将，有何资格，又有何颜面在大辽作威作福？于是在一次宴会上，萧合卓当着耶律隆绪的面出言讽刺耶律显忠。耶律显忠自然不好说啥，但耶律隆绪却甚为不悦，当众批评了萧合卓。二人既然有这样的过节，心知肚明的耶律隆绪还派他俩搭档，难道是将二人当作蔺相如和廉颇，期望二人上演一场《将相和》？

"将相和"没等到，兵败的消息倒是传来了。辽军在进入高丽后，首次战役即受挫了。萧合卓和耶律显忠指挥的契丹骑兵在兴化城下奋战了一个多月，损兵折将，一无所获。遥想当年耶律世良弹指间即攻克兴化城，萧合卓和耶律显忠的军事能力真是让人汗颜啊。无可奈何之下，耶律隆绪只能再次下诏班师。

连续三次征讨均无功而返，耶律隆绪陷入了沉思：一将无能累死三军啊，下次一定要好好选择主帅了。突然，一个人的影子映入了耶律隆绪的脑海中。这个人就是萧排押。

以和为贵

萧排押，字韩隐，是辽国名将萧挞凛的儿子。对于他，读者应该已经很熟悉了。澶渊之战时，他随从萧太后出征，曾协助萧太后指挥攻打瀛州的战斗。辽圣宗亲征高丽时，萧排押与耶律盆奴指挥辽军大破康肇的车剑阵，并在攻下开京后率军追击高丽王王询，吓得王询胆战心惊。耶律隆绪相信，萧排押给高丽人留下的阴影，高丽人还没有忘记，派他率军过江，定能将王询撕成碎片！

辽开泰七年（1018 年）十月，耶律隆绪颁布诏令，任命东平郡王萧排押为都统，殿前都点检萧屈烈（虚列）为副都统，东京留守耶律八哥为都监，率领契丹铁骑十万，再次跨过鸭绿江，讨伐不听话的邻居——高丽国。

萧排押纵马奔驰在凛冽的寒风中。作为名将萧挞凛的儿子，他从小就是大家的焦点，而他的军事生涯也是一帆风顺，他在军中的职位，亦是如芝麻开花般，越来越高。多年来，他南征北战，立功无数，唯独有一个遗憾——他从来没有独当一面过。作为萧挞凛的儿子，这一点让他难以接受，他无时无刻不在等待着独当一面的机会，建立不世之功。

功夫不负有心人，机会终于来了。这次天子以他为主帅，对手又是高丽这样的软柿子，萧排押自然是信心满满。想起面对自己的追击，高丽王王询那惊慌失措的样子，萧排押情不自禁地笑出了声。

萧排押笑得早了点，他这次的对手可不是康肇，而是姜邯赞。姜邯赞出身名门，是高丽开国功臣江弓珍的后代。姜邯赞自幼饱读诗书，才华横溢。高丽成宗王治在位时，他以状元及第的身份进入仕途，从此一路平步青云。

康肇之乱发生后，高丽遭到了辽圣宗的讨伐。在开京即将被攻破时，高丽王王询信心尽失，打算出城投降。危急关头，姜邯赞力挽狂澜，使高丽避免了亡国的厄运，他不仅说服王询放弃投降的念头，转而逃往平州，他还在王询身边出谋划策，协助王询继续指挥各地军队与辽军作战。

在王询身边，姜邯赞显示出了杰出的军事才能，深受王询的欣赏。于是，当萧排押再次率辽军入侵时，姜邯赞便被任命为西北面行营都统，率领大军二十万，北上抵御辽军。

姜邯赞有着卓越的战场洞察力，他亲率一万骑兵，昼夜兼程，前往兴化州以北的山谷埋伏，令大将姜民瞻率主力紧随在后，以期将契丹人挡在城防坚固的兴化城。

高丽人竟然敢野战，这是萧排押做梦都想不到的。当萧排押大摇大摆地率领契丹骑兵直奔兴化城时，埋伏在半路的高丽骑兵突然出现，打了辽军一个措手不及，接着，姜邯赞见好就收，他不等辽军调整过来，马上率军退入兴化城，严防死守，与契丹骑兵展开了对峙。

兴化城城防坚固，又有姜邯赞这样的名将坐镇，契丹人攻打数日，未能攻下。这时，姜民瞻率领的高丽主力兵团也已赶来，兴化城顿时变成了铜墙铁壁，萧排押、耶律八哥等人只能望城兴叹。

其时已是寒冬腊月，天天在兴化城下餐风饮雪，纵使萧排押意志再坚定也受不了了。但如果就此退兵，他的一世英名怕是要毁于一旦。电光石火之间，萧排押想到了一个计策，那就是不拘泥于一城一地的得失，绕过兴化城南下，直捣开京。但是这样做的风险也是极大的，如果不能迅速攻下开京，辽军将陷入两面受敌的麻烦，搞不好，会全军覆没。

不入虎穴，焉得虎子？于是，萧排押率领辽军绕过兴化州，马不停蹄直捣开京。得到消息后，姜邯赞大惊，马上做出应对，他先派大将金宗铉率领一万骑兵抄近路以最快速度直奔开京，加强京城的守卫力量，自己则率高丽军主力埋伏在辽军回师的必经之路——龟州（今朝鲜平安北道龟城市）南郊。他算准了辽军已是强弩之末，攻打开京必定无功，如果辽军回师，就将进入自己为他们编织的天罗地网中。

姜邯赞的预计是对的。辽军在兴化城下损兵折将，身心俱疲，元气大伤。反观高丽方，在得到金宗铉入卫后，开京的城防力量大大加强，辽军用尽招数，始终无法撼动开京城半分。此时，高丽的各地援军已经陆续向开京集结，辽军再不撤退，就要被"包饺子"了！

万般无奈之下，萧排押垂头丧气地下令班师。"虽然没能活捉王询，但我率大军深入高丽国都，一定把王询吓了个够呛，也算是功过相抵了，想必天子不会降罪于我。"萧排押还在自我安慰，丝毫没觉察到即将到来的危险。

当辽军走到龟州南郊的山谷时，突然，号角声响，金鼓齐鸣，姜邯赞率高丽军如神兵天降般杀出，直扑契丹骑兵。姜邯赞早已看透了辽军的底细，他们久战无功，又在开京附近抢得盆满钵溢，早已毫无斗志。"弟兄们，建功立业就在此时。全歼契丹人，活捉萧排押！"

高丽人显然低估了辽军的战斗力，虽然辽军已是强弩之末，但契丹铁骑的野战能力仍然在高丽军队之上。萧排押不是一个杰出的将领，但也不是无能之辈，长年的南征北战使得他对骑兵的运用炉火纯青。

只见萧排押令旗一挥，契丹骑兵迅速后退，重新集结后，兵分两路，由萧排押、萧屈烈分别带队，从两翼侧击高丽军。野战能力本就不足的高丽军在契丹骑兵的反复冲击下，阵形逐渐散乱，败象渐露。萧排押笑得合不拢嘴：本来以为要无功而返，临走却捞了票大的，能重创高丽人的主力兵团，也算不枉此行了。萧排押的面目逐渐变得狰狞起来，率领契丹骑兵左冲右突，砍瓜切菜般斩杀着高丽士兵。

突然，当空一声巨响，电闪雷鸣，大雨倾盆而下。说来也是高丽人命不该绝，寒冬腊月不下雪，竟然下起了大雨。我们之前说过，契丹骑兵最怕的就是雨天，他们用兽皮做成的弓弦被雨淋湿后就会失效。不能用弓箭，骑兵的威力就要大打折扣了。

战场形势瞬间逆转。没了弓箭的契丹骑兵登时成了待宰的羔羊。姜邯赞左冲右突，指挥着高丽军队砍瓜切菜般斩杀契丹士兵。萧排押再也顾不上自己的名将梦了，他脱掉铠甲，惶惶如丧家之犬般冲出战场，一路向北逃去。

此役，高丽人大获全胜。辽国最精锐的天云军、皮室军损失惨重。天云军详稳海里、勃海军将军高清明等数员大将阵亡。姜邯赞一战扬名，成为高丽人心中的民族英雄。辽圣宗耶律隆绪的东征行动又一次无功而返。

"王询小儿，算你走运！朕，绝不会善罢甘休的。你等着！"耶律隆绪狠狠地说。

说到做到，开泰八年（1019 年），辽圣宗以郎君耶律曷不吕为主帅，再次兴兵讨高丽。高丽毕竟国小民弱，经过连续数年的战争，早已坚持不下去了。面对辽军的再次进攻，高丽王王询终于服软了，他派使者向耶律隆绪求和，表示愿意释放耶律资忠，并向辽圣宗耶律隆绪称臣，从此与辽国世代友好。虽然没有达到收回女真故地的目的，但既然王询主动服软，耶律隆绪也算找回了一点面子，而且经历了萧合卓、萧排押连续失利后，耶律隆绪对讨伐高丽也是心里没底。于是，耶律隆绪答应了王询的议和请求。至此，自辽圣宗耶律隆绪于统和二十年主动发起，已经持续了十年的辽国与高丽的战争终于画上了句号。

在这场战争的前半段，辽军完全占据了上风，他们俘杀高丽权臣康肇，攻破高丽国都开京，使得高丽王王询落荒而逃，但到了战争后期，辽军由萧合卓、萧排押发动的两次东征却接连受挫，可谓是虎头蛇尾。究其原因，辽圣宗耶律隆绪用人不明，要负最大责任。萧合卓毫无军事经验，萧排押又从未独当一面过，耶律隆绪将主帅的重任轻易交给他们，怎么可能不败呢？

第十一章

开拓河西：李德明攻

甘、凉之役

李德明的处世之道

北风呼啸，卷起漫天黄沙。万物凋敝，大地一片萧索。一个年轻人动也不动地立在料峭的北风中。寒风吹动黄沙，落在他的头发上，他却浑不在意，似乎完全没有察觉。好奇怪的年轻人！他是在感受北风的寒意，抑或是在接受黄沙的洗礼？都不是。他是在怀念刚刚去世的父亲，也是在思索茫然未卜的前程。这个年轻人叫作李德明，是西北党项族一代枭雄李继迁的儿子。

宋景德元年（辽统和二十二年），李继迁在与吐蕃六谷部首领潘罗支的战斗中，一时大意，中了潘罗支的诈降计，身负重伤，最终不治而亡。他拼搏一生打下的偌大基业，就落在了他的长子、年仅二十四岁的李德明身上。

虽然李德明继承了夏王之位，接管了定难五州的地盘，看上去家大业大，但实际上他面对的形势却不容乐观。四周的邻居虎视眈眈，在他们看来，年轻的李德明乳臭未干，犹如一只待宰的羔羊。所以，这些邻居时刻都在打着定难五州的主意，这是李德明面临的最大麻烦。

第一个需要提防的邻居自然是宋朝。赵恒虽然是个爱好和平的人，却绝不是个活菩萨。有道是"趁你病，要你命"，趁李继迁去世之际要李德明的命，顺便收回定难五州，无疑是一件一本万利的事，这一点，赵恒还是懂的。

第二个是盘踞凉州的吐蕃六谷部首领潘罗支。斩草不除根，春风吹又生。潘罗支既然杀死了李继迁，为了防止他的儿子李德明寻仇，最好的办法就是让李德明也从这个世界上消失。至于如何让李德明消失，潘罗支无时无刻不在盘算。

第三个则是以甘州（今甘肃张掖市）为据点，盘踞河西的回鹘人。回鹘人好勇斗狠，可汗夜落隔野心勃勃，时刻让李德明感到如芒在背。

这三个方向的压力时刻笼罩在李德明的心头，让他如坐针毡。稍有不慎，不但他自己将性命难保，父亲一生操劳打下的基业也要付诸东流。到时候，他有何面目到九泉之下与父亲相见？想到父亲生前的谆谆教导，李德明的眼眶湿润了。

"李德明，现在不是流泪的时候，车到山前必有路，勇敢面对！"一个声音在李德明内心响起。李德明突然想起了一个人，这个人一定可以辅佐他走出困境，一如当年辅佐他的父亲。

这个人就是张浦。作为李继迁的谋主，张浦在李继迁吞并定难五州的过程中起着无可替代的作用。如今李继迁去世，他的继承人李德明正处于四面楚歌的险恶环境中，张浦能辅佐少主走出困境吗？

"殿下无须惊慌，只需……"张浦早就定下锦囊妙计了，面对李德明的求助，他轻轻摇了摇鹅毛扇，娓娓道来。"张先生，真乃我夏国之栋梁也！"李德明赞许地望着张浦。"原来父亲留下的最宝贵的财富，既不是夏王的称号，也不是定难五州的地盘，而是这位神机妙算的张先生啊。"李德明暗暗赞叹。

李德明依计而行，首先派使者出使辽国，献上父亲留下的遗物，并向辽圣宗耶律隆绪称臣。正在策划对宋用兵的萧太后和耶律隆绪得到李德明的归顺，自然是乐得合不拢嘴，当即册封李德明为西平王，以资鼓励。辽国只需动动嘴皮子给个封号，一分钱都不用花，就得到了李德明这个臣子，何乐而不为呢？

李德明要的就是辽国的册封。得到辽国的册封后，他就可以"背靠大树好乘凉"了，其他人再要打他的主意可就要掂量掂量了：辽国，地大物博，雄兵百万，不好惹啊！此外，看到定难五州与辽国互通有无，辽国的敌人宋朝会不会也抛来橄榄枝呢？

答案是肯定的。宋辽关系紧张，赵恒可不想辽国独得李德明这个强援。于是，他特地颁下诏令：西北的各个部落，如果归附大宋，大大有赏！面对赵恒抛来的橄榄枝，李德明毫不犹豫，一下就接住了。他马上派使者出使宋朝，表示愿意向赵恒称臣。赵恒乐得合不拢嘴，只要李德明不作乱，他就可以腾出手来和耶律隆绪较量较量了，否则，两面受敌的话，日子还真不好过。于是赵恒颁下诏令，加封李德明为都督夏州诸军事、定难军节度使、西平王，钱帛赏赐无算。李德明空手套白狼，获得了丰厚的回报，乐得合不拢嘴。

就这样，李德明采纳张浦的计策，利用宋辽之间的矛盾，不但成功解除了来自宋朝的威胁，还找上了辽国这个靠山，依辽附宋，一箭双雕，迈出了良好的第一步。

解决了宋辽的问题，李德明终于可以腾出手来专心对付西面的敌人了。所谓"百善孝为先"，李德明是个孝顺的人，替父报仇自然是首要任务了。但六谷部兵强马壮，潘罗支又老奸巨猾，实在是不好对付，李德明和张浦苦苦寻找着对付潘罗支的机会。

正所谓"踏破铁鞋无觅处，得来全不费工夫"。李德明想啥得啥，机会还真从天而降了。李继迁有两个忠心的部下，叫作迷般嘱和日逋吉罗丹。李继迁死于潘罗支之手后，这两位部下对潘罗支恨之入骨，于是，他们假装弃暗投明，归降了者龙部，并暗地派人与李德明联系，定下了诛杀潘罗支的计策。

者龙部与潘罗支关系密切，向来为潘罗支所倚重。迷般嘱和日逋吉罗丹诈降者龙部后，开始对其进行策反。他们在者龙部暗地活动，神不知鬼不觉地策反了者龙部十三个宗族中的六个。此时的者龙部已经变成一个巨大的陷阱，随时等待着潘罗支自投罗网。

景德元年六月的一天，潘罗支像往常一样来到了者龙部。他是一位好领导，经常亲临者龙部进行慰问。每当看到部下们对自己投来崇拜的目光，潘罗支就会觉得浑身通透，他喜欢这种感觉。可惜他再也无福享受这种感觉了。潘罗支刚一进入者龙部的营帐，早已埋伏好的迷般嘱和日逋吉罗丹率领被他们策反的六族人马一拥而上，将潘罗支砍成了肉泥。一代枭雄最终落得如此下场，令人唏嘘。

大仇得报，终于可以告慰父亲的在天之灵了，李德明不由得意气风发："众将听令，渡河西进，目标——凉州！"

凉州拉锯战

六月，李德明亲率大军自灵州渡过黄河，攻打六谷部的大本营——凉州。而此时的六谷部正面临着分裂。

潘罗支死后，他的继承人问题就成为六谷部面临的头等大事。他的部将折逋游龙钵野心勃勃，满以为自己会继承潘罗支的宝座，不料潘罗支的弟弟厮铎督却捷足先登，被六谷部诸豪强推举为首领。诸豪强心里有数，你折逋游龙钵本来就位高权重，是接替潘罗支的头号热门人选，你上台天经地义，我们没有丝毫功劳，如今我们推举厮铎督，自然就有了拥立之功，大家都是从龙功臣，一起升官发财，何乐而不为呢？折逋游龙钵，为了大家的幸福，就委屈您了。

折逋游龙钵是个受不得委屈的人。于是，当李德明的大军逼近凉州时，折逋游龙钵没有经过丝毫思想斗争，马上率领自己的部族出城投降了。

折逋游龙钵反叛，凉州城中顿时人心惶惶。夏军不费吹灰之力即攻破了凉州城。厮铎督倒是一条好汉，好汉不吃眼前亏，于是，他率领亲信一溜烟似的溜出凉州，一路向西，逃之夭夭。

李德明即位半年以来，在张浦的辅佐下，一路依辽附宋、伏杀潘罗支、攻破凉州城，可谓是"无往而不利"。但他毕竟只是个二十岁出头的年轻人，年轻人有了一点成就，难免会骄傲自满。人一旦滋生了骄傲情绪，就容易轻敌，轻敌就会付出代价。当李德明在凉州城中享受万众拥戴的快感时，一个

158

巨大的危险悄然降临了。

逃到沙漠的厮铎督痛定思痛，开始整顿部落，操练兵马，做着收复凉州的准备。一切准备就绪后，这年十月，厮铎督亲率大军，人衔枚，马缚口，悄无声息地摸到了凉州城。

李德明，杀兄之仇，夺城之恨，今日跟你算个总账！

夏军正在凉州城中花天酒地，哪想到厮铎督还敢卷土重来，毫无防备之下，被打了个措手不及。厮铎督不费吹灰之力即收复了凉州城。李德明终于有机会展示他的逃跑绝技了。他和张浦一起逃出了凉州城，一路向东往灵州窜去。"厮铎督，算你狠，早晚有一天，我李德明还会杀回来的。你等着！"李德明逃跑时还不忘撂下句狠话。

李德明没有食言，一年后，他再次集结大军进攻凉州。"厮铎督，你这个无耻小人，竟敢跟俺老李玩阴的，搞不宣而战的把戏，你以为就你会搞偷袭？"李德明决定以其人之道，还治其人之身，党项将士人衔枚，马缚口，悄悄往凉州进发。"待抓到厮铎督那厮，俺老李兜头就给他一刀，以报上次的一箭之仇。"李德明一脸狞笑地想着。

李德明满以为能将厮铎督生擒活捉，却没料到，厮铎督再次给他上了一课。走到半路，李德明得到了一个令他目瞪口呆的消息：他的粮道被厮铎督劫了！李德明顿时一头雾水：难道厮铎督神机妙算，算到自己要偷袭？还是自己手下出了内奸，将消息透漏给了厮铎督？

确实是有人给厮铎督通风报信，但这个人却不是李德明的手下。从名义上说，他甚至是李德明的上级，他就是宋真宗赵恒。

赵恒是个爱好和平的人，所以自李德明臣服后，他一直致力于调解西北各民族之间的矛盾。此前赵恒就多次颁布诏令，示意党项、吐蕃、回鹘等部族和睦相处。李德明自然把赵恒的话当作耳旁风，频频与六谷部发生摩擦。但赵恒毕竟是大宋天子，是天下最有权势的人，李德明不把他当回事，那可就要吃大亏了。

在李德明偷袭凉州的计划还未付诸行动时，赵恒就知道了。他派出使者，快马加鞭跑到凉州报信，告诉厮铎督："李德明要偷袭你了，你做好准备不要吃亏。当然如果你能与李德明达成和解，朕会更欣慰，即使和解不了要开打，也要适可而止。"

收到预警后，厮铎督一声冷笑："嘿嘿，李德明，跟我玩阴的，你这是关公门前耍大刀，孔夫子面前卖文章——不自量力！"厮铎督派出一支骑兵，风驰电掣般绕到李德明身后，将党项将士的军粮马料来了个一锅端。

粮道被劫，总不能吃沙子吧。李德明无可奈何地率军撤退。"厮铎督，这次算你走运，我还会再来的，下次你可就没这么好运了。"

李德明，你把事情想得太简单了！厮铎督已经劫了你的粮道，岂能容你平安回去？你不死，厮铎督寝食难安哪。厮铎督早已请来了回鹘骑兵为外援，埋伏在李德明退军的必经之路上，准备来个"送佛送到西"，送李德明上西天。

当党项军队走到半路时，早已埋伏好的回鹘骑兵突然杀出，直扑党项人。毫无防备的党项骑兵被打了一个措手不及，一场大败。有了上次从凉州逃走的经验，李德明这次从容多了，他收集残兵败将，一溜烟似的逃往灵州。

又让李德明逃了，厮铎督大叫一声可惜，不过能重创党项人，又结上了回鹘这个强援，以后李德明再来，倒也不必惊慌了。后来，李德明多次入侵河西，在宋大中祥符三年（1010 年）时，党项骑兵甚至连续攻占凉州、甘州，将吐蕃人和回鹘人赶去沙漠吃沙子，但最终还是被厮铎督和回鹘人联手击退。甘州、凉州同气连枝，共抗党项，与李德明一时间形成了均势。

有道是"堡垒往往是从内部被攻破的"，凉州这座坚固堡垒的内部渐渐出现了裂痕。由于长年的战乱，凉州的经济遭到了严重的破坏，民生凋敝，食不果腹。在这种情况下，原本臣服于厮铎督的一些部族开始另谋生路，脱离厮铎督，盘踞河州（治今甘肃临夏市）的宗哥部就是其中实力最强的一支。

失去了宗哥部，厮铎督的实力大打折扣。他知道，自己已经没有实力再待在凉州了：如果李德明再次入侵，自己当然可以继续求助于回鹘人，但自己如今势单力孤，也难保回鹘人不会趁机吞并自己。厮铎督开始谋划迁徙之计。

宋大中祥符七年（1014 年），李德明再次攻打凉州。这一次，厮铎督已经无力也无意再抵抗了，他率领部族迅速南撤，投奔宗哥部去了。投奔自己以前的小弟，虽然面子上挂不住，但是能保命，这就够了。

兵不血刃拿下凉州后，李德明留大将苏守信镇守，自己率军回西平府（即灵州）享乐去了。历经十年的鏖战，终于彻底击溃了六谷部，是该好好享受下人生了。但可惜李德明高兴得太早了。虽然厮铎督败走，但另一个强大的敌人悄然崛起，取代了厮铎督的位置，成为李德明在西线最大的敌人，那就是回鹘人。仅仅两年后，回鹘人就攻打了凉州，守将苏守信力战而死，凉州城就此成了回鹘人的囊中之物。

李德明辛苦十年，最终却为回鹘人作了嫁衣，气得七窍生烟：凉州啊！究竟何时，才能得偿所愿？

元昊出山

李德明不但会得偿所愿，还会将回鹘人连根拔起，因为他有个出色的儿子——李元昊。李元昊这个后来的一代枭雄，小时候就流露出了政治野心。有一次，李德明因为派去宋朝做交易的使者交换的东西不合自己的心意而大发雷霆，甚至想斩杀使者，幼年的李元昊急忙劝谏父亲："您杀了使者，以后谁还会为您所用呢？况且我们党项人是马背上的民族，交换这些汉人的东西有什么用呢？"李德明对儿子的出口不凡大为惊讶，从此经常与他探讨局势，于是李元昊开始劝父亲与宋朝决裂。

李元昊，与宋决裂的事情日后将由你自己来实现，你当前的任务，是替你父亲搞定河西的回鹘人。

此时的甘州回鹘正是如日方中。随着势力的不断壮大，回鹘可汗夜落隔也开始骄傲起来。夜落隔一骄傲，就得罪了另一个更骄傲的人——辽圣宗耶律隆绪。

辽太平六年（宋天圣四年，1026 年）五月，耶律隆绪以大将萧惠（其父就是兵败高丽的萧排押）为西北路招讨使，率军讨伐回鹘人。同时，耶律隆绪给名义上的臣子李德明颁布诏令，令他率党项军队参战，共击回鹘人。李德明火速调兵遣将，磨刀霍霍直取回鹘人。

回鹘人不愧是能让李德明吃瘪，敢捋耶律隆绪虎须的狠角色，此战中，他们显示出了惊人的战斗力。辽夏联军将甘州城围得铁桶一般，连续攻打了三个月，甘州城依然像巍峨的贺兰山一样，屹立不倒。

就在此时，辽军的内部出现了问题。臣服于辽国的祖卜部军队与萧惠发生矛盾，举兵叛乱。萧惠令旗一挥，契丹骑兵蜂拥而上，就欲灭亡祖卜部。经历了三个月的连续作战，契丹骑兵早已是强弩之末，而祖卜部人一直不满萧惠作威作福，所以作战时出工不出力，战斗力保存得倒是不错。此消彼长之下，强弱逆转，契丹骑兵被打得惨败，萧惠被迫率军撤退。事已至此，李德明也只能仰天长叹：连辽国都奈何不了回鹘人，我又有啥办法呢？

李德明终于想到了自己的儿子。"元昊这小子，说起来倒是头头是道，就是不知道付诸行动后会怎样。反正我对回鹘人也是毫无办法，就死马当活马医，试一下好了。即使败了，也可以培养下儿子的实战能力嘛。"

宋天圣六年（1028 年）五月，年仅二十五岁的李元昊被父亲任命为主帅，举兵讨伐回鹘人。李元昊也采用了萧惠的战术，没有攻打凉州，而是一步到位，直取夜落隔的大本营——甘州。

行家一出手，就知有没有。李元昊可不是纸上谈兵的绣花枕头，他是理论与实践相结合的优秀人才。萧惠和李德明联手三个月没打下的甘州城，李元昊轻而易举就攻下了。李元昊破城时，骄傲的可汗夜落隔还没明白是怎么回事呢。夜落隔终于明白过来后，不慌不忙，骑上一匹高头大马一溜烟似的迅速遁走。

夜落隔不愧是骄傲的可汗，连逃跑都跑得这么潇洒。而李元昊，这位未来的战神，初出茅庐就一鸣惊人。

甘州地处宋朝与西域之间的交通要道，得到了甘州，就可以截断宋朝与西域诸部落的联络，从此，李德明向西开拓就不必看宋朝的脸色了。至少，像赵恒给厮铎督通风报信这种事情是绝对不会再发生了。这对李德明经营河西地区，无疑有着十分重要的意义。

攻占甘州后，李元昊再接再厉，一鼓作气将甘州回鹘在河西地区的势力连根拔起。

消灭甘州回鹘后，李德明在河西地区只剩下一个对手了，那就是沙州（治今甘肃敦煌市西）的曹贤顺。关于这位曹贤顺，很多资料记载他是回鹘人，其实这是一个天大的误会，他是彻头彻尾的汉人！那么，一个汉族人，是如何在番邦林立的河西地区割据一方的呢？

中唐时期，吐蕃强盛，侵占了河西地区，唐中央政府无能为力。唐宣宗时期，有位叫张义潮的英雄，振臂一呼，组织当地汉人起义，收复了河西十一州，被唐宣宗任命为归义军节度使。从此，张义潮后人开始世代统治归义军（治沙州）。后来几经战乱变换，归义军政权落入了曹议金手中。归义军周围强敌环伺，甘州回鹘势力越来越大，逐渐蚕食归义军的地盘。为了生存，曹氏开始与回鹘联姻，这也是他们被误认为是回鹘人的原因。到了曹议金的后人曹贤顺在位时，曾经坐拥十一州的强大归义军，只剩下沙州一州之地苟延残喘了。而此时，他的对手也只剩一个，就是夏王李德明。

曹贤顺倒是不惧怕李德明，但他怕李元昊啊。纵横河西的甘州回鹘，在李元昊的攻势下弹指间就灰飞烟灭，曹贤顺还是很清楚自己几斤几两的。于是，在甘州回鹘覆灭后，不等李元昊来攻，曹贤顺主动投降了。至此，整个河西地区完全落入了李德明手中。

凭借儿子的助推，李德明终于走上了人生巅峰。此时，他的野心也逐渐显露出来了。他开始修建宫殿，制作龙袍，并册封儿子李元昊为太子，离登基称帝只差一步。就在此时，一个原本不起眼的小部族在西北迅速崛起，成了李德明父子最大的敌人，那就是青唐吐蕃。

危险的对手

青唐吐蕃就是从厮铎督手下出走的宗哥部。在李元昊的爷爷李继迁还在世的时候，宗哥部就是他的敌人了。不过当时的宗哥部，只是个微不足道的小角色。作为各部吐蕃的部族之一，宗哥部只能跟在当时的盟主潘罗支屁股后面狐假虎威。

潘罗支死后，他的弟弟厮铎督即位，六谷部实力开始衰落。当年的小弟宗哥部实力却发展壮大，成为厮铎督手下实力最强大的部族。

此时的宗哥部，虽然有赞普唃（gū）厮啰，但他只是个傀儡而已，权力实际掌握在一个叫作李立遵的僧人手中。李立遵是个颇有才能的人，看到部族在河西混不下去，于是他做出了重要的决定：离开厮铎督，举族南迁。

李立遵率部族一路南下，来到了邈川城（今青海海东市乐都区南湟水南岸），在这里，他接纳了当地豪强温逋奇入族。起初李立遵与温逋奇平分权力，控制了宗哥部，唃厮啰成了他们手中的提线木偶。随着时间的推移，李立遵和温逋奇开始钩心斗角，争夺权力。李立遵先下手为强，他偷偷挟持唃厮啰迁都到宗哥城（今青海海东市平安区），在这里，李立遵将女儿嫁给唃厮啰，自己大权独揽，安心做起了"太上皇"。

其时宋真宗赵恒为了维护边境和平，正在对西北诸部落进行招抚。李立遵马上派人与宋朝进行沟通，表示愿意效忠，但前提是要册封自己为赞普。李立遵狮子大开口，赵恒自然不会轻易答应，只给了他个节度使的头衔。李立遵大为不满，开始磨刀霍霍，准备对宋朝出兵。

李立遵真是利令智昏了。当年的潘罗支何等英雄，尚且要主动跟宋朝示好，你李立遵何德何能，竟敢在太岁头上动土？

当时宋朝在西北的军事负责人是曹玮。曹玮，字宝臣，是宋初的开国功臣曹彬的儿子。曹彬当年在雍熙北伐中"进退失据"，上演了一系列搞笑指挥，是一个平庸的将领，但他的儿子曹玮多谋善断，熟读兵法，是一位非常厉害的将领。纵观整个北宋时期，要是给名将排个名次的话，曹玮可以稳进前三（另外两位是潘美和李继隆）。招惹这么一个厉害人物，李立遵可真是吃了豹子胆了。

李立遵还未起事呢，阴谋已被曹玮得知。李立遵的部下厮敦与曹玮交好，将李立遵的不轨意图和盘托出。得到消息后，曹玮迅速回应，以迅雷不及掩耳之势解决了李立遵属下的厮鸡波、李磨论两部，给了李立遵一个严重的警告。

如果此时收手，也许李立遵还能继续做他的太上皇，但长期在宗哥部作威作福使他习惯了别人的顺从。他终于开始了自己飞蛾扑火般的"表演"。

宋大中祥符九年（1016 年）九月，李立遵调兵遣将，进攻曹玮驻军的秦州（治今甘肃天水市）。此时，曹玮已经在秦州西面的三都谷设下埋伏，恭候李立遵的大驾光临。

当探马报告李立遵来犯的消息时，曹玮正在用餐。听完汇报后，他头都没抬，只说："再探！"

"启禀将军，敌人离我们只有十里了！"

"再探！"

"启禀将军，敌人马上到了！"

曹玮一下子扔掉筷子，翻身上马，率军出城。看到漫山遍野的吐蕃人，宋军将士有点害怕了：对手有十万大军，自己只有六千骑兵，这仗，可怎么打啊？

曹玮镇定自若地观察着战场的形势。他发现，敌方虽然看着人多势众，但大多数人没有兵器、铠甲，只是站着吆喝，滥竽充数而已。原来，李立遵为了虚张声势，拉了大批牧民来冒充军人，心说小样我吓也要吓死你。

曹玮是何等高人，一眼就看穿了李立遵的把戏。他亲自率领一百骑兵，绕到敌军背后发起攻击，由监军王怀信等人率领主力部队从正面进攻，前后夹击。李立遵的乌合之众哪里见过这种阵势，瞬间一败涂地。李立遵惶惶如丧家之犬般逃往宗哥城。

惊慌失措的李立遵回到宗哥城，却发现了一件比曹玮的攻击更令他惊慌的事情——唃厮啰跑了。唃厮啰早就受不了李立遵了，李立遵骄奢淫逸、残暴不仁，又利令智昏地向宋朝开战，在唃厮啰看来，李立遵早晚自取灭亡。"你自我毁灭无所谓，别连累我们宗哥部，好歹我还是宗哥部的赞普呢。"每次想起这些，唃厮啰就闷闷不乐，他随时寻找着离开李立遵的机会。所以，李立遵一离开宗哥城，唃厮啰马上在几名亲信的陪同下悄然出城，直奔邈川，投奔温逋奇去了。

唃厮啰不知道的是，温逋奇是个比李立遵更可怕的人，李立遵只想当权臣，而温逋奇却想谋他的位，要他的命！宋仁宗明道元年（1032 年），温逋奇悍然发动政变，这次唃厮啰连提线木偶也做不成了，直接沦为阶下囚。温逋奇将唃厮啰关在一口井中，任其自生自灭。

李立遵在三都谷之战后彻底失去了威望，众叛亲离，已无力与温逋奇争短长了，温逋奇再踢开唃厮啰这个碍眼的傀儡，就可以自己登位享受万众拥戴了。可惜，温逋奇低估了唃厮啰。在他看来，唃厮啰就是他和李立遵手中任意摆弄的木偶，对他们唯命是从。但唯唯诺诺只是表象，真实的唃厮啰是个可怕的人，是吐蕃的杰出领袖，是一代枭雄李元昊旗鼓相当的敌人。唃厮啰在脱去伪装前，可以被他们随意欺凌，一旦唃厮啰脱去伪装，他们的末日就要到了。要么不做，要么做绝，温逋奇发动政变，却不迅速杀掉唃厮啰，这就是在给自己挖坑了。

唃厮啰在宗哥部中有着巨大的号召力，这一点不仅温逋奇不知道，甚至连唃厮啰自己一开始也不知道。有一天，温逋奇带兵外出狩猎，他刚一出门，就有一队将士将唃厮啰从井中放了出来。唃厮啰一开始茫然无措，待到将士们说明原委后，唃厮啰正欲道谢，众将士突然齐刷刷地跪了一地："我等愿听赞普号令。"

直到这时，唃厮啰才意识到了自己在部族中的号召力。多年的傀儡生涯，十年如一日地对部属将士礼貌有加，不知不觉间让唃厮啰赢得了他们的心。唃厮啰振臂一呼，从者如云，一瞬间就集结了数万人的军队。他全身披挂，率领这支军队讨伐温逋奇。

这是唃厮啰人生中第一次指挥军队，但他显示了出色的军事能力，不费吹灰之力即击败了温逋奇。唃厮啰没有犯温逋奇犯过的错误，他送佛送到西，将温逋奇一刀送上了西天。

干掉温逋奇后，唃厮啰将都城迁到青唐城（今青海西宁市）。从此，六谷部有了新的名字——青唐吐蕃。唃厮啰是个杰出的领袖，他率领青唐吐蕃披荆斩棘，努力发展，实力逐渐壮大。

此时，李德明已经连续消灭了凉州的厮铎督政权、甘州回鹘以及沙州的曹贤顺，将河西地区完全收入囊中。逐渐壮大的青唐吐蕃就成了李德明的眼中钉、肉中刺，必欲除之而后快。当李德明磨刀霍霍，准备对唃厮啰出兵时，上天却没有给他机会。

宋明道元年，野心勃勃的夏王李德明去世，将唃厮啰这个强劲对手留给了自己的儿子李元昊。李元昊、唃厮啰两位枭雄之间的对决一触即发。

第十二章

西北狂狼：西夏攻青

唐吐蕃之战

元昊整军

夏王李元昊坐在一张舒服的龙椅上，闭目养神。父亲已经去世一年多了，这段时间，他从未感觉悲伤。因为他没时间悲伤，他要干活。即位以来，他就像一张绷紧了弦的弓一样，没日没夜地忙着，一刻也不曾松懈过。

首先，他将兴州（治今宁夏银川市）改名为兴庆府，作为夏国的都城。然后，为了显示尊卑有别，他将自己的姓氏改为嵬（wéi）名氏，改名为囊宵（为了行文方便，我们仍然称呼他为李元昊）。李元昊规定，嵬名氏只有自己的直系宗亲可以用，疏族不能用。李元昊还将宋辽册封的西平王称号弃置不用，自称"吾祖"（也就是可汗）。此外，因为宋朝的年号"明道"犯了自己父亲李德明的名讳，李元昊将"明道"改为"显道"，作为供自己使用的年号。定下了国都、年号，确立了尊贵的姓氏和称号，李元昊已经为称帝做好准备了。

搞完了这些虚头巴脑的形式主义，李元昊开始做实事了，那就是整军。

在李继迁、李德明时代，党项是没有正规军的。党项人平时或为农或为牧，有作战任务时则征发十五岁以上男子为兵。虽然这种"全民皆兵"的制度能保证兵源的充足，但由于平时怠于训练，士兵的战斗力较差，这也是李继迁、李德明时期作战频频失利的重要原因。

为了提高夏军的战斗力，李元昊规定，每个部落中，每两名年满十五周岁的男子中须抽出一人参军，编成"擒生军"。擒生军是夏军的精锐部队，他们脱离生产，每日只管训练，让战斗力得到保障。

在将军队正规化后，李元昊还成立了若干特种部队。他将被俘的汉人士兵专门编成一队，号"撞令郎"，每次作战时，夏军驱赶撞令郎在前面当"炮灰"。此举极为不人道，但在作战时却能收到奇效。若与宋军作战，宋军对这支由自己人组成的"炮灰"部队自然不忍下手，李元昊就可趁机掩杀过去，占尽便宜。即使与吐蕃作战，驱赶这些"炮灰"在前面，也可以减少夏军的损失。此外，李元昊还成立了炮兵，号"泼喜"。夏军将投石机装在骆驼背上，每次作战时可以发射巨石"炮击"敌人。李元昊还挑选了七千名骑射出色的精锐士兵，编成禁卫军，作为自己的侍卫亲军，号"御园内六班直"，以保证自己的安全。

而要说夏军中战斗力最强悍的，还要数"铁军"。这些铁军身披重甲，刀枪不入。他们将自己用锁链绑在马背上，即使战死，也不会坠马。如此灭绝人性的招数，也亏李元昊想得出。

李元昊终于拥有了强大的军队。他将大部分兵力部署在兴庆府附近的贺兰山地区，以保障首都的安全。此外，在与宋、吐蕃接壤的边境和回鹘故地的甘州、沙州等地也布有重兵。内外兵力都布置得当，李元昊终于可以睡得踏实了。

军政并行，缺一不可。整顿完了军队，李元昊又组建了一套完整的政权班子。他效仿汉人的制度，设立了中书省、尚书省、御史台、三司、枢密院等部门，在各部门分置官长。他还效仿宋朝，在都城兴庆府设立"开封府尹"，作为治理京城地区的长官。人家宋朝叫开封府尹是因为国都就叫开封，李元昊生搬硬套，也搞出个开封府尹，这文化水平也真是令人着急。

看到这里，你要是以为李元昊是个仰慕汉人文明的人，那可就大错特错了。为了便于统治，他可以效仿甚至照搬汉人的制度，但为了防止被汉文化同化，李元昊采取了一系列强制措施，以保持党项人的独立性。

例如，李元昊颁布"秃发令"，要求夏国百姓必须剃去脑门中间的头发，只保留四周的，恢复党项人秃发的习惯，"三日内不从者杀无赦"。这种向传统回归的策略虽然是开历史的倒车，但对唤醒党项人的民族意识却有着巨大的作用。

此外，李元昊抛弃已经使用习惯的汉字，派大臣野利仁荣创造了西夏文字。他还设立了"谟宁令""宁令"等颇具党项特色的官职，以显示夏国与宋廷的不同。

做完了这些，李元昊终于可以喘口气了。他以一个最舒服的姿势倚靠在一张舒服的龙椅上，闭目养神。

这张龙椅是李德明留下来的。李德明生前表面上依辽附宋，背地里却野心勃勃。他营造宫殿，册立太子，完全一副皇帝的派头。在赶走了厮铎督，消灭了甘州回鹘后，李德明开始紧锣密鼓地策划登基事宜。他派人制作了龙椅、龙袍等器具服饰，以备登基之日使用。可惜还未及登基，就一命呜呼了。这些东西自然就留给了他的儿子李元昊。

如果说李德明对自己的野心还做了些遮掩，那李元昊就是毫不掩饰自己的称帝野心。他无时无刻不在想着龙飞九五，在改革完军政后，就开始纵兵侵扰宋朝的西北诸州，以试探宋朝的底线。

牛刀小试

自宋景祐元年（西夏显道三年，1034 年）二月起，李元昊连续出兵侵扰宋境的府州（治今陕西府谷县）、环州等地区。初掌权力的宋仁宗赵祯不愿多生事端，只是指示沿边各州加强戒备，以期李元昊能够知难而退。

看到了赵宋朝廷的软弱态度后，李元昊开始得寸进尺。夏军直奔宋境，在延州（治今陕西延安市）和庆州之间修建了白豹城、后桥堡等据点，将两地之间的联系拦腰斩断。驻扎在庆州柔远寨的番部都巡检鬼逐实在忍无可忍，率军拔掉了后桥堡。此举一下子捅了马蜂窝。

　　李元昊自上战场以来，破回鹘，取凉州，降服沙州，无往而不利，是个只占便宜没吃过亏的人，如今在宋朝这里竟然碰了钉子，顿时雷霆大怒。他迅速点起数万人的大军，杀气腾腾地开往庆州，誓要将庆州城夷为平地。

　　得知夏军来犯，宋缘边都巡检杨遵毫不惊慌。他与柔远寨监押卢训一起，率领七百骑兵在庆州西面的龙马岭设伏，静候夏军。同时，杨遵派人向环庆路都监齐宗矩求援，请他火速率军驰援龙马岭，共击元昊。接到杨遵的求援后，齐宗矩同走马承受赵德宣、宁州都监王文一起，率军迅速赶往龙马岭。

　　李元昊一马当先，驰骋在环庆路宽阔的官道上，身后是数万黑压压的党项骑兵。自他的爷爷李继迁去世后，党项人已经三十年未曾与宋朝为敌了。"父亲对宋朝虚与委蛇，自是为了埋头发展实力。而我的实力已经如此壮大，自然无须再委曲求全了。那些软弱的宋人，我只需用一个小拇指，就能将他们推倒了，何况我拥有千军万马！"李元昊恍惚间感觉已经来到了开封城，自己高高在上，端坐在龙椅上，宋朝皇帝赵祯匍匐在自己脚下，瑟瑟发抖。

　　突然一阵号角声，惊扰了李元昊的黄粱美梦。李元昊猛然睁开眼睛，就看见了一队宋人装束的骑兵。他们人数虽不多，但进退有度，来去如风，端的是队劲敌。为首一人白马银盔，神采奕奕，对着李元昊戳指怒骂："大胆番邦贼子，胆敢犯我疆土，活得不耐烦了？"

　　此人正是宋朝的缘边都巡检杨遵。他与柔远寨监押卢训一起，已经在此等候李元昊多时了。李元昊哈哈大笑："区区几百弱兵，竟敢螳臂当车，识相的话，乖乖下马受缚，本王可以考虑饶你一死。"

　　虽然表面上气势十足，但杨遵的心里却是有苦不能言。党项人的骑兵来得太快了，完全赶在了齐宗矩的援军前面，自己手下仅有七百骑兵，虽然战斗力不俗，但好虎难斗群狼，实在是毫无胜算。该如何是好呢？思来想去别无良策，只有硬着头皮上了。杨遵一声令下，自己一马当先，率领宋军杀入党项大军中。

　　李元昊原本只是想骚扰宋朝的沿边诸州，所以并没有带"撞令郎""泼喜"等特种部队。即使如此，党项骑兵数万人，远超杨遵的区区七百骑。双方只交战一会儿，宋军就吃不消了。

"卢将军，不是我俩无能，而是敌军太强大。留得青山在，不怕没柴烧，咱俩赶紧撤吧。"杨遵刚才还神采飞扬，现在却已是丧家犬。他脱掉甲胄，扔掉刀枪，与卢训仓皇逃窜。

杨遵和卢训倒是"留得青山在"了，齐宗矩等人率领的援军可就惨了。在击溃杨遵后，李元昊马不停蹄，率军一路向东，在宋朝援军必经的节义峰设伏，静候齐宗矩这条大鱼上钩。

我们知道，宋军的谍报工作是非常厉害的。当年李德明突袭厮铎督，就被宋军提前获知，通知了厮铎督，让李德明落得个惨败而逃的下场。此次李元昊设伏节义峰，宋军的谍报人员同样没有失职，他们神通广大，再次获知了这个消息。当年厮铎督欣然采信了宋军的情报，于是大破李德明。这次宋军会大破李元昊吗？

齐宗矩是个骄傲的人，骄傲的人往往都很自信。自信当然是好事，但是如果自信过头，那就成了自负了。自负，就会付出代价。在得知有伏兵后，齐宗矩毫不理睬，率领宋军继续向龙马岭进发。"区区几个党项毛贼，有伏兵更好，正好来个将计就计，一举歼灭之。免得本将军还要浪费精力找寻他们。"齐宗矩的自负，最终让他走上了一条耻辱之路。

当宋军行至节义峰时，早已等候多时的夏军四面杀出，将齐宗矩等人团团围在了垓心。李元昊骑在一匹高头大马上，耀武扬威地呵斥齐宗矩："本王亲至贵国，本有意与尔等修好，岂料尔等逆臣目无尊卑，竟敢对本王动刀动枪，时至今日，尔等还有何话可说？"

李元昊，你的脸皮可真是比城墙都厚，明明是侵犯宋境，反而指责宋军对自己动武，真是强词夺理。

李元昊虽然强词夺理，但他手握数万大军，占尽上风。齐宗矩看看自己手下的数千将士，顿时慌了手脚。

世上没有后悔药，事已至此，他老齐只有硬着头皮上了。齐宗矩经过观察，发现李元昊虽然指挥着数万大军，但他与大军的距离却较远，李元昊的周围满打满算只有三千骑兵，自己若率骑兵采取中央突破战术，直扑党项中军，斩杀李元昊，或许尚有一线生机。齐宗矩甚至想到，如果就此斩杀李元昊，自己不仅会平步青云，还会名垂青史，与李靖、卫青等人并称，光宗耀祖！

齐宗矩想得很美，操作起来却发现自己大错特错了。李元昊不是傻子，他敢在战场上脱离他的大部队，当然是有恃无恐的。他自信的资本就是自己手下的御园内六班直。这支由夏军中最精锐的军士组成的禁卫军，弓马娴熟，来去如风，有着强大的战斗力。

齐宗矩一冲入敌阵，顿时叫苦不迭，夏军风驰电掣，利用强劲的冲击力，迅速将宋军冲垮，齐宗矩等人陷入夏军的分割包围中。齐宗矩大为懊恼，李元昊故意远离大部队，敢情就是要引诱自己上钩啊。

接着，李元昊令旗一挥，夏军大部队黑压压地围拢过来，将宋军包围得风雨不透。齐宗矩真是一位"大丈夫"，大丈夫能屈能伸嘛，看到完全没了机会，齐宗矩迅速举起了白旗："大王饶命，我投降，我投降还不行吗？"

"投降？投降那就输一半好了。"李元昊嘿嘿一阵狞笑，命人扒光齐宗矩的衣服，然后将他五花大绑。而后，夏军押解着齐宗矩打道回府了。

三十年以来，宋夏之间的首次战斗，就以李元昊的大获全胜而告终。在这场战斗中，李元昊利用宋军兵力分散的弱点，以攻打庆州为诱饵，成功调动了宋军杨遵、齐宗矩两部兵力，利用时间差先围点后打援，几乎全歼了这两支骑兵。一战损失数千骑兵，对于本来就缺少马匹的宋军来说，打击是非常大的。

得到杨遵和齐宗矩战败的消息，赵祯大为震动，迅速做出决定，派人册封李元昊为中书令。赵祯和他的父亲赵恒一样，也是个爱好和平的人，岂能为了区区一场败仗失了与李元昊的和气？只要李元昊不公开称帝，那他依然是朕的臣子嘛，朕爱民如子，岂能亏待臣子？

得到赵祯的回应后，李元昊乐得合不拢嘴："赵祯呀赵祯，原来你和你的父亲一样，也是个绣花枕头。既然如此，本王可就不客气了！"李元昊开始加紧谋划称帝的相关事宜。当然，在称帝之前，他还要解决一个敌人，这个让他父亲生前感到寝食难安的敌人，当然就是青唐吐蕃的唃厮啰。

喋血牦牛城

海阔凭鱼跃，天高任鸟飞。唃厮啰在摆脱了李立遵和温逋奇的控制后，如一匹脱缰的野马，迅速发展壮大，一发不可收拾了。此时青唐吐蕃的疆域，西起青海湖，南邻宋朝的成州（治今甘肃成县）、阶州（治今甘肃陇南市武都区），东面、北面与夏国接壤，绵延三千余里，幅员辽阔，兵马强盛。

自六谷部的潘罗支掌权以来，吐蕃部落的对外策略就一直是联宋抗夏。当年的厮铎督，利用宋朝提供的情报，大破李德明，在河湟地区传为佳话。唃厮啰掌握权力以来，修正了李立遵与宋为敌的错误政策，主动向宋朝示好，重新对宋称臣，共抗夏军。

对于李元昊来说，唃厮啰率领的青唐吐蕃就如同插在自己背后的一柄尖刀。为了解除后顾之忧，李元昊在对宋朝的环庆路小试牛刀后，掉头向西，将目光对准了青唐吐蕃："唃厮啰，你这个跟在潘罗支后面的漏网之鱼，今天，本王就将你绳之以法！"

景祐元年七月，李元昊派遣大军两万五千人，以大将苏奴儿为主帅，正式拉开了对青唐吐蕃战争的序幕。

苏奴儿一路上心情颇为激荡。自李元昊即位夏王以来，除了几次小规模的骚扰战，就只有出兵环庆路那次发生过规模较大的战斗，而当时的主帅就是夏王李元昊本人。"这一次与青唐吐蕃势均力敌的较量，夏王竟然派我独当一面！夏王如此信任我，我务必要拧下唃厮啰的脑袋，摆在夏王的御案上，方能报答夏王的知遇之恩。"苏奴儿一挥马鞭，骏马撒了欢地往前狂奔。他身后，党项骑兵们紧紧相随，唯恐自己跟不上主帅的步伐。

苏奴儿首先将进攻的目标定为牦牛城（今青海省西宁市北）。岂料夏军尚未到来，牦牛城的吐蕃守军已经得到了苏奴儿来犯的消息（很有可能又是宋军提供的线报）。吐蕃军迅速出城，在城外的险峻之地埋伏，静候夏军的到来。

此时的苏奴儿，心情激荡，头脑也变得激荡了。他的眼里只有牦牛城，哪里还察觉得到城外的伏兵，不知不觉就进入了吐蕃人的埋伏圈。突然伏兵四起，夏军毫无防备，被打了个措手不及，顿时兵败如山倒。战斗毫无悬念地迅速结束，夏军全军覆没，主帅苏奴儿被活捉。

一下子损失两万多兵马，李元昊自起兵以来，首次遭遇如此惨败。他终于意识到唃厮啰是个劲敌了，开始变得谨慎起来。"对付唃厮啰，看来还是得本王亲自出马了。"李元昊开始筹划再一次的出兵方案。这年九月，准备就绪的夏军再次西征吐蕃，首战的目标依然是牦牛城。

李元昊骑马立于牦牛城下，亲自用吐蕃语向城中喊话："牦牛城的守军听着，打开城门，释放苏奴儿，是你们唯一的出路，本王可保你们余生富贵，好过在这鸟不生蛋的地方天天被那冷风吹。如若不识抬举，本王一声令下，血洗牦牛城，到时候可不要后悔哦。"威逼加利诱都用上了，李元昊的喊话技术端的是非常高明。

高明是高明了，但是吐蕃人丝毫不为所动，李元昊顿时感到一股挫败感：自本王出道以来，所向披靡，从未有人敢忤逆本王。纵使我的亲舅舅卫慕山喜违背了我，我依然将他砍成肉泥，甚至连我的母亲都难免一死。这群吐蕃野人竟敢视本王若无物！"众军听令，攻城！"

经历了在河西地区长年累月对甘州、凉州等城市的攻防战，此时的夏军对攻城已经颇有心得，再也不是李继迁时期的生瓜蛋子了。饶是如此，在夏军潮水般的攻势下，牦牛城依旧岿然不动。李元昊大为震惊，唃厮啰果然是个人物，区区一个牦牛城，城防居然如此坚固，看来得从长计议了。

李元昊倒是颇有耐心，夏军日战、夜战、挖地道，使出浑身解数，连续攻打了一个多月，牦牛城坚挺如故。看着夏军将士伤亡越来越大，李元昊不禁感到一丝气馁：一个小小的牦牛城，竟然经月不下，自己凭啥与唃厮啰争短长？突然，李元昊灵光一闪，计上心来。

这一天，李元昊再次来到牦牛城下，他脱下头盔，大声朝城墙上的吐蕃守军喊话："吐蕃兄弟们，是我错了，我不该妄动干戈。做邻居的，自然是要和平相处的，今天咱们讲和吧，好不好？如果你们不信，我可以派使者入城，与你们签订和解协议，本王以人格担保，绝无戏言。"

吐蕃人还是太单纯了，竟然相信了李元昊的鬼话。殊不知，李元昊是一个为了利益什么都敢干的人，他杀舅杀母，在将来，他还将霸占儿媳，诛杀叔父。他的人格，能值几分钱？

当吐蕃人打开城门迎夏军的议和使者进城时，李元昊率领夏军主力紧随使者身后，蜂拥而入。夏军迅速控制了牦牛城，吐蕃人的噩梦开始了。李元昊率党项骑兵在牦牛城中纵横驰骋，不管士兵还是平民，不管老弱还是病残，逢人便杀，顿时将牦牛城变成了一座人间地狱。

杀光牦牛城的吐蕃人后，李元昊终于长出了一口恶气。在牦牛城下鏖战月余，损兵折将，军队的锐气已大大受挫，在屠城发泄后，嗜血的党项骑兵重新变得亢奋起来。他们一路向西，连续攻克宗哥城、带星岭，直扑吐蕃人的统治中心——青唐城。

血溅宗哥河

唃厮啰端坐在青唐城宫殿内的一个蒲团上，不动如山。

告急文书一封接一封，党项人的铁骑已经离青唐城越来越近，唃厮啰依然如入定的老僧一般，置若罔闻。他双目微合，似是睡着了。

"赞普，快醒醒！党项人离青唐城仅有三里，马上就要到了！"唃厮啰猛地睁开了眼睛，一双精光四射的眸子扫过重臣的脸庞，扫过大殿的每一个角落。

他自十二岁起即被人拥立为赞普，实际上却只是别人手中的提线木偶。多年的傀儡生涯，时刻面临着被李立遵和温逋奇杀掉的危险，他战战兢兢、如履薄冰，早已养成了宠辱不惊的性格。得到夏军来袭的消息后，他表面上置若罔闻，实际上心里已经盘算过千百遍了，冥思苦想之下，他终于想出了一条计策，他相信，一定可以一战而让李元昊胆寒。唃厮啰喊过大将安子罗，低语交代一番，安子罗大喜，兴高采烈地领命而去。

"传我号令，众军严守城池，谁也不准出城迎战，有敢妄言出战者，杀无赦！"唃厮啰的号令自有着凛然的威严，众将虽大感不解，却依然不敢违逆。

李元昊意气风发，骑马立于巍峨的青唐城下，大声喊话："城里的守军听着，速速开城投降，迎接本王，富贵荣华，享用不尽。如若不然，牦牛城中的守军就是你们的下场！"

牦牛城的恐怖景象，青唐城的守军自然是有所耳闻。城中顿时人心惶惶，几名意志不坚定者甚至偷偷攀下城墙，就欲投降夏军。"杀无赦！"唃厮啰犹如天神下凡，赫然出现在城墙上。守军一阵箭雨，顿时将爬到一半的几名投降者射成了刺猬。

"李元昊远道而来，早已是强弩之末，尔等只需坚守城墙，我自有安排，一定可以击败党项人！"唃厮啰振臂高呼道。守军得到赞普的鼓励，又见识到投降者的下场，投降的情绪登时被压了下去，青唐城的形势重新稳定下来，守军开始了与夏军的对抗。

看到诱降无效，李元昊令旗一挥，党项骑兵纷纷向两面移动，一队牧民打扮的人每人牵着一匹骆驼，在城门前的空地上一字排开。吐蕃人登时脸色大变。"是'泼喜'！大家速速隐蔽！"唃厮啰迅速提醒道。在攻打牦牛城、宗哥城的战斗中，"泼喜"曾大发神威，唃厮啰自是已了然于胸。

李元昊一声令下，泼喜军万石齐发，雨点般砸向青唐城，但由于唃厮啰提前示警，吐蕃守军早已各自找掩体隐蔽，纵然李元昊打光了青唐城周围的石头，也未能掀起任何波澜。李元昊喝退"泼喜"，又用上了"撞令郎"。在党项骑兵的驱赶下，这些汉人俘虏被赶鸭子上架，向青唐城发起了一拨又一拨的冲击。城上守军可不会在意这些汉人的生死，一阵箭雨伺候，"撞令郎"几乎损失殆尽。

别无他法，只有党项族本军亲自上阵了。在李元昊的指挥下，党项骑兵架设云梯，勇攀城墙。之前泼喜军打来的石块正好派上了用场，在唃厮啰的指挥下，吐蕃人以其人之道，还治其人之身，万石齐发，狠狠地"招呼"党项士兵。伴随着一声声惨叫，青唐城下尸体越堆越高。

就这样，李元昊用尽了各种招数，一直攻打了三个多月，结果却一无所获。此时，夏军带来的军粮已经濒临断绝，李元昊无奈之下，开始打算撤军了。突然，夏军后方一阵骚乱，一支吐蕃军队不知何时已经来到了夏军背后，猛击夏军尾翼。

这支军队的主帅正是安子罗。得到李元昊来犯的消息后，唃厮啰先派颇有军事才能的安子罗出城，赴各地筹集兵马，自己则率青唐城守军坚守城池，与李元昊打起了持久战。

李元昊已经进入吐蕃境内半年多了，兵疲马倦，弹尽粮绝之下，已经决定退兵了。就在这时，安子罗率领十万生力军及时赶到，从背后突袭夏军。唃厮啰大喜，急令打开城门出战，对夏军来了个前后夹击。

李元昊整军的效果在此时显现了出来。面临险恶的境地，党项骑兵反而同仇敌忾，打退了吐蕃人一拨又一拨的攻势，逐渐逆转了战场形势。安子罗节节败退，离青唐城已是越来越远，唃厮啰更是难以抵挡，只能退回青唐城中继续固守。李元昊无暇理会唃厮啰，指挥夏军主攻安子罗所部，打得安子罗仓皇逃窜。

李元昊大笑道："区区吐蕃小儿，坐井观天的鼠辈，竟敢在本王头上动土，知道本王的厉害了吧！"李元昊指挥夏军鱼贯而退，准备退回夏境补充给养后卷土重来。

李元昊不知道的是，在唃厮啰的授意下，安子罗在赶赴青唐城的途中，路过宗哥河（今湟水）时，已经将河中的标记偷偷挪了个位置，他将浅水标记挪到深水处，为夏军布下了一个巨大的陷阱。

夏军退至宗哥河边，按图索骥地按标记过河。此时的夏军饥渴难耐，蜂拥而上跑入河中，准备先饮个痛快，正好落入了安子罗的圈套中。当夏军发现自己涉入深水时，已经悔之晚矣。夏军长在西北，不识水性，顿时乱作一团。此时河水突然暴涨，原来，安子罗自己率主力部队尾随夏军，却安排一股小分队直趋宗哥河上游掘开堤坝。

当暴涨的河水彻底吞噬了西夏骑兵后，安子罗率领大部队适时出现，夏军顿时成了待宰的羔羊，被杀死的、被淹死的、被俘虏的，不计其数。李元昊在御园内六班直的拼死护卫下，涉险渡过宗哥河，狼狈不堪地逃回夏境。可怜李元昊自出兵以来无往而不利，却在宗哥河畔遭受此奇耻大辱。

李元昊与唃厮啰之间的青唐城之战至此画上了句号。在这场战役中，唃厮啰指挥有术，调度有方，在他的周密布局下，战斗力远逊于党项骑兵的吐蕃军队以弱胜强，重创了夏军的主力兵团。唃厮啰不愧是吐蕃民族历史上一位杰出的领袖。

遭遇惨败后，李元昊从此不敢再与唃厮啰正面为敌，他开始别寻他策，试图对青唐吐蕃进行和平演变。

唃厮啰有三个儿子，分别为董毡、瞎毡、磨角毡。其中，瞎毡、磨角毡的母亲即李立遵之女。在唃厮啰与李立遵决裂后，李氏失宠，被勒令削发为尼，禁锢于一所寺院。母亲的遭遇引起了瞎毡和磨角毡的不满，二人日夜谋划，商量着营救母亲。在亲信李巴全的辅佐下，一个月黑风高的夜晚，他们潜入寺院救出母亲，然后率领部众出走，与父亲彻底决裂。瞎毡占据了河州，磨角毡则占据了邈川，二人各自割据一方，拥兵自重，不听唃厮啰的号令，唃厮啰一时间焦头烂额。

唃厮啰在诛杀温逋奇后，并没有对温逋奇家族赶尽杀绝，他的儿子被唃厮啰重用，继承了温逋奇大部分的势力。李元昊于是就派人联系温逋奇的儿子，引诱他率部归顺自己。唃厮啰的心软并没有换来温逋奇儿子的效忠，接到李元昊的劝降信后，他毫不犹豫，连夜率部东奔，投靠了李元昊。

两个儿子出走，一个重臣叛变，唃厮啰顿时元气大伤，再也无力与李元昊对抗。他被迫率众西迁，势力大大削弱，再也不能对李元昊构成威胁了。

虽然战场上打不过唃厮啰，李元昊却利用唃厮啰的内部矛盾，各个击破，最终分化瓦解了青唐吐蕃的势力。李元昊，你可真是个军政双全的人才啊。

在解决了青唐吐蕃的威胁后，李元昊终于没有后顾之忧了，称帝之事重新被提上了日程。宋景祐五年（1038 年），李元昊在兴庆府正式登基称帝，定国号为"大夏"（史称西夏），改元天授礼法延祚，册封妻子野利氏为皇后，立长子宁明为太子。同时，追封自己的祖父李继迁为太祖，父亲李德明为太宗。自李继迁抬棺出银州城起，李氏祖孙三代历经五十多年的艰苦创业，终于荣登九五之位，也算是一部充满血泪的奋斗史了。

称帝后，李元昊派使者出使宋廷，阐述自己登基称帝的合法性，并要求宋仁宗赵祯予以承认。赵祯再软弱，也不能承认臣子称帝是合法的啊！如果承认，那还不乱套了？于是赵祯终于强硬了一次，严词拒绝了李元昊的无理要求。当然，拒绝归拒绝，赵祯也无意讨伐李元昊，心说你要称帝就称吧，别来招惹我，别影响我在开封城中吃香喝辣就成。

得知赵祯拒绝自己后，李元昊勃然大怒："好你个赵祯，竟然敢忤逆朕！"李元昊也不想想，好歹他名义上还是赵祯的臣子，天子拒绝臣子，何忤逆之有？可惜李元昊从来不是讲道理的人，除非你能像唃厮啰一样把他打到讲道理。

第十三章

烽烟再起：三川口之战

哼哈二将

宋仁宗赵祯最近有点烦。二十多年没有犯境的党项人最近频频犯边，搞得西北诸州人心惶惶。

大宋已经承认了夏国的独立性，承认其对定难五州和灵州的合法统治，甚至默许了夏国向西面开拓疆土，这还不够？即使你李元昊称帝了，朕也是睁一只眼闭一只眼，既没有公开谴责，更没有兴兵讨伐，朕只是为了面子关闭了边境的几处榷场，值得妄动干戈吗？你安心经营你的西线，朕继续做朕的太平天子，就像你父亲李德明时期一样，大家相安无事，岂不美哉！李元昊，你何苦呢？难道就因为朕没有承认你的皇帝之位？这个朕要是承认了，还怎么面对天下悠悠众口！连这都不理解？

宋仁宗赵祯百思不得其解。他不知道，一切的一切，都是宋朝的几个主考官的错。

话说在宋境的华州（治今陕西渭南市华城区），有两位自认颇有才气的书生，一姓张，一姓吴。张生和吴生自幼饱读诗书，期待能靠走科举之路改变命运，进入仕途，谋个一官半职，也好光宗耀祖。也许是二人时运不佳，也许是二人真的才气不够，历经多次科举考试，均名落孙山。多次碰壁让他们心灰意冷，遂结伴在西北边境游荡，谋划着进阶之道。

这一天，两人在项羽庙中开怀畅饮，大醉之际，开始倾诉世道的不公，指责主考官不识英雄。"秦亡草昧，刘项起吞并！"想到此处，二人顿如醍醐灌顶：宋廷愚昧，不识人才，我们何不赴西夏，辅佐夏王，攻打宋朝，以报复他们对我们的无礼？

酒醒后，二人搞来两匹劣马，纵马出境，一路向西，直奔兴庆府。为了引起李元昊的注意，张生、吴生二人在兴庆府的酒馆中边饮酒边大肆吹牛，引得附近的酒客纷纷注目。待到酒足饭饱，二人在酒馆的墙壁上奋笔疾书：张元、吴昊到此一饮。

虽然当时的西夏在李元昊的授意下创制了自己的文字，但因为党项人长期使用汉字，看懂那句话的人自然不在少数，没过多时，就有兵士来到酒馆捉拿二人。"大胆酒徒，竟敢冲撞天子名讳，真是活得不耐烦了。"

当时的李元昊求贤若渴，但苦于夏国人才匮乏，其帐下也就汉人杨守素和党项人野利仁荣等少数几个有才能的文人。听说张生和吴生的举动后，李元昊大为惊奇，决定亲自审问二人，看看究竟是何方神圣。

夏国天子李元昊端坐在龙椅上，问道："何方酒徒，胆敢犯朕名讳？"

张、吴二人面无惧色，大声顶撞道："陛下连姓什么都不知道，这么在乎名字干什么？"

原来，夏国自李继迁被赐名赵保吉起，就一直沿用赵宋的赐姓。张、吴二人对此早有了解，于是定下计策，先在酒馆中冲撞李元昊名讳，再在被问起时趁机回答这句话以引起李元昊的注意。

李元昊果真对二人刮目相看，亲自引至后室密谈。与二人交谈后，李元昊发现二人对西北边境的风土人情颇为了解，于是将二人纳入帐下，张、吴二人就此成了李元昊的谋臣。

张生、吴生（为了行文方便，下文我们就称他们为张元、吴昊吧）从此日夜在元昊面前吹风，诉说宋朝的腐败无能，怂恿他出兵宋境。李元昊整军结束后立即亲自率军攻打宋朝的环庆路，一战击溃杨遵、齐宗矩率领的数千骑兵。而后，李元昊开始频频袭扰宋朝的西北边境。

唃厮啰西迁后，李元昊尝到了用政治手段瓦解敌人的甜头，开始将糖衣炮弹用在对宋朝的战场上。他不断派人携带金钱，收买宋朝驻扎在西北各地的番族将领。但他在收买保安军（治今陕西志丹县）的刘怀忠时，却遭到了对方的严词拒绝。刘怀忠也真是个狠人，在拒绝李元昊的册封和厚礼后，索性将夏国的使者斩首示众，彻底断绝了李元昊的念想。

李元昊勃然大怒："好你个刘怀忠，两军交战不斩来使，不将你碎尸万段，朕誓不为人！"说到做到，李元昊点起兵马，直奔保安军。保安军兵微将寡，被夏军一攻而下。刘怀忠倒也真是一条硬汉，他冲入夏军阵中，力战而死，至死依然对李元昊骂不绝口。

在保安军大开杀戒后，李元昊马不停蹄，率军继续东进，直取西北地区的重镇——延州。

延州是鄜（fū）延路的治所所在地，具有重要的战略意义。得知夏军来犯，鄜延路钤辖卢守勤倒是毫不惊慌。他已经做了妥善的安排，派出了一个猛人去截击李元昊，这个人，一定可以让李元昊出丑！

夏主李元昊率领自己引以为傲的党项铁骑，奔驰在保安军和延州之间的道路上。黄土飞扬，给李元昊的甲胄蒙上了一层灰，似乎也给他的前路蒙上了一层灰。

就在此时，一个沉默寡言的人，领着一支沉默的队伍，悄无声息地拦住了夏军的去路。此人不戴头盔，披头散发，罩着一个面具，骑在一匹枣红色的烈马上，身形伟岸，姿态挺拔，一对眸子精光四射，看得李元昊激灵灵地打了个寒战："好犀利的眼神，这一定是个可怕的人。"

李元昊猜得不错，此人的确是个可怕的人，他叫作狄青。狄青在年轻时受过刑，被刺配充军。这反而给了他发挥才能的机会。狄青作战勇猛，弓马娴熟，很快在西军中声名鹊起，一路坐到了鄜延路巡检指挥使的位子。他耻于自己的出身，所以作战时戴上面具来掩盖脸上的"金印"。阴森森的面具配着他犀利的眼神，往往还未交战，便先令敌人胆寒。

鄜延路钤辖卢守勤之所以对李元昊的入寇并不畏惧，就是因为他手里有狄青这张王牌。狄青率宋军单刀直入，采取中央突破战术直取李元昊。李元昊一时间被打了个措手不及，他无心恋战，率夏军连夜撤退了。撤退时，李元昊派党项骑兵将一些非常破旧的攻城器具抛在路上，以麻痹宋军。

狄青一战成名。由于史料的缺失，我们已很难完全还原狄青在对夏战争中的赫赫战功了，但是后来，宋朝的西南地区出事，狄青被委以重任，安定了西南边境，此事在史书中有较为详细的记载，笔者会在后文给大家介绍。

议和闹剧

攻打延州受挫后，李元昊并不想空手而归。他转而挥军北上，攻打承平寨，想拔下这个小小的据点，出一口恶气。然而，驻守承平寨的宋军中也有一位狠人。此人在某些方面，甚至比狄青还要狠，他就是许怀德。

许怀德凭恩荫入禁军，但作战勇猛，擅长骑射，是一个有真本事的人。作为一个猛人，许怀德的精力也非常旺盛，八十岁时还喜得贵子，足令无数青壮年男子汗颜了。当然这是题外话，我们还是先看看他在承平寨的"表演"吧。

得到李元昊来犯的消息，承平寨守将干脆率军出寨迎击夏军。李元昊拥兵三万，承平寨只有数千兵士，自然不是夏军的对手。甫一交手，承平寨守将就死在了夏军的铁蹄之下，这位连姓名都未留下的将领就此走完了自己的一生。

李元昊正欲将承平寨夷为平地，承平寨残部却在鄜延路都部署许怀德的率领下重新集结，奋力向外突围。李元昊哪将这些残兵败将放在眼里，令旗一挥，夏军登时将宋军围得风雨不透。岂料，宋军虽然被包围，但在许怀德的指挥下，毫不惊慌，结成方阵，与党项骑兵展开了对抗。

李元昊大怒。为了发泄心中的怒火，李元昊派出夏军中一名牙尖嘴利者，对宋军展开语言攻势。这名骑兵端坐在马鞍上，口一张，就是一串污言秽语，顿时将许怀德的十八辈祖宗"问候"了个遍。

君子动口不动手，许怀德却是能动手就坚决不动口。许怀德弯弓搭箭，弦如惊雷，箭如闪电，一箭正中骂人者，骂人者一声惨叫栽下马来，就此一命呜呼。眼见许怀德如此神威，夏军颇感震撼，包围圈一时出现松动。

机不可失，时不再来。许怀德令旗一挥，率领宋军奋力突出包围圈，宋军有条不紊地集结队伍，继续与夏军对抗。

如此相持多日，李元昊竟然拿这股宋军毫无办法，迟迟不能吃掉对手。这时，不利的消息传来了：宋将高继隆、张崇俊、刘正等人领兵侵入夏国境内，攻占了夏境的后桥堡，宋夏边境上的十二盘口也被宋军截断。李元昊感到一阵凉意。"不能恋战了，继续与许怀德纠缠下去，朕的退路会被堵死，等到宋军大部队到来，朕将死无葬身之地。"

就这样，纵然万般不甘，李元昊也只能率领西夏军队撤退了。雄心勃勃的李元昊再一次无功而返。

连续在延州和承平寨受挫，李元昊终于认识到了宋朝西军的强大战斗力。虽然赵祯懦弱可欺，但是这些西军边将，可个个不是省油的灯啊。

为了麻痹宋朝，李元昊再次使出假求和的手段。他派使者出使延州，表示：穷兵黩武，不利于两国发展，不如大家各退一步，讲和算了。

李元昊，你可真是强词夺理到极点了。你屡屡主动侵犯宋境，现在又表示双方各退一步，仿佛战争是由双方共同发起的。如此推卸责任，有何意义呢？宋人又不傻。

读者朋友要是觉得李元昊此举无意义，那可就大错特错了。李元昊是一个诡计多端的人，他处处给宋军下套，以便自己占据舆论制高点。舆论有用吗？对心知肚明的宋夏双方高层当然没用，可是对不明就里的底层官员，可就大有作用了。

接到李元昊抛来的求和橄榄枝，延州知州范雍信以为真，马上答应了。他派人授予夏国使者旌节，以表示自己议和的诚意。范雍可真是个书呆子，李元昊正豪情万丈，岂能真跟你议和？

夏国使者出境后，按照李元昊事先吩咐的那样，将宋朝的议和旌节一把抛入粪坑，回到兴庆府后，声泪俱下地告诉李元昊宋廷拒绝议和。李元昊当即做出愤怒的姿态，亲自写了一封信给范雍，叱责宋朝拒绝议和的无礼行为，搞得范雍老夫子一头雾水。

接着，李元昊当着夏国臣民的面，厉声斥责宋朝君臣是战争狂人，他们拒绝议和，阻碍和平。李元昊又派使者出使辽国，向辽兴宗耶律宗真控诉宋朝拒绝议和的无礼行为。

不仅成功撩拨起了夏军将士的战斗情绪，还博得了耶律宗真的同情，李元昊，你可真是个厚黑高手！

搞定了一切后，李元昊开始策划再次对宋廷用兵，他将进攻的矛头再一次对准了延州。写到这里，就有必要说一下宋军在西北诸州的兵力分配了。

宋朝的西北边境，与西夏之间，以一条横山山脉天然隔开。所以，沿横山一线在沿边诸州布防，就成了宋朝西北边境的主要防守策略。在这里，宋朝设立了泾原路、鄜延路、环庆路三道防线，作为对抗西夏的最前线。其中，最北面的环庆路最受宋廷重视，在这里设立了大大小小的据点，称为"砦（寨）"，在各砦安排重兵，以防备西夏的入侵。而在南面的鄜延路，宋朝的防御就颇为薄弱了。所以，绕过横山山脉进攻鄜延路的治所延州，就屡屡成为李元昊的进攻策略。

在上次攻打延州受挫后，为了避开沿途各砦宋兵的骚扰，李元昊对行军路线做了一些修改，以便打宋军一个措手不及。宋康定元年（夏天授礼法延祚三年，1040 年）正月，李元昊亲率大军，渡过塞门川（即延河上游），一路向南，直奔宋境。一场大战一触即发。

"铁壁相公"之死

在战前对敌方的骨干分子进行诱降，分化瓦解对手，达到不战而屈人之兵的目的，是李元昊的拿手好戏。这一次也不例外。李元昊这次的目标，叫作李士彬。

李士彬驻扎在延州西北的重要门户金明寨（今陕西延安市安塞区南），对宋廷忠心耿耿，死心塌地地为宋朝看守门户，抵御夏国的入侵。但李士彬并不是汉人，他是党项人。

自李士彬的曾祖父李计都起，李家就世代镇守金明寨，效忠中原王朝，对抗自己的党项同族。到李士彬的父亲李继周时，金明寨更是成了宋朝西北的定海神针。李继周骁勇善战，率领将士四处出击，镇压对宋朝不利的番族势力。宋太宗赵光义、宋真宗赵恒父子乐得合不拢嘴，频频为李继周提升官阶。李继周去世后，他的儿子李士彬继承了他的位置，继续扮演赵宋朝廷的边疆守护神。李士彬同样骁勇善战，为当地番族所忌惮，人称"铁壁相公"。

李元昊听闻李家父子的事迹后，思虑再三，决定用糖衣炮弹对李士彬发起进攻。他派人携锦袍、金带等物来到宋境，连同他的亲笔书信一起扔在了金明寨内。在信中，李元昊大大恭维了一番李士彬，表示自己非常欣赏他的才能，接着说大家既然是同族，"本是同根生，相煎何太急"，不如双方联合，共同攻打宋朝，待到打下那延州城，人口、财帛、土地一人一半。

李元昊这一招可真是毒辣，他将书信堂而皇之地抛在公共场所，一下子就搞得鄜延路内人人皆知了。李士彬归顺夏国当然好，即使不归顺，他也不会再被宋军信任了，"铁壁相公"在金明寨的日子算是到头了。拔掉这个眼中钉，李元昊就可以肆无忌惮地攻打延州城，活捉那个迂腐的范老夫子了。

宋军诸将得知李元昊劝降李士彬后，果然不再信任他，但李家世代镇守金明寨，在当地威望极高，众人对他又颇为忌惮，一时间不知如何是好。好在此时尚有一人表达了对李士彬的信任，此人就是鄜延路副都部署夏随。

当鄜延路诸将在延州开会商讨如何处置李士彬时，夏随挺身而出，表达了对李士彬的支持："李士彬与李元昊乃是世仇[①]，怎么可能投降李元昊？这一定是李元昊的反间计，大家千万别上当！"

然后，夏随亲自在延州设下酒席，招待李士彬。在酒席上，二人喝得微醺之际，夏随搭着李士彬的肩膀，表达了自己对他的绝对信任。李士彬大受感动，当即拜倒在地，表示自己愿意为大宋肝脑涂地。

每次读史读到此处，笔者佩服的都不是看起来有识人之明的夏随，而是李士彬。试想一下，夏随在自己的大本营延州设宴招待李士彬，不用承担任何风险，即使李士彬有二心，夏随也不会有任何生命危险，而李士彬在被宋军集体怀疑的时候，却敢单枪匹马赴延州应约，这无异于一场豪赌，如果夏随摆的是鸿门宴，李士彬当场就要身首异处。李士彬，真乃英雄也！

扔下书信后不久，李元昊派遣使者密赴金明寨，以探测李士彬的口风。使者刚一开口，李士彬即挥手打断了他的话，派人斩杀了他。斩杀了使者后，李士彬看着几个吓得瑟瑟发抖的随从，反而放过了他们："回去告诉李元昊，想让我背叛大宋，没门！"

李元昊气得浑身发抖。但他没有冲动，他是个极度冷静的人。"你李士彬拒不归顺是吧？好，朕就安排人归顺于你。"李元昊发出一阵阴冷的笑声。

几天后，金明寨来了一股又一股三五成群的番人，他们在李士彬面前大骂李元昊，说李元昊厚颜无耻，残暴成性，频频虐待属下将士，他们实在受不了他的虐待了，求"铁壁相公"收留，他们愿意跟随"铁壁相公"，攻打李元昊。

对这些番人，李士彬毫无兴趣。他手下的将士训练有素，皆是百战精兵，哪看得上这些小喽啰。于是他修书一封，将这些番人交给老夫子范雍处置：

[①] 不知道这个世仇从何说起，可能是李士彬祖上对西北诸番颇多杀戮吧，当然，更可能是夏随信口一说，读者朋友不必较真。

"范大人，这些番人狡猾无行，贪鄙成性，留在军中也没什么益处，就把他们安置到南方，让他们安居乐业吧。"范雍却舍不得放走这些现成的兵员："李将军，现在边境不宁，李元昊随时都会入寇，你就把他们留在身边，以备后用吧。"李士彬纵有千百个不愿意，也不敢违拗范雍的命令，何况自己因为李元昊的劝降书信，正处于风口浪尖。于是李士彬只得将这些番人改编入伍，留在了金明寨。宋军将士不知道的是，这些番人都是李元昊派出的奸细，他们潜伏在金明寨内，随时准备策应李元昊。范雍的愚蠢给李士彬挖了一个巨大的坑。

安插完奸细后，李元昊又采用捧杀之策，意图麻痹李士彬。李元昊安排夏军将士在与宋军交战时，只要与李士彬的部下相遇，皆称"'铁壁相公'可惹不起，快跑"，然后不战而退。几番吹捧之下，李士彬开始飘飘然了，逐渐变得骄傲起来，部下一有小错，他即下令鞭打，金明寨内怨言四起，他的威望也逐渐下降。

看火候差不多了，李元昊再出阴招。他派大将贺真赴延州诈降，延州知州范雍不辨真伪，照单全收。贺真于是再进一步，自告奋勇要去金明寨帮助守城。范雍想也没想就一口答应了，再次为李士彬挖下了一个大坑。

万事俱备，只欠东风。李元昊亲率夏军渡过塞门川，鼓噪而进。他派人放出口风，声称要攻打延州，将范雍生擒活捉。范雍吓得浑身哆嗦，慌忙上报朝廷，要求增派援军。也真难为范老夫子了，一个文人被放到延州最前线，而延州的防御力量又是陕西三路中最薄弱的，赵祯的昏庸无能可见一斑。

吓了范雍一跳后，李元昊却没有攻击延州，他派出一支偏师，不疾不徐地朝保安军进发。这支军队一路上大张旗鼓，迅速吸引了宋军的注意力。

范雍终于松了一口气，自己这条老命可算是保住了。可保安军也不得不保，于是范雍派出延州的宋军主力，由鄜延路副都部署石元孙率领，火速驰援保安军。

此时，李元昊的真实意图终于浮出水面。他亲率夏军主力，以迅雷不及掩耳之势连夜直扑金明寨。

既然夏军攻打保安军去了,李士彬也就放松了警惕,宽衣解带,沉沉睡去。连续多天军情紧急,他马不解鞍地日夜戒备,已经几夜没合眼了,是该美美地睡上一觉了。这一睡去,李士彬就再也没有醒来。

元昊安插在金明寨的奸细在贺真的率领下,趁着月色偷偷打开了金明寨的城门。夏军人衔枚,马缚口,在李元昊的率领下,悄悄摸进了金明寨。李士彬就这样在睡梦中做了夏军的刀下之鬼。

可怜一位赤胆忠心的番将,因为范雍老夫子挖的坑,就这样糊里糊涂地被李元昊摘去了脑袋。自宋太宗赵光义以来,宋朝奉行的是以文制武的政策,武将地位低下,接受文人的领导。这些文人大多不懂军事,频频给手底下的武将挖坑,害得一些赤胆忠心的将领白白牺牲。延州知州范雍就是其中的典型。

在杀死"铁壁相公"李士彬后,李元昊将金明寨付之一炬,狠狠地出了一口恶气。发泄完毕,李元昊令旗一挥,夏军马不停蹄,直取延州。延州的主力军队都被派去支援保安军了,延州无异于一座空城,范老夫子能逃过此劫吗?

血染三川口

在击破金明寨后,李元昊赶鸭子上架,驱使李士彬部下的番兵为前锋(就地取材的撞令郎),风尘仆仆地来到了延州城下。

此时,延州守军在副都部署石元孙的率领下已赴保安军,城内仅有残兵数百,由鄜延路钤辖卢守勤率领,与一座空城也相差无几了。范雍吓坏了,一面安排卢守勤紧闭城门,一面派人向驻扎在庆州的鄜延、环庆路同安抚使刘平求救。

李元昊的大军越来越近，延州城内顿时人心惶惶。卢守勤甚至当众失态，在范雍面前放声大哭。"千古艰难唯一死，范大人，咱们干脆投降得了。"卢守勤擦干眼泪，羞答答地对范雍说。

范雍一时间目瞪口呆。他虽然胆小，却也是饱读圣贤书，投降番邦这种事，对他来说实在有着太大的心理障碍。

"大人已经答应了！"看到范雍跨踌难言，卢守勤干脆替他做了决定。他命令鄜延路都监李康伯赴夏军中投降，谁知李康伯死活不肯去，一时之间，鸦雀无声，全都没了主意，默默等待着死神的到来。

就在延州城中一片绝望之时，刘平已在驰援延州的路上了。在接到范雍的求救后，刘平不敢延宕，点起三千人马，直赴保安军。在这里，刘平与石元孙率领的延州兵马会合，双剑合璧，火速前往延州。

行至三川口（金明寨以南，今延安市西北）西十里处时，刘平、石元孙二人与同样驰援延州的鄜延路都监黄德和、巡检万俟（Mòqí）政所部兵马会合。四部兵马合为一处，顿时士气大振。此时已是黑夜，四人不敢松懈，连夜赶往延州城。

当宋军行至三川口时，早已在此等候多时的伏兵突然现身。其时天气尚寒，北风料峭，大地萧索。宋夏两军踩着积雪，在三川交汇处展开了惨烈的搏杀。双方列阵厮杀一番后，竟是势均力敌。

李元昊拥兵六万，而宋军只有万余，却打成均势，说明夏军的战斗力是远不如北宋西军的。在军队素质、总兵力两方面皆占据上风的宋军，却屡屡在对夏战争中上演以少敌多的局面，不得不说，以范雍老夫子为代表的文人实在是"太有水平"了。

看到局面僵持不下，李元昊令旗一挥，率先变阵。夏军步兵排成横阵缓缓而行，打算将宋军的骑兵赶入水中喂鱼。危急关头，裨将郭遵挺身而出，率部奋勇击退了夏军的横阵。

一计不成，又生一计。李元昊派步兵手持盾牌列阵，并安排夏军中一骁勇者挺身出阵，点名要跟郭遵单挑。郭遵挥舞铁杵迎上去，一下就砸碎了夏将的脑袋。夏军大惊失色，纷纷闪避。郭遵率部在夏军中四处冲杀，当者披靡。刘平也率领宋军浴血奋战，战至酣处，连右小腿和左耳中箭都浑然未知。

天将黑，李元昊再次变阵，派出骑兵从两翼包抄，侧击宋军。以少敌多且连续激战半天的宋军疲态尽显，逐渐退却，处于下风。此时，都监黄德和害怕了。

黄德和是一个宦官。宋代自赵光义在位起，屡屡将一些宦官派往边境执掌兵权。这些宦官中有极少数经过历练成了出色的将领，比如秦翰，但大部分宦官是怕死之辈，他们在战场上多次临阵脱逃，成为宋军失利的导火索。黄德和，恰好就是这么一位怕死的宦官。见识了战场的残酷厮杀，在宫中养尊处优惯了的黄德和怕了。他掉转马头，率所部悄然退出战场。

刘平眼疾手快，发现了黄德和要溜走，赶紧派儿子刘宜孙追上去。刘宜孙用手拉住黄德和的马缰，痛哭流涕道："公公身为国之栋梁，当回去与太尉（即刘平）共抗夏贼，为何临阵脱逃？""去去去，反正最终要败，本公公留得青山在，强过在这里与你们一起灰飞烟灭。"黄德和挥舞马鞭驱走刘宜孙，率领本部人马扬长而去。

宋军本来就处于下风，黄德和部再退出战场，败象立显。刘平收拢残兵千余人，与石元孙、郭遵等人一起边战边走，向延州方向靠拢。

祸不单行，此时，骁勇善战的郭遵中了夏军的诱敌之计，被诱入山涧射杀。眼瞅着宋军越战越少，刘平灵机一动，与石元孙率军退入山中，借着夜色掩护，凭险固守。任凭李元昊派人多番诱降，宋军始终不为所动。

天终于亮了，宋军的末日也来临了。李元昊看清宋军的底细后，乐得合不拢嘴。他令旗一挥，夏军潮水般冲入宋军阵中，此时的宋军只剩残兵数百，无力回天。宋军全军覆没，刘平、石元孙被生擒活捉。

李元昊一战全歼宋军鄜延路的有生力量，延州知州范雍老夫子完全吓傻了，他呆若木鸡地站立在延州城中，望着远处的嘉岭山祈祷，期待上天能帮助自己击退夏军。老天爷还真帮忙了。鹅毛般的大雪铺天盖地地落下，将鄜延路境内变成了一片银色世界。夏军奋战一夜，早已疲惫不堪。鹅毛般的大雪落在身上，阵阵寒意袭来，滋味实在是不太好受，厌战情绪开始在夏军内部蔓延。

此时，李元昊派去各地侵扰的夏军部队也纷纷传来败讯：浪黄、党儿两族军队在攻打麟州（治今陕西神木市西北）时遭到麟州都团练使折继闵和部将张岊（jié）的迎头痛击，主帅敖保战死；大将罗遇在长鸡岭被宋将王仲宝痛击，损兵折将……

接连传来败讯，再加上军队中蔓延着厌战情绪，李元昊的信心动摇了。他想起了宗哥河畔可怕的一幕，想起了承平寨中屡战不败的许怀德。"如果延州城中再冒出个许怀德，那可就大大不妙了。不如趁三川口大获全胜之机，见好就收，打道回府，留一个美名吧。"安慰了自己一番后，李元昊颁布诏令，班师回国。宋夏三川口、延州之战，至此结束。

在这场战役中，宋朝的延州知州范雍老夫子昏庸无能，要负主要责任。他先是中了李元昊的奸计，将西夏细作派往金明寨，给李士彬挖了一个大坑。在夏军入侵时，他又轻易中了李元昊的声东击西之计，将延州守军调往保安军，一时间搞得鄜延路境内的宋军疲于奔命，不等敌方进攻便已经自乱阵脚。

鄜延路都监黄德和是二号责任人，当刘平、石元孙等人与夏军激战正酣时，身负监军重任的他竟然率部从战场临阵脱逃，直接导致了宋军的溃败。他在回到京城后竟然恶人先告状，控告刘平、石元孙临阵投降，导致了宋军战败。不明就里的宋仁宗赵祯立刻下令，将刘平、石元孙二人抄家，家眷收押入狱，听候发落。

世上没有不透风的墙，黄德和的胡作非为引起了众怒，朝臣纷纷上书，为石元孙、刘平二人申冤。迫于压力，赵祯只好下令殿中侍御史文彦博（当时的小角色，日后的大人物）重新审讯，最终事情真相大白。赵祯没想到黄德和这个该死的奴才竟然胆大妄为到这个地步，他命人即刻捉拿黄德和，施以腰斩之刑。刘平、石元孙的家人最终无罪释放，被赵祯钦定为烈士家属。天道好还，黄德和这个死太监，最终还是没能逃脱国法的制裁。

自康保裔、王继忠等人起，宋廷钦定的烈士常会"复活"，这一次也没例外。数年后，宋夏议和，已在西夏生活多年的石元孙被放还宋境。石元孙不仅自己未殉国，还证实了刘平也未殉国的消息，不过，其时刘平已在西夏去世。石元孙被送还后，在宋廷引起了轩然大波。各路士大夫义愤填膺，纷纷表示石元孙有辱国体，欲杀之而后快。这些文人，自己又不用冲锋陷阵，站在道德制高点，动动嘴皮子，自然是站着说话不腰疼了。后来，还是宰相贾昌朝说了句公道话："刘平、石元孙二人虽然未殉国，可也未替夏人效力攻打我国。按春秋大义，不应加罪。"宋仁宗本来就是仁厚之人，于是采纳了贾昌朝的建议，石元孙方才得到妥善安置。

第十四章

决胜时刻：好水川、定川寨之战

范韩之争

经历了三川口之战的失败后，宋仁宗赵祯痛定思痛，对陕西前线做出了调整。昏庸无能的范雍被调走，取而代之的是两位新人：一位是陕西都转运使韩琦；另一位是陕西经略安抚副使、延州知州范仲淹。二人将同心协力，辅佐陕西经略安抚使夏竦，共同主持陕西前线的对夏战事。

范仲淹、韩琦二人皆为能力出众的名臣，但二人的对敌主张却是迥然不同的。范仲淹力主谨慎从事，从长计议。自上任以来，他在延州修筑工事，埋头干活，但绝口不提对夏出兵的任何事宜。

范仲淹首先对鄜延路的宋军进行了整顿。此前，鄜延路境内驻扎着数万宋军，分散屯驻在延州周围的各个据点里。宋廷规定，每当夏军来犯时，驻军将领按官职大小依次领兵出战，官职最低者先出战，如若作战不利，再由大一级的官出战。这种荒唐的规定完全束缚了宋军将士的手脚，每每被夏军打得大败。范仲淹将鄜延路境内的精兵分成六部，每部三千人，由六名将领分别统率。如若敌人来犯，以来犯敌军兵力的多少决定由哪些将领出战。这使宋军的作战序列趋向合理化，宋军将领的战斗欲望也大大提高。

接着，范仲淹开始修据点。他下令将沿边一些废置的据点重新修缮，在那里招抚流民，这些流民在据点里生产劳作，逐渐形成了一个个小小的村镇。待到修缮的据点稳定后，范仲淹就继续前行，修缮新的据点，就这样，宋军的防线一步步向夏境推进，三川口之战时丢失的领土被逐步收复。

利用这种方法，就连李元昊费尽心机才夺取的金明寨也被宋朝收复了。

范仲淹采纳延州都监周美的建议，在金明寨构建工事，加固城防，以防备夏军的进犯。

做完了这些基础工作，范仲淹牛刀小试，开始对西夏发起小规模的试探性进攻。他曾派出葛怀敏、朱观等将领出兵夏州，结果夏军依靠横山险要，凭险据守，宋军久战无功，被迫退回境内。

主动进攻受挫后，范仲淹重新评估了宋夏的形势，上书赵祯，提出了一系列建议。大体意思就是宋军数量虽多，奈何西夏军队更精，战斗力远在宋军之上，如果正面对敌，宋军不是对手（这一点笔者实在是不敢苟同，即使从宋军全军覆没的三川口之战看，宋军的个体战斗力也远在夏军之上）。"既然如此，不如固守边境，逐步向前修筑据点，对西夏进行蚕食，如果将据点修过横山，西夏就亡国了。"范仲淹最后补充道。

不得不说，范仲淹的策略是非常正确的，宋军如果用这种方法对付西夏，那就是和西夏比拼国力了。西夏国土贫瘠，戈壁、沙漠比比皆是，完全不是地大物博的宋朝的对手。但是，范仲淹的建议遭到了韩琦的反对。

韩琦与范仲淹同殿为臣，政见相同，价值观相类，私交甚笃。在对夏的策略上，两人的主张却是完全相反的。

"按范大人这种方法，太慢了。如此修下去，要到何年何月才能修到夏国灭亡？我们有生之年怕是看不到了。"韩琦不卑不亢，娓娓道来，"依臣所见，我们应当毕其功于一役，集合精锐部队征讨夏国，夏军疲弱，不是我军对手。"

韩琦的建议当然也是正确的。宋军不仅个体的战斗力远在西夏之上，而且数目庞大，夏军远远赶不上。只可惜韩琦忽略了一点，好的方法要有合适的人来做，才有成效。宋朝有没有这样的人呢？纵使有，宋朝蹩脚的军事制度又能不能为他提供全方位的支持呢？

赵祯倒是倾向于韩琦的意见，但是范仲淹的意见——修建据点招抚流民，他认为也是一个良策。于是赵祯一面下令在泾原路集结重兵，准备由韩琦指挥进击夏国，一面又派范仲淹在鄜延路埋头发展，向西夏层层推进。

夏国皇帝李元昊也没闲着，他调兵遣将，对鄜延路进行了一系列小规模骚扰。宋军在范仲淹的指导下日夜操练，战斗力倍增，早已不是昔日的吴下阿蒙了，李元昊几次侵扰，均被宋军击退，白白碰了一鼻子灰。

见来硬的不行，李元昊又耍起了阴谋诡计。他故技重施，将以前对付范雍的法子用在了范仲淹身上。李元昊派遣使者赴延州面见范仲淹，要求与范仲淹议和。"上次这一招将老范耍得团团转，这次用在小范身上，不知道成效几何。"李元昊情不自禁地笑出了声。

范仲淹不愧为正人君子，虽然知道元昊的议和有诈，还是亲自给他写了一封回信。在信中，范仲淹提出了议和的条件，并告诫李元昊要热爱和平，不要妄动干戈。

范仲淹与李元昊议和的举动传回朝堂，顿时引起热议。群臣以"擅自议和有辱国体"为名，弹劾范仲淹。宋仁宗赵祯也对范仲淹私自议和的行为大为不满，他颁布诏令，命令鄜延路、泾原路境内宋军由韩琦统一指挥。于是宋军开始在泾原路集结，准备随时进攻夏国。

得知宋军大量集结后，李元昊再次耍起了阴招。他派部将骨批来到泾原路境内，向泾原路都监桑怿诈降，准备用对付"铁壁相公"的方法对付桑怿。桑怿不敢自作主张，马上向韩琦请示。

韩琦哈哈大笑："好你个李元昊，这是把我当成范雍了。想要老夫？没门！"他命令桑怿严加戒备，随时提防夏军的偷袭。李元昊讨了个没趣，气得七窍生烟："好你个韩琦，有朝一日，定叫你血溅五步！"

李元昊不死心，再次派出使者前往泾原路面见韩琦，说道："大家五百年前是一家，不如讲和算了。大人你遣散泾原路、鄜延路境内的宋军，我们陛下遣散夏国境内的党项兵，大家刀枪入库，马放南山。"

韩琦几乎当场笑翻："无缘无故来请和，一定有诈。告诉李元昊，我不是范雍，叫他省省吧，别白费心机了。"

使者将韩琦的话传达给李元昊，李元昊气得鼻子都歪了："好你个韩琦，既然你不喜欢吃敬酒，那我就请你吃罚酒好了。传令下去，众军集合，目标——渭州！"

宋庆历元年（夏天授礼法延祚四年，1041年）二月，李元昊亲率十万大军再次侵犯宋境，将目标对准了韩琦所在的泾原路。而此时宋朝的西军主力已在泾原路境内集结了大部，一场大战一触即发。

任福的失误

得到李元昊大军来犯的消息时，韩琦正在高平（今宁夏回族自治区固原市）巡边。他马上赶到驻有重兵的镇戎军，组织起一万多人的军队，以环庆路副都部署任福为主帅，桑怿、王珪、武英、朱观等人为辅，火速驰援渭州（治今甘肃平凉市）。

临行前，韩琦向任福面授机宜："你率军从怀远城西进，到达德胜砦后转而往南，经羊牧隆城绕到夏军后方，从背后突袭他们，打他们一个措手不及。这条线路的优点是，每个据点之间距离较近，利于补充给养。如果没有战机，则切不可恋战，应当在险要之处埋伏，断绝敌人的归路，到时候我们可以对李元昊来个瓮中捉鳖，将夏军一网打尽。"韩琦最后强调道："倘若违抗命令擅自改变行动路线，斩立决！"

有了好的方法，也要有合格的人来执行才能奏效。无论韩琦的策略是对是错，都需要一个合格的将领来执行方能生效。可惜执行此次任务的任福并不是个合格的将领，于是，悲剧再一次发生了。

任福接到命令后，按照韩琦的安排，直赴怀远城。在这里，他发现一小股夏军部队正与一队宋军杀得难分难解。任福哪里按捺得住，他大吼一声，加入战团。这些散兵游勇哪是大宋精锐西军的对手，一触即溃。

"小贼哪里逃！"任福已经杀红了眼，完全忘记了韩琦的告诫。他一马当先，不假思索地率领宋军追击这股败退的夏军。一直追到渭州城北的好水川，这股夏军依然在前面若隐若现。此时天已至暮，任福下令宋军就地扎营，露宿一晚，明日再做打算。

翌日，任福刚睡醒，探马来报："报告将军，夏军依然在前方不远处。"任福顿时乐得合不拢嘴："番军敢情昨晚也是就地露宿。俺老任睡了一晚，猎物竟然还未走掉。传令下去，全歼这股番军。"

就这样，这股败军沿着好水川一路前行，一路若隐若现，任福率宋军穷追不舍，终于进了李元昊预先设下的埋伏圈。

李元昊所谓的攻打渭州，一开始就是个幌子。声东击西这招李元昊在对宋战争中用得很顺手，而宋军竟然每次都轻易中招，被李元昊牵着鼻子走，就连韩琦这样的能臣也不能幸免，也是奇哉怪哉。

当任福等人行至好水川流域的羊牧隆城时，担任先锋的桑怿发现地上有一只木盒，里面叽叽喳喳，似是鸟鸣声。桑怿为人谨小慎微，于是请任福亲自查看木盒。

任福的好奇心一时被激发了，他命令部下打开木盒，看看里面究竟有什么古怪。好奇不仅能害死猫，还能害死人。木盒一打开，几只鸽子从里面飞出来，撒了欢一般直冲天空。就在此时，号角声响，杀声震天，十万党项军队风驰电掣般袭来，将任福等人团团围住。这些鸽子原来是招魂使者！宋军将士顿时为之气馁。

这些鸽子正是李元昊派人放在此处的。他率夏军主力埋伏于附近，看见鸽子飞起，就知道是宋军到了。李元昊可以说是神机妙算了。

此时，任福等人知道已难逃一死，决定与夏军拼个鱼死网破。桑怿一马当先，率领部下冲入夏军阵中，奋勇冲杀。任福看到桑怿拖住了夏军，赶紧指挥宋军布阵，但是阵未布成，夏军已掩杀过来。事已至此，任福也顾不得阵形了，纵马冲入夏军阵中，当者披靡，部下们受到鼓舞，皆浴血奋战。处在生死边缘的宋军被激发出了强大的战斗力，一时间，两万宋军竟与五倍于己的夏军斗了个旗鼓相当。

看到难以速胜对手，李元昊再出怪招，他命令夏军竖起一面两丈高的大旗。大旗陡然间往左面倾斜，左面忽然窜出一队西夏骑兵，猛冲宋军。大旗随即又向右倾斜，右面又窜出一队西夏骑兵，对宋军一阵掩杀。宋军被搞得身心俱疲，渐渐坚持不住了。

任福浴血奋战，身受十余创，桑怿则跌下山崖摔死。宋军一时间死伤惨重，战斗力一点一点流失。"任将军，留得青山在，不怕没柴烧。不如暂且投降，再图后举。"部将一脸真诚地望着任福，他已跟随任福多年，对任福忠心耿耿，并不想主将战死。

任福挥了挥手说："大丈夫死则死耳。马革裹尸，乃吾辈平生所愿。"他纵马冲入敌阵，与儿子任怀亮一起力战而死，父子二人，皆成烈士。虽然任福不是一员优秀的将领，但他这种视死如归的气节，正是赵宋军人所缺乏的。

主帅战死，宋军再也无力回天，几乎全军覆没。全军自主将任福以下，武英、王珪、赵津、桑怿、耿傅等人皆力战而死。鲜血流进了好水川，将河水浸染得一片血红。宋军的尸体横七竖八地堆积在好水川中，河水为之断流。

只有泾原路钤辖朱观急中生智，率所部千余人退入民居躲避。夏军来攻时，朱观一声令下，宋军万箭齐发。其时已是黑夜，夏军摸不清朱观的底细，不敢过分逼近。朱观趁夏军犹豫之机，率领千余人借着夜色掩护，逃之夭夭，为宋军挽回了一点颜面。

李元昊大获全胜，志得意满。随军出征的夏国尚书令兼中书令张元也笑得合不拢嘴：终于重创了宋朝，报了自己屡试不第的深仇大恨。于是，张元在宋夏边界上赋诗一首，讽刺赵宋的大臣："夏竦何曾耸，韩琦未足奇。满川龙虎辇，犹自说兵机。"

张生啊张生，你因为屡试不第，就对自己的故国、自己的民族如此仇视，煽风点火诱导李元昊妄动干戈，搞得生灵涂炭，尸横遍野，来满足你扭曲而变态的快感，这样你就舒服了？无耻之徒！

好水川战败后，韩琦也不再主张自己的进军之策，传令全军撤退。撤军途中，韩琦被好水川阵亡将士的家属拦住了。他们拦在韩琦的马前，放声痛哭。韩琦也忍不住热泪盈眶。是啊，一万多将士魂归黄土，谁来负责？是主张主动出击的韩琦？还是擅自改变进军路线，被敌人牵着鼻子走的任福？抑或是赵宋朝廷腐败无能的官僚机构和虚有其表的军事制度？无论谁来负责，一万多鲜活的生命也再回不来了。

好水川一战，李元昊的军事才能发挥得淋漓尽致。他再次使用声东击西的战术，成功地迷惑了韩琦。宋军被调动后，李元昊又采取诱敌深入的战术，将任福部引入他在好水川提前布下的包围圈中，几乎全歼宋军，大获全胜，实现了自己歼灭宋军有生力量的目的。

李元昊的报复

李元昊最近很生气。作为夏国至高无上的皇帝，他竟然被种（Chóng）世衡欺负了。

种世衡是清涧城的城主。清涧城坐落在延州东北二百里处，原来只是个废弃的据点。在范仲淹"修据点"的号召下，种世衡建议，修缮这个废弃的据点，在拱卫延州的同时，还可以沟通河东路。范仲淹一口答应，下令马上开工，并由种世衡亲自监督。范仲淹还说："种将军，这个砦一修成，你就是这里的'知砦'。"种世衡是个满腹韬略的人，听到有独当一面的机会，干得更起劲了。

"大人，此地不宜修城，白费心力。"一个部下面色凝重地劝说种世衡，"此地地势虽然险要，却没有水源。如何能屯兵？"

种世衡微微一笑："山人自有妙计。凿地取水！"结果宋军吭哧吭哧凿地一百多尺，不但没凿出水，反而凿到了一块巨大的岩石。

"大人，凿不动了。"宋军将士们垂头丧气。

"凿破石头，必有泉水！"种世衡倒是信心十足。

"种大人莫不是吃错药了？"宋军将士满腹牢骚，却也不敢抗命。

当将士们费了九牛二虎之力凿破石头后，奇迹发生了，一股甘甜清澈的泉水从石头中间汩汩流出。将士们一阵兴奋，一边争饮泉水，一边在心里佩服种世衡的神机妙算。

"此地就叫清涧城吧。"种世衡捋须微笑着说。

就这样，种世衡成了清涧城的城主。他终于可以施展自己的满腹韬略了。此时恰好元昊手下大将野利旺荣派浪埋、赏乞、媚娘三人前来诈降，种世衡将计就计，先虚与委蛇，然后派僧人王嵩诈降李元昊，利用苦肉计诱使李元昊杀死了野利旺荣和他的兄弟野利遇乞。野利兄弟多谋善战，是李元昊的左膀右臂，除去了他俩，也算让李元昊损失惨重。

李元昊知道自己上当后，勃然大怒，立刻派出军队进攻清涧城。"割下种世衡的脑袋来见朕！"李元昊恶狠狠地下达了军令。

种世衡可不是好惹的主，面对夏军的进攻，他沉着指挥，巧妙应对，将夏军打得落荒而逃。

"种世衡不好惹啊，看来不能来硬的。"于是李元昊又玩起了软刀子杀人的把戏。他派教练使李文贵为使者，赴清涧城面见种世衡。

李文贵表示，他家陛下已认识到了夏军主动挑起战争的错误，希望双方议和，将宋夏友谊维护下去。种世衡早就看穿了李元昊的把戏，但他又不敢擅作主张，于是派人请示自己的上级——延州知州庞籍。庞籍哈哈大笑："种将军早就知道怎么做了，何必来问我，自己看着办吧。"种世衡心领神会，马上将李元昊的议和信扔进了粪坑。"李文贵，你也不用回去了，就留在我大宋吧。"

李元昊得到消息，气得鼻子都歪了。"好你个种世衡，简直是欺人太甚！

你用反间计害我大将，我还没跟你算账呢，现在又扣我使者，不教训教训你，你不知道马王爷有三只眼！"

李元昊这辈子只有他欺负别人，哪有别人欺负他的道理。他决定出兵宋境，狠狠教训宋军。

李元昊召集群臣，商议攻打宋朝的策略。宰相张元献策道："宋朝西军的精锐全部集中在沿边诸州，关中空虚。我们应当派一支偏师在边境虚张声势，主力则趁机进入关中，闪击渭州。如果拿下渭州，长安就是我们的囊中之物了。拿下长安，控制了潼关，就可以隔断蜀中的贡赋，宋朝必将元气大伤。"李元昊微笑点头。

张元这招可真够毒辣的。当年那个主考官啊，你可真是大宋朝的罪人！

宋庆历二年（夏天授礼法延祚六年，1042年）闰九月，李元昊亲率十万大军，浩浩荡荡地向东进发，进攻宋朝。夏军兵分两路，一路走彭阳城，一路走刘璠堡，准备两路合兵后攻打镇戎军，窥视渭州。

得到李元昊入侵的消息，宋朝的泾原路经略安抚使王沿急令副都部署葛怀敏率泾原路兵马六万人，从渭州西进，在渭州西面的瓦亭阻击夏军。

出发前，王沿也学起了韩琦那一套，他一脸严肃地告诫葛怀敏："到了瓦亭后，切不可盲目深入。你应当依托瓦亭设下埋伏，先派老弱残兵出战，将夏军诱入伏击圈后，可一战破之。切记，切记。"

葛怀敏差点笑出声，暗骂道："又是个纸上谈兵的蠢材。你引诱，人家就会进你的圈啊？这位王大人怕不是读书读傻了。"

葛怀敏毫不理会王沿的指示，到达瓦亭后，一路北进，来到了位于镇戎军西北的养马城。"葛将军，不能再往前走了，夏军主力就在前面！"走马承受赵政拉住葛怀敏的马缰劝说道。

"赵将军言之有理，传令下去，安营扎寨，等候友军！"葛怀敏倒是个听得进劝告的人。俗话说"听人劝，吃饱饭"，也许这次宋军的主将算是派对了。

于是宋军就在养马城扎下营来。不一会儿，泾原路都监李知和、知镇戎军曹英、西路都巡检赵麟、镇戎军都监李岳等将领纷纷来会，宋军一时间兵强马壮。葛怀敏不禁豪气干云："李元昊，今日本将军叫你有来无回！"

葛怀敏召开战前会议，商议作战方案。"李元昊已到新壕（今宁夏固原市西北），与我们近在咫尺，该怎么应对？"葛怀敏开门见山直奔主题。

"夏军乘势而来，锐气正盛，不可与之正面争锋。我们应当固守镇戎军以保护粮道，在马栏城布下栅砦阻拦对手，坚守不战，待敌军锐气消磨掉后，可一举破之。"泾原路都监赵珣道。

应该说赵珣的计策与王沿的计策是一致的，都是以稳为主，坚守的同时等待时机。对于这种思想，葛怀敏嗤之以鼻。他出身武将世家，自然是主动出击，痛击元昊，方能不负祖宗威名。葛怀敏考虑片刻，说："传令下去，迎击李元昊，兵分四路，目标定川寨。赵珣！"

"有！"

"你的目标，莲华堡！"

"得令！"

"刘湛、向进，目标西水口！"

"得令！"

"曹英、李知和，目标刘璠堡！"

"得令！"

"葛怀敏，哦，也就是我，目标定西堡！祝诸位将军好运，我们在定川寨集合，共击李元昊！"

"得令！"

葛怀敏想得很周到，可惜计划没有变化快。刘湛、向进刚一出发，就在赵福新堡遇到了西夏军队，一番激战，宋军不敌，急忙退往向家峡，依托地形优势进行防守。刘湛、向进的不利一下子打乱了葛怀敏的计划，他被迫派赵珣、曹英率所部兵马改道赵福新堡，救援刘湛、向进部。

赵、曹二人刚走，葛怀敏再次接到线报：夏军已到定川寨！

葛怀敏急忙派人传令赵珣、曹英，让他们不要去赵福新堡了，赶紧按原计划赴定川寨围歼李元昊。"只要干掉李元昊，刘湛、向进就算牺牲又有何妨？"葛怀敏开始打起了小算盘。

葛怀敏指挥三路人马风驰电掣般赶往定川寨，一场大战一触即发。

溃败

此时，李元昊已经在定川寨布下天罗地网，等候葛怀敏的到来。

葛怀敏一马当先，率领数万大军，奔驰在略显萧索的关中大地上。其时已是深秋，草木凋零，瑟瑟秋风吹过，令人感到阵阵寒意，葛怀敏的内心却是火热的。他出身将门，父亲葛霸是宋太宗赵光义的潜邸旧人。赵光义即位后，葛霸跟随赵光义南征北战，立过不少战功，由此受到赵光义的重用。葛怀敏凭借父亲的恩荫入仕，一路平步青云，年龄不大的他，已经坐到了泾原路副都部署的位置。

偏偏有一人对葛怀敏极为不屑，而这个人偏偏又是一位极具威望的人物，他就是范仲淹。葛怀敏曾任延州知州，与范仲淹共事。拥有一双慧眼的范老夫子，没几天就看出了葛怀敏是个绣花枕头，他上书宋仁宗赵祯，强烈要求调走葛怀敏："葛怀敏狡猾而懦弱，对军事一窍不通，不宜在前线指挥军队。"

赵祯无可奈何，又不好驳了葛怀敏的面子，因此葛怀敏被派到了泾原路，成了泾原路副都部署。

被范仲淹嫌弃，成了葛怀敏的一块心病，他时时刻刻都想着如何在战场上建功立业，证明自己的能力。恰好李元昊入侵泾原路，他被任命为主帅，终于获得了独当一面的机会。接到命令的那天，葛怀敏兴奋得一晚上没睡着。

一阵冷风吹来，将葛怀敏从回忆中拉回现实，他一提马缰，马跑得更快了。他恨不得一步跨到定川寨，割下李元昊的脑袋，摆到范仲淹的桌案上，让范夫子看一下，他葛怀敏是不是不懂军事，是不是懦弱无能。

黄沙随风舞，马鸣风萧萧。葛怀敏耀武扬威地率领着宋军将士进入了定川寨，也进入了李元昊的包围圈。

葛怀敏刚踏入寨门，就有探马紧急来报："葛大人，不好了，进寨的石桥被夏军砸断了，周围全是党项人，我们已经被李元昊包围了！"

"一个李元昊就把你们吓成这样？李元昊来了更好，不然我还要浪费时间找他呢。众军莫慌，待本将军先观察下敌情。"葛怀敏临危不乱，一派大将风度。难道范仲淹真的错了？

"葛将军，不好了，李元昊截断了定川河，我们断水了！"探马再次来报。

"怕什么？他们截断，我们去挖开不就得了。"葛怀敏轻摇鹅毛扇，俨然诸葛亮一般。

葛怀敏派部将刘贺率军前往定川河上游，意欲掘开水流。李元昊是何等人，他早已在截水处布下伏兵，等待宋军的到来。刘贺刚要扒堤，夏军伏兵四出，一下就击溃了刘贺率领的散兵游勇。刘贺几乎是光着屁股，惶惶如丧家之犬般，一溜烟跑得无影无踪。

"完了，水源断了，只能等死了。"葛怀敏颓然地坐到了地上。

李元昊横刀立马，矗立在定川河畔。只需要一直围困，就能活活渴死这帮自投罗网的宋军，但那样多没劲，朕一定要亲手割下葛怀敏的脑袋，方能告慰野利兄弟的在天之灵，方能报被种世衡欺负的一箭之仇！

李元昊令旗一挥，夏军潮水一般攻向定川寨。李元昊亲率精锐骑兵攻打东门。他已探知，守东门的正是宋军主帅葛怀敏。"这个绣花枕头，一路上没头苍蝇一样钻进了朕的口袋，朕就做做好事，送佛送到西吧。"

李元昊满以为由葛怀敏这个军事白痴率领的宋军一定会一击即溃，但他这次想错了。经过范仲淹、韩琦等人在西北的辛苦经营，宋朝西军的素质相当过硬，不要说葛怀敏指挥了，即使在主帅的位置上拴条狗，他们也不会轻易被击垮。

李元昊率部连续数次冲锋，均未奏效，开始寻找别的突破口。他发现在寨东北的曹英部宋军人数较少，阵容又有点松动，于是令旗一挥，夏军如一条灵蛇，掉头直取曹英部。

李元昊这次又想错了，曹英部虽然人少，战斗力可一点也不小。双方你来我往几个回合，李元昊竟是丝毫没占到便宜，他不禁有点恼羞成怒——眼瞅着敌人已变成瓮中之鳖，自己竟是屡战不下，如此下去，颜面何存？

就在局面僵持不下时，老天爷出手了。一阵狂风突然刮过，战场上顿时飞沙走石。党项人在沙漠里吃惯了沙子，对这种情况早已习以为常，但对宋军来说可就大大不妙了。

在一片飞沙走石中，宋军士兵惊慌失措，纷纷掉头往寨内狂奔，阵形散乱。李元昊哪能放过这天赐良机，率军追在宋军屁股后面一顿砍杀，宋军顿时溃不成军。

曹英不愧是一员良将，他临危不乱，沉着地安抚着宋军将士。突然，一支冷箭迎面射来，正中他的脸颊，曹英一声惨叫，栽倒在水沟里，就此一命呜呼。

看到曹英战死，宋军将士更加惊恐了，拼了命地往寨里跑。葛怀敏夹杂在乱军中，惊慌失措地逃跑。一名宋军骑兵慌不择路，一下子和葛怀敏撞了个满怀，葛怀敏大叫一声，跌下马来。众将慌忙赶上前去，七手八脚地拉着葛怀敏逃入寨内，葛怀敏已经被踩得鼻青脸肿，哀叫连连。

眼看夏军就要将定川寨夷为平地，突然，一位将军手持大刀，威风凛凛地站在寨门前，正是赵珣。在他身后站立的，是一排袒胸赤膊的刀斧手。由于进寨的路较为狭窄，不利于骑兵展开，夏军一时倒也拿赵珣没有办法，葛怀敏的命算是暂时保住了。

葛怀敏躺在床上，一边哀叫连连，一边盘算着如何逃出西夏人的天罗地网。突然，葛怀敏脑海中灵光一闪。"将士们，对不起了，为了我的人身安全，只有牺牲你们了。"

葛怀敏迅速起床，召开紧急会议。会上，葛怀敏下达了他人生中最后一道军令："将士们，我们不能坐以待毙，我决定，由我率领九千精锐前去开路，大家在寨中不要动，接到我的命令的话，就表示前路是安全的，如若我的命令没有来，大家千万不要轻举妄动，违令者斩！"这些可怜的将士不知道的是，葛怀敏已经另作打算了。

一声鸡鸣打破了黑夜的宁静，已是第二天了。宋军主帅葛怀敏率领赵珣、刘贺、李知和、许思纯等将领蹑手蹑脚地打开寨门，一路向南奔去。来到离定川寨二里的长城壕时，宋军发现李元昊率领夏军主力早已等候在此。看到李元昊，葛怀敏顿时瘫倒在地。战斗毫无悬念，自主帅葛怀敏以下的九千宋军将士，成了党项骑兵的刀下之鬼。

也许是李元昊赶时间，也许是他不知道定川寨中宋军的底细，在消灭葛怀敏这支宋军后，李元昊并没有进军定川寨，寨中由赵政等人率领的五万宋军将士躲过一劫。葛怀敏玩弄阴谋诡计，企图抛下大部队逃跑，结果自己成了刀下之鬼，被他扔下的将士们反而毫发无损，也算是苍天有眼啊。

定川寨之战后，李元昊挥军直扑渭州，却在潘原县（今甘肃平凉市东）被原州知州景泰击败。此时，李元昊已经有了退兵的念头，毕竟经过在定川寨的恶战，夏军的损耗也不小，又得知范仲淹率领环庆路兵马正火速驰援渭州，于是李元昊见好就收，班师回朝。

宋夏定川寨之战至此落下了帷幕。这次战役中，宋军主帅葛怀敏要为战败负主要责任。他就像一只无头苍蝇，率宋军一头扎进李元昊的埋伏圈，然后抛下大部队自己偷偷逃跑。他的死，可谓是大快人心。可惜了九千宋军将士，魂归黄土。

西夏虽然在三川口、好水川、定川寨三大战役中连续击败宋军，但由于国小民弱，承受不起连年战争，而宋朝因连续战败，也失去了再战下去的勇气，于是，双方握手言和。西夏对宋朝称臣，宋朝向西夏缴纳岁币，并开放榷场与西夏进行贸易，双方各取所需。

我们知道，宋辽议和带来了百年和平，然而宋夏议和没过几年，双方就重燃战火了。但至少在李元昊生前，宋夏算是和平了。李元昊这个战争狂人，不打仗会憋死，与宋朝议和了，对宋无战事了，怎么办呢？答案是向辽国开战。

第十五章

蚍蜉撼树：辽夏战争

天子之怒

李元昊最近很愤怒。

前不久，他挟三川口、好水川、定川寨三战三胜之积威，迫使赵宋朝廷达成城下之盟，双方签署了议和协议。这份协议让李元昊获得了丰厚的回报，他将每年从赵宋朝廷获得二十万岁币，但前提是他要认宋朝皇帝赵祯做爹。

李元昊当然不是因为这个而愤怒。大丈夫能屈能伸，只要能得到那二十万岁币，喊赵祯一声爹算得了什么?让他愤怒的是辽国的皇帝耶律宗真。耶律宗真以宋夏战争为契机，趁火打劫，要求宋朝将每年缴纳给辽国的岁币由三十万增加到五十万，而宋朝因为惧怕陷入两面开战的困境，被迫答应了耶律宗真的要求。

岂有此理! 我李元昊脑袋别在裤腰带上跟赵祯拼命，才换来的每年二十万岁币，你倒好，动动嘴皮子，白白多捡二十万。叫我如何能心理平衡? 你白捡二十万也就算了，竟然还厚着脸皮警告我不要与宋朝为敌。耶律宗真，你好处占尽，来装和事佬了? 你里里外外的便宜全占了，就叫我李元昊吃哑巴亏? 是可忍，孰不可忍! 你不仁别怪我不义，你拿我当傻子，我就给你点颜色看看! 李元昊愤愤不平，开始琢磨收拾耶律宗真的法子。

"山南党项，就是你了! "李元昊一拍大腿，一脸兴奋地说道。

在辽国西部临近西夏的边境，住着一批党项人，称为山南党项。他们与西夏同族，却生活在大辽的土地上。由于不满契丹人的盘剥，这些党项人屡屡揭竿而起，给耶律宗真制造了不少麻烦。

李元昊不愧是大辽名义上的好臣子，每次山南党项起事，他都会借近水楼台之便，派军队帮助辽国镇压。可怜的山南党项人慑于辽夏两个庞然大物的天威，也就不敢轻举妄动了。

为了报复耶律宗真，李元昊打起了这些同族的主意。他派人携带重金赴辽境，对这些同族晓以大义："本是同根生，相煎何太急！耶律宗真想欺负我们党项人？我们，不答应！大家跟我回夏国，夏王一定会带领大家过上美好生活的。"

山南党项当然不会轻信李元昊使者的鬼话，但去夏国总比在辽国受异族欺压好。于是这些党项人就收拾行囊，头也不回地跟着夏国使者走了，一路向西，直奔夏境。

白白得了这么多百姓和兵员，李元昊自然是乐得合不拢嘴，这可就气坏了一个惹不起的人。这个人的麾下，有着彼时世界上最强大的铁骑；这个人的治下，有着辽阔的土地、众多的人口；这个人，连大宋天子赵祯每年都要拱手送上五十万岁币。这个人就是大辽天子耶律宗真。

耶律宗真怒不可遏！这个该死的李元昊，之前，朕为了辽夏友好，特地将宗室女子封为兴平公主，嫁于你，结果你不但冷落公主，还涉嫌谋害公主。朕派使者询问，你也没说出个所以然来。这笔账朕还没跟你算呢！你又来引诱朕的子民，是可忍，孰不可忍！

天子之怒，伏尸百万，流血千里。夏国天子李元昊和辽国天子耶律宗真同时动怒，一场生灵涂炭的大战已经不可避免了。

辽重熙十三年（夏天授礼法延祚七年，宋庆历四年，1044年）五月，辽兴宗以大将罗汉奴为西南面招讨都监，以招讨使萧普达、详稳张佛奴为副手，率军直取山南党项，准备将这些投靠夏国的反复之徒全部剿灭。李元昊当然不会坐视刚归顺自己的子民覆灭，于是他亲率大军救援山南党项。罗汉奴等人哪里是李元昊的对手，甫一交手就被打得大败，萧普达、张佛奴双双战死。罗汉奴见势不妙，掉头就跑，惶惶如丧家之犬一般往东逃窜，身后传来党项人一片哈哈大笑声。

虽然击走了罗汉奴，但李元昊明白，罗汉奴带领的只是契丹人的小股部队，耶律宗真的复仇大军马上就将兵临城下。"而今之计，大家一定要积极备战，时刻准备抵御契丹人的进犯。"李元昊开始了战前的动员工作。

用政治手段瓦解对手，达到不战而屈人之兵的目的，是李元昊的拿手好戏。他派出使者，携带重金前往辽国西北的阻卜部落（萧惠攻打甘州回鹘时，就是这个部落反叛，导致辽军大败而逃），劝说阻卜部与自己联手，夹击辽国。

但这次李元昊的招数不管用了。夏国的使者刚刚说明来意，就被阻卜部酋长抓了起来，直接送给了耶律宗真："陛下，您看如何处理吧，我们都是良民，绝对不会受李元昊的蛊惑。如若陛下与李元昊开战，我们阻卜部愿效犬马之劳。"

耶律宗真拍案而起："好你个李元昊，竟然跟朕玩这招，你以为就你会搞外交攻势？"耶律宗真决定以其人之道，还治其人之身。他派出使者前往宋朝，对赵宋君臣进行游说："我们陛下马上就要征讨夏国了，贵国不如撕毁与夏国的议和协议，与我国一起夹攻夏国。待到打下兴庆府，夏国的土地宋辽平分。"

坦白说，如果宋辽能够联手，那李元昊将万劫不复。只可惜赵祯是一位爱好和平的人，他不仅未出兵攻夏，还派使者赴西夏给李元昊送上议和诏书。赵祯心想朕坐山观虎斗，何乐而不为呢？

赵祯啊，你可真是糊涂，如此天赐的收回定难五州的良机，就这样轻而易举地放弃了。赵光义啊赵光义，你在九泉之下摸着自己大腿上的箭伤，一定无语凝噎吧？

"赵祯不答应？那也无妨，朕麾下雄兵百万，捏死一个李元昊，跟捏死一只蚂蚁一样容易！"耶律宗真马上召开御前会议，商议出兵西夏的方略。

方案迅速敲定。这年九月，耶律宗真命皇太弟耶律重元（即耶律宗元，因避讳而改名）、北院枢密使萧惠为主帅，准备西征夏国。结果军队还未动身，李元昊的使者就到了。

"陛下息怒，我们夏王知道错了，夏国马上归还山南党项降户，从此世代奉大辽为正统，永不变心。"夏国使者一脸谄媚地对耶律宗真说道。

耶律宗真笑得合不拢嘴："李元昊啊李元昊，你竟然跟朕玩这套诈降的鬼把戏，这一套，对宋朝有用，对朕，毫无用处！"耶律宗真一脚将西夏使者踹翻在地，命令道："传令下去，耶律重元和萧惠即刻出发，目标——兴庆府。"

鏖战河曲

正当耶律重元和萧惠摩拳擦掌，准备率领大军出发时，一个不好的消息传来了：辽国大军的后勤物资突然失火。所谓"兵马未动，粮草先行"，现在粮草被烧毁了，如何继续进军？耶律重元和萧惠垂头丧气地向耶律宗真做了汇报。

原来，李元昊先是派出使者假装议和，使得辽国君臣放松了警惕，同时派一支小分队轻装潜入辽境，将辽军为这次出征准备的粮草一把火烧了个干净，给了耶律宗真一个下马威。

但辽国毕竟地大物博，耶律宗真很快再次筹齐了粮草。这次，他将御驾亲征。"等到打下那兴庆府，朕一定割下李元昊的脑袋当球踢！"耶律宗真一脸狞笑地大叫道。

辽重熙十三年十月，辽兴宗亲自披挂上阵，率领契丹铁骑十余万，一路向西，杀奔夏国。

辽军兵分三路：北院枢密使萧惠率领六万骑兵为北路；皇太弟耶律重元率领七千骑兵为南路；辽兴宗则亲率十万大军坐镇中路，出金肃军（今内蒙古准格尔旗北）。三路大军浩浩荡荡渡过黄河，欲将夏国连根拔起。

得到辽军进犯的消息，李元昊故技重施，他派出使者面见耶律宗真，呈上自己的亲笔书信。在信中，李元昊深刻反省了自己的错误，劝说耶律宗真罢兵言和，共抗赵宋。

对李元昊这种一而再，再而三的诈降，耶律宗真连一个字都不会信。"回去告诉李元昊，让他把自己五花大绑，在兴庆府中准备迎接朕吧。"耶律宗真满脸狞笑地对惊慌失措的夏国使者说道。

自己的诈降没有奏效，李元昊倒是毫不在意。他的本意就是麻痹耶律宗真，让他轻视自己。敌人的麻痹大意，就是自己最好的胜机。李元昊已经为辽军预设好了战场，静静地等待着耶律宗真入瓮。

大辽天子耶律宗真率领辽军渡过黄河，直扑夏境，长驱直入四百余里，来到了位于贺兰山北麓的得胜寺。可是，他们连敌人的影子也没见到。耶律宗真不由得大感诧异：这个李元昊，难道是惧怕朕的天威，效仿他的祖宗李继迁，带着党项人躲到沙漠里去了？"传令下去，直取兴庆府，若是发现李元昊尚未逃走，就将他绑来见朕！"耶律宗真意气风发地下达了命令。

辽国北院枢密使萧惠一马当先，率领六万契丹铁骑奔驰在贺兰山脚下。其时已是初冬时节，料峭的北风吹来了丝丝寒意，萧惠却是浑然未觉，他已陷入了沉思。

萧惠是辽国名将萧挞凛的孙子，出身名门的他，自进入仕途就一路平步青云。他跟随伯父萧排押南征北战，屡立战功，一路高升坐到了北院枢密使的位置，被封为韩王，还娶了辽兴宗的姐姐秦晋国长公主为妻，可谓是辽国为数不多的实权人物之一。

萧惠的人生堪称完美，唯有一次失利让他耿耿于怀，那就是十五年前他率军征讨甘州回鹘。在那次战役中，阻卜部突然叛乱，萧惠毫无防备之下被打得大败，落荒而逃。每每想起此事，萧惠就恨得牙痒痒。他无时无刻不在寻找机会，准备一雪前耻。这次自己随圣驾西征，独当一面，担当前锋的重任，如果能将李元昊生擒活捉，自然可以一雪甘州城下的耻辱。想到这里，萧惠猛地挥了一下马鞭，战马一声嘶鸣，撒了欢似的向前飞驰。

当萧惠率领的辽军抵达贺兰山北的河曲地区时，突然，伏兵四起，杀声震天，一队党项骑兵斜刺里杀出，直扑辽军。萧惠环顾四周，没有发现李元昊，不由得哈哈大笑："就凭你们这些虾兵蟹将，也配跟本王交锋？回去，叫李元昊亲自来战！"

夏军没有停顿，刀枪齐举，直取萧惠。萧惠令旗一挥，契丹骑兵如猛虎下山般迎面而上，双方你来我往，战在了一起。

党项军队哪里是如狼似虎的契丹骑兵的对手，在萧惠的指挥下，辽军很快就占据了上风。辽军步步紧逼，夏军节节败退，胜败似乎已见分晓。就在这危急关头，突然响起一阵号角声，漫山遍野的党项骑兵从两翼杀出，将辽军围在了垓心。为首一人全身披挂，端坐在一匹高头大马上，神采飞扬，正是夏国皇帝李元昊。

原来，李元昊深知夏军的战斗力远不如辽军，就再次使出了他那屡试不爽的诱敌深入战术。他率领党项军队一路后撤，引诱辽军先锋萧惠孤军深入，然后在河曲埋了伏兵，等待萧惠自投罗网。待萧惠到达李元昊为他预设的战场后，李元昊先派出二线兵团正面迎敌，扰乱萧惠的判断，等到萧惠麻痹大意时，李元昊率领夏军主力从两翼突然杀出，打辽军一个措手不及。

萧惠一时大意，陷入了李元昊的埋伏圈，刘平、石元孙、任福等人的悲剧似乎要再一次上演了。只可惜萧惠不是任福、刘平之辈，契丹铁骑也不是赵宋军队。虽然身陷包围圈，契丹骑兵依然显示出了强大的战斗力。他们沉着应战，阵形丝毫不乱，李元昊几次指挥夏军发动冲击，全部败下阵来，不禁有些气馁。

萧惠稳坐中军，观察着战场的形势。他明白，虽然辽军的战斗力远强于敌人，但毕竟兵力上处于劣势，又陷入了对方的包围圈，久战下去，本方势必无幸。此时，李元昊正在发号施令，指挥夏军对辽军发起冲击。萧惠眉头一皱，计上心来。他喊过殿前副都点检萧迭里得，吩咐了几句。萧迭里得一阵激动，兴奋地点了点头，欢天喜地地领命去了。

萧迭里得是辽军中数一数二的猛将，他令旗一挥，一马当先，率领一队骑兵疾驰而出，直扑李元昊所在的夏国中军。党项军队抵挡不住，纷纷闪避，萧迭里得杀出一条血路，挥军直进，就欲活捉李元昊。

李元昊见势不妙，掉头就跑，夏军顿时兵败如山倒。萧惠趁机率军掩杀过去，如老鹰捉小鸡一般对夏军展开追杀。就这样，还没见到辽兴宗率领的辽军主力，李元昊已经被萧惠率领的先头部队打得一败涂地。

李元昊收拢残兵败将，退入贺兰山中，利用地形优势负隅顽抗。此时，耶律宗真率领的十万辽军主力也赶到了。耶律宗真坐拥雄兵十余万，意气风发，他派军中一名嗓门大的士兵，对着贺兰山向李元昊喊话："李元昊，赶紧自缚请罪，我大辽天子可以考虑免你一死，如若不然，我大辽铁骑就将贺兰山踏为平地。"

此举倒提醒了李元昊：投降输一半？竟有这等好事？他马上派使者出山，向耶律宗真主动承认了自己的错误，希望大辽天子对自己网开一面。对于李元昊的投降，耶律宗真依然半信半疑，他派了一名叫作萧敌烈的使者，进山与李元昊洽谈投降事宜，顺便探测李元昊的诚意。

双方很快达成了共识。第二天，耶律宗真率领辽军在贺兰山前列阵等待，只见大夏皇帝李元昊率领夏军陆续从山中出来。李元昊满脸堆笑，匍匐在地向耶律宗真请罪："陛下，臣知错了，我夏国从此将坚定不移地追随陛下，请陛下原谅微臣吧！"

辽军中，一将闪出，正是北院枢密副使萧革。只见他一脸愤怒，指着李元昊的鼻子破口大骂："李元昊，我大辽待你不薄，你胆敢背叛，究竟是什么原因？又是谁给你这么大的胆子？"

李元昊磕头如捣蒜，跪在地上连称"死罪"。

"罢了罢了，朕就饶了你吧。"看到对方认罪态度良好，耶律宗真心满意足，连连挥手示意李元昊起来说话。

李元昊战战兢兢地站了起来。他亲手斟上一杯酒，一脸谄媚地走到耶律宗真面前，跪倒在地道："陛下如若原谅了微臣，就请喝了这杯赔罪酒吧。"

耶律宗真哈哈大笑，端起酒杯一饮而尽。双方随即把酒言欢。耶律宗真亲自赐给李元昊美酒，并允许李元昊"改过自新"。辽夏双方将士共饮美酒后，擂起了战鼓。隆隆战鼓声中，李元昊承诺将归还叛辽的山南党项部，并折箭起誓，以显示自己言出必行的决心。

"陛下，万万不可！"就在此时，一员大将策马来到耶律宗真身前，打断了辽夏双方的友好仪式。来者正是大将萧惠。

风从哪里来

"陛下千万不要中了李元昊的诈降之计。夏人狼子野心，反复无常，我们应当趁此良机，斩杀李元昊，一举解除后患！"萧惠斩钉截铁地说。

萧惠的话一说出口，现场的气氛顿时凝固。李元昊的手举着酒杯，停在半空，他动也不动地坐在那里，仿佛一尊雕像。耶律宗真缓缓放下了酒杯，眉头紧锁，陷入沉思。双方将士停止了擂鼓，辽军看着耶律宗真，夏军望着李元昊，等待着未知的命运。刚刚还一片融洽的现场，突然变得剑拔弩张。

"陛下，元昊请罪乃真心实意，陛下要是觉得难以决断，微臣可以率军后撤三十里，等陛下考虑周详后再做裁决。"终于李元昊打破了场上的宁静。

耶律宗真长叹一口气，也只好如此了。如果当众擒杀已经投降的李元昊，他如何面对天下悠悠众口？但若是就这么放走李元昊，他又不甘心。于是，在李元昊率军后撤后，耶律宗真马上率辽军跟进。李元昊看到辽军跟进，就继续率军后撤。就这样，夏军连续后撤三次，一直退了九十里。

在撤退的同时，李元昊命夏军迁走当地的居民，并焚毁他们的房屋。当辽军深入夏国腹地后，面对的是一片废墟。此时已是隆冬时节，北风呼啸，草木凋零，辽军的粮食和马料都已消耗得差不多了，又无法就地补充给养，

222

渐渐陷入了困境。

　　"必须得接受李元昊的请和了，再这样下去，朕就要饿死在异国他乡了。"耶律宗真思虑再三，终于拿定了主意。他派遣使者赴李元昊军营，表达了自己对李元昊的完全信任，并谴责了萧惠挑拨离间的行为。"我们陛下说了，以后夏王仍然是大夏国主，咱们辽夏合同一家，一起收拾赵宋。"辽国使者一脸谄媚地对李元昊说。

　　李元昊哈哈大笑道："早该如此了，萧惠那小子完全不了解朕嘛，朕是个爱好和平的人啊。"

　　辽国使者脸上的表情渐渐"晴转多云"，心说这李元昊一脸倨傲，一口一个"朕"，还是几天前那个跪倒在地，口称"有罪"的人吗？看来这议和之路，是注定不会平坦的了。

　　"那么就请夏王亲赴我军营帐面见陛下，商讨议和之事。如何？"辽国使者硬着头皮问。

　　"你回去告诉你们陛下，只要朕有空，一定会好好招待他的。"李元昊一脸坏笑地说道。

　　待辽国使者走后，李元昊召开了一个军事会议，安排了一番，他已经为辽军挖好了坟墓，只等着将他们一网打尽了。

　　北风骤起，卷起贺兰山麓片片积雪。积雪夹杂着黄沙，随风潜入辽军的大营中，落在了萧惠俊朗的脸庞上，萧惠悠悠醒转。连日来的风餐露宿，早已使他疲倦不堪，昨晚这一觉，他睡得特别香。终于要重启议和谈判了，虽然不久前他反对议和，但他现在已改变了主意。

　　他改变主意的理由很简单——辽军快断粮了！不管李元昊是真投降也好，假议和也罢，我们先虚与委蛇，回国休整军队。休整好了之后，若是发现李元昊有二心，我萧惠一只手就可以收拾他。

　　萧惠抹了一把脸上的雪夹沙，起床开始巡视军营。每次野外驻军，他都会早起巡视军营，多年枕戈待旦的戎马生涯，早已让他养成了良好的习惯。

此时北风愈刮愈烈，一下子刮断了军中的旗杆，萧惠心中微微一动，多年的战场生涯让他有种不祥的预感。萧惠喊过右翼军主帅，交代了一番，右翼军领命而去。"众军紧急集合！"萧惠一声大喊，响彻军营的上空。

萧惠不愧是名将萧挞凛的后人，他的预感是完全正确的。此时，李元昊已经率领夏军，悄然奔驰在贺兰山麓的凛冽寒风中。北风吹乱了李元昊的发型，却吹不灭他心中燃烧的热情。"耶律宗真，朕亲自来'招待'你了！今天的经历，一定会让你终生铭记，我李元昊，也将成为你下半生的梦魇。当然了，你还有没有机会过下半生，就要看你今天的造化了！"

当夏军来到辽军大营时，大营内鸦雀无声，一片寂静。"看来这些契丹兵还在睡懒觉呢。将士们，冲入中军，砍下耶律宗真和萧惠的脑袋来见朕！"李元昊不由得意气风发。

李元昊率夏军冲入辽军营帐，却见帐内空空如也，连个人影都没有。一阵不祥的预感涌上李元昊的心头。"恐有埋伏，速速撤出！"李元昊匆忙下达撤退令，但是已经来不及了。

突然传来一阵号角声，战马嘶鸣，杀声震天。萧惠率领辽军从营帐四面蜂拥而出，将夏军团团包围在垓心。萧惠横刀立马，向前几步，喝问李元昊："夏王，你是来跟陛下洽谈投降事宜的吗？"

李元昊哪顾得上跟他搭话，他在队伍中左冲右突，率领夏军负隅顽抗。趁着萧惠松懈大意，李元昊杀出一条血路，率军仓皇而逃。此时，萧惠布置的右翼军自夏军身后杀出，与萧惠前后夹击，夏军大败。党项军一片片倒了下来，鲜血染红了贺兰山麓的积雪。

李元昊面如死灰。想不到自己层层设套，却还是被萧惠轻易击溃，夏军远不是强大的契丹铁骑的对手。自己千不该万不该，不该去招惹耶律宗真，如今自己深陷重围，犹如待宰的羔羊，注定是在劫难逃了。李元昊缓缓地闭上眼睛，默默等待自己的死期。

突然，一阵狂风卷起了滚滚的沙尘，夹杂着积雪，扑面而来，吹得双方将士东倒西歪。夏军将士长期生活在贺兰山麓，对这种沙尘暴早已是见怪不怪了，辽军将士哪里见过这种天气，他们心中一片恐惧，视线完全模糊了。

真是天不亡我大夏！李元昊抖擞精神，率领夏军迎风而战。辽军将士连眼睛都睁不开了，哪里还有什么战斗力，顿时兵败如山倒。此时，萧惠也顾不上自己的名将风范了，他抛下军队，惶惶如丧家之犬向东逃去。李元昊率夏军"再接再厉"，直扑辽兴宗耶律宗真的大帐，耶律宗真也顾不上自己的军队了，落荒而逃。

李元昊大获全胜，缴获的战马、器服不计其数。十余万辽军只有少数侥幸逃脱，其余的不是覆没，就是被俘。李元昊命人将辽军俘虏割去鼻子后放归辽国，以羞辱耶律宗真。

耶律宗真气得七窍生烟，李元昊这边却是乐得合不拢嘴。李元昊将俘虏的辽驸马都尉萧胡睹放回，向耶律宗真表达了求和之意，却将一部分辽国俘虏押往宋朝，向宋仁宗赵祯"献俘"。赵祯哪敢收他这份"大礼"，连忙谢绝了李元昊的"好意"。

耶律宗真损失惨重，无意再战，只得接受了李元昊的求和，双方在大打出手后握手言和。辽夏之间第一次大规模的战役——贺兰山之战至此画上了句号。

在这次战役中，李元昊故技重施，再次使用对付宋军的方法，层层设局，将辽军引入自己预设的战场后，率军突然袭击，企图打辽军一个措手不及。只可惜契丹骑兵不是赵宋军队，萧惠也不是任福、刘平之辈，在辽军的反击下，夏军羸弱的战斗力暴露无遗，被辽军连番重击暴打。但是，命运再一次站在了李元昊一边。一场沙尘暴逆转了战场的形势，李元昊绝处逢生，将耶律宗真亲率的大军几乎全部消灭，辽国的国力严重受损，从此开始走下坡路。而李元昊则凭借这场胜利登上了人生巅峰：纵观自己的一生，回鹘、吐蕃、赵宋、契丹，各路强敌全部被自己击破，夜落隔、曹贤顺、唃厮啰、赵祯，四方领袖纷纷在夏军的铁蹄之下丢盔弃甲，这一生，夫复何求？

辽夏拉锯战

辽兴宗耶律宗真最近心情很激动，因为他得到了一个好消息：李元昊死了。五年来，李元昊就如同一个噩梦，无时无刻不让他感到窒息。想起贺兰山下那场惨败，他至今仍难以释怀，自己身为大辽天子，天下最有权势的人，竟然遭此奇耻大辱。

耶律宗真无时无刻不在寻找报仇雪恨的机会，只是辽国因为上次的损兵折将而元气大伤，李元昊又多谋善战，耶律宗真实在是怕重蹈覆辙，这才一直不敢轻易出兵。现在李元昊死了，即位的李谅祚还是个没断奶的一岁小儿，西夏国的权力落在了国相没藏讹庞手中。没藏讹庞是李谅祚母亲没藏氏的哥哥，小皇帝李谅祚只是他们兄妹手中的提线木偶。夏国主弱臣强，国势不振，正是报仇雪恨的最佳机会。

百战百胜、意气风发的夏国战神李元昊，为何正值盛年之际就一命呜呼呢？当初，李元昊在欺宋破辽，达到人生巅峰后，就开始荒淫无道了。他竟然看上了儿子宁令哥的未婚妻没移氏，并将她据为己有。宁令哥是个不爱江山爱美人的角色，他咽不下心中的这口恶气。在心怀叵测的大臣没藏讹庞的鼓动下，一个月黑风高的夜晚，宁令哥提刀潜入李元昊的宫殿，将李元昊砍成重伤，然后逃到了没藏讹庞的家中。没藏讹庞乐得合不拢嘴，迅速逮捕了宁令哥，将他押到朝堂上处以极刑。

此时，李元昊已伤重不治而亡，没藏讹庞拥立自己的外甥、年仅一岁的李谅祚即位，自己大权独揽，成了夏国实际上的统治者。

没藏讹庞兄妹派使者分别出使宋辽两国，陈述了新君即位的事情。宋仁宗赵祯不愧是和平人士，他拒绝了大臣们提出的趁机讨伐夏国的建议，派刑部员外郎任颛为使者，册封李谅祚为夏国王，承认了李谅祚即位的既定事实。辽兴宗耶律宗真可就没那么好说话了。五年了，他无时无刻不等待着报复夏国的机会，这次李元昊被杀，幼主临朝，国势不稳，正是天赐的报仇良机，他岂能错过。耶律宗真一脚将夏国使者踹翻在地，召集文武百官，商量讨伐夏国的策略。

一切准备就绪，辽重熙十八年（夏延嗣宁国元年，宋皇祐元年，1049年）七月，耶律宗真再次亲征西夏。辽军兵分三路：南路军由韩王萧惠、赵王萧孝友率领，渡过黄河，目标指向夏国东南部重镇——唐隆镇（今内蒙古准格尔旗东南）；北路军由阻卜、乌古敌烈等部将士组成，以耶律敌鲁古担任北道行军都统，目标指向凉州，试图攻略夏国的右厢地带；中路军由耶律宗真担任主帅，由皇太弟耶律重元、北院大王耶律仁先为先锋，在南北两路大军之后，随时准备接应南北两路。

得知辽军大举来犯的消息，没藏讹庞亲率夏军主力迎战萧惠的南路军。针对耶律敌鲁古的北路军，他只能派出三千骑兵扼守贺兰山，阻止对手的西进。

韩王萧惠一马当先，率军渡过黄河，直扑唐隆镇。五年前战败之耻，让萧惠没齿难忘。辽军知耻而后勇，以雷霆万钧之势攻破唐隆镇，夏军难以抵挡，四散而逃。

攻下唐隆镇后，萧惠率军向西进发，一路上当者披靡。夏军显得不堪一击，萧惠的内心开始松懈下来。五年前自己两次暴打李元昊，若不是那场莫名其妙的大风，李元昊早已做了自己的刀下之鬼了。这次没有了老天爷的帮忙，这些党项杂兵果然不堪一击。

此时辽军已深入贺兰山东麓，萧惠命契丹骑兵脱下铠甲，不骑战马，沿着黄河缓步而行。契丹将士一边欣赏着无边的贺兰秋色，一边炫耀自己的赫赫军威。早已埋伏在贺兰山上的夏军，在没藏讹庞的率领下俯冲而下，虎入羊群一般杀入辽军阵中。辽军连铠甲都没穿，哪里有什么战斗力。契丹兵一片鬼哭狼嚎，四散奔逃。萧惠对于逃跑早已轻车熟路，他骑上一匹劣马，一瞬间就逃得无影无踪。契丹军群龙无首，成了待宰的羔羊，没藏讹庞率夏军一顿砍杀，直杀得贺兰山下血流成河。

夏军在南路大获全胜，在北路可就没那么幸运了。一开始，夏军据险而守，倒是取得了不错的战果，辽国大将耶律斡里、萧慈氏奴等人战死。危急关头，耶律敌鲁古大喝一声，亲自率军出击，夏军寡不敌众，一败涂地。耶律敌鲁古率辽军直取凉州，李元昊宠妃没移氏，那个李元昊抢夺来的儿媳，成了契丹人的战利品。

此时，萧惠战败的消息传来，耶律敌鲁古只得率军东还，与耶律宗真的大部队会合，班师回朝。这次战役，战史上多称之为"凉州之战"，但其实凉州并没有发生什么大的战斗，双方的两次大战分别发生在贺兰山的北麓和南麓，所以，这次战役本质上还是贺兰山之战。

第二年，耶律宗真不甘失败，再次调兵遣将征讨夏国。辽军在萧蒲奴、耶律宜新等人指挥下，进展顺利，迅速攻入夏国腹地，对夏国国都兴庆府形成了包围之势。没藏讹庞率夏军据城死守，辽军久攻无果，转而攻打位于兴庆府北面的摊粮城，将城中储存的粮草辎重一扫而光后，心满意足地班师回朝。

摊粮城是夏国的储粮重地，被辽军攻破后，损失之大，难以估量。没藏讹庞气得捶胸顿足。这年九月，没藏讹庞派军东征辽国，以报上次摊粮城被洗劫的一箭之仇。夏军客场作战，完全就是给辽国送人头来了。辽将海里率六院军一顿冲杀，夏军一败涂地，丢盔弃甲地逃回了夏境。

再次见识到契丹铁骑的厉害后，没藏讹庞吓得心惊胆战，慌忙遣使者赴辽国，再谈议和之事。经过两年的拉锯战，辽军虽然颇有斩获，却也损兵折将。所谓"杀敌一千，自损八百"，如此长期拉锯下去，双方都吃不消。于是，耶律宗真见好就收，答应了夏国的议和要求。

辽重熙二十年（夏天祐垂圣二年，宋皇祐三年，1051 年），辽夏双方达成了议和协议，持续八年之久的辽夏战争至此画上了句号。在这场战争中，夏军在李元昊、没藏讹庞等人指挥下，利用贺兰山易守难攻的地理优势，多次重创辽军，辽国军队损失颇为惨重，而在局部，耶律敌鲁古、海里等辽国优秀将领，也多次重创夏国军队，双方可以说是棋逢对手，势均力敌了。辽国的国力远在西夏之上，辽军个体的战斗力也远远胜过西夏军，却只能与西夏打成平手，甚至稍处下风，原因就是辽兴宗本人用人不明。耶律敌鲁古、海里等有能力的将领得不到重用，萧惠这样的无能之辈却频频被委以重任，辽军作战不利，也就不足为奇了。

第十六章

戡乱西南：宋朝平侬
智高之战

侬智高的前世今生

在今广西壮族自治区与越南交界处，有一个靖西市。这里山清水秀，民风淳朴，是一个人杰地灵的好地方。一千年以前，这里还不叫靖西市，叫作傥犹州。傥犹州在当时属于蛮荒之地，宋朝在这里设置了羁縻州。

宋仁宗天圣年间，傥犹州的知州叫作侬全福。侬全福是个有本事的人，他挖掘金矿，招抚洞民，将傥犹州治理得井井有条。随着实力的逐渐壮大，侬全福内心膨胀了。他索性登基称帝，定国号为"长生国"，自称昭圣皇帝，册封妻子为明德皇后，儿子侬智高则被册封为南衙王。

对于侬全福的僭越行为，远在天边的赵宋朝廷自然是无暇顾及，但是，近在眼前的一位皇帝就难以容忍了。这位皇帝就是越南李朝太宗李佛玛。李佛玛派出使者赴傥犹州，与侬全福交涉称帝事宜，侬全福毫不理睬，加紧修缮傥犹州的城墙，做好了与李佛玛开战的准备。

李佛玛勃然大怒，虽然他只是个小国天子，他的愤怒还不足以伏尸千里，但让侬全福伏尸，却是绰绰有余。李佛玛派军以雷霆万钧之势攻入"长生国"，"昭圣皇帝"侬全福瞬间沦为阶下囚。

侬妻多次派人赴李朝交涉，李佛玛不仅不理睬，还将侬全福押送菜市口，一刀砍下了这位"昭圣皇帝"的脑袋。可怜侬全福皇帝瘾没过几天，就送掉了自己的性命。

万般无奈的侬妻带着年幼的侬智高背井离乡，来到了安德州（治今广西靖西市安德镇)，改嫁给当地一个商人为妻，含辛茹苦地抚养侬智高长大成人。

侬智高自幼饱读诗书，颇有文采，早期醉心于科举考试，期待着进入大宋的官场，谋个一官半职，无奈时运不济，多次参加科考皆名落孙山。侬智高心中开始变得愤愤不平，逐渐走上了反叛的道路。

于是，侬智高与母亲重返傥犹州。凭借父亲打下的根基，他聚拢起一支军队，揭竿而起，定国号为"大历国"。李佛玛哪能容侬智高猖狂，再次调集军队，攻入傥犹州，侬智高跟自己的父亲一样，沦为了交趾人的阶下囚。

为了安抚广源州（治今越南广和县）一带的百姓，李佛玛并没有杀侬智高，而是将其释放，任命其为广源州知州，以期能对广源州进行有效统治。

杀父之仇不共戴天，侬智高岂能屈服于交趾人？被释放后，侬智高马上起兵，攻下由交趾控制的安德州，建立了"南天国"，自称"南天王"，改元景瑞，有模有样地做起了土皇帝。

李佛玛大怒，再次挥军进攻南天国。岂料此时的侬智高早已不是昔日的吴下阿蒙，在吞并安德州后，他的势力早已发展壮大，足可与交趾匹敌了。李佛玛多次派军攻打南天国，皆无功而返，双方开始了拉锯战。

皇祐三年，宋朝的邕州指挥使亓赟（Qí Yūn）偷袭侬智高，却被侬智高俘虏。得知亓赟的身份后，为了对抗交趾，侬智高主动释放亓赟，并向之示好，表示自己愿意归顺宋朝。

亓赟乐得合不拢嘴，马上报告了广西转运使萧固。萧固上书朝廷，力谏接纳侬智高，以利于西南边境的安宁。赵祯这位和平人士这时候却打起了小算盘：侬智高曾经隶属于李佛玛，接纳侬智高，势必会得罪李佛玛，破坏大宋与交趾的睦邻友好，那还了得！他当即拒绝了萧固的谏言，将侬智高拒之门外。

侬智高左等右等，不见回音，干脆自己写了一封书信，详细地陈述了交趾杀害父亲，自己与之成为世仇的起因经过，表明了自己归顺宋廷的诚意，并表示愿意做宋朝的马前卒，共击交趾人。谁知书信送到邕州（治今广西南宁市）时，邕州知州陈珙怕惹麻烦，竟然将之藏入了库房。侬智高满怀诚意写的这份归降书，并没有送到赵祯手中。日后，这封书信也成了陈珙的催命符。

连续两次吃了闭门羹，侬智高不由得怒气冲天。此时，南天国来了两名不速之客，这两个人的到来彻底点燃了侬智高的怒火，让他走上了不归路。

这两个人就是黄玮、黄师宓。他们同侬智高一样，都是落第的举子。屡试不第让他们对宋廷充满了怨气。来到南天国后，他们同侬智高相谈甚欢，趁机唆使侬智高进攻宋朝，以报复宋朝两次让他吃闭门羹的无礼行为。

在二黄的策划下，侬智高将进攻的目标定为邕州。为麻痹邕州知州陈珙，侬智高找来一些旧衣服，与邕州境内的汉人交换粮食，并派人到处散布谣言，说南天国发生饥荒，食不果腹，民不聊生，百姓逃亡过半。陈珙心中对南天国顿时充满了同情，对他们也就不再防备了。

一个月黑风高的夜晚，侬智高悄悄潜入南天国的粮库，将库里的粮食一把火烧得干干净净。第二天，侬智高来到失火的粮库前，望着废墟号啕大哭："这是天亡我大南天国啊！如今储粮已被烧光，我们必须起兵攻打邕州、广州，在岭南称王，不然，只有活活饿死在这南天国中！"南天国的将士顿时被鼓动起来，抄起家伙跟着侬智高杀人放火去了。

侬王起兵

皇佑四年（1052年）四月，侬智高纠集了一支五千人的军队，直扑邕州境内的横山寨（今广西田东县）。宋军毫无防备，被打了个措手不及，横山寨守将张日新、高士安等人做了侬智高的刀下之鬼。侬智高放了一把火，将横山寨烧得干干净净，然后挥军北上，剑指邕州城。

得到侬智高来犯的消息，邕州知州陈珙一边组织防御，一边派人赴宾州（治今广西宾阳县北）向广西都监张立求援。张立火速率军出发，驰援邕州。

五月，张立在侬智高之前到达邕州城下，陈珙喜出望外，急忙打开城门，迎接救星。

救星来了，邕州有救了，自己的性命也就保住了，陈珙乐得合不拢嘴。他在府中摆下酒席，宴请张立以及他手下的将士，以表达自己的感激之情。很快，侬智高也来到邕州城下，并以迅雷不及掩耳之势攻破城池。陈珙和张立正喝着小酒听着曲呢，就做了侬智高的俘虏。

陈珙扑通一声跪倒在地上，向侬智高请罪："大王饶命，下官愿意归顺大王，做大王的马前卒。"

侬智高冷笑一声，将一封信件甩在陈珙的脸上："这个，你作何解释？"

陈珙定睛一看，正是自己藏到仓库的那封，顿时面如死灰。侬智高一声令下，陈珙就倒了下去，陈珙最后一眼看到的，是侬智高冰冷的目光。张立倒是个硬汉子，他对着侬智高大骂不已，至死不屈，也算为赵宋朝廷的官员赢得了一点尊严。

在邕州，侬智高迫不及待地登基称帝，定国号为"大南国"，自称"仁惠皇帝"，以黄师宓为首席谋士，厉兵秣马，准备下一轮的攻伐。

此后，侬军势如破竹，连续攻占横州（治今广西横县）、贵州（治今广西贵港市港北区）、龚州（治今广西平南县）、浔州（治今广西贵平市）、藤州（治今广西藤县）、梧州（治今广西梧州市）、封州（治今广东封开县）、康州（治今广东德庆县）、端州（治今广东肇庆市）。宋朝的官员们贪生怕死，往往听到侬智高来犯的消息就望风而逃，只有封州知州曹觐、康州知州赵师旦颇有气节，率军英勇抵抗后城破而死。侬智高几乎是兵不血刃就连下九州，不由得意气风发。在谋士黄师宓的策划下，侬智高将目标瞄准了岭南地区的头号重镇——广州（治今广东广州市）。

广州知州仲简是个掩耳盗铃的家伙。听到侬智高来犯的消息时，仲简把报信者劈头盖脸地痛骂一顿："匹夫竟敢妖言惑众，来人，给我拿下，押入大牢，先关他几天再说！"仲简环顾左右，以不容置疑的语气命令道："谁再造谣说侬智高来犯，杀无赦！"

　　仲简可以捂住耳朵自欺欺人，却无法绊住侬智高前进的脚步，很快，侬智高就攻入了广州境内。仲简这才慌了神，赶紧打开城门，放逃来的百姓进城，百姓蜂拥而入，广州城门下顿时乱作一团。此时，马蹄声阵阵，烟尘滚滚，侬智高的大军，已经来到了广州城下。

　　仲简也顾不上未进城的百姓了，赶紧下令关闭城门防御。没来得及进城的百姓万般无奈之下，只能向侬智高跪地投降。侬智高一时间春风得意，登上了人生的巅峰。

　　万幸的是，在仲简之前任职广州知州的魏瓘是个有才能的人。他在任时未雨绸缪，率广州军民日夜操劳，修缮了广州城的防御工事。依托坚固的防御工事，宋军众志成城，挡住了侬智高一拨又一拨的攻势，侬智高一时间倒也拿广州没有办法。

　　得到侬智高围攻广州的消息，宋廷大惊，急忙调兵遣将，增援广州。仲简被罢官，正在越州知州任上的魏瓘，被重新任命为广州知州，主持广州城的城防事宜。魏瓘到达广州后，率领广州军民奋勇作战，击退了侬智高一拨又一拨的攻势。广东转运使王罕也发挥了重要作用，他组织民工，火速对广州的城墙进行加固。此时，附近各地的宋朝守军在陈曙、杨畋、高士尧、苏缄等人率领下，自四面八方驰援广州，侬智高逐渐陷入了不利的境地。

　　此时侬智高展示了自己的悍勇，他率军在广州城下与宋军展开殊死搏斗，宋将武日宣、魏承宪等人战死，双方形成均势，打得难分难解。英州（治今广东英德市）知州苏缄灵机一动，派人找到黄师宓的父亲，拉到广州城头斩首示众。黄师宓父亲被杀后，投降侬智高的宋人开始担忧起来，侬智高的军队里一时间人心惶惶。

　　面对不利局面，侬智高也只能撤军了。广州城中的魏瓘等人到此时方才松了一口气。广州围城历时五十七天，侬智高在以少敌多的不利局面下，力战不退，一度让广州城岌岌可危，多名宋将也魂归九泉。侬智高，真是一个可怕的敌人。

从广州撤围后，侬智高掉头西归，以攻打贺州（治今广西贺州市）为诱饵，围点打援。侬军先在白田斩杀救援贺州的广东都监张忠，又在太平场斩杀广东钤辖蒋偕，声势复振。侬智高率军在岭南到处攻城略地，搞得岭南地区鸡犬不宁。宋廷先后派出陈曙、杨畋、余靖、孙沔（miǎn）、石全斌等文武官员率军征讨，却是久而无功，侬智高的势力越发强大起来。

此时，宋仁宗赵祯想起了之前侬智高主动归顺之事，于是派人放出话来，表示了对侬智高归顺的欢迎。得知消息后，侬智高哈哈大笑："当年朕主动归顺，却是热脸贴上了冷屁股，如今倒来主动招安朕了？让朕归顺可以，但是你宋廷，可要付出代价。"

于是侬智高派人给宋廷带话："我们侬王说了，可以归顺大宋，但须得任命侬王为邕桂节度使，让他做名副其实的岭南王。"对于侬智高这个要求，宋仁宗赵祯倒没觉得有啥不妥。侬智高只想当岭南王而已，又不是想来开封城夺龙椅，他想当，就由他吧。

参知政事梁适力谏不可："陛下若答应侬智高的要求，岭南将非我大宋所有，当年潘美披荆斩棘打下的江山，陛下说送就送，如此断送祖宗的基业，陛下有何颜面去见太祖太宗？"

梁适的话说得已经非常重，甚至有点冒犯天子了。幸而赵祯是个宽宏大量之人，并没有追究梁适失礼之罪。"既然如此，诸位爱卿说应该怎么办？杨畋、陈曙等人久战无功，那侬智高依然嚣张如初，如此下去，你们有什么脸面对岭南的父老乡亲？"

"陛下，臣举荐一人，可破侬智高。"宰相庞籍出班奏道。

"是何人？爱卿快说！"赵祯脸上顿现兴奋之色，他深知庞籍之能，绝不会口出虚言。

"枢密副使狄青！此人长期在西军作战，是一员不可多得的虎将。"庞籍不疾不徐地说。

"宣狄青！"

狄青，这位曾在延州城下令李元昊胆寒的将军，已经离开我们的视线很久了。侬智高之乱再次给了他扬名立万的机会，狄青成功抓住了这个机会，登上了人生的巅峰。

狄青出征

皇祐四年九月，宋仁宗赵祯任命狄青为宣徽南院使、宣抚荆湖路、提举广南经制贼盗事，率领精锐禁军，南下平叛。

狄青来跟赵祯辞行的时候，发生了一个小插曲。在宋朝，宦官监军是惯例，所以赵祯依照惯例，打算任命宦官任守忠担任宣抚副使，对狄青进行监督。宰相庞籍力谏不可："自唐代以来，皆以宦官担任监军，此举给武将带去诸多限制，不利指挥。若陛下信任狄青，就应当让他专断军务，以利他指挥作战。"

"陛下，万万不可！"谏官韩绛出班奏道，"狄青配军出身，性格乖张，又是武人，不宜专断军事。"

宋仁宗赵祯顿时左右为难，他觉得韩绛说得对，却又不好驳了宰相的面子。沉默片刻后，他试探地问道："庞爱卿，那么折中一下，派一名文官担任狄将军的副手，以免专断，你以为如何？"

"陛下，我朝惯例是以文制武，狄青是武人出身，若是文官为副，狄青必受制约，无法发挥他的军事才能。臣愿为狄青担保！"庞籍以不容置疑的口吻进谏道。

赵祯虽然无能，却有一个好处，他听得进劝。正所谓"听人劝，吃饱饭"，赵祯能听得进庞籍的劝谏，就为这次征讨侬智高的军事行动开了个好头。宋仁宗当即颁下诏书，指示岭南各路军队全部由狄青统一指挥，共击侬智高。

在出征前，狄青又提出了一个请求，他希望朝廷能划拨三百名陕西前线的蕃落骑随自己南下平叛。蕃落骑，即宋军抗夏前线的一些胡汉混杂的骑兵，这些人身经百战，骁勇无敌。狄青在抗夏前线作战多年，自然深知他们的厉害。

这些蕃落骑中，有一个人值得一提，这个人在民间传说中大名鼎鼎，在历史上却又是籍籍无名，他就是杨文广，代州刺史杨业的孙子，河北名将杨延昭的儿子。

杨文广长期在陕西前线对抗西夏，身经百战，经验丰富，是一名很好的帮手。可惜正史中并没有记载杨文广在平侬智高作战时的表现，我们对他的战功也就难以清楚了解了。

有了广东都监张忠、广东钤辖蒋偕败亡的教训，狄青在半路上就向岭南各路宋军下了军令："在本将军到达之前，大家都扎好篱笆，坚守自己的地盘，一定不要擅自与侬智高作战。违令者，杀无赦！"

狄青的话说得很重，却还是有人把他的话当成了耳旁风，那个人就是广西钤辖陈曙。陈曙压根没把狄青放在眼里，因为他有一个靠山，他相信，有这个靠山在，狄青绝对不敢对自己怎么样。

陈曙率领自己手下的八千将士，向侬智高发起挑战，双方在金城驿（今广西南宁市东北方）相遇。陈曙是个无能的人，他的部队军纪败坏，守备松弛，哪里是侬智高的对手。当侬军攻入陈曙大营时，陈曙正与手下的士兵们在帐中赌博呢。

侬智高突然来攻，陈曙仓促迎战，部将袁用临阵脱逃，宋军顿时一败涂地，陈曙惊慌失措，率领着残兵败将抱头鼠窜。此时，狄青已经到达桂州（治今广西桂林市），得知陈曙战败的消息，勃然大怒。

皇祐五年（1053年）正月初六，狄青抵达宋军在岭南的大本营宾州。在这里，狄青大会诸将，重申了禁止出战的命令，并对金城驿的败仗进行追责。狄青首先将在战场上临阵脱逃的袁用等三十二人斩首示众。然后，狄青的目光在余靖、孙沔、杨畋等文臣武将脸上一一扫过，最后落在了广西铃辖陈曙的身上。狄青怒目圆睁，说道："陈将军，本帅三令五申，严禁擅自出战，如今败军之事，你作何解释？"

未等陈曙辩解，狄青手一挥，喝令左右："给我拿下，拖出去，斩首示众！"陈曙惊呆了，用求救的目光看着余靖。余靖是文官，按宋朝以文制武的政策，狄青是不敢得罪他的。陈曙和余靖关系匪浅，他仗着有余靖的庇护，才敢违抗狄青的命令，擅自出战。

余靖是有名的硬骨头，他当即昂然出列，凝视狄青道："陈曙出战，乃本人允许，狄将军要是治他的罪，就连我也一并治了吧。"

狄青微微一笑："余大人是文官，鄙人无权治罪，但是陈曙，决不可赦免！"狄青斩钉截铁地拒绝了余靖，陈曙顿时如烂泥一样瘫倒在地。

伴随着陈曙一声惨叫，狄青威严的目光再一次在余靖、孙沔等人脸上扫过，余靖等人大骇，纷纷下拜，表示听从狄青调遣。狄青的目光落在了提点刑狱祖择之的脸上："祖大人，近日陈曙败军之事，你该当何罪？"祖择之勃然变色，腾地一下站起来，盯着狄青道："狄将军不得无礼，本人自京城出发时，陛下另有密旨给我。"说完，头也不回地走出了军营。刚走出军营，祖择之就屎尿齐流。原来，他早已被狄青吓得肝胆俱裂，为了活命，才谎称有赵祯密旨，蒙混过关。

"传令下去，大家各就各位，谁也不许出战，再征调十日军粮。"狄青再次下达了命令。众人慑于其威严，皆低头应诺，莫敢仰视。此时，交趾的使者到了，传来了李朝太宗李佛玛的示好信号，李佛玛表示交趾愿意出兵与宋军联合，共击侬智高。余靖大喜，当即就要答应。狄青却拒绝了交趾的援助，他对余靖说道："侬智高之事乃我大宋家事，借助外人除内寇，并非好事。况且，交趾人本性贪鄙，若让他们进我大宋土地，必定生乱。"狄青的话有理有据，令人信服，说得余靖连连点头。

大战归仁铺

得到狄青率宋朝禁军抵达宾州的消息后，侬智高亲自率军从邕州北上，在宾州西南的昆仑关布防。昆仑关雄伟险峻，易守难攻，端的是个"一夫当关，万夫莫开"的地方。侬智高相信，除非狄青插上一双翅膀，否则，只能在这昆仑关前望关兴叹。

侬智高安然等待着宋军的到来。岂料他在昆仑关上左等右等，却连狄青的影子也没见到。在派探子刺探清楚情况后，侬智高不由得哑然失笑。狄青原来是个绣花枕头，不但禁止宋军出战，还增加了十天的粮草，看来是想躲在宾州城中当缩头乌龟了。

侬智高逐渐松懈下来。侬军下了昆仑关，在关南安营扎寨，开始吃喝玩乐起来，放松了对宋军的戒备。侬智高在昆仑关南吃香喝辣，狄青却已经在昆仑关北磨刀霍霍了。

夜，死一般寂静。一支沉默的军队，静悄悄地行走在宾州到昆仑关的道路上。为首一人以面具遮面，一双眸子在漆黑的夜色中分外明亮，正是大宋宣徽南院使狄青。借着侬智高的松懈，狄青率宋军向昆仑关进发，准备连夜过关。到达昆仑关下，狄青传令大军就地休整过夜，众人茫然不解：既是要袭击对方，当然应该趁着夜色，打对方一个措手不及，哪有来到阵前就地过夜的道理？但狄青军令甚严，众人也不敢违拗。

第二日，天刚蒙蒙亮，众将已列阵于昆仑关前等待狄青的安排。谁知左等右等，狄青就是不来。"莫非狄将军睡过头了？"军中一时间怨言四起，"我们在这喝西北风，你狄青却在营帐里蒙头大睡，有你这样当将军的吗？"

就在这时，一名宋军传令官从昆仑关策马疾驰而来，气喘吁吁地带来了狄青的命令："狄将军有令，众军即刻过昆仑关，将军在关南等候大家。"

原来，狄青已经与先锋官张玉，率领先头部队连夜翻过昆仑关，为大部队开路了。宋军将士为之动容，狄青作为主帅，竟然亲身犯险，为大部队探路，跟着这种将军打仗，谁能不拼命效力呢？宋军将士翻过昆仑关，在关南的归仁铺（在金城驿西南）与狄青会合。一场大战一触即发。

归仁铺，刀枪林立，盔甲蔽日。宋军分成三阵：狄青一马当先，自统前阵；孙沔、余靖分别统领次阵和后阵。狄青派人擂鼓呐喊，向侬智高发起挑战。

得知宋军连夜翻过了昆仑关，侬智高大惊。想不到自己一时疏忽，就让狄青钻了空子，看来这个狄青有点策略啊，得小心应对了。侬智高亲自率军迎战，侬军全部身着红色战袍，手持长枪大盾，如一阵红色旋风般直扑宋军。

宋军对上侬军的长枪大盾，显得极为不适应，狄青率领的前军抵挡不住，被压制得连连后退，大将孙节战死。孙沔、余靖等人面面相觑：连一向有名将之称的狄青都斗不过侬智高，看来今天是凶多吉少了。宋军将士的情绪开始低落。

狄青四平八稳地骑在一匹高头大马上，神态平静，显得胸有成竹。对于侬军这种战法，他早有耳闻，至于对付他们的方法，他在出征前就想好了。出征前，狄青特地向赵祯申请了三百蕃落骑，正是为了今日。

狄青手持两面白旗为令，双手一分，三百蕃落骑分成两队，犹如猛虎出笼般分别攻向侬军的两翼。一番冲击之后，侬军的阵形略有散乱。狄青双手一错，左手旗挥向右面，右手旗则挥向左面，蕃落骑心领神会，马上交换位置，左队攻向右面，右队攻向左面。交战片刻后，狄青左右手再次换位，蕃落骑也马上交换攻击目标，如此反复多次，侬军被搞得晕头转向，阵脚大乱。

狄青收起白旗，扬刀大喊："全军出击，活捉侬智高！"一马当先杀入侬军阵中。宋军将士受到主帅鼓舞，顿时精神大振。侬军阵形早已大乱，哪里还抵挡得住，顿时一败涂地。侬智高看到大势已去，也顾不上"皇帝"的威严了，掉转马头，惶惶如丧家之犬一般向南逃去。

狄青率宋军追在侬军屁股后面一顿砍杀，直杀得归仁铺血流成河。归仁铺一战，宋军大获全胜，共斩杀侬军二千多人，活捉五百多人，侬智高的弟弟侬智中、族人侬建中、首席谋士黄师宓等人全都魂归黄泉。

侬智高抱头鼠窜，一路逃到邕州，刚刚想喘口气，就有部下来报："陛下，不好了，狄青率宋军马上就杀到了！"侬智高吓得肝胆俱裂，将自己的"皇宫"付之一炬，趁着城中军民救火的间隙偷偷溜出城，一溜烟似的逃往大理国去了。

狄青率领宋军井然有序地进入邕州城，城中百姓夹道欢迎。这些大宋的百姓呻吟在侬智高的铁蹄下已经数月了，狄青将他们解救出来，无疑是他们的救星。狄青在城中抚慰百姓，整顿军队，正忙得不亦乐乎，部下兴高采烈地来报："报告狄将军，侬智高已死，尸体已经找到了！"

尸体很快呈上，只见这具尸体身穿金龙宝衣，一派帝王的装束，但面部却已焚毁，看不清本来长相。余靖等人大喜道："既然如此，应当赶紧上奏朝廷请功，我们也可以班师回朝了。"

"不可以！"狄青表情严肃地拒绝了他们的建议，"这具尸体早已面目全非，如何能证明是侬智高？谁又知道这不是侬智高的诈术呢？"于是，狄青在给朝廷的奏报中只字未提侬智高已死的消息。

接到狄青的奏报，赵祯喜不自胜。紧紧握住宰相庞籍的手，激动地说："狄青能击败贼人，正是庞爱卿的功劳啊！"又对梁适说："若不是爱卿的劝谏，岭南就不是我大宋的国土了。"庞籍、梁适二人的形象在赵祯心里变得越发高大了。

自赵祯即位以来，先是在对西夏的战争中一败涂地，被迫向李元昊缴纳岁币，又被辽兴宗耶律宗真胁迫，答应了对方增加岁币的要求，现在终于在侬智高身上找回了点颜面，也怪不得赵祯如此欢喜了。

能将侬智高击退，赵祯已经心满意足了。于是他颁下诏书，令狄青率禁军班师回朝，由余靖留在广西，统领全局，主持战后的善后工作。狄青回朝后，赵祯对他赞赏有加，当即就准备提拔他为枢密使。枢密使是有着"西府"之称的枢密院的头号长官，是大宋军界最大的官，在百官中的顺位仅次于宰相，位在参知政事之上，可以说是位高权重。

但当赵祯询问大臣的意见时，却遭到了宰相庞籍的反对："太祖时期，慕容延钊平定荆湘，曹彬平定江南，太祖皇帝也只不过是厚赐他们财物而已。陛下应当效仿太祖，厚赐狄青金钱，而不予升迁。否则，现在狄青做了枢密使，日后他要是再立战功，将如何升迁？况且，枢密使高若讷并无过失，直接罢免他，也不合适。"

庞籍此言，也算是公私分明了。当初他举荐狄青担当重任，如今却又阻断狄青的升迁之路，看得出是出于公心。但狄青立此盖世奇功，如果得不到升迁，岂不是寒了狄青的心？参知政事梁适当即表示反对："当初文彦博平定王则叛党，回朝马上就升为宰相，为何对待狄青时，就如此苛刻了呢？"庞籍和梁适唇枪舌剑，在朝堂上展开了争论。宋仁宗不好驳了宰相的面子，只能采纳庞籍的意见，狄青被任命为河中尹、护国军节度使、枢密副使。狄青在出征前就是枢密副使了，可以说没得到任何升迁。

过了几日，赵祯越想越不对，狄青立了大功，为朕赢得了这么大的面子，如果得不到升迁，岂不是寒了天下人的心！于是赵祯在垂拱殿设下酒席，宴请狄青。席间，赵祯命蕃落骑排出阵势，演示击破侬智高的情形。赵祯看得如痴如醉，赞赏之情溢于言表。第二天朝堂上，赵祯亲自宣布，任命狄青为枢密使，孙沔为枢密副使，其余参与平乱的人员也各有升迁。

狄青终于坐到了宋朝武人的最高位置——枢密使。终北宋一朝，武将成为枢密使的，除了狄青，只有开国时的曹彬而已。从一个被刺配的罪犯，到大宋军界一把手，狄青用自己出色的军事能力书写了赵宋官场的一段传奇。

意外之喜

击退侬智高，赵祯已心满意足了。但想不到的是，两年后，被他留下经制广西的余靖，又给他带来了一个巨大的惊喜。

宋至和二年（1055年），广西方面呈上一枚首级，并附带余靖的奏报："侬智高已确认死亡，今割下他的首级，呈给陛下。"赵祯大喜，马上将余靖召回朝廷，加集贤院学士，潭州（治今湖南长沙市）知州。

原来，余靖被留下经制广西后，雄心勃勃，开始实施对侬智高斩草除根的计划。他派出都监萧注，率领一队军士到处打探侬智高的消息，最终成功查清了侬智高的踪迹：侬智高藏身于大理国，他的母亲、儿子、兄弟等则隐姓埋名，藏匿在特磨道。

余靖马上派萧注率一队将士直扑特磨道，将侬智高的家人来了个一锅端。但抓捕侬智高本人，就比较棘手了。侬智高藏身于大理国，大理国虽然表面上向宋朝进贡，却是个独立的国家，宋朝的军队无论如何也不可能开进大理国去抓人。怎么办呢？

余靖确实是个能干的人，他想出了一个超越时代的方法，成功解决了这个问题。大理国不让大宋军队入境，那我们就偷偷入境。余靖挑选了几个身手矫捷的士兵，偷偷潜入大理国，刺杀侬智高。

刺杀小队潜入大理国后，却得到侬智高已死的消息。将士们割下侬智高的脑袋，悄悄出城返回宋境，深藏功与名。赵祯心中的喜悦难以言表，自己只想击走侬智高就行了，想不到余靖竟然能将他斩草除根。

侬智高之乱至此画上了句号。由于宋朝的岭南地区久疏战事，侬智高在起兵之初势如破竹，连续攻克岭南多座城池。宋将杨畋、陈曙等人对他毫无办法。但是，狄青登场后，一切就变了，狄青成功利用了侬智高的麻痹大意，兵行险招，夜渡昆仑关，在归仁铺击溃了侬智高的主力，一战定乾坤。狄青毫无疑问是北宋最杰出的名将之一。

侬智高作为一名岭南土著，连小小的交趾都打不过，竟然敢招惹比交趾强大百倍的大宋朝，在攻下小小的邕州城后，竟然登基称帝，这可真是天要让其灭亡，必先使其疯狂啊！

第十七章

虽远必诛：北宋和交

趾的战争

交趾的前世今生

交趾，指的是今天的越南北部地区。秦始皇派遣大将任嚣、赵佗征讨岭南，后来任嚣病死，赵佗趁秦末大乱之际自立为王，攻灭了位于今天越南北部的文郎国（由古蜀国王子蜀泮所建，实际上也可以看作是汉人政权），建立了南越政权。汉武帝在位时期，派兵攻灭南越国，将之纳入中央版图，并在其地设立了交趾刺史部进行管辖，这就是交趾这个称呼的由来。

唐末，天下大乱，交趾土著曲承裕趁机割据一方，自称静海军节度使，形成了实际上的独立势力，曲氏自此世袭统治交趾。南汉崛起后，南汉国主刘䶮（yǎn）派大将李守鄘、梁克贞攻入交趾地区，生擒了时任静海军节度使曲承美（曲承裕之孙）。

后来，静海军大将杨廷艺迅速崛起，赶走南汉军队，成了交趾地区的主人。随后，杨廷艺被部将矫公羡所杀。杨廷艺的女婿吴权与矫公羡争夺静海军统治权，矫公羡抵挡不住，向南汉国主刘䶮求救。看到有便宜可占，刘䶮自然是不会放过，他派自己的儿子刘洪操率水军沿着白藤江南下，讨伐吴权。南汉军打着援助矫公羡的旗号，实际上准备吞并交趾地区。

此时，吴权已经攻灭了矫公羡，解除了后顾之忧，他亲自率军北上，在白藤江入海口布阵，等待着南汉军队的到来。吴权将木桩削尖，插在江中，不久潮水上涨，木桩全部隐没于水中。当南汉水军沿江到达后，他们的战船就陷入了吴权的木桩阵中，吴权率部下驾驶小船，在汉军阵中穿梭，打得汉军晕头转向、一败涂地，汉军主帅刘洪操也被杀死。汉主刘䶮肝胆俱裂，从此再也不敢招惹交趾人。吴权自称吴王，在交趾地区建立了政权，这就是历史上的越南吴朝。

吴权死后，华闾（今越南宁平市华闾区）土著丁部领崛起，扫平了交趾境内各大割据势力，统一了交趾。丁部领正式称帝，建立了丁朝。丁朝太平十年（宋太平兴国四年），丁部领被宦官杜释弑杀，大将阮匐、黎桓、丁佃起兵平叛，杀死了杜释。由于太子丁琏与丁部领一起被杀，黎桓等人遂拥立丁部领的幼子丁璿（xuán）即位，其母杨云娥以太后的名义摄政。

杨云娥年轻守寡，黎桓趁机成了杨太后的入幕之宾。黎桓利用与杨太后的关系，排挤同僚，逐渐掌握了交趾的实权，这就引发了与黎桓同等资历的阮匐和丁佃的不满。阮、丁二人联合起兵，讨伐黎桓，双方在爱州（治今越南清化市）展开激战。在杜释之乱中逃奔占婆国（今越南南部）的大将吴日庆看到有机可乘，遂引导占婆国军队进攻交趾。交趾国内顿时战火连天，一片大乱。

就在此时，宋朝的邕州知州侯仁宝主动上表宋太宗赵光义，交代了交趾大乱的情况，并主动请缨攻打交趾。侯仁宝是五代到宋初宿将侯益的儿子，也是前宰相赵普的妹夫，是一个标准的衙内。这么一个养尊处优的人，居然主动请缨攻打交趾，难道说，侯仁宝其实是深藏不露？当然不是，实际上，侯仁宝心里有着自己的小算盘。

当时，赵普与政敌卢多逊明争暗斗，侯仁宝也遭了池鱼之殃。在卢多逊的排挤下，侯仁宝被派到蛮荒之地做知州，形同充军发配。侯仁宝一开始还满怀期待，期待着自己的大舅子想办法把自己调回京城。谁知他左等右等，一直等了九年，都没等到调回京城的消息。由于赵普在赵匡胤时期与时任晋王的赵光义不和，赵光义上台后想跟他秋后算账，卢多逊排挤赵普的背后，实际上有赵光义或明或暗的指使。如此一来，赵普自然不是卢多逊的对手了，在卢多逊面前屡屡吃瘪，侯仁宝自然也就没有了调回京城的机会。于是侯仁宝天天绞尽脑汁地琢磨着调回京城的办法。见交趾内乱，侯仁宝觉得机会来了。他修书一封，上奏赵光义，表示交趾内乱，有机可乘，朝廷应该迅速派兵征讨交趾，将之纳入版图，如若朝廷有所差遣，他愿意担任主帅，亲自带兵讨伐交趾国。信的最后，侯仁宝还提出，自己已经掌握了交趾的一切情况，但需要进京当面向陛下汇报。

只要回了京城，我就以生病为由暂时留下，到时候赵普一活动，我就可以不用回这蛮荒之地了。至于说担任主帅，我都生病了，自然也就当不成了。侯仁宝美滋滋地打着如意算盘，不料这一封奏章竟成了他的催命符。

接到侯仁宝的奏章后，赵光义蠢蠢欲动，若是能将交趾纳入版图，那自己的功绩无疑将大大超越前朝。于是赵光义召集众臣，商讨进取交趾的办法。

"当前之计，须得先让侯仁宝回来，了解交趾的情况后，再定进取之策。"赵普出班奏道。

"陛下，此举万万不可！如果召侯仁宝进京，势必会泄露我朝进攻交趾的意向，到时候交趾人有了防范，就不好办了。侯仁宝主动请缨，忠心可嘉，我们应当成全他。我建议，由侯仁宝担任主帅，征讨交趾。"卢多逊一脸坏笑地出班奏道。

好你个卢多逊，你这是要赶尽杀绝啊，侯仁宝毫无军事经验，深入交趾，那不是羊入虎口吗？赵普恨得牙痒痒，却也无可奈何，卢多逊背后的那个人就是天子赵光义，自己哪里斗得过。

赵光义毫不犹豫地支持了卢多逊的意见，他颁下诏令，以侯仁宝、孙全兴等人为陆军主帅，南唐降将刘澄为水军主帅，兵分两路南征交趾国。

得知自己真的成了南征军队的主帅，侯仁宝瘫倒在地。他哪里懂得什么打仗，但君命难违，也只有硬着头皮上了。

此时，交趾的情况已经发生了变化。早在宋军还未出发时，黎桓就已经平定了阮匐、丁佃的叛军；而占婆国的军队则在海上遭遇风暴，被淹死者无数，大将吴日庆也被淹死了，占婆国军队又没有了向导，只得班师回朝。黎桓解决了内忧外患，威望日隆。

得到宋朝准备南侵的消息后，太后杨云娥只得再次将兵权交给黎桓，让他统兵拒敌。黎桓早已有篡位之心，于是在行军途中指示自己的心腹范巨俩（范巨备）拥戴自己为帝。黎桓称帝后，将小皇帝丁璇废为卫王，然后派遣使者入宋，向赵光义求和，表示自己愿意对宋称臣，恳求赵光义册封自己为交趾王。

赵光义倒是没有同意，他派遣使者前往交趾，重新册封丁璇为交趾王，并向黎桓做出指示："如果你对陛下的册封不满，那就将丁璇送到大宋，到时候，陛下自然会册封你为交趾王。"

只要黎桓把丁璇交出来，朝廷到时候拥立丁璇，黎桓就师出无名了。那时候他除了乖乖束手就擒，将别无选择。赵光义打起了如意算盘。

黎桓感觉自己受了赵光义的耍弄，勃然大怒，当着宋廷使者的面表达了自己的不满。赵光义得知黎桓的态度后，同样怒不可遏："传令下去，侯仁宝、刘澄、孙全兴即刻进兵，攻入交趾国，活捉黎桓，为丁璇讨回公道！"

侯仁宝之死

太平兴国五年冬，宋军在侯仁宝、刘澄、孙全兴等人率领下，兵分两路，进入交趾境内。

得知宋军进犯的消息，黎桓毫不惊慌，亲自率军迎战。他既然敢在宋朝使者面前甩脸子，自然就有对付宋军的法子。黎桓效仿吴权，在白藤江中打下木桩，打算来个依葫芦画瓢，击溃刘澄的水军。

刘澄此人在历史上默默无闻，甚至在庞大杂乱、为无数路人甲立传的《宋史》中都找不到他的列传。这次担任水军主帅，可能是他军事生涯中唯一一次独当一面。

其时已是隆冬，白藤江畔却依然绿草茵茵。刘澄站立在船头，望着波光粼粼的白藤江，陷入沉思。侯仁宝是个毫无军事才能的纨绔子弟，孙全兴胆小怕事，这次我军千里远征，深入敌境，却派了这么两个主帅，怕是凶多吉少了。我当奋力进击，先打个胜仗，再静观其变。若是侯仁宝进展顺利，那我就继续进军；如果侯仁宝部遭遇不测，我当迅速撤退。到时候，有打了胜仗的底子，想来天子也不会降罪于我。

宋军顺流南下，很快就发现了交趾人的船队。交趾人的水军都驾着一些小船，看起来颇为寒酸，但刘澄却丝毫不敢轻视对方。交趾人阴险狡诈，刘洪操败亡殷鉴不远，自己稍有不慎，就会步其后尘。

太平兴国六年三月二十五日，白藤江上，旌旗蔽日，杀声震天。黎桓坐镇中军，指挥着交趾军且战且退，渐渐将宋军引入了打着木桩的江段。刘澄早就看穿了黎桓的意图，站在船头哈哈大笑："黎桓，你省省吧。这套鬼把戏，对付刘洪操有用，对付我大宋水师，你是自寻死路！"刘澄令旗一挥，宋军将士分工有序，有的负责清理木桩，有的负责战斗，与交趾军战作一团。

即使宋军投入了一部分兵力清理木桩，但战斗力仍不是羸弱的交趾军所能比拟的。打了一阵，交趾军队就抵挡不住了，黎桓命令交趾军弃船登岸，一溜烟似的跑得无影无踪。刘澄心满意足：有了这场胜仗打底，自己已立于不败之地了。他命令军队靠岸就地扎营休整，等待侯仁宝部的消息。

再说侯仁宝部。进入交趾领土后，侯仁宝部起初进展顺利，很快攻占了谅山（今越南北部谅山）。旗开得胜，侯仁宝大喜过望，当即做出指示，由自己率前锋部队先行，攻对方一个措手不及，由孙全兴率主力随后接应，在多罗村与刘澄的水军会合，共攻华闾（丁朝的都城），活捉黎桓。

见识到宋军的厉害后，黎桓开始害怕：自己逞一时口舌之快，得罪了如此强敌，对方的偏师已经打得自己丢盔弃甲，现在侯仁宝率主力到来，自己必败无疑，怎么办呢？此时，探马来报："禀陛下，侯仁宝率领宋军前锋已抵达多罗村。"

黎桓眼睛一亮，计上心来：侯仁宝作为宋军主帅，竟然亲自担当前锋，孤军冒进，一看就是个愣头青，我使用诈降之计，必能一举破之。黎桓派出使者，面见侯仁宝："侯将军，我们国主知错了，他愿意归降将军，并将丁璿交给上国。"

侯仁宝一颗心怦怦直跳，激动得浑身发抖。想不到我初上战场，竟然立下如此盖世奇功。古有伏波将军马援千里平二征，今有大宋神将侯仁宝深入不毛降交趾。我必将与韩白卫霍一样，名垂青史！

"既是如此，黎王打算如何投降？"侯仁宝强忍住心中的激动，用略带颤抖的声音问道。

"将军请在此地等候，明日黎王自会亲来投降。"交趾使者满脸堆笑地说。

"那你回去跟黎王说，本将军在此恭候黎王大驾。"侯仁宝哈哈大笑道。明日，就是我侯某扬名立万之时！卢多逊啊卢多逊，你千算计万算计，却没算到老天爷如此眷顾我吧！

侯仁宝派人通知孙全兴，令他火速前进，与自己会合。岂料孙全兴竟按兵不动，拒绝前来。孙全兴本就是个胆小怕事之人，这次深入交趾境内，更是没有半点把握，而侯仁宝又是个绣花枕头，孙全兴实在不敢把自己的身家性命压在侯仁宝身上。所以，他在花步逗留了七十日，打算等刘澄的水军抵达后，再图后举。

侯仁宝左等右等，却等来了孙全兴逗留不前的消息，心中不由得暗乐："孙全兴啊孙全兴，我喊你前来，是要你来见识本将军立下盖世奇功的，你以为是叫你来打仗的啊。既如此，这件盖世奇功你可是一点也分享不到了。"侯仁宝几乎笑出了声，"唉，是该好好睡个安稳觉了，连日行军几个月，我可真有点吃不消了。"

侯仁宝躺在营帐中，沉沉睡去。他这一睡，就再也没有醒来。当晚，黎桓率交趾将士手提明晃晃的大刀，蹑手蹑脚地摸进了宋军的大营。侯仁宝和宋军将士还在做着名垂青史的美梦呢，就做了交趾人的刀下之鬼。

刘澄在白藤江逗留数日，开始优哉游哉地向前进发，行至花步地区，与孙全兴部会师。

"刘将军，孙某已在此恭候多时。"孙全兴拱手向刘澄示意。

"孙将军辛苦了，侯大人何在？"刘澄没有看到侯仁宝，心中有了一种不祥的预感。

"侯大人率领前锋先行进军，去了多罗村，令孙某在此等候刘将军，一起进军。"孙全兴说起谎来眼都不带眨一下的。

"既是如此，咱们就一起前进吧。众军听令，加速前进，目标多罗村！"刘澄嘹亮的声音响彻军营。

孙全兴和刘澄到达多罗村后，看到了一片狼藉的宋军营地。数千具宋军将士的尸体横七竖八地躺在地上，有的已经被割去了首级。二人率将士四处寻找，最终在村口的支棱江中发现一具浮尸，打捞上来一看，正是侯仁宝。行军打仗，主帅阵亡，孙全兴和刘澄二人这责任可是不小啊。

"侯仁宝丢下大部队，妄图临阵脱逃，却淹死在支棱江中，这可真是苍天有眼哪！"孙全兴突然一脸愤怒地大骂侯仁宝。

刘澄顿时心领神会，接口道："既是主帅临阵脱逃，我们已不宜继续行军了，幸而本将军在白藤江上重创黎桓的主力，我军痛击对手的目的已基本达到。众军听令，原路撤军回国！"

宋军开始优哉游哉地往回撤退。到了邕州，刘澄等人命令全军就地休整，随军转运使许仲宣瞅准机会偷偷出了邕州城，纵马向北狂奔京城。到了京城，许仲宣面见赵光义，详细说明了这次南征的情况，并弹劾刘澄、孙全兴、贾湜等人逗留不进，以至于侯仁宝阵亡。

赵光义大惊，想不到攻打一个小小的交趾竟然如此艰难，损兵折将不说，连主帅都被人杀死。他颁下诏令，命有关部门赶赴邕州捉拿刘澄、孙全兴、贾湜等人，接受国法的制裁。刘澄和贾湜知道东窗事发后，大惊失色，很快就吓病了。最后，刘澄、贾湜被就地正法，孙全兴则被打入大牢，不久也被执行死刑。

宋朝与交趾的第一次战争至此画上了句号。在这场战争中，我们可以看到，交趾军队不堪一击。宋朝这次派到交趾的军队都是一些二线军团，侯仁宝、孙全兴率领的是岭南地区的充劳役的厢军，而刘澄所率的水军则来自原南唐政权的降兵。可以说，赵光义完全没把黎桓放在眼里，觉得靠这些二线军队就可以将内忧外患的交趾国连根拔起。纵是这样，黎桓率领的交趾军队，在与宋军交战时，依然毫无抵抗能力。刘澄在白藤江轻而易举地击溃黎桓亲率的交趾军主力，就连侯仁宝都能在初入交趾境内时势不可挡。但就是在占有这样巨大优势的情况下，宋军依然战败，责任在谁呢？

轻敌冒进的侯仁宝和逗留不前的刘澄、孙全兴等人固然要负主要责任，总揽大权的赵光义，也是难逃其责的。面对将交趾纳入版图的绝佳机会，他竟然派出侯仁宝、孙全兴这样的无能之辈将兵，将大好机会白白葬送，真是令人无奈。

击退宋军后，黎桓也没有机会歇着。长期的战争使得交趾国内千疮百孔，人们吃不上饭，就纷纷揭竿而起，交趾国内的农民起义此起彼伏，让黎桓疲于奔命。黎桓在镇压了这些起义后，为了加强统治，分封自己的十二个儿子为王，镇守全国各地。黎桓觉得这样就可以高枕无忧了，却想不到儿子们日后发生内讧，酿成手足相残的悲剧，前黎朝也在黎氏兄弟的内讧中走上了不归路。

烽烟再起

黎桓击退来犯的宋军，扑灭各地的农民起义后，派自己的儿子们分别镇守各地，并册立长子黎龙鍮（tōu）为太子。不料黎龙鍮身子骨太弱，没多久就一命呜呼了。此时，被分封在藤州的开明王黎龙铤看到了机会，毛遂自荐，请求父亲册立自己为太子。

黎龙铤精明干练，儒雅谦逊，在治理藤州期间有着良好的名声。对这个儿子，黎桓很满意，但立他为太子的提议却遭到了大臣的反对。他们以废长立幼乃取祸之道为由，劝黎桓立年龄最长的黎龙钺为太子，黎桓是个从善如流的人，就采纳了他们的意见。

黎桓此举正是取祸之道。黎桓去世后，黎龙钺即位，野心勃勃的黎龙铤联合黎龙锡、黎龙鈝、黎龙镜等兄弟起事，对抗兄长。黎氏兄弟之间展开了一场混战，最终黎龙铤笑到了最后，他杀了兄长黎龙钺，登上了梦寐以求的皇帝宝座。

黎龙铤即位后，一改之前谦逊仁厚的性格。他变得残忍嗜杀，想出了无数折磨人的酷刑，并以此为乐。他还好色成性，酗酒贪杯，这些恶习最终让他患上了痔疮，以至于不能保持坐姿。黎龙铤最终因荒淫无耻而毙命，他年仅十岁的儿子黎龙乍即位，黎龙铤的弟弟黎龙锃等人举兵叛乱，企图争夺皇位，黎氏内战再度开启。殿前指挥使李公蕴趁机废掉小皇帝黎龙乍，登基称帝。前黎朝至此灭亡，李公蕴建立的李朝政权拉开了帷幕。

李朝建立前期，尚能与宋朝保持睦邻友好。侬智高叛乱时，李朝太宗李佛玛还曾主动表示愿意出兵与狄青共击叛军。李朝第四代皇帝、仁宗李乾德在位时，李朝军队在大将李常杰[①]指挥下，频频攻入宋朝南境劫掠，双方关系变得剑拔弩张。

李常杰本来是一名净身入宫的太监，但他"自幼习骑射，弓马娴熟"，有着过硬的军事素质。李朝天贶（kuàng）宝象二年（宋熙宁二年，1069年），李常杰率军攻入占婆国，俘虏占城王制矩（即律陀罗跋摩三世）。制矩在割让地哩、麻令、布政三州之地后，才被释放回国。

降服占婆国后，李乾德将目光对准了宋朝。李朝太宁四年（宋熙宁八年，

---

① 李常杰就是越南史书中的阮常杰。李朝败亡后，陈朝权臣陈守度为了让人们彻底忘却前朝，强令国中的李姓者全部改为阮姓，连史料中的李姓人也全部改成了阮姓。

1075年），交趾军在李常杰的指挥下，不宣而战，连续攻占宋朝边境上的钦州（治今广西灵山县）、廉州（治今广西合浦县），剑指岭南重镇——邕州。

此时岭南已数十年没发生过战争，军备松弛，宋朝驻防邕州的只有三千将士，交趾军则有八万多人，寡众悬殊，战斗结果看起来毫无悬念。李常杰此前连克钦、廉二州，不费吹灰之力，对于邕州城，他自然也没有放在眼里。轻视敌人就会付出代价，负责防守邕州城的知州苏缄将会让李常杰记住这个亘古不破的真理。

面对敌人的来犯，苏缄并没有坐以待毙。他组织了一支几百人的小分队，主动出击，在邕江上突袭交趾军，李常杰毫无防备之下吃了大亏，损失数百人。重创对手后，苏缄见好就收，迅速撤回邕州城。借助神臂弓的威力，宋军击退了交趾军一拨又一拨的攻势，李常杰在邕州城下一时间一筹莫展。但邕州城里的弓箭很快就射光了，李常杰看出破绽，令旗一挥，交趾军架起云梯，疯狂攀爬城墙。苏缄对此早有准备，在他的指挥下，宋军采用火攻之策，将所剩无几的弓箭绑上火种点燃，射向交趾人的云梯。交趾军的云梯被点燃，一些爬到半空的士兵哇哇乱叫着跌到地上。李常杰不愧是李朝名将，几次受挫后，他想出了一个土攻之法。交趾军将泥土装在袋中，堆积在城墙下。沙袋越堆越高，交趾军踏着这种自制的"土梯"攻入了邕州城。

看到大势已去，苏缄不想做交趾人的俘虏，引火自焚而死。邕州城中军民亦显示了铮铮铁骨，全部拒绝投降。李常杰大怒："咱家在这邕州城下损失惨重，战死了一万多人，本来就应该让你们抵命。你们不知好歹，竟然不顺从咱家，那就别怪咱家不客气了！"李常杰令旗一挥，交趾军在邕州城中展开了疯狂的大屠杀，城中五万百姓无一幸免。

杀光邕州城内百姓后，李常杰又对钦州、廉州进行了一番烧杀掳掠。史载，李常杰在三州共屠杀了二十多万宋朝百姓，在三州犯下了不可饶恕的罪行。

随后，李常杰挟持三州境内余下百姓，带着劫掠而来的无数财帛钱粮返回交趾。看到李常杰大获全胜，李乾德自然是乐得合不拢嘴。交趾人口匮乏，有了这三州几十万百姓，国力大大增强了。

李乾德是乐了，宋神宗赵顼（xū）却是悲愤异常。赵顼是个爱民如子的君主，他不能容忍交趾人残杀自己的子民。当时，赵顼重用王安石，变法图强。得到交趾入寇的战报后，赵顼第一时间和宰相王安石商量对策。

富良江之战

面对交趾的进犯，宋神宗和王安石的态度是一样的，那就是坚决反击，但在任命主帅时，君臣二人发生了分歧。宋神宗打算任命赵卨（xiè）为主帅，以李宪为副帅。李宪是个深受宋神宗信任的宦官，宋神宗以他为副帅，实际上也是让他担任监军，监督赵卨。王安石对此坚决反对："李宪作为宦官，在军事上势必影响赵卨的指挥。宦官监军是自唐朝以来的一种陋习，陛下应当像仁宗皇帝信任狄青一样信任赵卨，不要派宦官制约他。"

宋神宗对王安石言听计从，但在这件事上没有听从王安石的建议。然而，李宪和赵卨在接到任命后的表现却让神宗失望了。队伍还没出发，两人就频频发生争执，甚至当着宋神宗的面，也几次吵起来。直到这时候，宋神宗才意识到王安石的先见之明，他下令免去李宪的职务，让赵卨独当一面。没想到，赵卨提出来别的要求。

"陛下如果想击破交趾，靠臣这点本事远远不够。"赵卨诚恳地说，"臣举荐一人，一定能荡平交趾，解救钦、廉、邕三州人民。"

"爱卿要推荐何人？"宋仁宗对赵卨的话有点吃惊。

"雄武军留后郭逵。"

听到赵卨说出这个名字，宋神宗没有任何犹豫，马上答应了。郭逵此人，宋神宗非常熟悉，他就是宋夏三川口之战中殉国的郭遵的弟弟。郭逵长期在西北前线参与对西夏的战争，是一位熟知军旅、深谋远虑的将军。当初宋仁宗采纳韩琦之策试图进攻西夏时，郭逵就表示反对，认为大军战线太长又缺乏粮草，必定会失败。不久，宋军果然在好水川之战遭遇惨败。定川寨之战前，郭逵上书宋仁宗，反对起用葛怀敏，宋仁宗不听，结果宋军再次遭遇失败。宋神宗即位后，西夏攻打绥州城，宋神宗在大臣们的建议下打算放弃绥州，又是郭逵坚决反对，他认为西夏人必定会撤军。宋神宗是个颇有远见的君主，采纳了郭逵的意见，最终西夏人败退。宋神宗对郭逵大为赞赏，称赞他"渊谋秘略，悉中事机"，甚至还说："有郭逵这样的守将，朕对西部边境没有任何忧虑了。"

熙宁九年（1076 年）三月，郭逵被任命为安南道经略招讨使，以赵卨为副使，南下征讨交趾。宋廷派使者出使占婆国，约定共同夹击交趾。

听到宋朝大举反击的消息，李乾德大为惊慌：宋军号称三十万（实际上总兵力应该在五万左右），又与占婆国结盟，交趾前后受敌，恐将陷入不利。李乾德派出使者，与郭逵交涉，表示愿意退出三州，归还所掳的二十多万宋朝百姓。

我大军千里而来，岂能因你一句道歉就退兵？郭逵严词拒绝了交趾使者："告诉李常杰，做好迎战准备。你们夺我国土，屠我子民，本将军会让你们血债血偿！"交趾使者连连称是，垂着头颅，不敢仰视。

此时李常杰正在抵御占婆国的军队，北线守备空虚，郭逵和赵卨轻松收复了钦、廉、邕三州，接着便开始策划攻打交趾本土。

郭逵将进攻目标首先对准了位于宋交边境地带的广源州。广源州兵精粮足，地势险要，是兵家必争之地。广源州守将刘应纪足智多谋，经常为李常杰出谋划策。宋军攻下广源州，擒获刘应纪，就等于折断李常杰的翅膀。

这年十月，郭逵派部将燕达以迅雷不及掩耳之势突袭广源州。广源州守将刘应纪是个聪明人，他在此时做了一个最正确的决定，那就是投降。攻下广源州，解决了后顾之忧，十二月十一日，郭逵挥师南下，直取决里隘。在这里，宋军遭受了严峻的考验。

决里隘守军有特殊的兵种——象兵。交趾军驱赶着训练有素的大象，排成阵，与宋军展开对峙。宋军将士望着这些从未见过的庞然大物，心生恐惧，一时不知如何应对。后来还是郭逵想出来应对办法，他命令宋军将士手持大刀，专砍大象的鼻子。鼻子是大象的弱点所在，大象疼痛难忍，开始到处乱窜。交趾军作茧自缚，反而被大象踩得七零八落。郭逵再挥军一顿掩杀，直杀得敌军血流成河。

击败象兵后，宋军已经势不可挡。郭逵率宋军斩关夺隘，直逼富良江畔。交趾头号名将李常杰也已经从南线火速北上，迎战宋军。一场大战一触即发。

此时的交趾水军已经颇为强大，不是黎桓时期的水军所能比拟的了。李常杰调集四百艘战船，浩浩荡荡地排列在富良江南岸，阻住了宋军的去路，宋军一时之间找不到渡江的方法，双方陷入僵局。此时，大将燕达再次立功，他提出了一个绝佳的计策，郭逵高兴得直拍大腿。

双方对峙了数日，李常杰发现对岸宋军的士兵越来越少，心中暗自高兴。我等待的就是这个机会，宋军深入我境，一定会因水土不服而生病，到时候宋军病的病，跑的跑，我挥军进击，可一举擒获郭逵，失去的钦、廉、邕三州，也可重新夺回。

如此又过了数日，十二月二十一日，李常杰觉得时机差不多了，令旗一挥，交趾军浩浩荡荡渡过富良江，向北岸宋军发起攻击。宋军果然一触即溃，李常杰挥军掩杀，欲将这些宋军一网打尽，斩尽杀绝。突然，伏兵四起，杀声震天，数万宋军将士蜂拥而出，向交趾军发起猛攻。交趾军哪里是宋军的对手，连连败退。退到江边，李常杰慌忙组织渡江。宋军乘着早已准备好的木筏，穷追猛打。交趾军惊慌失措，乱作一团，很多战船的桅杆都折断了。宋军趁机痛打落水狗，富良江上传来交趾士兵一声声惨叫。交趾大将洪真太子、昭文王子等人战死，军士损失惨重。李常杰费了九牛二虎之力才逃到南岸，据岸死守，再也不敢出战了。

　　李常杰的策略其实是对的，只不过他进军进得早了一点。宋军对于岭南的潮湿气候难以适应，很多战士沾染了瘴气，病倒了，而宋军的军粮也快耗尽了。

　　不久，李乾德派遣使者来到宋军大营，向郭逵求和。郭逵心里很明白，宋军此时的战斗力已经大大减弱，如果渡江作战，有全军覆没的危险，侯仁宝、刘洪操等人的悲剧依然历历在目，他不能拿将士的生命去冒险，但如果就此撤军，又会被朝中的御史弹劾，当年刘澄、孙全兴等人因为擅自退兵，甚至丢掉了性命。现在李乾德遣使议和，正是一个机会。郭逵抓住机会，给宋神宗上书，陈述了退兵的想法和军中沾染瘴气、军粮耗尽的情况。"我郭逵愿意以我一人的性命换取众位将士的性命，请陛下同意议和吧！"

　　宋神宗是个开明的君主，自然不会拿几万将士的生命开玩笑。于是他颁布诏令，同意了李乾德的议和请求，并指示郭逵即刻撤军。得到班师的命令后，郭逵让染病将士先行，自己率部殿后保护。宋军井然有序地从交趾境内撤退，安全返回。但回朝后，郭逵却遭到了文官们狂风暴雨般的弹劾，宋神宗万般无奈之下，将郭逵贬为银青光禄大夫、左卫将军这样的闲职。郭逵率宋军深入交趾国境，重创李常杰，没得到升迁不说，还遭遇贬官的惩罚，也真够冤的。不过郭逵的心态保持得不错，此后，他闭门不出，读书自娱，活得倒也逍遥快活。

　　宋朝与交趾之间的第二次战争至此画上了句号。这场战争中，李常杰利用宋朝南境防备的空虚，侵入钦州、廉州、邕州三地，烧杀掳掠，三州的民生遭到了严重的破坏。宋神宗和王安石审时度势，起用有着杰出军事才能的郭逵，在富良江边打了一场漂亮的胜仗，也算为三州军民报仇雪恨了。但由于宋军水土不服，有半数的将士染病而死，宋军在这场战争中的损失实际上远超交趾军。好在主帅郭逵保持了清醒的头脑，没有贸然渡江，而是冒着掉脑袋的风险，率宋军撤回国内，保存了宋军的力量。如果郭逵率领这一支沾染瘟疫的队伍渡江，那宋军将万劫不复。

第十八章

血溅黄沙：元丰五路西征

兵分五路

旭日初升，朝霞漫天，一位威风凛凛的将军骑着一匹高头大马，风尘仆仆地进入了开封城。

这位将军名叫种谔，时任鄜延路副总管，是修建清涧城的名将种世衡的儿子，大儒种放的侄子。种世衡当年驻守清涧城，处于宋夏战争的最前线。他曾使用反间计成功除掉了李元昊最为依赖的两员大将——野利遇乞、野利仁荣，是西夏人心中永远的痛。

出身将门的种谔，年纪轻轻便凭借父亲的恩荫被授为左藏库使（武臣阶官，正七品），开始了军旅生涯。种世衡去世后，种谔得到延州知州陆诜的推荐，接替父亲担任清涧城守将（知清涧城）。治平四年（1067 年）十月，种谔以归降的嵬夷山为诱饵，突袭被西夏占据的绥州，逼降守将嵬名山（嵬夷山的哥哥）。

绥州是定难五州之一，是西夏的龙兴之地。种谔打下绥州，对西夏人的打击是致命的。夏毅宗李谅祚得知消息后大惊，派出四万大军东征，意图收复绥州城。种谔以老弱残兵示敌，自己率部将燕达、刘甫埋伏在两翼。待夏军产生轻敌情绪后，宋军从两翼出击，大破夏军。

凭借如此出色的表现，种谔在西北前线步步高升。到了宋神宗熙宁年间，他已经坐到了鄜延路副总管的位置。宋代奉行以文制武的政策，鄜延路总管通常都是文官担任，种谔做到副总管，已经是武将的顶端了。

元丰四年（夏大安七年，1081 年），种谔得到了一个情报：西夏爆发内乱，国主李秉常被囚禁，梁太后、梁乙埋姐弟执掌国政，遭到其文武百官的抵制，群情汹汹。种谔马上给宋神宗上奏章，说西夏举国大乱，宜迅速出兵攻取。

此时，西北各地建议攻取西夏的奏章，雪片般飞到了宋神宗的手里。熙河路经制李宪上奏称："西夏国内已经乱作一团，统军禹藏花麻与梁乙埋不合，愿意归顺我朝，暗中做我们的内应。"知庆州俞充则说："西夏大势已去，应当迅速兴兵讨伐，这是功在千秋的事！"

宋神宗本就有心攻打西夏，接到这些奏章后，感到确实是个攻取西夏的天赐良机，于是他急召种谔进京，商量对策。接到宋神宗的命令后，种谔兴奋异常，他骑上一匹快马，日夜兼程，直奔开封城。

见了宋神宗，种谔抑制不住心中的兴奋，一边比画一边说道："西夏国已经没人了，就李秉常那个乳臭未干的小儿，我一把抓住他的手臂，就能把他擒来开封城，向陛下献捷。"

宋神宗微微点头，表示自己完全支持种谔的意见。

但枢密使孙固谏道："陛下，挑起战争容易，想要平息，可就困难了。"

宋神宗连连摇头："夏国出了内乱，正是攻取之良机，如果我们不趁机攻取，就被辽国人捷足先登了。"

孙固反复劝谏，然而宋神宗心意已决，丝毫听不进去。孙固叹了一口气，最后问道："那么陛下要派何人为将呢？"

"初步定下种谔和李宪，其他人选我再想想。"宋神宗道。

孙固大惊道："陛下，万万不可！掀起灭国的大战，竟然派宦官做主帅，如此，谁肯尽心作战呢？"

宋神宗心中微觉不快，心说李宪是朕的心腹，长期在军旅中，军事能力如何朕一清二楚。当年的秦翰也是宦官将兵，他在军队中的成绩有几个人能比的？李宪是秦翰的干儿子，能差到哪里去。"朕心意已决，孙爱卿无须多言！"宋神宗一脸怒气地驳回了孙固的意见。

很快，宋神宗就颁布诏令，选定了攻取西夏的主将人选：以熙河路经制李宪、鄜延路副总管种谔、知庆州高遵裕、泾原路副总管刘昌祚、宦官王中正五人为主将，分别从熙河路、鄜延路、环庆路、泾原路、河东路出兵，五路攻打西夏。同时，宋神宗还给吐蕃青唐部首领董毡（唃厮啰之子）下诏，命令他协助宋军作战。

宋神宗的策略是：环庆路的高遵裕、泾原路的刘昌祚从南线进军，在西夏境内会师后，由高遵裕指挥，攻取灵州；河东路的王中正、鄜延路的种谔从东线进军，在西夏境内会师后，由王中正指挥，攻取夏州、怀州（治今宁夏银川市东南），后与高遵裕、刘昌祚部合兵，会攻兴州（即兴庆府）；熙河路的李宪从西南部进军，在吐蕃首领董毡的配合下，攻取凉州。"五路大军协同作战，天衣无缝，夏人势必顾此失彼，我定能一举荡平西夏，洗刷祖宗的耻辱！"想到这些，宋神宗心中热血沸腾。

元丰四年八月，宋军兵分五路，向西夏发起攻击，元丰西征正式拉开序幕。大军出征前，宋神宗已颁下诏书，对西夏人进行攻心战："宋夏两国世代交好，如今梁氏谋逆，你们国主被囚禁，朕不能坐视不管。朕派军队西进，是要剪除逆贼，解救你们国主。你们应当速速将梁氏姐弟捉住，迎接朕的大军，朕只惩罚梁氏，其余人一概无罪。"

种谔等人一直在说西夏国内大乱，那么夏国的内乱，到底是怎么回事呢？

当初，李元昊被杀，没藏讹庞拥立李谅祚即位。李谅祚年幼，没藏讹庞和妹妹没藏太后完全掌握了夏国的权力。后来，没藏太后先后勾搭上管家李守贵和僧人保宝叱多已。保宝叱多已更受宠爱，醋意大发的李守贵就暗杀了保宝叱多已和没藏太后。没藏太后死后，没藏讹庞为了继续控制李谅祚，就让李谅祚娶自己女儿没藏氏为后。李谅祚与没藏讹庞亲上加亲，于是经常出入没藏讹庞家中。十四岁时，李谅祚与没藏讹庞的儿媳梁氏勾搭成奸。为了能做长久夫妻，李谅祚设下伏兵，假意召没藏讹庞议事，待他到了，李谅祚摔杯为号，伏兵一拥而上将他砍成了肉泥。斩草就要除根，随后李谅祚下令将没藏讹庞灭门。可怜一代权奸，竟落得个满门抄斩的下场。

随后，李谅祚废掉皇后没藏氏，将梁氏迎入宫中，立为皇后。李谅祚在位二十年，后病死，他的儿子李秉常即位。李秉常彼时年仅七岁，乳臭未干，他的母亲梁氏以太后的名义摄政，攫取了权力。李秉常长大后，不甘心受制于母亲，母子二人展开了明争暗斗。

夏大安七年，李秉常采纳心腹李清的谋划，打算用割地的方法结好宋朝，请宋朝协助他对付梁太后一党。梁太后闻言大吃一惊，在弟弟梁乙埋、大将罔萌讹等人支持下，摆下鸿门宴，将李清一刀砍成两段，然后兵发兴庆宫，将李秉常囚禁。

得知变故后，夏国群情汹汹。全国各地的番部首领拒绝服从梁氏的命令，拥兵割据一方。梁乙埋多次派遣使者手持银牌出使各部，对各部首领进行招抚，却也无济于事。夏国一时间烽烟四起，全国大乱。

就在西夏全国乱作一团的时候，宋军来了。得到宋军来犯的消息，梁氏决定以攻代守，采取围魏救赵之策：由梁乙埋率领两万大军，进攻宋朝秦凤路境内的临川堡（在今宁夏海原县高崖乡），同时派一支军队进攻青唐吐蕃境内的西罗谷，以牵制董毡和李宪的攻势。

初战告捷

对于夏人的进攻，宋廷早有准备。鄜延路走马承受杨元孙迎战于临川堡，将梁乙埋打得落荒而逃。与此同时，进攻青唐吐蕃的夏军也遭遇了失利。虽然一开始夏军用偷袭的战术攻下了西罗谷，但董毡马上派遣养子阿里骨率军救援，一场大战下来，夏军大败，灰头土脸地退回了国内。西夏两路主动出击的军队都遭遇了失利，而此时，宋军已经杀入夏国境内，开始攻城略地了。

同年八月，熙河、秦凤两路宋军在李宪指挥下，迅速攻入夏境。西夏守将禹藏花麻早就暗中归顺宋朝，他佯装迎战，甫一接触后便假装溃败。宋军直扑西使城（定西城，今甘肃定西市南），守将讹勃哆、厮都罗潘等人抵挡不住，打开城门投降。

梁乙埋进攻临川堡失利后，驻扎在女遮谷（今甘肃兰州市东），得到宋军攻打西使城的消息后，火速前往救援。宋军攻下西使城后，继续北进，行至半路，与梁乙埋所部遭遇。一番冲杀下，夏军抵挡不住，梁乙埋率夏军退到山上，凭借地利继续负隅顽抗。李宪命人擂起战鼓，鼓舞士气。宋军群情激昂，奋力仰攻上山。梁乙埋哪里抵挡得住，只得收集残部，退守龛谷城。

龛谷城城防坚固，粮草储备充足，是夏国南部的军事重镇。梁乙埋满以为自己凭借龛谷城可以抵挡一阵，不料夏军连遭败绩之下，早已无心恋战，宋军还未追来，梁乙埋手下的将士已趁着黑夜逃走大半。梁乙埋吓得惊慌失措，骑上一匹快马，一路北逃而去。

李宪率宋军耀武扬威地进入了龛谷城。看到城中积聚的大量粮草，李宪乐得合不拢嘴。宋军尽取城中粮草后，继续北上，兵不血刃拿下兰州（治今甘肃兰州市）。李宪在兰州筑造城防，建造帅府，又遣军攻克兰州北面的撒逋宗城。李宪上奏宋神宗，请求任命部将李浩为兰州知州，将兰州建设成进攻夏国的桥头堡。

再说东路宋军。东路宋军按原定计划，由种谔率鄜延路兵马驻扎绥州，等待王中正的河东路兵马前来会合，共同进军。可种谔左等右等，始终没见到王中正的人影。此前，梁太后已派遣大将梁永能为主帅，迎战东路宋军，梁永能召集兵马，构筑工事，做好了迎击东路宋军的准备。等了半个月，宋军却一直按兵不动，梁永能哑然失笑："这帮宋军原来都是虚张声势，听到本将军亲自出马后，就当起了缩头乌龟。"梁永能派人将挑战书投放到鄜延路军中，在战书中将种谔和王中正好一顿嘲讽。种谔大怒，是可忍，孰不可忍！"本将军征战三十年，什么大风大浪没见过，王中正不来就算了，本将军独自进军，一样能搞定党项人。"

鄜延军兵强马壮，种谔自然是信心满满。九月，种谔率宋军进入夏境，进攻米脂城（今陕西米脂县）。梁永能得到消息后，率领八万大军驰援，双方在无定河畔展开较量。种谔令旗一挥，宋军步骑结合，左右出击，犹如猛虎下山般冲入夏军阵中。梁永能真是个动口不动手的"君子"，当初用嘴上功夫将种谔骂得狗血淋头，真正交上手后却被打得落花流水。种谔指挥宋军一番冲杀，夏军顿时兵败如山倒，鲜血染红了无定河，倒下的死伤者甚至阻断了河水。梁永能被打得丢盔弃甲，惶惶如丧家之犬一般逃走了。

种谔乘胜进击，率宋军直扑米脂城，米脂城守将令介讹遇出城投降。进入米脂城后，种谔约法三章，严禁宋军劫掠，顺利安抚了城中的百姓。种谔派人给宋神宗呈上捷报，顺便陈述了王中正屡屡失期的情况，请求宋神宗让自己独当一面，不再受王中正的节制。宋神宗乐得合不拢嘴，大笔一挥就同意了种谔的要求。

种谔留下一千人驻守米脂城，自己率大军继续北进，直扑银州。在米脂城投降宋军的夏国枢密使都按官麻主动请缨，前去说降银州守将。银州城守将见到来人后，马上打开城门投降了。种谔率宋军进入银州时，已经是黑夜，便下令宋军解鞍卸甲，在银州城中休整一夜。

在官麻的指引下，宋军一路势如破竹，连续攻克石州（治今陕西榆林市横山区东北）、夏州，夏国守将索九思等人听说连梁永能的八万大军都不是种谔的对手，哪里还敢恋战，纷纷弃城而逃。种谔兵不血刃攻下二州后，又派出部将曲珍，在黑水堡（今陕西子洲县西南）以西大破夏军守将。夏军逃走后，曲珍紧追不舍，一直追杀到几十里外的浦桃山，再次大败夏军，方才收兵而回。

种谔率鄜延路军队在东线纵横驰骋的时候，河东路的王中正公公在干什么呢？

王中正此时正在忍受饥寒交迫之苦，他断粮了。在接到宋神宗的诏令后，王中正率河东路六万大军从麟州出发，慢慢悠悠地上路了。出征前，王中正让转运使庄公岳准备半个月的粮草，庄公岳当即表示反对："公公，半个月，也就堪堪抵达绥州，连西夏境内都到不了，粮草如何能够？"王中正哈哈大笑："庄大人不必着急，咱家自有妙计。鄜延路的种谔受咱家节制，到时候咱家命他提供粮草就可以了。咱家爱民如子，岂能劳烦河东路百姓多准备粮草。"

庄公岳满腹狐疑，却又不敢和王中正顶嘴，只是暗地里多准备了八天粮草。大军出发后，王中正打着"代天子出征"的旗号，一路晃晃悠悠，走得比蜗牛还慢。大军来到一个叫作白草坪的地方，王中正下令全军就地休整，自己则给宋神宗上奏疏："臣中正已深入夏境，陛下只管坐等捷报吧。"王中正在白草坪一休整就休了九天，之后才慢悠悠地重新上路，此时，种谔率领的鄜延路将士早已进入夏境，攻克米脂城了。

种谔得到批准，不再受王中正的节制，王中正军队的粮草，种谔自然也就不供给了。鄜延路将士在前面攻城略地，王中正率河东路军队亦步亦趋地跟在鄜延路军队后面，这样就不用打仗，也就没有生命危险了。

此时，河东路将士的粮草已经不多了，幸亏庄公岳偷偷多准备了八天的粮草，不然早就断粮了。王中正害怕半路上被西夏人袭击，就不准将士生火做饭，只准吃生的，以免被西夏人发现行踪。河东路将士本就粮草不继，又天天吃生的，纷纷病倒。队伍中不满者日增，部分兵士甚至暗中策划杀掉王中正。

王中正开始害怕起来，再不解决粮草问题，自己怕是要被将士乱刃分尸了。河东路军队这样一直跟在鄜延路军屁股后面，仗倒是不用打了，战利品也别想了。王中正只好率军南下，进攻敌人防守薄弱的宥州，以解决粮草问题。

宥州城防备空虚，却并非宋军此次的进攻目标。宋军前脚刚到，宥州守军后脚就跑得无影无踪。王中正率领宋军耀武扬威地进入宥州城，将城中居民杀得一个不剩，而后尽取城中粮草，解决了断粮问题。危机暂时解除了，王中正长吁了一口气，下令河东路军暂时在宥州城中驻扎下来，等待友军的消息。

此时，熙河、秦凤两路军队在李宪的率领下，进展颇为顺利。李宪留下部将李浩驻守兰州，自己率军一路北上，连克高川、石峡、屈吴山、打罗城，兵锋直指位于天都山上的南牟城。

当初，李元昊强占儿媳没移氏，没移氏美丽风情，甚得李元昊的宠爱，为了博取没移氏的欢心，李元昊大兴土木，派人在天都山上营造了七座宫殿。李元昊死后，辽人攻占天都山，将没移氏掳走，一代红颜就此没入辽国，在历史上杳无音讯。在这之后，天都山南牟城就成了西夏皇族游玩的行宫，有重要的政治意义。

得知李宪进攻天都山，梁太后急派西夏头号大将仁多零丁率军救援。仁多零丁还未到，天都山就已陷落。李宪率宋军痛击仁多零丁，仁多零丁抵挡不住，率夏军落荒而逃。

李宪自率军从熙河路出兵以来，一路所向披靡，被他击败的仁多零丁还是西夏名将，这些胜仗充分说明了他的军事能力。奇怪的是，之前宋神宗两次准备让李宪担当重任，却先后遭到了庞籍、孙固的反对，看来这些文臣对宦官也是有很大的偏见啊。

高遵裕的"表演"

种谔没有等到王中正，泾原军主帅刘昌祚也没有等到高遵裕。依照宋神宗的指示，环庆路、泾原路两路宋军应该合兵一处，在环庆行营经略使高遵裕的指挥下，进攻灵州。灵州是李继迁时期夏国的首都，有着非常重要的政治意义，攻下灵州，对夏国的打击将是致命的。但刘昌祚左等右等，就是等不到高遵裕的影子，那么高遵裕哪里去了呢？

原来，高遵裕并没有执行与刘昌祚会合的作战计划，而是沿着白马川一路北上，进攻环州西北的清远军。清远军守将嵬名讹兀见宋军声势浩大，索性开门投降。清远军地势险要，对环庆路造成了很大的威胁，具有重要的战略价值，高遵裕攻打清远军，也算是颇具战略眼光。随后，高遵裕挥军直取韦州（治今宁夏同心县东北），大军还未到达，西夏守军就望风而逃。进入韦州城后，高遵裕严明军纪，禁止劫掠，安抚了城中的百姓，同时命宋军就地休整。于是环庆路军就在韦州城中驻扎了下来。

刘昌祚等不到高遵裕，只好独自进军了。这年十月，刘昌祚、姚麟率领泾原路五万大军浩浩荡荡直奔夏境。

刘昌祚骑着一匹高头大马，奔驰在泾原路西北平坦的葫芦河谷地上。已经四十年了，他终于有机会替父亲报仇了。"我一定将夏国连根拔起，砍下梁氏母子的脑袋，祭奠父亲的在天之灵！"想起往事，刘昌祚不由得泪流满面。

四十年前，刘昌祚的父亲刘贺跟随葛怀敏讨伐西夏，在定川寨之战战死。当时，刘昌祚只有二十岁，凭借恩荫进入军界。从穿上戎装的那天起，刘昌祚就立誓为父报仇。他日日苦练，练就了一手百步穿杨的绝技。宋神宗曾经亲自测试刘昌祚的箭法，刘昌祚弯弓搭箭，百发百中。宋神宗乐得合不拢嘴，当即授予他通事舍人的职务。有一次，与西夏军队作战时，刘昌祚为救援友军，陷入了夏军的重重包围。逆境之中，方显英雄本色。刘昌祚在万军中弯弓搭箭，一箭射中敌将要害，敌将当场毙命。刘昌祚率宋军趁势掩杀，反败为胜。凭借一手百发百中的神射技能，刘昌祚在对夏战争中大显神威，逐渐坐到了泾原路副总管的位置。虽然在对夏作战中屡有斩获，但刘昌祚却并不满足于此。他已经六十岁了，已到了"耳顺"的年龄。他多么希望有生之年能够率军攻破夏国首都，告慰父亲的在天之灵啊。幸好宋神宗是一位有进取心的帝王，集结五路大军，对西夏展开灭国行动，给了他这个机会。

不过，要接受高遵裕的节制，刘昌祚心中颇为不快。"高遵裕，一个花花公子，有什么能力节制本将军？幸好高遵裕私自改变行军路线，本将军终于有机会独当一面了。"刘昌祚一提马缰，战马撒了欢一般向前疾驰着。

刘昌祚将进攻的目标定在了磨脐隘（今宁夏海原县东南）。磨脐隘位于巍峨高耸的龙马岭上，关隘之前有一条葫芦河，背山靠河，地势险峻，易守难攻。夏国对此地颇为重视，派出三万大军，由梁乙埋亲自指挥，严防死守，阻断了宋军的去路。面对如此险峻的关隘，宋军诸将心里打起了退堂鼓，纷纷劝说刘昌祚改变行军路线，向东行军，与环庆路军会合。刘昌祚驳回了众将的请求，严肃地说："我军行至此处，已无退路，若掉头向东，影响队伍士气不说，还要受高遵裕掣肘，到时久而无功，必将追悔莫及。若我军攻下磨脐隘，前路将是一片坦途。狭路相逢勇者胜，将士们，跟我上！"

刘昌祚一手持短刀，一手持盾牌，傲然走向葫芦河。他花白的头发飘扬在初冬的寒风中，令人肃然起敬。众将见主帅亲自涉险，无不勇气大增，纷纷手持短刀盾牌跟上。刘昌祚安排神臂弓手跟在自己率领的突击队后面，随时准备用弩箭"招呼"西夏军队。

刘昌祚亲率宋军涉水过河，直扑磨脐隘，一场惨烈的战斗就此打响。双方从上午一直战到黄昏，夏军的长矛被宋军的盾牌克制，打得颇为别扭，逐渐落入下风。

"建功立业，就在此时！率先攻上磨脐隘者，必有重赏！"刘昌祚大声吆喝道。重赏之下，必有勇夫。宋军精神大振，慢慢攻上关口。夏军此时精疲力竭，眼见是要抵挡不住了。梁乙埋见势不妙，偷偷溜下关隘，骑马逃走。刘昌祚率宋军奋勇进击，向夏军发起全面打击，群龙无首的夏军顿时兵败如山倒，大将梁格嵬、没罗卧沙阵亡，梁太后的侄子梁讫多埋做了宋军的俘虏。

挟战胜之势，刘昌祚令旗一挥，宋军一路向北，攻破夏国粮仓所在地——鸣沙（今宁夏中宁县东）。补充粮草后，刘昌祚率宋军直扑灵州城下。

刘昌祚进军速度之快，完全出乎了夏国的意料。此时，灵州城下尚有五百夏兵，在宋军的攻击下一哄而散，灵州守军大惊。"速速关闭城门！"灵州守将迅速下达命令，但是，已经太迟了。

刘昌祚一马当先，率领宋军一拥而入，杀进了灵州城中。灵州城，这个当年赫连勃勃的龙兴之地，这个李继迁时期的夏国首都，即将被刘昌祚攻克。

刘昌祚激动得热泪盈眶："父亲，您的大仇，今天孩儿一定替您报了！"

就在泾原军将士陆续进入灵州城时，一名宋军使者一溜小跑而来，拦在了刘昌祚的马前，转达了一个令人哭笑不得的军令："高遵裕将军有令，高将军已经与灵州守军达成了协议，守军同意归降，你们应速速撤出，以免伤了双方的和气。"

刘昌祚目瞪口呆。灵州坚城，易守难攻，他之所以能攻入，全仗着行军迅速，抢在守军之前控制了城门。如果今日退出去，夏人有了防备，再想攻下来就难如登天了。但天子明确表示刘昌祚受高遵裕节制，高遵裕又是将门子弟，背景深厚，他万万得罪不起。刘昌祚无可奈何，只好率部退出灵州城。灵州城门缓缓关闭，刘昌祚的心也沉到了谷底。

此时，高遵裕的军令再次传来："高将军在灵州城南的南州平遇敌，请刘将军速速增援！"刘昌祚留下部将姚麟率主力继续围困灵州城，自己点起两千将士，南下救援高遵裕。高遵裕当初在韦州花天酒地，逗留不前，宋神宗知道后大急，急忙派使者督促高遵裕抓紧行军。几番催促之下，高遵裕才慢悠悠地率军北上。还未到达灵州城，消息传来，刘昌祚已率泾原军攻下了灵州，高遵裕大惊，急忙上表宋神宗，声称自己已攻下灵州城，企图蒙混过关，抢夺刘昌祚的功劳。

随后，确切消息传来，刘昌祚尚未攻下灵州，高遵裕大怒，认为刘昌祚故意放出假消息忽悠自己，以便赶在自己之前抢先攻占灵州。高遵裕当即派出使者快马加鞭赶往泾原军中，谎称自己与灵州守军已约定投降，以阻碍刘昌祚攻城。使者赶到时，刘昌祚刚刚攻进城门。可怜一个千载难逢的良机，就这么错过了。

高遵裕到达灵州城南的南州平时，遭遇夏国派来救援灵州的大将仁多崖丁（崖丁）。仁多崖丁骁勇善战，高遵裕一时被阻住去路，难以前进。高遵裕心中着急，生怕刘昌祚攻下灵州，抢了功劳，于是就派出使者向刘昌祚求救。如此一来，不仅自己能获救，也能防止刘昌祚继续攻城。

刘昌祚率两千将士迅速南下，来到南州平救援高遵裕。两军甫一相遇，刘昌祚弯弓搭箭，一箭射中仁多崔丁！仁多崔丁落荒而逃。高遵裕激战半天也无可奈何的仁多崔丁，刘昌祚一出手就搞定了，真是高下立判。

刘昌祚来到高遵裕军中，满腹狐疑地询问不让攻打灵州之事。谁知高遵裕见到刘昌祚后，却是脸色铁青，他拍案而起，大骂刘昌祚："本帅遣你来救援，结果你却磨磨蹭蹭，救援不力，该当何罪？左右给我拿下！"高遵裕当场拿下刘昌祚，欲将他军前问斩。刘昌祚骁勇善战，又愿与士卒同甘共苦，在泾原军中有着极高的威望。泾原军见高遵裕竟然要斩杀自己的主帅，顿时骚动不安。高遵裕见泾原军反应激烈，生怕引发兵变，只能暂时作罢。

到了灵州城下，高遵裕再次向刘昌祚发难。他派人联络刘昌祚的部下姚麟，试图削夺刘昌祚的兵权，由姚麟代掌泾原军，结果遭到了姚麟的严词拒绝。但最终高遵裕还是削夺了刘昌祚的兵权，由他亲自率领泾原、环庆两军，对灵州城发起总攻击。主帅兵权被夺，泾原军早已毫无战意。好在刘昌祚顾全大局，亲自出面劝说泾原军将士听从高遵裕的指挥，共攻灵州，这才避免了一场兵变。

灵州城墙颇高，宋军没有云梯，一筹莫展。高遵裕决定首先采用攻心战，他策马来到灵州城下，扯开嗓门大喊："灵州守军听着，此时不投降，更待何时？"守军笑得眼泪都要出来了，在城墙上向高遵裕大喊道："咱们还没开始打呢，你叫我如何投降？"高遵裕大怒，誓要攻下灵州城，将这些人全部砍头示众！

砍头示众是个好主意，但你首先得要攻下灵州城啊。要想攻下灵州城，当务之急就是要寻找攻城器具。高遵裕命宋军砍伐灵州城外的小树，自造云梯，结果造了五日也没造成，气得直跺脚。

此时，西夏救援灵州的援军已经到达，由于宋军的围困，无法进城，暂时驻扎在灵州城东。刘昌祚心中着急，向高遵裕献上一计："高将军，我军当务之急是击溃城东的夏国援军，占领黄河渡口，切断灵州城与外界的联系，将之变成一座孤城，而后……""去去去，你已被解除指挥权，无权过问军事，闪到一边去，看看本将军是怎么攻城的。"高遵裕不耐烦地打断了刘昌祚的话，刘昌祚只得悻悻而退。

高遵裕征发一万名民夫，将沙袋堆在灵州城下，打算借此攻上城墙。岂料一连攻了半个多月，灵州城依然毫无松动的迹象。此时，一个晴天霹雳般的消息传来——宋军的粮道已被夏军切断！

大溃败

当宋朝四路大军进展顺利时，梁太后也火速召开军事会议，商量退敌之策。一员老将献计道："我军不需要与对方死磕，只需要放宋军进来，我方坚壁清野，将精兵聚集在兴州、灵州，待宋军深入后，再派军切断他们的粮道，宋军将不战自退。"梁太后大喜，采纳了这员老将的建议。这名在史书上连名字都没留下的老将，就此成为挽救西夏命运的最大功臣。

夏国派出一支精兵在清远军附近设下埋伏，伏击宋将彭孙、鲁福所率领的宋军运粮队。运粮队哪是夏国精锐的对手，三战三败，宋军的粮草就此全部落入夏军手中。此时，宋军虽然进展顺利，却纷纷陷入了缺粮的境地。危险，正一步步降临。

先说种谔部。在攻下夏州后，种谔率军西进，连克横河坪、石堡城，却迟迟等不到本方的粮草。种谔心中泛起一股不祥的预感，常年的戎马生涯让他对危险的感知已入化境。为了安全起见，种谔不敢贸然进军，他驻扎在麻家坪，等待着粮草的到来。

宋军在麻家坪待了数日，粮草被劫的消息传来了。此时已是冬季，西北的冬天寒意凛凛，军心逐渐不稳。为了安抚军心，种谔竟打算将转运使李稷作为替罪羊斩杀。幸而李稷门客吕大钧挺身而出，据理力争。种谔自觉理亏，只得作罢，他命李稷返回鄜延路取粮，以解决燃眉之急。

但远水解不了近渴，宋军将士饥肠辘辘，早已忍受不了了。大校刘归仁带领宋军将士丢下种谔，往鄜延路境内逃去。种谔成了光杆司令，只得垂头丧气地骑马向东逃去。当这拨溃兵来到鄜延路界时，留守鄜延路的将领惧怕溃兵会祸及自己，纷纷建议发兵阻击，不让溃兵入境。延州知州沈括反对道："这些败兵虽然有罪，但也都是自己人，自己人互相残杀，如此亲者痛仇者快的事情我们怎么能做呢？况且，这些兵虽然溃败，却都是精锐之兵，你们有把握击败他们吗？"沈括指示，只将大校刘归仁斩首示众，其余人皆不过问。此举很快安抚了这伙溃兵的情绪。

种谔部溃败后，在宥州混吃混喝数十日的王中正也断粮了。于是他率军南撤，在鄜延路境内的保安军驻扎。王中正几乎没与敌人交战就结束了征程。至此，东路宋军彻底失败。

再说南路宋军。高遵裕在灵州城下张牙舞爪，指挥环庆、泾原两路军队攻城。宋军鏖战十八日，却是一点效果都没有。宋军的粮道已被切断，幸好刘昌祚攻克了鸣沙这座粮库，南路宋军才不至于马上断粮，但眼瞅着坐吃山空，断粮是迟早的事。危险，正一步一步走向南路宋军。

这时，梁太后命夏军挖开灵州城外的黄河七里渠。灵州城地势较高，不受影响，宋军的大营却扎在了低洼之处，滚滚黄河水咆哮着冲入宋军大营。大雪纷飞的冬天，河水冷得刺骨，宋军冻得哇哇乱叫，乱作一团。

到了此时，高遵裕不得不下令撤退了。他一马当先，率领宋军疯狂南逃。夏军痛打落水狗，追在宋军屁股后面一阵冲杀，宋军冻得浑身哆嗦，早已失去了战斗力，顿时成了待宰的羔羊。宋军将士的鲜血染红了黄河水，随着河水的流动，灵州城外变成了一片血红色。血腥味弥漫在灵州城上空，让人觉得阴森恐怖。

宋军的残兵败将一直逃到韦州，夏军还是穷追不舍。到了葫芦河边，已被解除指挥权的刘昌祚挺身而出，指挥泾原军将士殿后死战，宋军主力才得以渡过葫芦河逃脱。至于高遵裕，他早已逃得无影无踪了。此战，泾源、环庆两军，十五万将士只有一万多人生还，遭到了毁灭性的打击。

一直进展顺利的李宪那路，得知南路和东路宋军全部溃败的消息，哪里还敢继续进军。在李宪的率领下，他们原路返回熙河路，是这次西征中唯一全身而退的一路。

宋神宗穷全国之力组织的元丰西征就此画上了句号。在这场战役中，宋神宗用人出现了严重的问题：将指挥权交给胆小如鼠的王中正和绣花枕头高遵裕。结果这两人，一个几乎没与敌人交战，一个拖刘昌祚的后腿，他们是这次战役失败的罪魁祸首。

对于自己的粮道，宋神宗君臣也是没有丝毫重视，结果被夏军轻易切断，几十万攻入夏境的宋军顿时成了无根之草，失败，也就在所难免了。赵宋大臣们的表现也让人摸不着头脑，枢密使孙固不去质疑绣花枕头高遵裕、王中正，却质疑能力不错的李宪。最后的结果却是，李宪率领的宋军是这次战争中唯一全身而退的。宋神宗君臣在用人识人上，可以说是一塌糊涂了。

反观西夏，虽然军队的战斗力与宋军相去甚远，但是他们采用了合理的战术，坚壁清野，引诱宋军深入国境，然后切断对方粮道，使宋军完全变成了瓮中之鳖。

元丰西征的失利使宋朝元气大伤，通过熙宁变法积累的库藏几乎打了水漂。西军损兵折将，基本丧失了大规模进攻西夏的能力。自此以后，宋朝对西夏的策略发生了改变，再也没有对西夏发动过大规模进攻。

第十九章

步步为营：宋夏后期战争

梁太后的应对

宋神宗赵顼端坐在御椅上，闷闷不乐。堂堂大宋，竟折在一个蕞尔小邦手中，实在是令人恼火。我要报仇，我要雪耻，我要给死去的二十万将士一个交代！但变法积聚的财富已经在五路西征中消耗殆尽，大宋无力再组织对西夏的大规模进攻了。怎么办呢？

就在此时，熙河路经略使李宪的一封奏章从千里之外递到了宋神宗手中。李宪在奏章中说："夏贼嚣张，我们必须报上次失败的一箭之仇。我们应该在泾原路的熙宁砦到鸣沙之间的地带，修建堡寨，窥伺灵州，然后再从长计议。"

此举随时可以威胁灵州，却又不用兴师动众，正是当前阶段图谋西夏的最佳方案。宋神宗既感到高兴，又感到欣慰。"李宪真不愧是朕的心腹爱将，没枉费上次朕的力保。"元丰西征失败后，枢密使孙固表示，李宪没有进攻灵州就擅自退兵，对宋军的失败负有不可推卸的责任，理应斩首。宋神宗当即否决了孙固，表示李宪不仅无罪而且经略兰州有功，就这样保下了李宪。

孙固这个人就会纸上谈兵。在其他四路大军全部溃退的情况下，李宪孤军深入灵州，和送死有何区别？李宪经略兰州，为宋朝进攻西夏增加了一块重要的跳板，当然是有功无罪的。宋神宗果然是一位比较英明的君主，比他的先辈要强得多。

阅毕奏章，宋神宗当即任命李宪为泾原路经略安抚使，任命兰州知州李浩为副使，由他们两人主持修建这条堡寨线。

得知宋军在边境修堡寨后，梁太后慌了。她摸不清宋朝的意图，以为宋朝又要大举进攻呢。上次虽然击退了宋朝的五路大军，但是夏国的损失也相当大，已经无力再抵御宋军的大规模入侵了。于是，梁太后派出使者赴辽国，向辽道宗耶律洪基求援。

耶律洪基正被国内的番部叛乱搞得焦头烂额，哪里会出兵助她？虽然耶律洪基不愿出兵，表面的功夫他还是要做的。他派使者出使宋朝，告诫宋神宗要爱好和平，要与西夏和睦相处。宋神宗当即回复耶律洪基："梁氏囚禁国主，朕作为宗主国就过问了下，她就妄动干戈入侵我国，这个女人是在挑拨离间，破坏我们兄弟之间的友好关系啊。"耶律洪基本来就没想真管，也就不再过问了。

耶律洪基不管，梁太后又生一计。她遣使者赴青唐城，表示愿意将边境的斫龙城以西土地全部割让给吐蕃，试图拉拢青唐吐蕃赞普董毡，与自己联合对抗宋朝。董毡当场就笑出了声："你党项与我吐蕃乃是不共戴天的世仇，这点小恩小惠就想收买我？做梦呢！"

连续两次碰壁，梁太后大怒。她开始调兵遣将，准备惩罚不识抬举的董毡。董毡马上遣使入宋，向宋神宗奏报夏国要入侵的消息，宋神宗当即安慰使者道："朕已派李宪在泾原路调兵遣将，时刻准备作战。夏国敢轻举妄动，我们两面夹击，必叫夏军有来无回。"得到宋神宗的保证后，董毡心中踏实了，于是也组织兵马，准备向西夏开战。

梁太后不想两面树敌，遂再次遣使入辽，求耶律洪基向董毡说和。宋神宗听到消息后马上遣使入吐蕃，告诉董毡："辽国与吐蕃，相去万里，并不接壤，你没必要理会他。你只需要保持我们的同盟，咱们同心协力，必破夏贼！"

董毡也不是傻子，在辽国和宋朝之间，他当然选择离他更近的宋朝，何况他和西夏乃是世仇，怎么可能和夏联合呢？他婉言谢绝了辽国的调解，时刻准备抵御夏国的侵犯。耶律洪基也就不再过问了。

事已至此，开战已是在所难免。梁太后决定先发制人，她派大将格众领兵三万，悄悄在宋夏边境集结，准备趁宋军毫无防备之际偷袭鄜延路。延州知州沈括获知消息后，决定以其人之道还治其人之身。他派鄜延路副总管曲珍率领两万将士，大张旗鼓地上路，声称要攻打夏国东部的葭芦城。夏人大惊，急忙向葭芦城派遣援军。

曲珍向东走了几里路后，改变路线，突然袭击格众部。格众毫无防备，被打得大败，做了宋军的俘虏。与此同时，沈括派大将李仪、訾（Zī）虎等人悄悄渡过黄河，截住了前往葭芦城救援的夏军，一场激战之后，夏军惨败，落荒而逃。曲珍、李仪等人分兵进击，直扑葭芦城。葭芦城的夏军此时已经毫无战意了，一触即溃。沈括派李仪等人驻守葭芦城，曲珍则驻守绥州，互为掎角，向夏国做出了攻击的姿态。

梁太后的斗志再次被点燃，她开始频频派小股部队骚扰宋夏边境。宋元丰五年（夏大安八年，1082 年）五月，夏将令妹精嵬、讹勃遇等人率兵数万入侵环庆路境内的淮安镇（今甘肃华池县西北），宋将张守约挥军进击，大败夏军，令妹精嵬、讹勃遇等人被杀，夏国损失惨重。七月，夏军侵入镇戎军，宋将王贵轻敌冒进，被打得大败。八月，夏军侵入河东路境内的神木堡（神木寨，今陕西神木市东)，杀死守将高素……

面对夏国的频频骚扰，宋神宗召集群臣商量对策。宋神宗倾向于再遣大军征讨，但遭到了参知政事王安礼的反对。王安礼的理由很充分："经过年初的失利，我军遭受重创，国库积蓄也已耗尽，如何能再次组织大军？"宋神宗微觉不快，反驳道："李宪都准备好征讨西夏了。当年唐宪宗平定淮西，尚有裴度与之同谋，今天朕不能与大臣们同谋，却只能谋于一个宦官，朕对此感到耻辱！"王安礼毫不退让："淮西只有三州之地，哪能和强大的西夏比？唐宪宗不仅有裴度，还有李愬、李光颜这样的名将，陛下以为李宪比得上他们吗？"

宋神宗也有点动摇了，王安礼的话虽然不好听，却也全部是事实。当前情况下，贸然征讨西夏，确实没有胜算。那怎么办呢？难道放任夏人在边境天天骚扰?

此时，延州知州沈括送来一封奏章，提出了解决西夏的方案。沈括提出，应该在夏州和宥州之间的乌延筑城，待稳定乌延城四周后，再慢慢向前推进，修建第二个城寨，这样反复向前推进，一直推过横山去，西夏就亡国了。这种方法其实并不新鲜，正是当年范仲淹的方法。只是宋神宗君臣没有采用这个策略，贸然出击，才导致频频惨败的。鄜延路经略安抚副使种谔也呈上奏章，支持沈括的意见。宋神宗颇动心，于是派遣给事中徐禧、宦官李舜举等人前往鄜延路实地考察。

喋血永乐城

徐禧是个"不凡"的人。史载他自幼便有大志，学富五车，古今之事无所不知，却又不参加科举。在以科举为主要晋升之途的宋代，他的的确确是个异类。然而这么一个异类，还是进入了官场，成了一名官员。

王安石变法时，吕惠卿身居要职，是变法派的骨干成员，位高权重。徐禧向吕惠卿献《治策》二十四篇，获得了吕惠卿的赏识，被破格录用为镇安军节度推官，成功踏入仕途。

徐禧能以文章打动吕惠卿，进入仕途，靠的就是自己的口才。在朝堂上，徐禧口若悬河，辩才无双，坐到了给事中（正四品）的位置。如果徐禧只在朝堂上口若悬河，那么他很可能一直锦衣玉食，快乐到死，成为历史上一个微不足道的小角色。但宋神宗把徐禧派到前线，他就要在历史上留下一笔了。

徐禧来到鄜延路，考察完地形后，马上给宋神宗上了一封奏章："银州这个地方，虽然有无定河与明堂川之险，但城南已经被河水淹没，没什么好守的。我们不如改在永乐（今陕西米脂县西北）这个地方筑城，此地地形更为险峻，而且距离夏州更近。筑起永乐城，就等于将一把匕首插入了夏国心脏。"

一番话，忽悠得宋神宗连连点头。

种谔当即表示反对。永乐地形确实险峻，却有一个致命弱点，那就是没有水源，只能到城外几里远的河中取水。若在永乐筑城，西夏人势必会殊死争夺，一旦夏人围城，水源将被切断，到时候，宋军将陷入危险的境地。宋神宗思虑再三，决定采纳徐禧的意见。参知政事王安礼再次反对："徐禧只会夸夸其谈，根本不懂军事，如果听他的，必将误事。"

王安礼不反对还好，他这一反对，宋神宗支持徐禧的心更坚决了。"朕决心已定，爱卿不必多言。"宋神宗当即拒绝了王安礼，接着他颁布诏令，由徐禧统一指挥鄜延路诸将，负责监修永乐城。

去永乐前，徐禧还要做一件事，那就是解决种谔。种谔曾公开与他唱反调，反对修建永乐城，若留种谔在身边，必将成为他的绊脚石。于是徐禧上奏宋神宗，表示种谔狂傲跋扈，不听从自己的领导。宋神宗立即下令种谔留守延州城，以免给徐禧筑城制造障碍。

一切准备就绪，八月，徐禧率领李舜举、沈括、曲珍等人征发八万民夫，浩浩荡荡开往永乐，开始筑城。历经半个月的操劳，永乐城终于筑好。徐禧站在永乐城的城墙上，欣赏着自己的成果。只见这永乐城西倚横山，南邻塞门川，与夏国西部重镇宥州、夏州只相距二三十里，犹如一把抵在夏国咽喉的匕首。徐禧满意地看着自己的杰作，微微点头。"有了这座坚城作为跳板，我必将一步步蚕食横山，将夏国连根拔起。到时候，我徐禧名垂青史，种谔那个老家伙，必将气得捶胸顿足。"徐禧美滋滋地想着，情不自禁笑出了声。

突然，北面烟尘滚滚，马蹄阵阵，一队夏兵渡过无定河，疾驰而来。徐禧当即紧张起来，急令宋军准备迎战。岂料夏军竟掉转马头，迅速退走。徐禧大喜，看来，夏人眼见永乐城险峻雄伟，当即知难而退了。"既然夏人如此胆小如鼠，我还有啥不放心的？"他命令曲珍率领一万将士驻守永乐城，自己与沈括、李舜举等退守米脂。

徐禧刚回米脂没多久，曲珍就派人来告急了：西夏大将叶悖麻、咩讹埋率领大军三十万来犯，已抵达无定河畔，永乐城危急！徐禧留下沈括守米脂，自己点起两万五千兵马，与宦官李舜举、转运判官李稷等人火速赶往永乐城。

大将高永亨当即表示反对："大人，敌人三十万人，我军一共才三万多，众寡悬殊。如果敌人切断永乐城外的水源，我军困守永乐城，只能坐以待毙。"徐禧大怒："大战之前竟敢妖言惑众，扰乱军心！给我拿下，押入大牢，等本帅得胜回来再行处置。"延州知州沈括道："大人，敌众我寡，恐怕难以取胜，不如暂时退出永乐城，等叶悖麻所部入城后，我们再围困他们。"徐禧摆手道："沈大人，你的任务是留守米脂，其余的事，自有本帅定夺。"

徐禧来到永乐城，调兵遣将，以应对即将到来的进犯。曲珍劝徐禧说："徐大人，敌人举三十万之众，声势浩大，前线危险，您和李公公（李舜举）退往米脂督战就可以了。"徐禧哈哈大笑："曲将军，你真的老了，竟然变得如此胆怯。西夏人不来倒好，要是敢来，我正好擒获他们，建功立业。"曲珍暗暗叹了口气，心说徐给事你可真是纸上谈兵，不知死活啊。

元丰五年九月，三十万夏国大军在叶悖麻、咩讹埋的率领下浩浩荡荡来到了永乐城。大将高永能看到战机，劝徐禧趁夏军阵形不稳之际出城突袭。徐禧白眼一翻，斥责高永能道："我军乃是仁义之师，岂能在对方尚未布好阵的情况下偷袭？"退下来后，高永能仰天长叹："唉，遇到徐禧这种迂腐的蠢材，我必将死无葬身之地了。"

徐禧派曲珍率一万将士在永乐城前列阵迎敌。叶悖麻一声冷笑："就这点兵力，是想螳臂当车？"他令旗一挥，夏军前锋五万人风驰电掣般杀向宋军。宋军寡不敌众，逐步退却。曲珍见势不妙，飞奔入城向徐禧请示："大人，敌众我寡，将士们毫无战意，不如暂且退回城中，严防死守。"徐禧怒道："你身为大将，哪有士兵没退你自己先退回来的道理？赶紧给我出城应敌！"还没等曲珍出城，宋军已大败，纷纷退入城中。叶悖麻令旗一挥，夏军四面围困，将永乐城围成了铁桶一般。此时，城外的水源被切断。宋军断了水源，陷入了危险的境地。

　　随后，叶悖麻、咩讹埋率领夏军对永乐城展开了一拨又一拨的攻势，宋军拼死抵抗，多次击退夏军。由于缺乏水源，宋军许多将士被渴死，永乐城的形势岌岌可危。徐禧倒颇有责任心，他带着干粮，亲自在城头督战，昼夜不息，饿了就啃一口烧饼，累了就躺在城头打个盹。宋军将士受到鼓舞，重新振作精神，与敌人殊死搏斗，夏军一时半会倒也占不到便宜。

　　沈括得知永乐城被围困的消息后，立刻准备带米脂守军前往救援。此时，传来了夏军分兵进攻绥州的消息。绥州位于米脂以南数十里，是宋朝西部边境的重要门户，不容有半点闪失。沈括审时度势后，一边率军救援绥州，一边遣使向宋神宗告急。

　　此时，夏军已到达绥州城下，绥州城中人心惶惶。部分将士被夏人策反，意欲与夏军里应外合。沈括入城后，揪出部分参与谋反的士兵，将他们斩首示众，这才稳住了城中的形势。夏军看到现在的绥州无懈可击，只得悻悻而退。

　　宋神宗得到沈括的告急书后，急令留守延州的种谔率军救援永乐城。种谔因为之前被徐禧排挤，心中仍然愤愤不平。他上书宋神宗，辩解道："延州城只有四千老弱病残，无力救援永乐城，臣当竭尽所能，力保延州城无忧。"宋神宗见形势危急，向沈括指示道："绥州是前方的重中之重，不容有失，你要严守绥州，并设法与夏军约和。告诉他们，如果可以和解，我军可以让出永乐城。同时，你要设法通知永乐城中的徐禧等人，永乐城已经守不住了，叫他们想办法率军突围。"

　　徐禧拒绝突围。他认为永乐城是自己的心血，是自己攻略西夏的桥头堡，不能让给西夏人。他命令将士们在城中凿井取水，还真挖到了水，但因水量较少，不够喝，士兵还是大量渴死。随着时间的逐渐流逝，永乐城中的宋军马上就要油尽灯枯了。徐禧站立在永乐城头，满面愁容，他多么希望老天能下一场及时雨，好让他一解燃眉之急啊。

　　夏军士兵看着徐禧焦头烂额的样子，在城下打趣道："老徐，别犯愁了，你城中都已经断水了，抵抗无用，还不开城投降？"徐禧命人取过仅剩的一壶水，潇洒地浇在城头，冷笑道："谁说没水的？永乐城中的水，取之不尽，用之不竭。"夏军士兵们哈哈大笑："这是你最后一壶了吧，装什么装？"

此时，夏军军中也发生了变化。夏军连续围城二十多日，却迟迟拿不下永乐城，梁太后对叶悖麻和咩讹埋大为不满，她派遣大将仁多零丁赶赴永乐城，代替叶悖麻、咩讹埋指挥。仁多零丁是夏国的头号大将，徐禧的日子到头了。

这晚，一场大雨倾盆而下，洒在永乐城中。宋军将士还未来得及体会有水的喜悦，仁多零丁就率领夏军对永乐城发起了攻击。断水断粮多日的宋军将士饥渴难耐，早已是强弩之末了，夏军一攻而下，永乐城就此陷落。

部下劝高永能突围，高永能长叹道："我镇守西北数十年，身经百战，没打过这么窝囊的败仗。我今年已经七十岁了，深受国恩，无以为报，士兵们都战死殉国了，我身为大将，岂能偷生？"他骑马冲入夏军阵中，力战而死。转运判官李稷也是个有气节的人。有人劝他道："你是文官，不负战败责任，留得青山在不怕没柴烧，赶紧逃走吧！"但李稷拒绝逃走，与徐禧、高永能等人一起战死。

宦官李舜举给宋神宗写了一封绝笔信："奴才死不足惜，希望陛下以后莫要轻敌。"而后，他冲入敌军中，与李稷一起殉国。一位宦官尚有这样的觉悟，大敌当前，种谔竟然因为私怨拒绝救援，实在不应该。

永乐城之战至此结束。这场战役中，宋军遭受了惨痛的失利。将校战死二百余人，士卒、民夫损失近二十万，几乎全军覆没。徐禧这个"不凡"的人，选择了一个"不凡"的地方筑城，最终酿成了这场惨败。

战报送到开封时已是半夜，宋神宗正在睡觉。阅毕战报，他在床榻前一圈一圈地来回踱步，悲痛哽咽。自元丰西征到永乐城之役，宋军几十万大军毁于一旦，怎不令他痛彻心扉？

秉常复位

永乐城惨败后，宋神宗开始反思宋军之前的战术过于冒进，做出了一些调整。他指示道："当我军再遇夏人侵扰时，击退对手即刻回城，不得盲目追击。"此战术修正了之前的错误，使得宋军在局部战争中屡有斩获。在连续几次小规模的袭扰战失利后，梁太后再次策划大举进犯宋朝。

宋元丰六年（夏大安九年，1083 年）正月，梁太后派出十万大军，往南踏过结冰的黄河，进攻熙河路。夏军连续攻占东关堡、西关堡，对兰州形成了包围之势。此时兰州城中仅有数百骑兵，在熙河路副总管、兰州知州李浩的率领下闭城坚守。大将王文郁主动请缨："敌人新到，立足未稳，我军当趁此良机出城突袭，请大人拨给我五百骑兵，我必能一战退敌。"走马承受阎仁武当即反对："我们应当严格遵守圣上的指示，据城死守。敌人百倍于我军，主动出战，不是送死吗？""困守孤城，等于坐以待毙。若是主动出击，尚有取胜的可能。"王文郁毫不退让。李浩思虑再三，决定采纳王文郁的意见。王文郁点起七百将士，在夜色的掩护下，从城墙攀到城外。

夏军行军多日，兵疲马倦，早已沉沉睡去。王文郁率宋军将士悄悄摸入夏军大营，对着酣睡的党项人一顿砍杀，夏军营中顿时一片鬼哭狼嚎。夏军弃甲曳兵，惶惶如丧家之犬一般向北逃去。王文郁率军追击至黄河边，对着来不及渡河的西夏人又是一顿砍杀，直杀得血流成河，黄河几乎为之变色。

此战，宋军大获全胜。宋神宗得到战报，乐得合不拢嘴，遂任命王文郁为兰州知州，代替李浩主持兰州的防务。此后夏军两次进攻兰州，均被王文郁击退，兰州成了熙河路最坚固的一座堡垒。

由于宋夏双方连续多年的冲突，西夏的经济遭到了严重的破坏，国小民寡，夏国逐渐坚持不住了。梁太后开始谋划与宋议和。为了方便议和，元丰六年闰六月，梁太后将被囚禁了三年的李秉常放出复位，并将执政权还给了他。

　　李秉常复位后，遣使入宋议和。起初一切顺利，但当夏国使者要求宋朝归还元丰西征时夺取的兰州、米脂等地时，遭到了宋神宗君臣的拒绝。李秉常大怒。

　　宋元丰七年（夏大安十年，1084年），李秉常与梁太后亲率大军进攻兰州。夏军号称八十万，漫山遍野，浩浩荡荡杀向兰州城。此前夏军多次攻打兰州，宋军早有准备，泾原路安抚使李宪已在兰州城布置了重兵防御。夏军在李秉常的亲自指挥下，对兰州发起了一拨又一拨的攻势。兵来将挡，水来土掩，兰州守军一一化解了夏军的攻势。夏军昼夜不息，在兰州城下忙活了十天十夜，结果却一无所获。此时，夏军的粮草消耗殆尽，李秉常母子只得带着残兵败将悻悻而退。

　　在兰州城下碰了一鼻子灰，李秉常认识到了自己军事能力的不足，于是他不再御驾亲征，而是派仁多零丁统筹全局，主持对宋作战事宜。在仁多零丁的指挥下，这年四月，夏军大将叶悖麻、咩讹埋率军侵入宋境，围攻环庆路境内的安塞寨（今甘肃环县东）。叶悖麻、咩讹埋之前在永乐城打得宋军狼狈不堪，仁多零丁满以为他们一定会有所斩获，不料宋军早有防备，驻守安塞寨的大将米赟、吕真率军半路截击，大破夏军，叶悖麻、咩讹埋被杀。

　　仁多零丁是个善于变通的人，他见攻打环庆路失利，就改变进攻方向。十月，仁多零丁亲率大军侵入泾原路。吸取了之前多次攻打城池失利的教训，他不再以进攻城池为目标，而是移动作战，率夏军在泾原路内到处游走，今天拔掉一个寨，明天拔掉一个堡。每打下一个地方，夏军都会大肆劫掠，泾原路内一时间被仁多零丁搞得鸡飞狗跳。仁多零丁的内心渐渐膨胀，多次虐待夏军士兵。将士们对他渐生怨言，作战也就不那么卖力了。

　　仁多零丁是个很会审时度势的人，他发现了大家的厌战情绪后，毫不恋战，马上下令班师回国。可惜，他已经回不去了！当仁多零丁在泾原路内移动作战时，宋军已做出安排：大将彭孙、姚麟扼守靖边寨，卢秉驻守瓦亭寨，切断仁多零丁的退路。

仁多零丁率夏军撤退到靖边寨时，彭孙、姚麟已列阵等候多时了。仁多零丁大惊失色，慌忙组织夏军迎战。就在此时，宋军大将彭孙策马疾驰而出，冲入夏军阵中，一刀砍下了仁多零丁的脑袋！主将一死，夏军顿作鸟兽散，宋军挥军掩杀，又有一番斩获。

自宋神宗改变战术以来，宋军稳扎稳打，多次在局部取得胜利，宋军积小胜为大胜，逐渐占据了战争的主动权，夏国的形势已经不容乐观了。

元丰八年，对宋夏两国来说都是颇为特殊的一年。这一年，梁乙埋、宋神宗、梁太后、夏惠宗先后去世。西夏国内再次陷入内乱，执政的小梁太后、梁乙逋兄妹与仁多保忠、嵬名阿吴等军方实力派，争权夺利，明争暗斗，已无暇侵扰宋朝，两国关系进入暂时的稳定期。

平夏城之战

北风吹在广漠的西北大地上，吹起片片黄沙。一支大军簇拥着一顶鸾轿，行进在泾原路以西崎岖的道路上。大军浩浩荡荡，一眼望不到头，看样子，足有几十万人。

蓦地，轿帘一掀，一只纤纤素手从轿中伸出，挥手招呼道："仁多将军，你过来。"一名中年将军纵马疾驰到轿前，俯下身子，恭恭敬敬地问道："太后有何指示？""此次进攻平夏城，胜算几何？"轿中女子问道。女子三十多岁，虽然徐娘半老，却是风韵犹存。"回太后，平夏城，一定要拿下，否则我国将万劫不复。"中年将军一脸严肃地回答道。

这名女子正是夏国最有权势的人——小梁太后。中年将军则是夏国头号大将——仁多保忠。小梁太后是梁太后的侄女，夏惠宗李秉常的皇后。李秉常去世时，即位的李乾顺只有三岁，夏国的权力就落在了他的母亲小梁太后手里，他的舅舅梁乙逋则担任国相。兄妹二人联手把持了夏国的朝政，这与他们的上一辈何其相似。但梁乞逋是个野心勃勃的人，他骄横跋扈，连小梁太后也不放在眼里，小梁太后心中暗暗忌惮，就联合军方实力派仁多保忠、嵬名阿吴发动政变，除掉了梁乞逋。除掉兄长后，小梁太后开始在夏国一手遮天。

此时，夏国的局势已是不容乐观。自宋神宗调整对夏战争策略后，宋军稳扎稳打，屡屡获胜。

元祐六年（1091 年），在环庆路经略安抚使章楶（jié）的建议下，宋军在边境筑造城寨，并以城寨为据点，破坏周边地区的农业生产。一个城寨周围破坏完了，就慢慢往前推进，继续修建城寨搞破坏。这样一直破坏下去，夏国就会慢性死亡。其实当年的范仲淹、李宪等人都有类似提议，但章楶的策略更具体，也更狠毒。

元符元年（1098 年），章楶担任渭州知州，他开始实施他的策略。章楶来到渭州后，首先示弱，天天在宋境修缮城寨，显得对夏军的进攻颇为担心。夏军以为他胆怯，也就放松了警惕。章楶利用夏人的松懈，突然率泾原军倾巢而出，在渭州以西、葫芦河川的石门峡口（今宁夏须弥山沟口），迅速修建了一座城寨。此城控山河之险，正抵在横山的咽喉部位，犹如一把匕首插入了西夏的心脏。宋哲宗大喜，亲自给城寨命名为"平夏城"。平夏城从此成了夏国挥之不去的梦魇。

夏军一时疏忽，酿成大祸。小梁太后急忙召开军事会议，商量应对之策。仁多保忠力主出兵征讨："如果不拔掉平夏城这颗钉子，则我大夏亡国之日，就在当前。"小梁太后深以为然，当即点起四十万大军，以仁多保忠、嵬名阿埋、妹勒都逋为主将，浩浩荡荡杀奔平夏城。小梁太后母子随军督战。

为了预防熙河路和鄜延路宋军抄掠自己后路，小梁太后命大将罔罗、嵬名济等人分别驻守边境，以应对熙河路和鄜延路宋军的进犯。

平夏城守军在章楶指挥下，早已做好了防守准备。章楶手下集结了郭成、折可适、种朴、王恩、姚古等能征善战的将领，的确是难缠的对手。小梁太后率夏军大张旗鼓地来到平夏城下，仁多保忠令旗一挥，夏军架起云梯，开始猛攻平夏城。章楶早有准备，一声令下，宋军飞箭如雨，射向夏军，刚攀上云梯的夏军纷纷跌落，平夏城下一片鬼哭狼嚎。此后，夏军先后用了投石机、攻城车等器具，对平夏城发起了一拨又一拨的攻势，却是毫无效果。此时，一条对夏军不利的消息传来了。

宋军熙河路将领王愍（mǐn）、鄜延路守将刘安和张诚分别率军攻入夏国境内。小梁太后布置的罔罗、嵬名济等人被杀，夏军后路受到了严峻的威胁。听到此消息后，夏军顿时斗志全无。此时夏军的军粮也已食尽，小梁太后无可奈何，垂头丧气地率领夏军撤退。

此战，夏军攻城十三日，除了留下数万具尸体外，一无所获。小梁太后越想越气，她用刀子割破自己的脸，放声大哭。

夏军撤退后，小梁太后派嵬名阿埋、妹勒都逋率军留守天都山，指示他们寻找机会，继续图谋平夏城。章楶获知消息后，派遣大将折可适率领两千骑兵突袭天都山，嵬名阿埋、妹勒都逋还没反应过来，就成了宋军的俘虏。宋军在天都山设立西安州，以折可适为知州，蚕食西夏的计划又往前推进了一步。

得到平夏城之战胜利的消息，宋哲宗兴奋异常，他在朝中摆下庆功宴，与文武百官共饮。自宋哲宗即位以来，宋军在与西夏的战争中全线开花，战略要地天都山被宋军占领，横山也被宋军蚕食大半，西夏的形势已经岌岌可危了。

小梁太后心急如焚，频频遣使入辽国，请求耶律洪基派兵助战。耶律洪基才懒得蹚这浑水呢，每次都是胡乱搪塞过去。小梁太后不肯放弃，夏国的使者源源不断地被派往辽国。耶律洪基不胜其烦，就派遣使者入夏，毒死了小梁太后。

小梁太后死后，李乾顺终于摆脱了傀儡生活，开始亲政。李乾顺深知，再打下去对夏国极为不利，于是他遣使入宋，诚恳地向宋哲宗"谢罪"，表达了与宋朝和解的意愿。看到李乾顺的姿态摆得这么低，宋哲宗也就同意和解了，但他提出了一个要求：议和可以，但夏国须杀掉嵬保没、结讹遇这两个人。嵬保没、结讹遇是小梁太后的谋士，频频煽动小梁太后侵宋，宋哲宗早已恨之入骨。为了摆脱亡国的命运，李乾顺只有忍痛割爱了。嵬保没、结讹遇稀里糊涂地就做了李乾顺的刀下之鬼。宋元符二年（夏永安二年，1099 年），宋夏双方达成和解，正式停战议和，这场持续百年的战争暂时停止了。

第二十章

蛟龙出水：宁江州、出河店、达鲁古城之战

潜龙勿用

阿骨打端坐在一张舒服的虎皮座椅上，闭目养神。他接替兄长完颜乌雅束坐上这都勃极烈（部落联盟酋长）之位，已经整整一年了。这一年来，他日日郁郁不乐，辗转难眠。

自阿骨打的祖先完颜函普那一代起，完颜家就在这片土地上繁衍生息。到了阿骨打的祖父完颜乌古乃担任部落长时，完颜部击败了强大的乌林答部，又兼并了一些小部族，成为女真部落中最强大的一部。阿骨打的父亲完颜劾里钵担任部落长期间，完颜部平定了桓赧、散达、乌春、窝谋罕四部的叛乱，正式成了部落联盟长，百年霸业自此拉开了帷幕。接替完颜劾里钵即位的是他的弟弟完颜盈歌。完颜盈歌彻底荡平了不服从自己的大小部落，并东征高丽，解除了后顾之忧。完颜部，不，是女真部正式进入了鼎盛期。接替完颜盈歌位置的是他的弟弟完颜颇剌淑，接替完颜颇剌淑位置的则是他的侄子，也就是完颜劾里钵的儿子完颜乌雅束，接替完颜乌雅束位置的，自然就是本章的主角完颜阿骨打了。

阿骨打即位时，女真部落已是兵强马壮，但有一件事情却让他寝食难安，郁郁不乐。自完颜乌古乃起，完颜部为了取得辽国的支持，对辽国表示臣服，被辽道宗册封为女真部落节度使，取得了对女真部落名正言顺的统治权。但是，有得必有失，耶律洪基也不是大善人，他封完颜乌古乃为节度使是有条件的，女真部要每年定期向辽国进贡海东青。海东青，又名鹘鹰，是辽东地区的一种猛禽。海东青以蚌为食，这让它成了人们采集北珠最好的助手。辽国统治者为了采集北珠，频繁地向女真部索取海东青。女真人为了捕捉海东青，历尽艰辛，有人甚至为此丧命。辽国天祚帝耶律延禧荒淫无度，无休无止地向女真部索取海东青，捕捉海东青成了女真部巨大的负担。

看着自己的子民为此疲于奔命，阿骨打的心在滴血。他已经四十七岁了，从弱冠时起，他就跟随父亲南征北战，练就了一手出神入化的箭法，是女真部有名的神射手。他曾经当着辽国使者的面射鸟，连发三箭，全部命中，辽国使者为之震惊，连称看到天神。在部落中，阿骨打有着绝对的威望，人们对他顶礼膜拜。他怎能眼睁睁地看着他的子民遭受契丹人的欺压？

辽天庆四年（宋政和四年，1114 年），阿骨打召集部族，通知了他们起兵之事，并率领各部族打造兵器，修筑工事。如此大张旗鼓地准备造反，阿骨打的胆量也真够大的。

事情很快传到辽国，东北统军司萧挞不也马上遣使询问。辽国使者怒气冲冲地问道："你私自铸造武器，修筑工事，是想造反吗？"阿骨打心说我造反之心已是路人皆知了，于是他冷冷地对辽国使者说："我设险自守，你又何必多问？"

辽国使者回去后，向萧挞不也叙说了阿骨打的反状。萧挞不也不敢轻忽，马上奏报天祚帝。天祚帝正忙于打猎，哪有空理会这些小事，大手一挥，给了萧挞不也八百骑兵，叫他随时监视阿骨打，一有风吹草动，马上将其就地正法。在天祚帝眼里，八百人马已经足够收拾阿骨打这帮女真蛮人了。萧挞不也无可奈何，不过有八百兵，总比单枪匹马好，至于能不能挡住阿骨打，那就听天由命了。

起兵前，阿骨打心里还是有点没底，女真部落人口稀少，最多只能组织起两千余兵力，听闻辽国坐拥雄兵百万，如果契丹大军到来，这些没多少作战经验的女真人怕是只有挨打的份。阿骨打心里忍不住犯嘀咕："或许，我的冲动之举是错误的。如此贸然露出不臣之心，如若契丹大军到来，我将陷女真部于万劫不复之地。"他开始有点后悔了。

阿骨打派一个叫仆聒剌的人前去辽军大营刺探虚实。仆聒剌本来就不想打仗：服从辽国，咱们每天锦衣玉食，一生荣华富贵，多好啊。辽国索要海东青就给他们，又不用我们亲自去抓，我们只需把任务摊派给部落子民就行了嘛。于是仆聒剌优哉游哉地出去溜达了一圈，就回来了。至于去没去辽军大营，只有他自己知道了。

仆聒剌回到女真部，一脸惶恐地对阿骨打说："辽军太多了，密密麻麻，不计其数，一眼望不到边。"女真将士们面面相觑，脸上现出畏惧之色。阿骨打说："大家不必惊慌，辽国仓促调兵，哪里能动员这么多人？"他又派胡沙保前往刺探。胡沙保回来了，带来了一个令人振奋的消息："辽国只有宁江州守军和四院统军司的部队，以及少量渤海兵，一共八百人。"阿骨打开心得跳了起来。

阿骨打召集部族，开了一场动员大会。会上，阿骨打发表了一番激情演讲："辽主荒淫无道，正是我们起事的最佳时候。辽国人知道我们要起兵，已经从四面八方召集军队来对付我们。如今，我们应当趁他们尚未集结完毕，先发制人，打他们一个措手不及。弟兄们，只要我们能成功，就再不用给他们进贡海东青了，也再不用受他们的欺压了！堂堂女真七尺男儿，岂能甘心受契丹人的奴役！"女真将士群情激昂，杀声震天。

阿骨打慢慢斟上一杯酒，祭奠皇天后土。仪式结束后，他开始谋划起兵的具体事宜。首先是要征召军队。阿骨打派完颜斡鲁古、完颜阿鲁等人召集女真各个部落的军队，一共调集到两千五百人。两千五百人是少了点，对付萧挞不也的八百人却也绰绰有余了。阿骨打自己担任主帅，以完颜银术可、完颜娄室担任大将，从寥晦城（今黑龙江哈尔滨市双城区西南前对面古城）出发，渡过涞流水（今松花江支流拉林河），直奔宁江州（治今吉林松原市东）。

大军到达一个叫作唐括带斡甲的地方，全军停下，阿骨打率众人祷告天地。之后，女真将士轮流手握木棒宣誓。宣誓完毕，阿骨打再次发表讲话，确立了明确的奖罚制度："这次起兵后，大家只要立下战功，必有封赏。原本是奴婢的，转为良民；原本是平民的，做官；原本就有官职的，官升一级。以后大家封赏的多少，全部视战功的多少而定。若是有人背叛，便死在木棒之下！"

见女真将士的积极性已被调动起来，阿骨打令旗一挥："大军出发，目标——宁江州。"

女真部的战前仪式也太多了点，给了辽国人充分的备战时间。萧挞不也多次向天祚帝请求援军。天祚帝颇为不耐烦，心说一个小小的女真部，子民不满万人，就把你吓成这样？看来这个萧挞不也是不靠谱了。天祚帝于是派遣大将高仙寿、耶律谢十统率渤海兵驰援宁江州。

来到位于国境线上的界沟，阿骨打派儿子完颜宗干带领将士把沟填平。完颜宗干不敢懈怠，率将士们干得不亦乐乎。界沟刚填完，辽军就到了！高仙寿、耶律谢十率领的辽国援军正风尘仆仆地赶往宁江州，与女真军不期而遇，阿骨打起兵反辽的第一战就这么打响了。

女真将士虽然勇猛，却都是战场新手，毫无作战经验。双方甫一交手，女真军就顶不住了，纷纷后退。危急关头，阿骨打的弟弟完颜杲挺身而出。他率领数名骁勇善战的女真士兵，冲击辽国中军，直取耶律谢十，打算来个擒贼先擒王。阿骨打却派完颜宗干拦住了完颜杲。完颜杲一脸迷惑："兄长何故阻拦小弟？"阿骨打一脸凝重地说："此战乃我军首战，至关重要。若是战胜，我军将势不可挡；若是战败，则粉身碎骨。我身为主帅，理应承担这个风险。兄弟且退下，看为兄为你破敌。"

战龙在野

看到完颜杲退回，耶律谢十差点笑出声。这帮女真蛮人，竟是胆小如鼠，既是如此，又何苦造反呢？本将军今天就送你们归西！"弟兄们跟我上！"耶律谢十令旗一挥，一马当先，率大军直扑阿骨打的中军。女真军抵挡不住，纷纷闪避。阿骨打面无表情地骑在一匹高头大马上，一动也不动。

近了，更近了，双方的距离只有百步之遥了。只见阿骨打弯弓搭箭，如疾风闪电，一箭正中耶律谢十。耶律谢十惨叫一声，跌下马来。辽军将士见主将被射中，纷纷前去营救。阿骨打箭无虚发，接近耶律谢十者挨个倒下。

耶律谢十也真够剽悍的，他拔下身上的箭，跃上马背，一提缰绳就欲逃跑。阿骨打抬手又是一箭，正中耶律谢十后背，耶律谢十跌下马背，再没起来。阿骨打纵马向前，牵过耶律谢十的战马，欣赏自己的战利品，突然一支箭从他耳旁擦过，阿骨打反应速度无与伦比，回头就是一箭，放箭的辽国将领一声惨叫，倒地而亡。好险哪！阿骨打还是缺乏战场经验，这一箭再偏半寸，他势必无幸。

阿骨打振臂高呼："今天不杀光敌人，不罢休！"率军冲入辽军队伍，疯狂砍杀。辽军将士早已被阿骨打的神射吓破胆了，哪里还有斗志？高仙寿率先拨转马头逃跑，辽军看到主帅逃走，乱作一团，一哄而散。阿骨打挥军掩杀，辽军自相践踏而死的、被女真军杀死的，不计其数。

阿骨打派人将获胜的消息通知留守的国相完颜撒改（阿骨打伯父完颜劾者之子），并将耶律谢十的宝马赏赐给他。完颜撒改乐得合不拢嘴，派儿子完颜宗翰、部将完颜希尹前往，向阿骨打表示祝贺，同时劝阿骨打登基称帝。

听到完颜宗翰和完颜希尹劝自己称帝后，阿骨打哈哈大笑："小子胡说什么？成功？我才刚上路呢！打一次胜仗就要称帝，目光也太短浅了吧。今天只是开始，以后的路还长着呢。我们当前的任务是打下宁江州。"

阿骨打率领女真将士风驰电掣般直扑宁江州。来到护城河边，阿骨打并没有立即命女真将士渡河，而是派人将泥土装入袋子里，填进护城河中，堆出一条路来。

宁江州中只有八百守军，见女真军过了护城河，知道大势已去，意欲打开东门逃跑。阿骨打派温迪痕阿徒罕率军截杀，逃出城的辽军士兵全部被斩杀，东门外顿时一片鬼哭狼嚎之声。阿骨打令旗一挥，女真将士从东门蜂拥而入，宁江州就这么被攻下了。萧挞不也在这么恶劣的环境下，竟然成功逃走，另一位守将大药师奴的运气就差了点，被阿骨打当场擒获。

阿骨打并没有杀死大药师奴，而是将他放走。大药师奴是渤海人，在渤海人中有着极高的威望。阿骨打放走他，自然是要他招揽渤海人了。很快，就有渤海人陆续来投，阿骨打派他们回去，向渤海部落传话："女真、渤海都是靺鞨人，本来就是一家，应当同心协力，共同讨伐欺压我们的契丹人。"渤海人当即表示服从阿骨打的领导。女真部本来不足万人，有了渤海人的加入，自然是如虎添翼。

阿骨打又派出大将完颜娄室招抚熟女真部。熟女真，就是编入辽国户籍的女真人，在辽国的地位比阿骨打所属的生女真的地位要高，他们可以进入仕途，军队也隶属于辽国军队编制。但熟女真毕竟不是契丹人，在辽国，他们也属于被欺压的对象。完颜娄室成功说服了熟女真部。

至此，阿骨打先后收复渤海部、熟女真部，兵员得到大大补充，初步具备了与辽军叫板的实力。

随着实力的不断壮大，阿骨打对女真部的军事组织进行了改革，确立了"猛安谋克制"。按照规定，女真部以户为作战单位，三百户为一谋克，十谋克为一猛安。猛安谋克制确立了全民皆兵的军事体系，在战时可以最大限度地发掘女真部的军事动员能力。

萧挞不也从宁江州逃走后，快马加鞭来到中京大定府（今内蒙古宁城县西）向天祚帝汇报。天祚帝这才感受到了事情的严重性。萧挞不也一脸严肃地进谏道："还请陛下增加兵力。女真人凶悍，阿骨打又收服了熟女直（为避辽兴宗之讳，辽国称女真为女直）和渤海人，已经可以动员三千多人的兵力了。"

十月，天祚帝派殿前都点检萧嗣先为主帅，萧挞不也为副，点起七千大军，讨伐阿骨打。由于辽军分散各地，萧嗣先和萧挞不也率五千人的主力渡过鸭子河（即混同江）后，原地休整，等待各路的地方军队共两千人前来会师。

听到辽军来犯的消息，阿骨打照例亲自率军迎战。女真部在收服熟女真部和渤海部后，已经发展壮大，阿骨打这次共动员了三千七百名将士。辽军只七千人，阿骨打相信，一定能轻而易举地击溃萧嗣先。

此时的女真部军队也才仅仅三千七百人，若是辽国一开始就出动大军，阿骨打就会被消灭在萌芽状态，也就没有日后的大金国了。天祚帝偏偏使用添油战术，这种战术最终令辽国军队被女真人分批歼灭，天祚帝本人，也做了阶下囚。

还未到鸭子河，已是黑夜，阿骨打下令全军扎营休息。睡到半夜，阿骨打突然惊醒，大喊大叫。将士们纷纷惊醒，询问是怎么回事。阿骨打一脸兴奋地说："刚才我正在睡觉，神明连续三次抬我的头，告诉我现在进击，必能获胜。大家打起精神，都别睡了，趁夜突袭，必能击溃契丹人！"阿骨打命人点起火把，连夜向鸭子河进发。

阿骨打的偷袭战术还是不太专业，竟然点起火把前进。当女真军抵达鸭子河南岸时，辽军哨兵看见密密麻麻的火把，知道是女真人袭营，大惊，慌忙通知萧嗣先。其时乃十一月，正是寒冬，鸭子河上结了厚厚的冰，萧嗣先命令辽军将士将冰凿开，以免女真军踏冰过河。

阿骨打挑选了一千名骁勇善战的女真将士，亲自率领，赶在辽军凿开坚冰之前迅速踏过鸭子河。阿骨打弯弓搭箭射倒几个凿冰的辽兵，其他人一哄而散。萧嗣先看到阿骨打的神威后，吓得肝胆俱裂，还未交战即率军退走。阿骨打待女真军全部过河后，挥军追击萧嗣先。

一直逃到出河店（今黑龙江肇源县），在萧挞不也的劝说下，萧嗣先终于回过神来："是啊，我军兵力是对方的两倍，怕什么？众军听令，就在此处布阵，准备活捉阿骨打！"

阿骨打追到出河店，双方展开厮杀。辽军兵力毕竟是对方两倍，女真将士虽然骁勇，一时倒也难以获胜，双方你来我往，打得不可开交。就在这时，一阵大风吹起（史官们，能不能换个剧本啊，老套，太老套了），辽军将士顶风作战，一时不利。萧嗣先突然害怕起来：这风起得，有点邪门，看样子我军是要吃亏。好汉不吃眼前亏，萧嗣先掉转马头，一溜烟逃得无影无踪。

看到主帅逃跑，辽军将士顿时毫无战意，在萧挞不也、崔公义、邢颖等将领的率领下，掉头就跑。阿骨打率女真军紧追不舍，在斡论泺（pō）追上了辽军。战斗成了一场单方面的屠杀，辽军几乎全军覆没，将军崔公义、邢颖等人也战死军中。女真军缴获的战马、器皿、珍宝等不计其数，阿骨打发了一笔横财。

萧挞不也再次从出河店逃脱。当辽军即将覆灭时，萧挞不也眼疾手快，悄悄溜出战场，策马往北狂奔。可惜，他这次的逃跑运气不够好，在溜出战场时被完颜斡鲁古发现。"老贼哪里跑！"完颜斡鲁古一声大喝，在后面穷追不舍。萧挞不也吓得肝胆俱裂，猛提缰绳，纵马狂奔。斡鲁古搭弓放箭，一箭正中萧挞不也后心。随着"啊"的一声惨叫，萧挞不也跌下马来，斡鲁古策马上前，一刀砍下他的脑袋。

萧嗣先回朝后，依靠兄长萧奉先在天祚帝面前多方开脱，居然只是被免官而已。天祚帝如此昏庸，辽国不败才怪。

阿骨打派出众将，分头行动，扫荡宁江州附近的辽军城池。大将仆虺（huī）攻陷宾州（治今吉林农安县东北），完颜娄室、完颜斡鲁古则攻占咸州（治今辽宁开原东北老城镇）。辽将赤狗儿闻听宾州失守，挥军来救。仆虺出城一顿冲杀，赤狗儿被打得落荒而逃，逃到祥州（宾州东南，今吉林农安县东北），又被吾睹补、蒲察率领的军队大败。

一时间，混同江流域的宁江州、宾州、祥州、咸州全部落入女真军手中。就连混同江流域的实力派——奚王萧干都向阿骨打奉表投降。阿骨打的总兵力到这时候已经发展到一万人。辽国人常说，女真不满万，满则无敌。他们的话正在一步一步被印证。阿骨打意气风发，现在他拥有了一块稳定的地盘，拥有了一万精锐的女真将士，可以考虑更进一步了。

飞龙在天

见阿骨打势力越来越大,有一个叫杨朴(璞)的人瞅准机会,前来投奔。他是渤海人,曾参加辽国的科举考试,进士及第,做过一些校书郎之类的小官。虽然满腹经纶,但他在辽国不受重用,郁郁不得志。一见到阿骨打,他就劝说阿骨打称帝:"大王既然揭竿而起,就应该变小家为大家,改部族为国家。大王坐拥广大的地盘、精锐的军队,各部族全都听从大王的指挥,为的自然是从龙之功。大王如不登基称帝,建万世之基业,将如何安抚他们呢?"阿骨打感到时机尚未成熟,婉言谢绝。

阿骨打的弟弟完颜吴乞买、堂兄完颜撒改、堂叔完颜辞不失(习不失)等人,也纷纷劝进。阿骨打再次推让。完颜宗翰、完颜蒲家奴、完颜阿离合懑等人又劝进,完颜宗翰道:"我们的功业已经建立,如果大王再不称帝,恐怕会寒了众将士的心哪。"完颜宗翰的话说得已经很直白了,言外之意就是,叔叔啊,你再不称帝,我们跟着你干得不到好处,谁还有动力继续干呢?

戏演得差不多了,是时候了。辽天庆五年(宋政和五年,1115 年)正月初一,阿骨打在会宁府(治今黑龙江哈尔滨市阿城区)登基称帝,定国号为"大金",建元收国。阿骨打向文武百官解释道:"辽的意思是镔铁,辽国以镔铁为国号,是想像镔铁一样坚硬。镔铁固然坚硬,但时间久了还是会锈蚀。朕取金为国号,因为黄金永远不会生锈!"群臣连称"陛下英明"。于是,一个崭新的政权建立了,从此,这个政权将成为宋辽两国的噩梦。

看到金国势力越来越大,天祚帝感到有点麻烦了。"这个阿骨打,天天搞破坏,搞得朕打猎都不得安宁,干脆跟他停战议和算了。"他派出使者,前往会宁府,向阿骨打提出议和。虽然是议和,但天祚帝还是摆出一副高姿态,他在议和书上直呼阿骨打的姓名。阿骨打不拘小节,觉得这倒也没啥,但另一件事,他可就不能忍受了——天祚帝以命令的口气,要求金国向辽称臣,做辽国的从属。

阿骨打刚刚登基称帝，如日中天，焉能做你的从属？退一步说，完颜娄室、完颜宗翰等人冒着掉脑袋的危险跟着阿骨打造反，自然是为了做从龙之臣，谋一个终生富贵，阿骨打要是做了辽国的从属，这帮部下不造反才怪呢。所以，阿骨打无论如何都不会，也不敢接受天祚帝的条件。

正月初五，刚刚登基五天的大金皇帝完颜阿骨打亲率大军南下，攻打松花江流域的辽国军事重镇黄龙府（治今吉林农安县）。金军首先攻打黄龙府北面的益州，益州守将听说金军来犯，吓得魂飞魄散，没等金军抵达，就溜出城门，一路向南逃往黄龙府了。益州守军见主帅逃走，一哄而散，阿骨打兵不血刃地占领了益州，率军直取黄龙府。"直捣黄龙，与诸君痛饮！"阿骨打豪气干云地对大将完颜银术可、完颜娄室说道。

自己的议和条件遭到阿骨打拒绝后，天祚帝终于坐不住了。他召集群臣，商量征讨阿骨打的策略。宰相张琳奏道："我军之所以在出河店战败，是因为轻举妄动。陛下应该使用汉军破敌，若调集汉军二十万，必能击破阿骨打。""二十万？"天祚帝从龙椅上猛地站起来，"是不是太多了点？目前只有十万汉军，如何凑够二十万？""陛下可勒令上京府、长春路、辽西路各地富户统计他们的家财，令他们出钱招募汉人参军，每三百贯募一人。重赏之下，必有勇夫！"天祚帝高兴得连拍大腿："还是爱卿有办法。"

凑齐了二十万汉军，天祚帝命张琳、吴庸二人负责组织集结。张琳、吴庸不懂军事，他们图方便，就让汉军士兵自己准备兵器，汉军士兵们就找来一些破刀烂矛充数。这支鱼目混珠的军队，战斗力如何也就可想而知了。

保险起见，天祚帝还集结了七万契丹士兵，由耶律讹里朵担任都统，萧乙薛、耶律章奴担任副都统，萧谢佛留担任都监，与汉军将领耿钦、龚谊等人率领的汉军协同作战。

阿骨打当时正在率军攻打黄龙府，得到辽军南下的消息，决定暂不攻打黄龙府，转而北上，目标指向黄龙府北面的达鲁古城，试图消灭辽军的有生力量。

金收国元年（辽天庆五年，宋政和五年）正月二十九日，金军抵达达鲁古城，与耶律讹里朵等人率领的二十七万辽军遭遇，一场大战一触即发。

神龙摆尾

辽军拥兵二十七万，漫山遍野，金国只有一万余人的兵力，女真将士不禁有点发怵。阿骨打登上高处，观察了辽军的阵形后，对女真将士说："辽国这些士兵鱼龙混杂、三心二意，就是一群乌合之众，毫无战斗力，我军必能一战而胜，大家不必惊慌。"

阿骨打不愧是那个年代最杰出的军事家，一眼就看出了辽军的问题。当时，辽军由二十万汉军和七万番兵组成，这些汉军有一半是用重金招募来的，装备陈旧，战斗力极其低下。辽军主帅耶律讹里朵又是个草包，胆小如鼠，对汉军非常不信任。

阿骨打迅速下达了作战命令，完颜宗雄、完颜娄室、完颜银术可分率左右两翼军进攻辽军，阿骨打与完颜宗翰、完颜宗干率领中军作为后备，视两翼军战况随时准备支援。

双方甫一交战，完颜宗雄率领金国右翼军猛攻辽军左翼的汉军军团，汉军抵挡不住，稍有退却。耶律讹里朵见汉军退却，以为他们要逃跑，情急之下来了个先下手为强，自己抛下大部队逃之夭夭。看见主帅逃跑，汉军顿时大乱，在刚招募的新兵的带领下，一部分士兵开始向北溃逃，其余的汉军也是节节败退。

阿骨打令旗一挥，金国左翼军在完颜娄室、完颜银术可的率领下攻向辽右翼军。虽然耶律讹里朵已临阵脱逃，但辽右翼军在耶律章奴、萧乙薛等人率领下毫不畏惧，拼死抵抗。

完颜银术可、完颜娄室是阿骨打手下最为强悍的将领，萧乙薛、耶律章奴等人反复变换阵形，对辽军发起人海战术。完颜银术可、完颜娄室多次陷入辽军包围圈中，幸而都凭借着自己的勇武杀出重围。

眼见左翼军战况不利，完颜宗翰按捺不住了，几次请缨助战，但都被阿骨打拒绝。在辽军的凶猛攻势下，左翼军有点抵挡不住了，完颜娄室、完颜银术可且战且退，逐渐现出败象。这时候，完颜宗雄率领的右翼军已打垮汉军，前来助战。随着金国右翼军加入战阵，双方一时又拉成均势，耶律章奴、萧乙薛、萧谢佛留等人率领辽军奋勇冲杀，与完颜娄室、完颜宗雄等人率领的金军打得难分难解。

看到时机差不多了，阿骨打决定打出他的底牌。他令旗一挥，完颜宗翰率中军加入战团。金军的中军此前一直没有参战，正是一支生力军。而辽国的右翼军在主帅逃跑的情况下，先是对抗完颜娄室、完颜银术可，后来又要对抗完颜宗雄所部，以一敌二，早已筋疲力尽。完颜宗翰率领的中军一参战，辽军立刻抵挡不住了。在耶律章奴、萧乙薛等人指挥下，辽军退入大营中，负隅顽抗。此时，被击溃的辽左翼汉军又重新组织起三万人的兵力，在将作少监武朝彦的指挥下重新加入战团。得到汉军的支援，辽右翼军重新振作，拼死抵抗。

天色渐渐黑了下来，阿骨打率金军将辽军围困在大营中，却也一时攻不下来，于是双方停战休息，等待天亮再战。辽军将士连夜召开军事会议，商量对策，最后决定，趁黎明时金军尚在酣睡之机突围，保存有生力量。

阿骨打是何等人？对于辽军的突围他早已有所防备。第二日，辽军刚开始突围，就遭遇了金军的伏击，一时伤亡惨重。剩余的辽军潮水般向北逃去，阿骨打挥军直追，在阿娄冈追上了对方。此时的辽军已近崩溃，在金军骑兵的轮番冲击下，左翼汉军全军覆没，耶律章奴、萧乙薛等人率领着残兵败将仓皇北逃。金军大获全胜，阿骨打满载而归，返回会宁府。

此战金军斩获颇多，除了歼灭二十多万辽军外，缴获的战马、甲胄不计其数。有意思的是，在金军的战利品中，竟然有一千多件农具。天祚帝命耶律讹里朵等人在讨伐金国时随军携带农具，打算在击溃金军后在达鲁古城一带屯田，以做长期对抗金军的准备。不承想，这批农具全部"送给了"阿骨打。

达鲁古城之战失利后，天祚帝开始慌乱，他派刚刚败退回来的耶律章奴等六人为使者，再次前往会宁府与阿骨打议和。天祚帝这次做出了让步，没有再命令阿骨打向自己称臣，但他依然放不下"上国"的架子，在议和书中态度极为倨傲，仍然直呼阿骨打的名字。阿骨打也回敬了一招，扣留了辽国五名使者，只放耶律章奴回去，并且亲自修书一封，命耶律章奴交给天祚帝。在信中，阿骨打直呼天祚帝的姓名，语气也模仿天祚帝给自己的议和书。

天祚帝接到阿骨打的回信后，竟然没有生气。他提笔给阿骨打回了一封信，再次派耶律章奴赴金国交给阿骨打。这次，天祚帝的态度变得和蔼，他开始以商量的口气询问阿骨打议和之事。阿骨打接到回信后，顿觉此人不可理喻。在给天祚帝的回信中，阿骨打只写了一句话：耶律延禧，投降吧。

耶律章奴带着阿骨打的信回国，路上，他越想越觉得耻辱。"耶律延禧这个昏君，被阿骨打如此羞辱，竟还想议和，真是毫无自尊心。跟着这种昏君，哪里还有一点希望？"耶律章奴心里开始看不起天祚帝。

这年八月，阿骨打再次率军攻打黄龙府，这一次，没有遇到任何抵抗，一攻即下。黄龙府是辽国东部的军事重镇，为了控制女真人，辽国在此地长期设置兵马都部署司，对女真进行监视镇压。攻克黄龙府，代表着金国完全摆脱了被辽国统治的阴影，成为与辽国平起平坐的大国。此后的辽金战争，就不再是天祚帝与阿骨打的"平叛"与"反抗"之战了，而是演变成了国与国之间的博弈。

第二十一章

风卷残云：护步答冈、东京、上京之战

决战护步答冈

天祚帝终于雷霆大怒。

阿骨打，你实在欺人太甚！朕几番放下姿态，主动与你议和，你在回信中对朕进行言语侮辱不说，朕的议和使者前脚刚走，你后脚就攻打朕的黄龙府，是可忍，孰不可忍？朕连续三次败在你手下，并不是因为朕打不过你，只是因为朕没有重视而已。你以为你在达鲁古城消灭朕二十万步兵很威武？你哪里知道，那些人大部分是朕临时招募的汉军。你消灭他们，丝毫动摇不了朕的根本。好吧，既然你阿骨打蹬鼻子上脸不知好歹，朕就好好教训教训你，让你看看朕真正的实力。

辽天庆五年（金收国元年）八月，秋风萧瑟，天祚帝的心里却是热血沸腾。他最近几年忙于狩猎，好久没有亲自上战场杀敌了，这次一定让女真人瞧瞧他的厉害。他命萧奉先、耶律章奴为正副都统，率领两万精兵为开路先锋；他本人则率八万大军作为中军；同时，从幽燕地区征发汉军三万，以萧胡睹姑、柴谊分别担任正副都统。全军浩浩荡荡，杀奔黄龙府。

天祚帝再次给阿骨打修书一封，这一次他不再议和，这一次他的态度重新倨傲，这一次他的措辞空前强硬。天祚帝在信中回顾了辽国与女真的深厚情谊，指责了阿骨打以下犯上的叛逆行为，表示了对阿骨打破坏和平行为的极度失望。信的最后，天祚帝咬牙切齿地说："女真犯上作乱，罪该万死，朕必当亲自剿灭！"

听到辽军来犯的消息，阿骨打心中还真是非常顾忌。天祚帝这次动员的十三万大军，已经差不多是辽国的全部家底了。上次的达鲁古城之战，虽然辽军总兵力二十七万，但大多数是新招募的乌合之众，不但对作战毫无裨益，还能拖辽军的后腿。这次辽军倾巢而出，来的是精锐契丹骑兵，阿骨打心里可就一点底也没有了。金国虽然逐渐壮大，但能够调集的总兵力也不过两万人而已，双方不是一个体量的。怎么办呢？阿骨打陷入了沉思。

阿骨打召集女真臣民开会，商量对策。在会上，阿骨打突然拿出刀子，狠狠地在自己脸上划了一道口子。鲜血，顺着阿骨打的脸颊流下来，流到了他的衣襟上，浸染得他的胸前一片血红。"陛下何故如此？"众人七手八脚上前阻止，夺下了阿骨打的刀子。阿骨打眼含热泪说："当初我带大家起兵抗辽，是因为不能忍受契丹人的压迫。我们起兵抗暴，建立国家，是为了能与残忍的契丹人对抗。如今天祚帝倾国而来，如果大家不尽心死战，大金必将亡国。不如把我一家人绑了，去送给天祚帝，可保大家活命。""事情已经到了这个地步，请陛下相信，我们一定听从陛下的指挥，全力杀敌！"各个部族的首领纷纷向阿骨打保证道。

阿骨打调集了两万骑兵（已经是金国可以动员兵力的极限了），亲自率领，迎击天祚帝。金军到达爻剌，阿骨打听从众人的意见，派完颜迪古乃、完颜银术可前去防守达鲁古城，自己率军在爻剌安营扎寨，等待辽军的到来。谁知一连等了两天，别说天祚帝了，连一个辽兵的影子都没见到。阿骨打派出探马四处打听，得到了一个令他欢呼雀跃的消息：辽国先锋都统耶律章奴叛变，天祚帝已经回去平定耶律章奴去了！

自从被天祚帝派遣出使金国，担任议和使者起，耶律章奴见识了天祚帝的昏庸无能，对其早已大为不满。这次担任先锋，耶律章奴趁辽军渡鸭子河之隙，于十二月初十夜里率领自己的部众突然撤退，马不停蹄直奔上京。天祚帝倾全国之力出征，上京空虚，耶律章奴不费吹灰之力即控制了上京。他派萧迪里前去面见天祚帝的堂叔——魏王耶律淳，密谋拥立耶律淳登基称帝，取代天祚帝。"耶律延禧昏庸无道，必将灭亡，殿下应当听从耶律章奴大人的安排，登基称帝，齐心协力共抗金国，此乃当前挽救大辽命运的唯一办法。"萧迪里诚恳地劝说耶律淳。"好你个吃里爬外的东西，陛下待你不薄，你竟然勾结耶律章奴造反，真是岂有此理！"耶律淳将萧迪里痛骂一顿，派人将他关了起来。萧迪里是耶律淳的小舅子，满以为自己会成为从龙功臣，谁知道却成了阶下之囚，叫苦不迭。

得到耶律章奴谋反的消息后，天祚帝大惊，急忙派驸马萧昱率军奔赴广平淀。广平淀是天祚帝狩猎的地方，这里有他的行宫。更重要的是，还有他的后妃。若是后妃落到耶律章奴手中，那后果将不堪设想。同时，天祚帝派耶律伊逊带着自己的亲笔书信，骑快马迅速赶赴上京，通知留守上京的魏王耶律淳。天祚帝本人则率领大军火速班师，准备先解决耶律章奴，再回来收拾阿骨打。

听耶律伊逊讲完事情的来龙去脉后，耶律淳一刀砍下萧迪里的脑袋，和耶律伊逊连夜逃往广平淀。

耶律淳逃走后，耶律章奴大怒，率领部下将上京府的国库劫掠一空。耶律章奴还在上京府到处张贴安民告示，宣传天祚帝的罪行，号召大家加入自己的阵营，一起废黜天祚帝，拥立新主，匡扶大辽。毕竟造反的风险太高，纵使耶律章奴说得天花乱坠，依然应者寥寥。

看到上京府无人响应自己，耶律章奴怒气冲天："你们这些胆小鬼，全部是缩头乌龟！等我废黜昏君，匡扶大辽后，再来找你们算账！"耶律章奴来到祖州（治今内蒙古巴林左旗西南），先去太祖庙祭奠辽太祖，在辽太祖面前痛陈天祚帝的罪状，并传檄天下，招揽"有识之士"共击昏君。别说，还真有人来投奔耶律章奴了，来的乃是渤海部的人。渤海部本来对契丹皇帝就谈不上多忠心，又经过耶律章奴的煽动，自然也想趁乱捞一把，于是几万渤海人加入耶律章奴的队伍。耶律章奴实力大增，信心百倍地率领他的军队直扑广平淀。

驸马萧昱、魏王耶律淳等人早已布置好了广平淀的防线，在此等待耶律章奴多时了。耶律章奴招揽的乌合之众完全不是广平淀守军的对手，只一个回合就被打得大败。耶律章奴率领残兵败将仓皇北逃，又被阿鹘产带领的上顺部击溃，耶律章奴手下二百多名文武官员全部被杀，溃兵逃往金国。耶律章奴化装成使者的样子，也打算逃往金国，结果却被人认出。阿鹘产将耶律章奴五花大绑，押往广平淀。

天祚帝已经退走，金军自然也应该撤军回国了。阿骨打召集众将，向大家宣布了撤退的命令。众将哪能甘心？纷纷要求追击天祚帝。

阿骨打脸色一沉，对大家说："辽国大军来的时候，我们没有迎战。现在对方退走了，却又想追击，是想证明我们很勇敢吗？"

众人心中惶惶不安，呼啦啦地跪了一地。完颜宗翰、完颜宗干齐声道："我等愿听从陛下指挥！"

阿骨打面色稍缓，对大家说："如果愿意跟我追击耶律延禧，得先答应我一个条件。"

"但凭陛下吩咐！"

"若想追击辽军，大家就不要带粮饷，轻骑出击。只要能击败辽军，想要什么就有什么！大家能做到吗？"阿骨打表情严肃地问道。

"能！"齐刷刷的喊声响彻原野。

阿骨打率领这支虎狼之师一路向西，追击天祚帝，在护步答冈（今黑龙江五常市西）追上了辽军。辽军被耶律章奴带走了一部分，萧昱救援广平淀又带走了一部分，兵力已经减半，此时有五六万人。饶是如此，依然是金军的三倍。敌众我寡，金军仍是不易取胜。

阿骨打观察了一会儿辽军的阵容，马上有了主意。他对大家说："敌人拥兵五六万，我军只有两万，敌众我寡，势难取胜。我们一定要集中兵力，攻击敌人的中军。他们的中军护卫严密，一定是在护卫耶律延禧。耶律延禧是个无能之辈，我们猛攻中军，他一定会慌乱，他一慌乱，我们的机会就来了。"

金军分成两队，由左翼率先冲击辽国中军。战不多时，阿骨打亲自率领右翼军加入战团。金军合兵一处，采取中央突破战术，猛攻辽军中路。虽然金军以一当十，但毕竟众寡悬殊，辽中路军奋勇抵抗，双方一时之间打得难分难解。

此时，天祚帝害怕了。他眼瞅着女真骑兵离自己只有咫尺之遥，害怕一旦辽军抵挡不住，自己成了女真人的刀下之鬼。所谓"三十六计走为上计"，就在双方激战正酣的时候，天祚帝悄悄掉转马头从战场溜走了。

看到皇帝溜走，辽军将士哪里还有斗志？不知道是谁喊了一声："大家各回各家吧！"辽军将士顿时掉转马头，争先恐后地向西逃去。阿骨打的中央突破战术一举奏效！金军乘胜跟在后面又是一阵追杀，直杀得辽军尸横遍野，血流成河。

天祚帝逃到广平淀后，派人一刀砍下耶律章奴的脑袋，总算是出了一口恶气，但他失败的命运，已经不可挽回了。

护步答冈之战，阿骨打瞅准了天祚帝胆小怕事的弱点，率领女真骑兵猛攻辽军中军，成功迫使天祚帝弃军而逃，从而取得了一场辉煌的胜利。护步答冈之战是辽金战争的转折点，在这场战役中，金军歼灭了辽国的主力兵团，辽国从此无力抗衡金国，成了弱势的一方。

高永昌之死

辽天庆六年（金收国二年，宋政和六年，1116 年）正月初一，元正佳节（春节），辽国的东京辽阳府家家户户张灯结彩，庆祝这一年之中最好的日子。人们将竹片投入庭燎（古代庭院中燃烧的火堆，用以照明）中，伴着噼噼啪啪的爆竹声，辞去了旧岁，迎来了新年。家家户户充满了喜庆的气氛。

庭燎映照着庭院，烛火点亮了茅屋，几名年轻人正围坐在茅屋中，一边饮酒一边侃大山。随着酒意越来越浓，他们的谈话内容也越来越深入。突然，不知是谁提了一句东京留守萧保先的名字，众人马上七嘴八舌地痛骂起来。有骂萧保先为政严苛的，也有骂萧保先乱施刑罚的。说到最后，一名年轻人猛地站起，振臂高呼道："有胆量的就跟我走，杀了萧保先，为渤海人民除害！"众人异口同声地表示赞同。

大家怀揣匕首，借着酒劲，晃晃悠悠地上了街，来到了东京留守府。领头的年轻人当先叫道："军队发生了叛乱，我们要见留守大人，当面报告！"萧保先听到军队叛乱，急忙出来接见这群年轻人。不料，萧保先刚一露面，这群年轻人马上一拥而上，将萧保先捅得鲜血淋漓，当场毙命。杀死萧保先后，这群年轻人马上四散逃走，只留下东京留守府内一片狼藉。

变故发生后，户部使（主管辽国东京路财务）大公鼎马上代理留守之职，与副留守高清明一起迅速做出了应对。他们派出士兵在辽阳府到处搜捕，将肇事者一一抓捕，全部斩首示众，辽阳府的形势安定了下来。

辽阳府的形势真的安定了吗？至少大公鼎和高清明是这样认为的，但有一个人却不这么想。这个人就是东京裨将高永昌。高永昌当时拥兵三千，驻守在辽阳城外的八甗（dān）口。萧保先在辽阳府为政严苛，不得人心，高永昌早就想取而代之。而萧保先之死，高永昌正是幕后策划者。他派了一名部下在城中结交一些热血青年，进行煽动，于是就有了本节开头的那一幕。

高永昌率领手下的三千士兵迅速赶往辽阳府。大公鼎、高清明大惧，慌忙派人出城议和。高永昌理都不想理他们，他已经在城中布下内应，辽阳府已是他囊中之物。城中内应举火为号，偷偷打开了城门，高永昌率部一拥而入，迅速控制了辽阳府。大公鼎和高清明看到大势已去，带领几名亲信从西门突围而出，向天祚帝报信去了。

高永昌发出檄文，叱责天祚帝昏庸无道，号召辽阳府的渤海人和戍守士卒起来响应自己，很快集结了一支八千人的队伍。高永昌大喜，忙不迭地登基称帝，定国号为"大元"，建元隆基。

其时辽国正处于困境，如果失去东京，后果将十分严重。天祚帝本着息事宁人的态度，派遣萧乙薛、高兴顺赴辽阳府与高永昌谈判。天祚帝表示，只要高永昌去除帝号，归顺自己，就可以做东京府留守，继续领导东京辽阳府，其他事情不再追究。高永昌哈哈大笑："东京府留守，哪比得上当皇帝过瘾？你省省吧，耶律延禧，你自己都快被金国收拾了，还想让朕归顺？"

辽国经历护步答冈之战后，国力凋敝，当时东京道的兵力也是颇为空虚。高永昌趁机在辽阳府周边攻伐，连下五十余城。但高永昌为人残暴不仁，他的军队在攻下城池后烧杀掳掠，百姓见他如见洪水猛兽，纷纷逃走，所以高永昌虽然攻下一座座城池，却大多是空城。这样的政权，是注定不能持久的，高永昌的败亡，也是不可避免的。

天祚帝派宰相张琳和将军萧韩家奴前往讨伐高永昌。张琳在辽东用招募无业游民和抓壮丁的方法，拼凑了一支两万人的队伍。这支军队主要由汉人和渤海人组成，组织松散，军纪混乱，战斗力可想而知。张琳率军浩浩荡荡开往辽阳府，高永昌挥军迎战，双方在沈州（治今辽宁沈阳市）以西隔着辽河对峙。

张琳派老弱病残在阵前虚张声势，自己却率领主力从上游偷偷渡河，打算绕道偷袭沈州城。高永昌早有防备，迅速赶到上游截击。双方激战三十日，高永昌抵挡不住，率军退回辽阳府。张琳乘势率军直趋辽阳府，在辽阳府西面五里处的太子河附近安营扎寨。张琳派人进城向高永昌晓以大义，劝高永昌投降，高永昌哪里会答应，一脚将使者踢了出去。

得知高永昌拒绝投降，张琳大怒。他派将士准备五天的口粮，打算强渡太子河，对高永昌发动总攻。高永昌等辽军渡到一半时，率军应敌，来了个"击其半渡"，张琳大败，仓皇逃回沈州城。

高永昌派挞不野为使者，赴金国面见阿骨打，表示愿意与金国联合，共破辽军。阿骨打派完颜胡沙补面见高永昌，向高永昌说了金国的条件："联合破辽可以，但是你需要去掉帝号，向大金天子称臣。"高永昌大怒，堂堂大元天子，岂能向别人称臣！他毫不犹豫地拒绝了阿骨打的条件。

阿骨打大怒，派完颜斡鲁率军讨伐高永昌。金军到了沈州，将张琳的虾兵蟹将打得落荒而逃，然后一路南下，直扑辽阳府。高永昌开始害怕了，自己与张琳激战月余才勉强占据上风，而金军一来就把张琳打跑了，自己如何能够抵挡金军？于是他派使者前往金军大营，向完颜斡鲁求和，表示自己愿意去掉帝号，向阿骨打称臣。

此时，辽阳府内有一个年轻人，偷偷溜出城，来到了金营。这个人的出逃将让高永昌万劫不复。这个人叫作高祯，渤海人，祖上世代在辽国为官。高祯自幼饱读诗书，曾经考中进士，但不知道什么原因，他并没有进入仕途。当时，高祯正在辽阳府中，而他的母亲，却住在沈州。高祯是个大孝子，在金国攻下沈州后，他就溜出辽阳府向完颜斡鲁投降。金国草创，求贤若渴，看到高祯来投，完颜斡鲁自然是乐得合不拢嘴，就将他留在身边，参赞军事。

高祯是个有野心的人，他之所以投金，母亲在沈州只是个借口而已，否则当初张琳攻下沈州，他怎么不投辽呢？高祯真正为的是辽阳府。他期待着金国攻下辽阳府后，能任命自己为东京留守，但现在高永昌却来求和，高永昌如果向阿骨打称臣，必将担任东京留守，那自己的愿望不就泡汤了吗？于是高祯附在完颜斡鲁耳边，轻声道："将军不可上当，高永昌乃是诈降，我在出城前已经知道了。"完颜斡鲁大怒，好你个高永昌，连我大金也敢耍！他派完颜胡沙补前往命令高永昌即刻出城投降，以证明他归顺之心。同时，完颜斡鲁立刻率军南下，直逼辽阳府。

高永昌大怒，残忍地肢解了完颜胡沙补和他的副手完颜撒八。胡沙补和撒八倒是颇有骨气，至死一直大骂高永昌。高永昌的残暴令人发指，这也为他日后被杀埋下了伏笔。

高永昌亲率大军北上迎敌，双方在沃里活水相遇。高永昌所部哪里是金军的对手，一触即溃，高永昌仓皇逃回辽阳府，闭城死守。金军兵临辽阳府城下，还没开始攻城，高永昌已经吓得肝胆俱裂了，他率领五千将士从别门悄悄出城，逃往长松岛。辽阳府中的百姓抓住高永昌的妻儿，打开城门迎接金军，完颜斡鲁率领金军威风凛凛地开进了辽阳府。至此，辽国的东京辽阳府落入了金国手中。

辽阳府是辽国的五京之一，有着重要的政治意义。金国占领辽阳府，意味着辽国对辽东地区的统治完全丧失。金国坐拥黄龙府、辽阳府，统治了东北人口最稠密的地区，辽国的灭亡，已经只是时间问题了。

高永昌逃到半路，部将挞不野与卢克忠突然发难，将他捉住。高永昌大怒："你们是要造反吗？"挞不野皮笑肉不笑地说："为了我们今后的富贵，只好委屈你了。"二人押着高永昌前往会宁府面见阿骨打，高永昌祈求阿骨打原谅自己。阿骨打大怒道："你当初为何不原谅完颜胡沙补？给我拉出去砍了！"高永昌顿时像一摊烂泥般瘫倒在地。越是残暴的人，临近死亡那一刻越是恐惧。高永昌过了五个月的皇帝瘾，却付出了全家被杀的代价，这个买卖，有点亏。

大战蒺藜山

丢掉东京后，天祚帝感受到了危险的来临。金国下一步的进攻目标，一定是中京大定府和上京临潢府（今内蒙古巴林左旗南波罗城）了。辽军的主力已经在护步答冈之战损失大半，如何抵挡金军的进攻？

自阿骨打起兵后，辽东地区连续经历金辽大战、高永昌之乱，民不聊生。尤其是高永昌之乱，他的部队军纪败坏，烧杀掳掠，无恶不作。辽东地区的居民主要是渤海人和汉人，为了躲避高永昌的蹂躏，他们纷纷逃亡辽西。天祚帝打起了这些辽东难民的主意。辽天庆七年（金天辅元年，宋政和七年，1117 年）他重金招募难民，组织了一支队伍。天祚帝认为这些难民都是从辽东逃亡而来，一定非常怨恨夺取辽东的金国，于是将他们命名为"怨军"。

怨军共计两万八千人，天祚帝将其分为前宜营、后宜营、前锦营、后锦营、乾营、显营、乾显大营、岩州营共八营，以南京留守耶律淳为都统，以萧德恭为副都统，率军驻扎在卫州蒺藜山（今辽宁阜新市北），防备金军的进犯。为了增加防御力量，耶律淳还将驻守在南京的禁军五千人调到蒺藜山。辽军顿时有了兵强马壮之感，耶律淳信心倍增，期待与金军决一死战。

其时已是十一月，北风凛冽，寒意刺骨。怨军不仅装备破旧不堪，还缺少御寒的棉衣，而南京禁军装备整齐，还能优先分配到棉衣。对于这种区别对待，怨军士兵们内心愤恨不已。天祚帝本来想让这支怨军怨恨女真人，结果他们反而恨上了契丹人。

一日，辽军军需官正在给禁军发放棉衣，两名怨军士兵实在忍不住了，跑过去将棉衣一把抢过。此举顿时点燃了火药桶，怨军将士蜂拥而上，将棉衣一扫而空。耶律淳见势不妙，赶紧指挥禁军镇压，眼看一场内讧就要上演。这时，怨军中一位叫郭药师的小头目挺身而出，擒住了带头的两名士兵交给耶律淳。耶律淳当场下令将两名士兵处死，其余人的罪责一概不问。怨军的情绪很快稳定下来。一场大乱随之消弭于无形。

十二月，一万余金国骑兵在大将完颜斡鲁古的率领下来到了蒺藜山。为了对付怨军，金军这次用上了重甲骑兵。这些骑兵每人配备三匹战马，身披重甲，手持长矛、狼牙棒等武器，端的是刀枪不入，冲击力十足。重甲骑兵分成数个小队，每个小队后面配一队轻骑兵，近则挥矛刺，远则弓箭射，配合得天衣无缝，无懈可击。

发现金军来袭，怨军将士就如饿狗扑食般冲向金军。这些金国人搞得他们背井离乡，流离失所，正是不共戴天的仇敌！双方还没接近，金军的骑兵先放出一阵箭雨，怨军将士纷纷倒下。部分穿过箭雨的怨军挺枪猛刺金军，刺到金军的重装铠甲上，"噗"的一声，枪头折断。怨军将士配备的都是破枪烂刀，哪里破得了金军的重甲？金军挥舞着长矛、狼牙棒"招呼"怨军，直杀得怨军血流成河。怨军将士彻底杀红了眼，他们猛身而上，有的用牙齿咬金军的耳朵，有的抱着金军滚入悬崖，双方展开了惨烈的厮杀。

虽然怨军将士拼命死战，五千契丹禁军也加入了战团，但双方实力实在不是一个等级的，随着时间的推移，辽军终于还是顶不住了，耶律淳率军仓皇逃往显州（治今辽宁北镇市）。

斡鲁古继续西进，攻克新州（武安州，治今内蒙古敖汉旗东）。辽懿州守将刘宏派谋士孔敬宗前来投降。孔敬宗投降金军后，主动担任向导，指引金军直逼显州。辽军在显州城外安营扎寨，耶律淳慌了手脚，急忙遣使赴金营求和。使者将耶律淳的亲笔信递给完颜斡鲁古，斡鲁古拍案而起，怒斥使者："自我朝太祖皇帝起兵时，就要求你们交出叛徒阿疏（纥石烈部首领，经常挑拨辽国和女真部的关系，被完颜劾里钵打败后，藏匿在辽国上京），结果你们毫不理睬。回去告诉耶律淳，先交出阿疏，再商量议和的事。"

阿疏在不在人世都是未知数，耶律淳哪里交得出来？看来是非战不可了，但战起来他又打不过，怎么办呢？怨军将领郭药师主动请缨："金国骑兵骁勇无比，正面与之交战，我军不是对手。若要击败敌人，只有一个办法——劫营。金军新到，疲惫不堪，正是我军的良机。"耶律淳别无他法，只好让他试一试了。

夜，伸手不见五指。郭药师率领怨军借着夜色掩护，悄无声息地摸进了金军大营。但金军主帅斡鲁古是个警惕性很高的人，他早已派了大将完颜斡论带人守夜。当郭药师一行人进入金军大营后，完颜斡论一声大喝，守夜的金国骑兵一拥而上，郭药师被杀得丢盔弃甲，大败而逃。

劫营失败，耶律淳再也不敢交战了，他率领五百亲军仓皇逃往南京析津府。斡鲁古率金军攻占显州，而后长驱直入，连续攻占乾州、惠州、豪州、成州、川州等城池，之后才班师回朝。

蒺藜山、显州之战到此完全结束。经过这次战役，金军的骑兵作战已经完全成熟，重骑兵和轻骑兵的配合天衣无缝，契丹骑兵完全没有抗衡的能力，反倒是怨军，凭借着疯狗一样的不怕死精神，还能抵挡一阵。此战的失利使得辽国的中京大定府、上京临潢府完全暴露在金国的攻势下，两京的陷落只是时间问题了，而天祚帝，也将马上开始自己的逃亡生涯。

攻略两京

面对金国的步步紧逼，辽天庆八年（金天辅二年，宋重和元年，1118 年）正月，天祚帝派耶律努克（奴哥）为使者，前往金国向阿骨打求和。同时，天祚帝颁下罪己诏，反思自己的所作所为，承认自己之前所犯的错误，希望获得辽国臣民的支持。

耶律延禧，你早干什么去了？沉迷打猎不理朝政，疯狂向女真部索取海东青，将女真人逼反。当阿骨打造反时，你又使用添油战术，让军队被金军分批歼灭。在护步答冈之战的关键时候，你又扔下军队逃跑。辽国如今的困境，完全是你自己一手造出来的，你一句"我错了我有罪"就想获得大家的原谅？即使辽国臣民原谅你，又有什么用呢？原谅了你，你就能对抗金国的虎狼之师吗？

二月，耶律努克带回来阿骨打的回信。在信中，阿骨打阐明了议和的四个条件：第一，天祚帝认阿骨打为兄，辽国每年向金国进贡岁币；第二，辽国割中京道、上京道给金国；第三，交出辽国与宋朝、西夏、高丽来往的书信；第四，辽国派亲王、公主前往金国为人质。同意这样的条件，和亡国也差不了多少了，但若是不同意，天祚帝又怕金国来攻。怎么办呢？

天祚帝眉头一皱计上心来。他不停地派使者带议和信赴金国，向阿骨打表示愿意议和，求阿骨打放松条件，当阿骨打给他回信拒绝后，他又故技重施。就这样，天祚帝用拖字诀，一直对阿骨打软磨硬泡，金辽双方竟然相安无事。

这样拖了一年多，阿骨打对辽国使者下了最后通牒："告诉耶律延禧，要么答应朕的条件，要么等着迎接朕的大军，不要再给朕写信了！"没等天祚帝做出回应，阿骨打就对天祚帝出手了。

金天辅四年（辽天庆十年，宋宣和二年，1120年）四月，金太祖完颜阿骨打亲率大军讨伐辽国。金军兵分三路，目标直指辽国的上京临潢府。

听到金军来攻的消息，天祚帝慌了神。他安排耶律挞不野担任上京留守，指挥守军保卫临潢府，自己则火速逃往大定府。

五月，金国大军来到了临潢府城下。阿骨打派使者向挞不野晓以利害，命令他开门投降。挞不野严词拒绝了金国使者，他早已提前加固城墙，囤积粮食，做好了与金国长期战斗的准备。

挞不野想打持久战，阿骨打可不愿意。阿骨打命弟弟完颜阇母率军攻城，自己亲自擂鼓督战。踏着隆隆的鼓声，完颜阇母奋勇作战，不到半天工夫就攻破了临潢府的外城。挞不野看到大势已去，就在城头打起白旗投降了。

辽国的五大都城已被金国攻下两个，阿骨打将下一个目标锁定在了辽国的中京大定府上。金天辅五年（辽保大元年，宋宣和三年，1121年）六月，一个契丹人前来投诚，愿当向导，引导金军攻打大定府。这个人就是耶律余睹。

耶律余睹的妻子是天祚帝萧文妃的妹妹。萧文妃的儿子——晋王耶律敖卢斡是嫡长子，仁贤而有才能，在辽国颇具声望。天祚帝第三子耶律定的母亲萧元妃担心儿子在储君之争中败给耶律敖卢斡，便与哥哥萧奉先一起密谋陷害耶律敖卢斡。

一天，萧文妃和妹妹一起去军营找耶律余睹，萧元妃和萧奉先趁机向天祚帝进谗言，说萧文妃姐妹要和耶律余睹、萧昱等人一起策划政变，他们打算废掉天祚帝，立晋王耶律敖卢斡为帝。天祚帝大怒，赐萧文妃自尽，并派人诛杀萧昱和耶律余睹。可怜萧昱为平定耶律章奴立下了汗马功劳，就这样糊里糊涂地死在了天祚帝手里。耶律余睹闻听变故后大惊，当即率领自己的一千将士逃往金国。耶律余睹在辽国身居高位，对辽国内部的虚实一清二楚。他投降金国后，阿骨打完全获悉了辽国内部兵力空虚一事，开始策划灭亡辽国的具体方案。

金天辅六年（辽保大二年，宋宣和四年，1122 年）正月，金太祖完颜阿骨打以皇弟完颜杲为都统，堂弟完颜昱（阿骨打的叔叔完颜劾孙之子）、堂侄完颜宗翰、侄子完颜宗磐（阿骨打的弟弟完颜吴乞买之子）、儿子完颜宗干、完颜宗望等人为副都统，辽国降将耶律余睹为先锋，率领数万骑兵，浩浩荡荡杀奔辽国。在出征前，阿骨打告诫众人："等攻克中京后，缴获的图书、户籍、乐器、仪仗一定要好好保管，带回京城，千万不可损坏。"历代明君都会将图书、户籍视为宝藏，而昏君则只会看重金银珠宝，金太祖完颜阿骨打毫无疑问是一位明君。

听到金军来犯的消息，天祚帝慌忙逃往南京析津府。金军在完颜杲的指挥下，连续攻占高州（治今内蒙古赤峰市东北）、恩州（治今内蒙古喀喇沁旗东）、回纥城。大定府守军闻听金军要来，吓得惊慌失措。不知是谁喊了一声："女真人来了！"契丹士兵吓得肝胆俱裂，他们脱掉铠甲，扔掉刀枪，争先恐后地逃出城门。完颜杲兵不血刃地攻占了大定府。

完颜杲派完颜宗翰分兵攻下北安州（治今河北承德市西），而后完颜宗翰留守北安州，派部将完颜希尹到处攻城略地，奚王霞末、奚部西节度使讹里刺望风而降。至此，辽国的中京道完全被金国收入囊中。

天祚帝听到金军攻占大定府的消息，吓得肝胆俱裂。他感到金军随时都会南下，自己在析津府也不安全，于是率领后宫皇子逃往鸳鸯泺（今河北张北县西北安固里淖）。在鸳鸯泺待了几天后，还是觉得不安全，于是，在萧奉先的建议下，天祚帝率文武官员、后宫从属迅速逃往西京大同府（治今山西大同市）。天祚帝一路上疯狂奔逃，犹如惊弓之鸟，连传国玉玺都掉进了桑乾河。

逃到大同府，天祚帝兀自觉得不安全，萧奉先劝道："陛下就放一万个心吧，此地离会宁府三千里，女真人绝对不会来的。"天祚帝一想也是，全是自己在吓自己，还是奉先说的对。奉先如此贴心，可惜朕的儿子不够贴心！天祚帝想起了萧文妃和晋王的事情，想起了耶律余睹的叛逃，对晋王耶律敖卢斡越看越不放心，就赐死了他。

耶律敖卢斡深得民心，本来应该是天祚帝的最佳接班人，如今天祚帝竟然赐他自尽。虎毒尚且不食子，耶律延禧的灭亡，正是众望所归。

第二十二章

经略幽燕：北宋

联金伐辽

天子逃亡记

金军攻占北安州时，完颜希尹俘虏了天祚帝的侍卫耶律习泥烈，获得了天祚帝在大同府的重要情报。得知天祚帝的行踪后，完颜宗翰兴奋异常。他找到堂叔完颜杲，劝说他挥兵西进，追击天祚帝："辽国已陷入困境。耶律延禧沉迷打猎，不理政事，又杀死了素有贤名的儿子耶律敖卢斡，辽国百姓大失所望。如今的耶律延禧，就好比咸鱼，无论如何都难以翻身了。我们应该趁此良机，痛打落水狗，前往大同府将他活捉。"完颜杲却是无意进军："我刚接到陛下的圣旨，陛下并没有让我们继续向西进军的意思。所以，此事还是从长计议吧。"完颜宗翰说："我们出征前，陛下交代得很清楚，让我们根据形势自己决定行军方案。现在正是抓住天祚帝的良机，我要进军了，至于您进不进军，您自己看着办吧。"完颜宗干趁机进言道："粘罕（宗翰）熟知军事，既然他连续两次请求进军，一定有他的道理，还请叔父仔细斟酌。"

在两位侄子的劝说下，完颜杲最终还是决定进军。完颜杲派完颜宗望、完颜宗弼（阿骨打之子，即兀术）率领一百名骑兵先行开路，完颜宗翰率所部从瓢岭进军，完颜杲自己则率主力出青岭，最后在大同府东面的羊城泺会合，对天祚帝来个瓮中捉鳖。

听到金军要来，天祚帝惊呆了，想不到躲到千里之外的西京，都躲不过女真人。天祚帝马不停蹄，一路逃往白水泺。

金军来到大同府，却扑了个空。完颜杲当即决定班师，留下六千骑兵由完颜宗翰和完颜宗干率领，继续追击天祚帝。没有了叔叔的掣肘，完颜宗翰和完颜宗干兴奋异常。兄弟二人挥军直扑白水泺，对天祚帝穷追不舍。

天祚帝终于愤怒了，他觉得自己受到了侮辱。"金军主力追击，朕当然只能落荒而逃，但如今，完颜宗翰带着一支轻骑就敢追击朕，这是丝毫没把朕放在眼里啊！"天祚帝当即派出大军迎战，准备给完颜宗翰一点颜色看看。

面对完颜宗翰率领的六千骑兵，辽国数万大军三战三败。天祚帝吓得魂飞天外，他骑上一匹快马，以百米冲刺的速度向漠北逃去。

天祚帝到了漠北，还没来得及喘口气呢，完颜宗翰又来了。天祚帝颓然地坐到地上："不跑了！看来不抓到朕，粘罕是不会善罢甘休的。"

"陛下，不如我们去夹山（今内蒙古呼和浩特市西北大青山）。"萧奉先劝道。天祚帝顿时眼睛一亮，夹山位于阴山中麓，地势险峻，易守难攻，的确是个好地方。

到了夹山，天祚帝越想越憋屈。仅仅几年前，朕还是万国来朝的大辽天子，现在却变成了一只丧家犬，被女真人追得东躲西藏，这究竟是怎么回事呢？是什么原因让朕短短几年间就沦落至此？都怪萧奉先！这厮天天谎报军情，一直说女真人很弱小，蒙蔽了朕的双眼。要是朕早点重视女真人，怎么会落到这步田地？唉，朕真应该杀了他，但是现在杀他，已经没有任何意义了。

天祚帝招来萧奉先，对他说："都是你的错，才害得朕如此落魄。现在朕即使杀了你，也无法改变什么了。你走吧，离朕越远越好。"萧奉先吓得腿都软了。若是离开夹山，外面就是金军，他恐怕是凶多吉少；若是不走，又会惹恼耶律延禧。怎么办呢？思虑再三，萧奉先还是决定走。留在这里，马上就会掉脑袋；走出去，说不定有活命的机会。萧奉先带着两个儿子和数百名部下，悻悻地走出夹山。刚一出来，他的部下马上将他父子五花大绑，押到金军大营请功。

完颜宗翰当即杀死萧奉先的儿子，然后派了几名亲兵押着萧奉先到会宁府向阿骨打献捷。结果走到半路，遇到一股辽军，一拥而上将萧奉先抢走。

辽军押着萧奉先来到天祚帝的面前，天祚帝大怒："好个不识好歹的奴才，到了现在还敢抗旨。朕放你走，你偏偏阴魂不散。"天祚帝于是下令将萧奉先处死。萧奉先，这个祸害辽国多年的奸臣贼子，终于得到了应有的下场。

从此，天祚帝在夹山凭借地形优势抵挡金军，完颜宗翰一时之间倒奈何不了他。天祚帝这一年来到处逃亡，现在终于过上了安稳日子，心中略觉欣慰。就在这时，一个不利的消息传来：耶律淳已经在南京析津府自立为帝了！

天祚帝逃往大同府时，派耶律淳带领南府宰相张琳、参知政事李处温、奚王萧干（即回离保）等人留守南京。天祚帝躲到夹山后，与世隔绝，诏令无法传达到外面，南京守军人心散乱，士兵纷纷开始逃走。

野心勃勃的李处温看到了机会，在儿子李奭（shì）、族弟李处能等人策划下，李处温先后说服萧干和张琳，密谋拥立耶律淳即位称帝。耶律淳起初还扭扭捏捏，李奭拿起早就准备好的黄袍披在他身上，耶律淳这才顺水推舟，"勉为其难"地做起了皇帝。

辽保大二年二月，在李处温、张琳、萧干等人拥立下，耶律淳在析津府即位。耶律淳自称天锡皇帝，改元建福，封妻子萧普贤女为德妃，李处温为守太尉，张琳为守太师，其余文武百官各有升迁。

为了安抚军队，耶律淳下令将怨军改为"常胜军"，封郭药师为常胜军首领。为了显示自己的皇位名正言顺，耶律淳还下令将远在夹山的天祚帝降为湘阴王。自此，辽国就有了两个皇帝——耶律延禧、耶律淳。两人互不承认，明争暗斗。在历史上，为了将他们进行区分，人们将耶律淳的政权叫作北辽。北辽统治着辽西和幽燕地区，实力远强于躲在山沟里的皇帝耶律延禧。

耶律淳派人来到金军大营向金军主帅完颜杲请和。完颜杲回信叱责道："老匹夫，没有向我大金奏请，你竟敢私自称帝！你一直担任辽国统帅，未立寸功，如今占据一座幽州城，就想抗拒我朝大军，简直是白日做梦。你现在马上投降，还可以做燕京留守，否则我大金大军一到，你将追悔莫及。"

耶律淳再次派出使者前往会宁府向阿骨打求和。阿骨打回信道："你作为辽国皇族，国家危难之时不能报效国家，反倒私自僭越称帝，简直是自取灭亡。赶紧投降吧，否则你将粉身碎骨！"耶律淳目瞪口呆。既然这样，他只好准备迎战了。

耶律淳任命耶律大石统领军队，主持南京城的防务。耶律大石文武双全，的确是个不可多得的将才，但耶律大石首先要面对的，不是金国大军，而是宋军。此时，宋朝的北征军团在童贯的率领下，浩浩荡荡往幽州进发，一场大战一触即发。

宋辽已经和平了百年，又是兄弟之邦，宋朝为什么会进攻友邦呢？

海上定盟约

宋徽宗赵佶是一个野心很大的人。他自即位以来，撕毁与西夏的议和书，重用宦官童贯，频频对西夏用兵。自宋神宗、宋哲宗以来，宋朝用修城寨推进的战术对西夏步步蚕食，已经占据压倒性优势了。童贯重用种师道、刘法等将领，对西夏发起一拨又一拨的攻势，终于在宣和元年（1119 年）攻占横山。西夏失去了横山，灭亡已经只是时间问题了。

攻略西夏的同时，宋徽宗还将目光瞄向了辽国。他派童贯出使辽国，表面上打着进贡岁币的旗号，实际上却是想打探辽国的虚实。当童贯走到幽州城外的卢沟（即永定河）时，有一名书生半夜求见，不仅将辽国的内部情况和盘托出，还提出了一个令童贯瞪目结舌的建议：联金灭辽，收复幽云十六州。

这名书生叫作马植，幽州人，自幼饱读诗书，颇有才华。虽然生活在辽国，但马植作为一个汉人，是心向宋朝的。其时正是天祚帝在位，萧奉先兄弟当道，辽国朝政腐败，在与金国的战争中节节败退。马植看到了灭亡辽国的良机，于是他趁童贯出使辽国的机会，半夜求见。

得知如此重大的军情，童贯不敢轻忽，在回国时，他将马植带回了京城。在宋徽宗面前，马植侃侃而谈："如今辽国朝政腐败，女真崛起。我们当趁此良机，与女真结盟，以收复祖宗的基业。如果现在不结盟，等女真独自灭了辽国，攻下幽燕，我们再想收复可就遥遥无期了。"宋徽宗有点动心，但是金国究竟是个什么样的国家，他一无所知。于是宋徽宗派马政、呼延庆为使者，以买马的名义，从登州（治今山东蓬莱市）走海路赴金国，面见阿骨打商讨联盟之事。

马政等人一入金国境内，就被金国士兵抓获，押到了阿骨打面前。马政扑通一声跪倒在地，对阿骨打说："日出之分，实生圣人，原来这位圣人就是陛下啊！自陛下父祖在世时，我朝就与贵国交好，如今陛下兴兵伐辽，屡战屡胜，灭亡辽国，指日可待，可喜可贺！但是自石敬瑭认贼作父以来，辽国一直侵占着我国的幽云十六州，我国愿与陛下共击辽国，收复幽云。"

阿骨打半信半疑，他派李善庆为使者，带着他的亲笔书信，与马政一起返回宋朝。在信中，阿骨打提出了条件："同意结盟，但辽国的土地，我们两方任意攻取。无论什么地方，谁攻下来，就属于谁。"

李善庆来到开封，叙说了阿骨打的条件。宋徽宗召集文武百官商讨对策。太宰郑居中当即表示反对伐辽："我们与辽国已和平百年了，如今撕毁盟约，妄动干戈，恐怕会天怒人怨。而且对辽用兵，胜负难料。如果战败，将是取祸之道。以太宗皇帝之神威，都无法收复燕云，何况我们呢？"枢密院执政杜洵武认为："当前的形势，金强而辽弱，如果联合强者，攻灭了弱小，届时我们就危险了。与强大的金国做邻居，难道比得上与弱小的辽国做邻居吗？"但是，在蔡京、童贯、赵良嗣（即马植，投宋后改名）等人的主张下，宋徽宗还是决定与金结盟。他派赵有开担任使者，带着他的亲笔书信，随李善庆赴金，与阿骨打再议结盟之事。

在给金国书信的格式上，赵宋君臣再起争议。赵有开认为金国是蛮夷之邦，不能与大宋对等，给金国的书信应该用君对臣下诏书的格式。赵良嗣极力反对："结盟之事，应当用相互平等的态度，如今金国势盛，我方如果态度倨傲，盟约恐难以达成。"宋徽宗同意了他的意见，赵良嗣这才松了一口气。

一波未平一波又起。半路上，使者赵有开病倒了，等坚持走到登州时，他病势加重，就此一命呜呼。宋徽宗图省事，干脆派驻守登州的呼延庆临时作为使者，随李善庆赴金。得知呼延庆并非正牌使者后，阿骨打大怒："赵佶，你也太不尊重朕了吧？朕起兵以来，百战百胜，要灭辽国，本来也用不着你宋朝。"呼延庆大惊，慌忙向阿骨打解释赵有开病死之事，阿骨打懒得听他的解释，一怒之下将他扣留不还。半年后阿骨打才放呼延庆回国，并让呼延庆转达了自己的态度："朕起兵以来，所向披靡。朕本着两国友好的态度，才答应与你们结盟，想不到你们竟然如此怠慢朕，既是如此，结盟之事就此作罢吧。"

之后，阿骨打挥军攻辽，连克上京临潢府、中京大定府。宋徽宗君臣这才慌了手脚：再不与金结盟，等金人抓住耶律延禧，我大宋可就连汤也喝不上了。宣和二年，宋徽宗再次派赵良嗣为使者，带着自己的亲笔书信赴金，态度谦恭地向阿骨打道歉，并重提结盟之事。在信中，宋徽宗提出了结盟的条件："燕京地区本来就是宋方领土，被契丹人侵占数百年，灭辽之后，我方愿意给贵国金帛，以换取燕京及其管辖地区。"

宋徽宗在书信中犯了一个严重的错误，他没有说要收回幽云十六州，而只说收回燕京，这就为日后双方的交接留下了隐患。与阿骨打谈判时，赵良嗣也发现了这个问题，于是他耍起了无赖。赵良嗣要求，宋朝将大同府、平州等地全部收回，与金国以长城为界。赵良嗣的话让阿骨打一头雾水："你们国主的信里只说了恢复幽州管辖地界，你怎么连西京也算进来了？"双方唇枪舌剑，据理力争，金国臣子纷纷指责赵良嗣，甚至劝阿骨打连幽州也不要归还。最终阿骨打本着灭辽为重，还是同意了宋朝收回燕云的要求，但要求宋朝到时候用财帛交换。最后，双方约定：金国负责攻打西京，追捕天祚帝；宋朝负责攻打留守南京析津府的耶律淳（当时尚未称帝）。双方达成协议后，金军开始在完颜宗翰、完颜宗干等人指挥下攻打大定府。但阿骨打左等右等，却一直没等到宋朝出兵的消息。宋军到底在搞什么？

此时，宋军主力正在东南，打得热火朝天呢。

征方腊

在浙东地区的睦州清溪县（今浙江淳安县），有一个叫方腊的人。方腊表面上是个农民，暗地里却是"吃菜事魔"教（即摩尼教）信徒。他暗中宣传，发展教众，在民间拥有不小的号召力。

宋徽宗痴迷奇花异石，为此他在苏州设立了应奉局和苏杭造作局，由朱勔（miǎn）负责，专门搜寻东南地区的奇花异石，称为"花石纲"。为了逢迎上意，朱勔在东南地区疯狂搜刮，甚至不惜用抢的方法。东南地区民众深受花石纲之苦，民怨沸腾。

方腊家有一个漆树园被造作局看上了，造作局几次敲诈方腊，搞得他苦不堪言。忍无可忍，无须再忍。宣和二年十月，方腊秘密纠集一批教徒，打着讨伐朱勔的旗号，揭竿而起。

十一月，方腊攻占清溪县。在这里，他自称"圣公"，建元永乐，并设立官职，大封百官，有模有样地建立了政权。周围地区深受花石纲之苦的民众纷纷响应。很快，队伍就发展到了几万人。十二月，方腊攻克睦州（治今浙江建德市东），在分兵略定睦州境内诸县后，又进攻歙州（治今安徽歙县）。各地官员贪生怕死，听说方腊大军到来，皆不做抵抗，弃城而逃。方腊不费吹灰之力即攻占了歙州全境。

随着队伍的不断壮大，方腊开始分兵行动。他派大将方七佛率军攻打秀州（治今浙江嘉兴市），自己则率主力逼近杭州。一时间，浙东地区烽烟四起，战火连天，东南震动。

告急文书雪片般飞入开封城，却全部被太宰（即宰相）王黼（fǔ）扣压。直到接到淮南发运使陈遘（gòu）的上书后，宋徽宗才知道此事，连忙命令已经准备北上的童贯暂停北伐，率领禁军和西军（宋夏前线的将士）共十五万南下平叛。

此时，方腊已攻克杭州。杭州知州赵震逃之夭夭，另一位官员赵约被方腊军抓获。方腊将赵约截断肢体，掏出五脏六腑，拉到大街上示众，杭州城内一片腥风血雨。此后，方腊又连克婺州（治今浙江金华市）、衢州（治今浙江衢州市），东南半壁江山瞬间易主。

童贯来到东南后，以宋徽宗的名义颁布罪己诏，向东南百姓谢罪。他撤销造作局和应奉局，并上书宋徽宗将民愤极大的朱勔罢官。此举缓解了民怨，也避免了事态的进一步恶化。此后，童贯派军援救秀州，打退方七佛，然后率军攻打杭州。

宣和三年（1121年）二月，宋军抵达杭州，但并未急于攻城，而是将杭州城团团包围，打算将方腊困死在城中。同时，童贯以宋徽宗的名义给方腊下诏书，试图招降方腊，结果遭到了方腊的严词拒绝。童贯大怒，正欲将杭州夷为平地，方腊却率叛军突围而出，逃之夭夭。原来，此时的杭州城中已经断粮。方腊率军杀出，补充粮草后，马上返回，准备重新夺回杭州。童贯早有准备，他派步军都虞候王禀率军应战。城外野战，方腊的乌合之众哪里是精锐西军的对手，只一个回合，方腊军就被打得丢盔弃甲，落荒而逃。

此后，宋军势如破竹，先后收复睦州、歙州、衢州。方腊惊慌失措，一路溃退。退到清溪县的帮源洞附近时，方腊知道无处可退了，他鼓起勇气，重新组织队伍，与官军决战。此时方腊军尚有二十万人，方腊期待着可以绝处逢生。

童贯哪里将这群乌合之众放在眼里，他令旗一挥，宋军从水陆两路分兵合击，只一个回合就将方腊军打垮，方腊军纷纷四散逃走。方腊随着败军退入了帮源洞中。帮源洞位于崇山峻岭中，山头众多，地势险峻，官军几次分批进山搜捕，却都是一无所获。一个叫韩世忠的小军官挺身而出，立下了奇功。

韩世忠，延安府（今陕西延安市）人，隶属于先锋官王渊麾下。见众人束手无策，韩世忠不动声色地潜入山中，一边搜寻，一边打听去帮源洞的路线。在跟几个老妇人问路后，韩世忠手持长矛，孤身闯入帮源洞中。当时方腊身边尚有数十名部下，纷纷上前与韩世忠搏斗。韩世忠挥舞长矛，三下五除二就干掉了这些部将，将方腊生擒活捉。

立下了盖世奇功，韩世忠兴奋异常，以为自己终于可以扬名立万了。可韩世忠押着方腊刚出洞口，就被一个人拦住了。他抬头一看，正是大将辛兴宗。辛兴宗抢走方腊后，向童贯谎报军功，将擒获方腊的功劳据为己有，韩世忠只能徒唤奈何。

方腊被擒后，宋军分头攻入帮源洞，收拾残局。方腊的妻儿、文武百官全部落网。方腊的余部，除了被官军杀死的七万人外，其余的皆四散逃亡。

东南的一场大乱终于被平定了。这场变乱中，方腊军共攻陷六州五十二县，给东南人民带来了巨大的灾难，共有二百多万平民在这场变乱中被杀死，堪称人间惨剧。方腊残忍嗜杀，他的队伍杀人也是家常便饭。更令人发指的是，方腊军还将擒获的妇女赤身裸体地吊在树上杀死。

平定了方腊之乱，童贯终于可以腾出手来北伐了。宣和四年四月，宋徽宗以童贯为河北河东宣抚使，蔡攸为宣抚副使，率领二十万大军，打着"巡边"的幌子，浩浩荡荡向幽州进发。已经和平了上百年的宋辽两国，战端再起。

一伐幽燕

出征前，宋徽宗召见童贯、蔡攸二人，面授机宜："此次行动，我军当首先炫耀武力，争取不战而屈人之兵。如果幽燕地区直接投降我们，那就是上策。如果耶律淳向我们称臣纳贡，顺服我们，则是中策。如果幽燕人不服从我们，我们以武力压服之，则是下策。此上中下三策，两位将军当随机应变，灵活运用。"

到了雄州，童贯开始实施宋徽宗的"上策"。他命人用黄纸写上文告，到处散发。在文告中，童贯说："契丹暴虐，荼毒我民，咱家此来，正是吊民伐罪。望燕京有识之士将耶律淳捉住，连同幽州城，一并献给咱家，可直接受封为节度使。"结果宋军忙活了半天，幽州城内毫无反应。童贯大怒，他命令宋军兵分两路，由种师道、辛兴宗分别率领，对辽国的南京道进行军事打击。

种师道当即表示反对，他说："我们现在的行为，就好比邻居家进了盗贼，我们不去帮助邻居，却去帮助盗贼。这也太不地道了吧。"大将杨可世则说："贸然出击，不合时宜，还请公公三思而后行。"童贯当即狠狠地训斥杨可世："你号称'万人敌'，但是今天看来，你也就是个懦夫罢了。怎么，你想破坏咱家的伐辽大计吗？"杨可世当即悻悻而退，不敢再多言。对种师道，童贯可就客气多了："伐辽的事情，咱家和陛下早就定好计策了。之所以让将军来，只是要借将军的威名而已。将军无须多言，今日只管出战，如果失利，也不是将军的责任。"种师道是当年的清涧城守将种世衡的孙子，西军名将种谔的侄子。

童贯一面强令种师道出战，一面却告诫宋军将士不可轻易杀人。到了这个地步，他还幻想着使用"上策"招抚敌人。童贯自己纸上谈兵，可就坑苦了宋军将士了。

一切准备就绪，种师道和辛兴宗率领大军一路向北，直奔幽州。

先说种师道，他的东路军的进攻目标是白沟（巨马河支流）。耶律大石得到消息后，亲率大军赴白沟，迎战种师道。种师道按照童贯的指示，告诫手下将领，不到万不得已，不得交战。

宋军先锋赵明首先抵达白沟河，与辽军隔河对峙。赵明派出使者，手持"招抚榜"前往辽军阵中，到处发放，试图按照宋徽宗的"上策"，不战而屈人之兵。耶律大石看完"招抚榜"，心说你招抚别人还可以，想招抚本将军是你得了失心疯了，本将军乃大辽皇族，怎么可能归顺？耶律大石一把撕碎"招抚榜"，令旗一挥，辽军的箭犹如狂风骤雨一般射向宋军。赵明因为童贯"不可轻易出战"的命令，一时不知如何应对，只好派人回去通知种师道。此时，耶律大石率领的辽军已经渡过白沟河，直扑赵明率领的宋军，宋军顿时兵败如山倒。

种师道接到赵明的消息后，大惊，连忙下令全军抵抗，但是已经晚了。契丹骑兵风驰电掣般杀入宋军阵中，宋军仓促应战，手忙脚乱。幸好种师道提前命令宋军将士每人准备一根木棒，面对契丹骑兵的冲击，宋军将士手持木棒对敌，才勉强站稳了脚跟。饶是如此，在契丹骑兵的冲击下，宋军仍然难以抵挡，节节败退。种师道无心恋战，率领宋军退回宋境。

西路的辛兴宗进攻范村（今河北涿州市西南），遇到了奚王萧干率领的辽军。辛兴宗本就是个无能之辈，甫一交锋即被萧干打得惨败。辛兴宗见势不妙，拔腿就跑。宋军将士见主帅逃走，更加心慌意乱，大喊大叫着四散逃命。萧干挥军追击，直杀得宋军血流成河。

两路大军全部遭遇失败，童贯无可奈何，只好下令宋军班师回国。北宋与金结盟后首次北伐幽燕的军事行动至此结束。

面对羸弱的北辽政权，宋军主帅童贯的指挥可谓是一塌糊涂。他先是拒绝了种师道的劝告，一意孤行，强令诸将北进，但在诸将出征前，又告诫诸将"不可轻易杀人"。你主动挑起战端，却又不让部下杀人，不杀人，这仗还怎么打？

两员主将中，辛兴宗靠抢夺韩世忠的功劳才身居高位。此战中，辛兴宗率领数倍于对方的大军，却在范村被萧干一击即溃，也真应了"草包将军"这个名号。辛兴宗抢走了韩世忠的功劳，但并没有凭此功劳名垂青史，最终还遭臭万年。至于种师道，虽然他也负有责任，但主要还是受制于童贯的策略。种师道能在败军之后率领全军完整撤退，表现无疑要比辛兴宗好得多，但童贯竟然将战败的责任全部推给种师道。种师道因此被贬为右卫将军，被迫离开了西军。种师道身经百战，精通兵法，他的离开是宋军的巨大损失。

第二十三章

大漠日落：辽国的灭亡

二伐幽燕

宋徽宗赵佶最近心情激荡，他获得了一个重要情报：北辽皇帝耶律淳死了。"耶律淳已死，北辽国中无主，正是收复幽燕的绝佳时机。"宋徽宗暗暗呐喊着。

宋徽宗召集大臣，商量再伐幽燕的事。太宰王黼当即表示支持。王黼一心想要在风头上压过蔡京，收复幽燕无疑可以为他增加政治筹码。有了宰相的支持，宋徽宗这次的北伐决策倒没有受到太多阻力，事情很快确定下来。

主帅依然是童贯。童公公屡破西夏，讨平方腊，正是宋徽宗最为倚重的大将。至于上次北伐的惨败，那是种师道的失误，与童公公无关嘛。副帅依然是蔡攸。蔡大人与童公公珠联璧合，正是我大宋的双璧。当然，更重要的是，蔡大人是宋徽宗的贴心人，可以随时监视童贯。此外，宋徽宗还特地派赵良嗣随军出征，赵良嗣不仅对辽国内部颇为熟悉，而且与北辽宰相李处温关系匪浅，或许到时候可以派上大用场。

一切准备就绪，宣和四年九月，宋徽宗调集二十万大军，在雄州集结，开始了第二次北伐幽燕的行动。上次北伐后，种师道、辛兴宗被贬职，代替他们的是一对父子——刘延庆、刘光世。刘延庆父子跟随童贯多年，参与过对抗西夏以及征方腊的战争，是童贯的心腹爱将。这次北伐，父子二人分别被任命为都统制、副都统制。父子分任主副将，一时军中传为佳话。童贯对刘氏父子满怀期待，刘氏父子自然也是信心满满。

刘氏父子率军一路向北，去往白沟河——上次种师道吃败仗的地方。刘延庆小心翼翼，率领宋军徐徐前进。来到白沟河边，果然遇到了辽军。刘延庆心里暗暗紧张起来：种师道可是西军中的第一名将，他都在这里吃了败仗，我真的可以吗？谁知辽军精锐一触即溃。刘延庆大喜，迅速率领宋军渡过白沟河，直逼易州。辽国的易州知州高凤毫不犹豫地开城投降了。

辽军为何突然变得如此不堪一击了呢？原来，耶律淳驾崩前，选定天祚帝之子耶律定为继承人。耶律定正跟着天祚帝在夹山呢，自然不能立即登基，于是由耶律淳之妻萧德妃暂摄国政。同时，耶律淳还任命李处温担任番汉马步军都元帅，李处温成了军方的最高统帅。

萧惠和耶律大石听说耶律淳将军权交给李处温后，大惊，连忙从前线赶回幽州，控制局面，并免去了李处温的军权。李处温被夺走军权后，恼羞成怒，遂与自己的老朋友赵良嗣联系，打算投奔宋朝。结果事情泄露，萧德妃下令将李处温与儿子李奭一起斩首示众。

辽军两大主将全部回了幽州，这就让刘延庆捡了便宜。刘延庆兵不血刃拿下易州，信心倍增，令旗一挥，率军直扑涿州。

萧德妃听闻情况紧急，急令萧干赴涿州，组织抵御。此时，涿州城内已是人心惶惶。李处温被杀后，涿州城内开始流传一个谣言：因为李处温图谋不轨，萧德妃对汉军已经极不信任，正在暗中策划诛杀汉军。涿州城内的常胜军将领郭药师、甄五臣、张令徽、刘舜臣等人，因此惶恐不安。萧干要来涿州的消息传来，郭药师等人心中更加惶恐："萧干是诛杀李处温的核心人物，这个时候来涿州，恐怕是来诛杀我们的。既然你不仁，就别怪我们不义，干脆打开城门迎接宋军得了。"

于是，郭药师、甄五臣率领常胜军突然发难，囚禁了监军萧余庆，打开城门，向宋军投降。童贯乐得合不拢嘴，马上派人向宋徽宗告捷。宋徽宗当即在紫宸殿宴请百官，大肆庆功。宴会上，宋徽宗宣布，将幽州改为燕山府，并委派官员，准备接收幽州。

此时，刘延庆已率领宋军前进至卢沟，与萧干率领的两万辽军隔河对峙。

郭药师提出了一个奇袭之计："辽军主力正在与我军对抗，幽州必然兵力空虚。我军若派一支精兵奇袭幽州，有城中的汉民做内应，必能拿下幽州。到时候，我们再来个前后夹击，必能大破萧干。"刘延庆连连点头，当即派郭药师、甄五臣率领一千精兵，绕道直取幽州，赵鹤寿、高世宣、杨可世等人领六千兵接应，刘延庆父子则亲率大军随后跟进。宋军起初颇为顺利，郭药师、甄五臣等人伪装成运送粮草的乡民，混入城中，打开城门，迎接后军。高世宣、杨可世等人迅速杀入幽州城，留赵鹤寿率两千人在城外接应。之后，常胜军分兵把守幽州各门，迅速控制了城防。

郭药师意气风发，被暂时的胜利冲昏了头脑，竟然下令：城中汉人尽快归降，契丹人全部杀光！常胜军在幽州城中大肆捕杀契丹人，数千人人头落地，直杀得幽州城内血流成河。一片恐怖气氛笼罩着幽州城，城内契丹人为了活命，自发组织起来与宋军殊死战斗。

郭药师似乎忘记了一件事情——北辽的监国太后萧德妃，还在皇宫中好好的呢。不先解决对方的政治符号，却先在城内大开杀戒，如此鼠目寸光，如何能成事？

看到有机可乘，萧德妃一面令人坚守皇宫，一面派人赴前线向萧干告急。萧干得知消息后大惊，连忙率军回救幽州。辽军风驰电掣般来到幽州城外，郭药师等人望见滚滚烟尘，还以为是刘延庆率领的宋军前来接应呢。驻扎在城外的赵鹤寿看到辽军到来，并没有通知友军，而是偷偷溜走。就这样，幽州城内的宋军对萧干未做任何防备。

萧干率辽军主力迅速杀入幽州城，与守卫皇宫的辽军前后夹击，宋军大败。郭药师、杨可世等人攀城墙逃走，高世宣与大部分未及逃走的宋军将士，全部成了契丹人的刀下之鬼。

郭药师等人收拢逃出来的溃兵，仅剩四百余人。郭药师心中倍感愤怒：萧干来袭，负责在城外接应的赵鹤寿竟然偷偷逃走，而刘延庆作为主将，连一兵一卒的援军都未派遣。这仗没法打了！

郭药师只想着问责别人了，也不反省下自己的所作所为。常胜军在幽州城中烧杀掳掠，无恶不作，甚至要对契丹人斩尽杀绝，契丹人面临死亡的威胁，能不奋起抵抗吗？萧干又不是木头，你们偷袭幽州，他一定会回救的，你郭药师对此竟然没做任何布置，如此顾头不顾尾，能打胜仗吗？

值得一提的是，随郭药师攀墙出城逃走的宋兵中，有一位在日后赫赫有名的人物，他就是岳飞。在这次战斗中，岳飞跟随郭药师被打得一败涂地，在日后，他将一雪前耻，成为宋朝的顶梁柱。

击溃了郭药师，萧干将目标对准了刘延庆率领的宋军主力。刘延庆拥兵十万，萧干只有两万。"如果一战不利，幽州城势必重新陷落，到时候，自己和萧德妃可就万劫不复了。有什么必胜的方法呢？"萧干暗自琢磨着。

这时候，有部下向萧干请示处理宋军俘虏的事，萧干的眼睛顿时亮了。

北国的冬天，总是来得早些。两名被俘的宋兵身着单衣，被绑在辽军大帐外的柱子上，冻得瑟瑟发抖，只能暗暗咒骂。这时候，营帐中隐约传来谈话声，两个宋兵侧耳倾听，似是契丹人在商讨军机。一名将领嘀嘀咕咕地说了些什么，声音太小，二人无法听清楚，将领说完后，只听萧干大笑道："刘延庆的十万大军没什么了不起的，我军是他们的三倍，明日我们兵分三路，给他布下天罗地网，到时候必能活捉他！"两名宋兵大惊，契丹人竟然有如此多的军队，看来刘将军这一次是凶多吉少了。

原来，这正是萧干的妙计。他虚张声势，声称兵力是刘延庆的三倍，故意让两名宋兵"偷听"到，然后再找个机会故意放他们逃走。两名宋兵不知是诈，慌慌张张逃回去向刘延庆报告。此时，萧干派人在卢沟对面点起一堆堆火把。刘延庆本就是草包一个，听了两名宋兵的报告，又望见对岸漫天的火光，以为萧干马上要对自己下手了，便连夜烧掉营帐，领着儿子刘光世抱头鼠窜。宋军将士一看军营起火，顿时乱作一团，争先恐后地逃跑。萧干派辽军在对岸大声鼓噪，虚张声势。宋军自相践踏，死者不计其数。萧干再挥军进击，宋军攻下的易州、涿州全部被辽军收复。

宋徽宗对幽燕地区发动的第二次北伐至此彻底结束。这次战役中，宋军主帅刘延庆胆小如鼠，延误战机。他先是在郭药师奇袭幽州得手后反应迟钝，迟迟不派援军；后在辽军来攻时，又中了萧干的疑兵之计，还未交战就落荒而逃。面对弱小的北辽，宋朝最精锐的西军竟然屡屡惨败。宋徽宗的经略幽燕，也最终成了一场闹剧。

再次遭遇惨败，童贯不敢再与辽军交战，急派使者赴上京，向阿骨打求援。阿骨打心中充满了鄙夷：我们都快抓住耶律延禧了，你们竟然连个小小的幽州也打不下，真是无能至极！

那么金辽在北线的战事如何呢？话分两头，我们从头细说。

扫荡西京

当初金军攻克大同府，本以为可以活捉天祚帝，结果却扑了个空，天祚帝早已率文武百官逃往夹山。完颜宗翰与完颜宗干等人返回会宁府，向阿骨打告捷，留下完颜娄室和完颜习室继续指挥追击天祚帝。

完颜娄室派归顺自己的原辽国西京留守萧查剌带领三百女真骑兵守城，自己率领主力直奔夹山，欲将天祚帝连根拔起。一路上，金军缴获大量天祚帝丢下的金银珠宝，俘虏了不少后宫女眷，甚至天祚帝的女儿也成了女真人的俘虏。完颜娄室意气风发："连家眷都来不及带走了，天祚帝已是丧家之犬，等我到了夹山，一定手到擒来，立下不世之功！"但到了夹山，完颜娄室发现自己过于乐观了。

夹山大约在漠北一带，人迹罕至，一片荒芜。更要命的是，夹山之前有一片数十里的沼泽地，稍不留神，骑兵的马蹄陷进去，就会叫天天不应，叫地地不灵，只能等待死亡。天祚帝经常在此地狩猎，对道路极为熟悉，金军对此可就两眼一抹黑了。所以，完颜娄室率军在夹山前徘徊数日，一筹莫展。

正当完颜娄室在夹山前踌躇时，大同府出事了。原本降金的西京守军在将军马权的指挥下，突然发难。当时城内仅有三百名金兵，寡不敌众，只能与萧查剌一起退出城外。辽国的西京大同府就这么轻而易举地光复了。

虽然光复了西京，但是城中辽军势单力薄，完颜娄室率领的金军主力随时都会反攻，一旦金军再次破城，马权等人势必死无葬身之地。怎么办呢？众人商量后，决定向在析津府称帝的耶律淳求助。

耶律淳自顾不暇，哪里帮得上西京？马权在大同府望眼欲穿也没有盼来耶律淳的一兵一卒。这时候，完颜娄室、完颜习室率领的金军在攻击夹山无望的情况下，已经掉转马头，直奔大同府而来。女真将士虽然骁勇，但是攻城并非其所长。之前金军屡屡击败辽军的大规模战役基本都是野战，而攻取辽国的东京、上京、中京，以及第一次攻占西京，都是凭借气势震慑敌军，迫使对方开城投降。这次二攻西京，金军才算真正受到了攻城的考验。

马权率领辽军众志成城，凭借大同府并不坚固的城防工事与金军对抗。完颜娄室使出浑身解数，却始终难以撼动大同府半步。几番受挫后，完颜娄室想出了一个办法。他不再急于攻城，而是将大同府团团围住，等待对方自乱阵脚。

就这样对峙了十天，城中的粮食消耗殆尽。辽军饥肠辘辘，战斗力在一点一滴地消失。看到时机差不多了，完颜娄室指挥金军用撞城木撞开城门，蜂拥而入。西京就这么被金军再次攻破。城破之后，马权犹不愿投降，率领城内幸存的辽军与金军展开巷战。一番激烈的厮杀后，马权与手下将士全部被杀。

攻下大同府后，完颜娄室率军在西京道纵横驰骋，连续攻占朔州、应州、寰州、天德、宁边等山后诸州，辽国在西京道的统治基础完全瓦解。西京道是辽国的养马地，完颜娄室将辽国畜养的三万匹战马全部缴获。失去了战马，也就意味着失去了骑兵。失去了骑兵，则以骑兵起家的契丹人就成了无根之木。到了此时，辽国已经是风雨飘摇，就等着压死骆驼的最后一根稻草了。

然而，就在这风雨飘摇之际，藏匿在夹山的天祚帝却在暗中积蓄力量，策划着最后一搏。

由于完颜娄室率领的金军军纪败坏，在西京道内劫掠成性，引起了局部地区的反叛。夏崇宗李乾顺因为和天祚帝有姻亲关系（李乾顺的皇后耶律南仙是辽国的成安公主），见到天祚帝落难，即派大将李良辅率领三万大军东进援救辽国。得到夏军即将来援的消息后，天祚帝大喜，他颁下诏书，号令西京道诸州的汉族、契丹族军民起来反抗金国。很快，天祚帝就集结了一支五万人的队伍。天祚帝重新有了底气，他决定等夏军到来后，与夏军联合出击西京道。

金国在西京道只有几千骑兵，军情紧急，完颜娄室马上派人赴会宁府向阿骨打求援。阿骨打接到消息后，陷入了沉思。金国虽然已经攻占了辽国的大部分土地，但因为军纪败坏，各地的反叛此起彼伏，难以平息。此时如果天祚帝从夹山发兵，与西夏联合作战，西京道内的汉族、契丹族军民必会群起响应。到时候，如果让天祚帝成功翻身，可就麻烦了。再三思量后，阿骨打决定御驾亲征。

金天辅六年（辽保大二年，夏元德四年，宋宣和四年）六月，阿骨打命弟弟完颜吴乞买暂摄国政，自己率大军对天祚帝发动最后一击。

八月，阿骨打来到鸳鸯泺，与驻军于此的完颜杲会合，略作休整后即一路向西，直奔大同府。走到半路，阿骨打就接到了童贯的求助信。得知宋军在卢沟溃败的消息，阿骨打目瞪口呆。"耶律淳已死，宰相李处韬被杀，常胜军叛变，幽州城中乱成这样，你童贯仍然不是人家的对手，可见此时的宋朝已经烂到极点了。既然你没能力打下幽州，那等朕打下来了，会不会交给你们，可就两说了。"想到此处，阿骨打便改变行军路线，率辽军南下，直取幽州。

十二月，金军抵达居庸关。居庸关位于幽州城北一百里处，是守卫辽国南京的北大门。辽国在此地设有重兵防守，阿骨打倒也不敢掉以轻心。金军正准备对居庸关发动攻击时，突然，"轰"的一声巨响，居庸关顶的岩石无缘无故地脱落，正落在居庸关守军阵中。守军以为是上天的谴责，大惊失色，跑得无影无踪。就这样，阿骨打兵不血刃地攻克了居庸关，辽国的析津府已经是金军的囊中之物了。

燕京风云

金军兵临城下，萧德妃与萧干、耶律大石等人连忙开会，商量应敌之策。经过一番讨论，最终达成了一致：要想对付御驾亲征的阿骨打，最好的办法就是逃跑。经过与宋朝的两次交锋，以及常胜军的反叛，此时幽州城内的辽军已经所剩无几，面对金国大兵压境，如果主动抵抗，只有死路一条。萧德妃与萧干等人窃窃私语，定下了逃跑的策略。

耶律大石和萧干连夜调集兵马，声称要抵御金军，但等辽军集结完毕后，却不见了耶律大石和萧干的身影，只留契丹将士面面相觑。原来，趁着大军集结的时候，耶律大石、萧干、萧德妃在亲兵护卫下已经偷偷出了城门，溜之大吉了。

天还未亮，阿骨打率领的金军已经抵达幽州城下。幽州城内顿时鸡飞狗跳。留在城内的大臣左企弓、虞仲文等人慌忙商量应对之策。手握重权的人都逃走了，这些文人还在为是否投降争执不下。大将萧乙信实在受不了了，干脆大开城门，迎接金军入城。

金天辅六年十二月初六，完颜阿骨打率领金军威风凛凛地开进了幽州城。至此，辽国的五京（东京辽阳府、西京大同府、中京大定府、上京临潢府、南京析津府）全部落入了金国的手中。辽国，这个曾经的东亚第一军事强国，已经名存实亡了。

逃出幽州城后，耶律大石和萧干发生了分歧。耶律大石主张向西进军，赶赴夹山，投奔天祚帝。萧干却主张向北进军，赴奚王故地重整旗鼓。两人多次争吵，难以达成一致，最终分道扬镳。

耶律大石带着萧德妃，历尽千辛万苦来到了夹山。谁知刚一见面，天祚帝就铁青着脸，怒斥耶律大石："朕尚在人世，你竟然擅立耶律淳，你可知罪？"耶律大石迎着天祚帝的目光，怒气冲冲地答道："陛下拥有全国的领土和军队，却不能抵御女真，自己弃军远逃，搞得生灵涂炭。我们不立耶律淳，还能怎么办？耶律淳也是太祖皇帝的子孙，在这种情况下，我们即使立十个耶律淳，又有什么罪？"

耶律大石的话句句属实，天祚帝也觉得自己理亏，况且当前又是用人之际，耶律大石骁勇善战、足智多谋，自有用得着他的时候。于是，天祚帝赦免了耶律大石，并任命他为都统。至于拥立耶律淳的文武百官，天祚帝也不再追究了。但是耶律淳，天祚帝就不能饶恕了。

"耶律淳竟然宣布废掉朕，简直是无法无天。虽然他已经死了，但他的罪行朕无法宽恕！"天祚帝下诏剥夺耶律淳的一切官职爵位，贬为庶人。天祚帝不能亲手杀死耶律淳，颇为不快，便将怒气撒在萧德妃身上。虽然萧德妃几番解释，天祚帝仍然将她处死，出了心中的一口恶气。

萧干率部来到奚王旧地，召集旧部，实力逐渐壮大。宣和五年（辽保大三年，金天辅七年，1123 年），萧干在箭笴（gě）山称帝，宣布建立"大奚国"，建元天阜。

萧干称帝后，不断南下，频频侵扰宋朝的景州（治今河北遵化市）、蓟州（治今天津市蓟州区）等地，搞得宋朝的燕山府境内不得安宁。童贯勃然大怒，对镇守燕山府的王安中和郭药师进行了严厉的批评。郭药师越想越气，于这年七月亲率常胜军迎击萧干，将萧干打得大败。萧干匆忙撤往卢龙岭，郭药师挥军直进，穷追不舍，最终萧干的队伍被杀得死伤无数，损失惨重。到了这时候，萧干的部下已经不想再跟他继续干下去了，于是他们联合起来，一刀砍下萧干的脑袋，跑到燕山府向王安中请功去了。王安中乐得合不拢嘴，终于解决了萧干这个祸害，自己可以睡个安稳觉了。

王安中所守的燕山府就是辽国的南京析津府，也就是幽州。那么问题来了，幽州明明在阿骨打手里，怎么现在成了宋朝的了呢？此事说来话长。

当初宋军尚未北伐幽燕时，阿骨打摸不清宋军的底细，在双方结盟时曾答应，待灭辽后将幽燕地区归还宋朝，但后来宋朝两次北伐失利，阿骨打看到了宋朝的虚弱无能，开始另作打算。

当宋徽宗派赵良嗣为使者，与阿骨打商讨幽燕问题时，阿骨打轻蔑地说："辽国的天下，朕已经攻下了九成。朕即使把幽燕让给你们，到时候，朕三路大军围攻，你们能守得住吗？朕听说你们的第一神将刘延庆率十五万大军在幽州城下不战自溃，你们宋朝啊，简直不值一提。"刚刚降金的北辽大臣左企弓趁机在一旁煽风点火："陛下，燕京是我们独自攻下的，一寸山河一寸金，千万不要交给宋人！"赵良嗣一时不知道如何应对，呆若木鸡。

虽然阿骨打表面上咄咄逼人，但当时金国攻下的辽国领土并不稳定，契丹人的反叛此起彼伏，而天祚帝也在夹山积聚力量，在西夏的帮助下试图放手一搏。这种情况下，阿骨打并不想与宋朝撕破脸。看到自己震慑赵良嗣的目的已经达到，阿骨打趁机狮子大开口，说出了归还幽燕的条件：宋朝将每年给辽国的五十万岁币，移交给金国，同时，每年要向金国缴纳一百万缗钱，来抵消幽燕地区的税收。

赵良嗣回朝禀报后，宋徽宗觉得金国要价过高，但只要能收复幽燕，他就心满意足了。最终，宋金双方达成协议，宋朝以每年向金国缴纳白银二十万、绢帛三十万、"代税钱"一百万的代价，从金国赎回幽、蓟、景、檀、顺、涿、易等七州之地。

宋徽宗花费巨大代价，终于从金国手里赎回了幽燕地区。但是，幽燕地区的金银财赋、粮草绢帛，甚至百姓子民，早已被阿骨打派人提前押往金国。宋徽宗花费巨资赎回的，只不过是几个满目疮痍的空城而已。饶是如此，以完颜宗翰为首的金国将领在见识到宋朝的羸弱无能后，纷纷劝阿骨打撕毁协议，只割让涿州、易州两地给宋朝。由于两地本就控制在宋朝手中，所以，完颜宗翰的主意完全就是空手套白狼。但阿骨打此时忙于解决西京道的问题，金国士兵又不适应幽州的气候，这才没有同意完颜宗翰的意见。

解决了燕京地区，阿骨打终于可以腾出手来解决西京道的问题了。天祚帝的丧钟已经敲响，辽国也即将画上句号。

辽国的灭亡

阿骨打浩浩荡荡率军北返，准备对天祚帝出击。当金军走到奉圣州（治今河北涿鹿县）时，却发现一支辽军正在攻城。阿骨打大惊：何人如此大胆，竟敢攻打我大金的城池？

这支攻城部队的指挥官不是别人，正是耶律大石。原来，天祚帝在逐渐积蓄力量后，也不敢贸然出击，他派耶律大石出夹山，做一下试探性的攻击，看看金军的反应。耶律大石来到奉圣州城下，摩拳擦掌刚要攻城，恰好阿骨打率领的金军到了。看到阿骨打的旗号后，耶律大石大骇，仓促应战，做了阿骨打的俘虏。

抓到耶律大石后，阿骨打兴奋异常，金国一直想攻入夹山，苦于找不到进山之路，这次抓到耶律大石，就等于找到路了。在阿骨打的逼迫下，耶律大石无可奈何，只得当了带路狗。

定下攻打天祚帝的计策后，阿骨打返回会宁府，以完颜娄室、完颜斡鲁等为主帅，由耶律大石带路，率军前往夹山攻打天祚帝。在攻打天祚帝之前，完颜娄室首先要解决李良辅。此时，李良辅率领的夏军刚刚在天德军（治今内蒙古乌拉特前旗东北）境内击败金将阿土罕，士气正盛。金夏双方在宜水展开激战。

完颜娄室将金军分成两队，自己率领前军渡过宜水向李良辅发起猛攻。

当双方激战正酣时，完颜斡鲁率后军从侧翼疾冲而至。夏军哪挡得住重甲骑兵的冲击，阵形一下被冲散。完颜娄室、完颜斡鲁率金军一阵冲杀，直杀得夏军血流成河。李良辅惶惶如丧家之犬一般逃回夏境。

尝到金军的厉害后，李乾顺再也不敢东进助辽了。金国也不想与西夏开战，毕竟双方相距甚远，西夏国的土地阿骨打也不感兴趣。于是阿骨打借花献佛，以割让从辽国攻取的天德军、奉圣州等地给夏国为条件，换取李乾顺叛辽投金。李乾顺一看打败仗还能获得土地，乐得合不拢嘴，不假思索就答应了金国的条件。从此，西夏一直向金国称臣，直到百年后双方才撕破脸皮。

搞定了西夏，金国的目标只有一个了，那就是夹山中的天祚帝。有了耶律大石带路，完颜娄室率领金军涉过山前的沼泽地，直扑天祚帝的行宫所在——青冢（今内蒙古呼和浩特市南郊）。天祚帝正在做着与夏联合，东征金国的白日梦呢，金国大军从天而降，天祚帝吓得魂飞天外。在几名贴身护卫的保护下，天祚帝丢下后宫、臣属，疯狂逃往阴山。天祚帝的子女、嫔妃中，只有梁王耶律雅里在侍卫特母哥的拼死护卫下成功逃脱。

被迫给金国带路的耶律大石，也趁金军松懈之际逃到山后躲了起来。金军不熟悉地形，也只能徒唤奈何。

待金军撤走后，天祚帝再次回到夹山，耶律大石、耶律雅里等人纷纷来投。对雅里这个唯一的儿子，天祚帝竟然起了疑心。他怀疑雅里和特母哥对自己有所图谋，于是瞪着雅里，生气地问："说，特母哥教过你什么？"耶律雅里也不是傻子，当即回答："特母哥啥也没说。"特母哥的性命就这样保住了，但他心里已埋下了仇恨的种子。

辽保大三年五月，特母哥和大将耶律敌烈挟持耶律雅里逃走，在沙岭立耶律雅里为帝，耶律敌烈和特母哥分别担任正副枢密使，从此与天祚帝分道扬镳。耶律雅里沉迷打猎，曾经在一天之内打到过四十只黄羊、二十一只野狼。五个月后，耶律雅里就累倒了，很快一命呜呼。耶律雅里死后，宗室耶律术烈被拥立为帝。不久，队伍发生内乱，耶律术烈和耶律敌烈被杀，特母哥率领部下投降金国。这个小朝廷至此画上了句号。

在耶律雅里叛逃后，耶律大石也很快出走。金天辅七年（辽保大三年）八月二十八日，金太祖完颜阿骨打驾崩。他的弟弟完颜吴乞买即位。完颜吴乞买为了完成哥哥未竟的事业，再次派大将完颜娄室率军西征，搜捕天祚帝。听闻阿骨打去世后，天祚帝突然有了信心，准备东征，光复辽国。耶律大石苦苦相劝，却遭到了天祚帝的叱责。在一个月黑风高的晚上，耶律大石率部偷偷溜出夹山，与天祚帝正式分道扬镳。

耶律大石后来在中亚地区建立了政权，史称西辽，此事与本书无关，咱们就略过不表了，回过头来继续讲天祚帝。他亲自率军出夹山，南下迎战完颜娄室。双方在大同府附近的奄遏下水（今内蒙古凉城县东北岱海）相遇，只交了一仗，辽军就兵败如山倒。

天祚帝这次彻底成了孤家寡人了，他向西疯狂逃窜。一路上，天祚帝风餐露宿，饿了吃野果，渴了喝雪水，历尽千辛万苦穿过沙漠，来到了西夏境内的小斛禄部。小斛禄部首领马上向完颜娄室告密。天祚帝喘息未定，完颜娄室就率领金军追杀过来。天祚帝再次展示了他那炉火纯青的逃跑技术，成功逃过女真人的追杀，冒着大雪一路向应州（治今山西应县）逃去。

完颜娄室循着天祚帝留在雪上的马蹄印一路尾随，在应州城外追上了天祚帝。天祚帝终于结束了自己的逃亡生涯，做了女真人的俘虏。完颜娄室将天祚帝押到上京，金太宗封天祚帝为海滨王，将其软禁在长白山东。一年后，天祚帝就结束了自己屈辱的俘虏生涯。

自辽太祖耶律阿保机于916年立国起，历经两百年、九帝的大辽帝国，至此画上了句号。

第二十四章

日落开封城：金灭宋之战

张珏之死

宣和五年，宋朝与金国达成协议，宋人用巨款（合计一百五十万），从金国手中赎回幽燕地区。自后唐高祖石敬瑭割让幽燕以来，历经二百年，幽燕地区终于回到了中原王朝手中，而完成这个伟业的竟然是宋徽宗。

如果不是后面发生了靖康之变，那宋徽宗在后世的风评一定不会太差。因为他不仅收复了幽燕，还开拓了河湟，并将与西夏的国界线推过横山。有了这些成绩，至少他在宋代帝王中还是名列前茅的。但是，靖康之变不仅让宋徽宗身败名裂，成为历史的罪人，被牢牢钉在历史的耻辱柱上，还让中原地区上千万的百姓在女真人的铁蹄下哀鸣。是什么导致了这样的结果呢？原因有很多，但导火索只有一个，那就是张珏（jué）。

张珏，又被称为张觉，本是辽国的辽兴军节度副使，后来辽兴军（平州，治今河北卢龙县）发生叛乱，节度使被杀死，张珏被推举暂代节度使之职。从此，他开始暗中招兵买马，发展势力，并架空了后来上任的节度使时立爱，成为平州的地方实力派。

阿骨打伐辽时，张珏以平州之地归降金国。张珏坐拥雄厚的兵力，投降金国只是为了保存实力，割据一方而已，并非真心投降。阿骨打一边派大臣刘彦宗赴平州敲打张珏，一边又将平州升为南京，让张珏担任留守，企图通过恩威并施压制住张珏。张珏对金国也是暗中提防，时刻担心自己的军队被金国兼并。阿骨打攻占幽州时，迁走了幽州城的百姓，只将一座空城留给了宋朝，张珏心里犯起了嘀咕：这要是迁走平州的百姓，我不就成了光杆司令了吗？下一步怕是要对我下手了吧？

张珏深恐女真人抢走自己的百姓，兼并自己的地盘，于是有了异志，暗中盘算着归顺宋朝。宋宣和五年（金天辅七年）五月，原北辽降金官员虞仲文、左企弓赴广宁府（治今辽宁北镇市）上任，路经平州。张珏一不做二不休，将虞仲文等人全部诛杀，而后派亲信李石赴燕京，联络宋朝的判燕山府事王安中，表示愿意归顺宋朝。

宋徽宗闻听此事，急忙召集大臣商量。太宰王黼认为，招抚张珏可以让平州成为幽燕地区的屏障，劝宋徽宗接纳张珏。宋徽宗当即一口答应。赵良嗣听说宋徽宗要接纳张珏后，大急，赶紧进谏道："我们刚刚与金国结盟，陛下就接纳金国的叛徒，这不是引火烧身吗？"宋徽宗大怒，当场将赵良嗣轰出大殿，并将其贬官五级。

宋徽宗接纳张珏，拉开了北宋亡国的序幕。

归降宋朝后，张珏对金国来了个先下手为强，挥军攻打润州（治今河北秦皇岛市海港区海阳镇）。阿骨打闻听变故，派大将完颜阇母率军讨伐张珏，双方在润州城外遭遇。深知金军厉害的张珏，没有选择与金军硬碰硬，而是刚一接触即率军退走。"小贼哪里走！"完颜阇母大喝一声，率军紧追不舍。追到营州（治今河北昌黎县）附近，张珏回头应战，不一会儿再次退走。就这样，张珏节节败退，完颜阇母节节获胜，渐渐产生了轻敌情绪。等退到一个叫兔耳山的地方时，张珏觉得时机成熟了，令旗一挥，率军回头迎战完颜阇母。完颜阇母早已被连续的胜利冲昏了头脑，丝毫没把张珏放在眼里，结果一场大战下来，金军大败。自阿骨打起兵以来，百战百胜的女真军团首次吃到了败仗。

张珏击败完颜阇母后，派自己的弟弟为使者，赴开封向宋徽宗告捷。宋徽宗乐得合不拢嘴，当即升平州为泰宁军，以张珏为泰宁军节度使，并派人携带金帛赴平州赏赐张珏。升官又发财，张珏可真是春风得意啊。

完颜阇母败退回朝时，阿骨打已经去世，即位的完颜吴乞买改派完颜宗望再讨张珏。完颜宗望悄悄跟在宋徽宗派去封赏张珏的使者后面，接近了平州城。张珏听到朝廷封赏自己的使者到来，乐得合不拢嘴，亲自出城迎接使者。张珏出城后，完颜宗望率金军突然斜刺里冲出，堵住了张珏回城的路。张珏大惊失色，惶惶如丧家之犬一般向燕京府逃去。

张珏逃到燕京后，化名赵秀才，以常胜军士兵的身份为掩护，被郭药师藏在了甲杖库中。此时，张珏的弟弟被金军俘虏，将宋徽宗赐给张珏的节度使印信交给了完颜宗望，并揭发了宋朝与张珏暗中来往的事实。完颜宗望大怒，遣使向判燕山府事王安中问罪，命令他立即交出张珏。

同时，完颜宗望挥军攻打平州。平州军民推举大将张敦固为都统，誓死抵抗。平州军不愧是击败过完颜阇母的军队，挡住了完颜宗望一拨又一拨的攻势，一直到第二年五月才因为粮草匮乏而败北。面对完颜宗望的威逼利诱，张敦固拒不投降，从容赴死，显示了自己的铮铮铁骨。

金国的使者来到燕京后，王安中不敢擅作主张，当即派人赴京城请示宋徽宗。宋徽宗倒是强硬了一回，他指示王安中，将张珏藏好了，不要交给金人。完颜宗望当时正在攻打平州城，抽不开身，于是不厌其烦地不断派使者赴燕山府向王安中索要张珏。面对金人无休止的索要，王安中灵机一动计上心来。他找了一个长相酷似张珏的人，一刀砍下脑袋，拿去送给金人，结果被金人识破。完颜宗望直接派使者告诉王安中："藏在你宣抚司甲杖库中的那个人，就是张珏。你赶紧交出来，不然我大军压境，管叫你追悔莫及。"

王安中再次请示宋徽宗。宋徽宗一听完颜宗望的威胁，吓得魂都掉了，连忙暗中命令王安中杀死张珏，将首级交给金国人。可怜张珏满怀诚意投奔宋朝，竟然被宋徽宗下令杀死。

兔死狐悲，物伤其类。张珏死后，常胜军将领郭药师怒气冲冲地找到王安中，质问他道："金人索取张珏，你们就交出他的人头，有朝一日金人若是要我郭药师的人头呢？"郭药师拥兵五万，实力雄厚，王安中不敢得罪他，于是向宋徽宗上书，让宋徽宗罢免自己，以安抚郭药师。虽然宋徽宗罢免了王安中，但常胜军与宋朝已经是离心离德了。后来金国伐宋，郭药师即背叛宋朝，投靠金国。

张珏事件中，宋徽宗、王安中君臣的表现可谓是拙劣至极。要么你一开始就别接纳张珏，既然接纳了，就应对人家始终如一，这才是泱泱大国的处事之道。宋徽宗君臣倒好，先是接纳张珏，破坏了与金国的盟约，在金国执意索要张珏后又感到害怕，暗地将张珏杀害，搞得战斗力强劲的常胜军从此与朝廷离心离德。宋徽宗君臣此举可谓是搬起石头砸了自己的脚。而张珏事件，也为金国入侵宋朝提供了口实。

金国南侵

金天会三年（宋宣和七年，1125 年）十月，在完颜宗望、完颜宗翰的劝谏下，金太宗以宋廷接纳张珏为借口，举兵征讨宋朝。金军兵分两路：完颜宗翰担任西路军主帅，率领完颜希尹、耶律余睹等将出云州（即大同府），目标指向宋朝河东路境内的太原；完颜宗望担任东路军主帅，率领完颜阇母、刘彦宗等将出平州，目标指向宋朝的燕山府。

金国的战略意图很明确：东路军攻打燕京，消灭宋朝军队中战斗力最强的常胜军，南下渡过黄河后就是华北平原，金军可长驱直入直扑开封；西路军在攻下太原后，继续南下攻占洛阳，截断宋徽宗君臣西逃之路，再会合东路军攻打开封。到时候，宋徽宗君臣叫天不应，叫地不灵，金军就可来个瓮中捉鳖。

面对渐渐聚拢的战争阴云，赵宋朝廷中也不是没有有识之士。宣和六年，马扩出使云州，发现金人正在操练士卒，增加驻军。马扩回到太原时警告童贯道："金人屡屡增兵西线，早晚将大举南下。"可惜并没有引起童贯的重视。

东线的平州界，甚至发生过小规模金军入侵清河县事件。判燕山府事蔡靖将军情上报朝廷，没想到太宰王黼竟然隐匿不报。倒是身在太原的童贯提前感知到了危险的来临。

一天，镇守云州的金国大将完颜宗翰派使者赴太原，谴责宋朝背盟接纳张珏之事。正当童贯支支吾吾难以应对时，金国使者突然指着童贯哈哈大笑："你不用东拉西扯找借口了，明确告诉你，我国已经出兵讨伐你了！"童贯吓得脸都绿了："二位使者，这么大的事情，为何不提前通知咱家一声？""已经发兵了，告诉你干啥？赶紧把河东、河北割让给我国，以黄河为界。不然的话，大军到来，管叫你灰飞烟灭！"金国使者威胁道。

送走金国使者后，童贯知道开战已经在所难免了，而一旦开战，太原将是对敌前线，他决不能再待在这个危险的地方了。于是他委派太原知府张孝纯留守太原，自己以"进京禀报军情"为由，匆忙离开太原，一溜烟似的跑到开封去了。

童贯离开前，张孝纯劝他道："太师理应留下，共同抗击女真人。如果太师离去，势必人心惶惶，到时候河东一丢失，河北就没了屏障。河东河北全部丢失，那我大宋可就危险了！"童贯辩解道："咱家只是宣抚使，只负责宣抚，不负责打仗。"说完，童贯挥一挥衣袖，潇洒地离开了太原城。

这年十一月，完颜宗望率军从平州出发，侵入宋境，宋金战争正式开始。

金军行进到韩城镇时，遇到宋朝的使者傅察。金军将傅察押到完颜宗望面前，令其下拜。傅察据理力争，拒绝下拜，最终被完颜宗望杀害。

随后，金军势如破竹，连续攻占檀州、蓟州及其境内诸县，兵锋直指燕京。燕山知府蔡靖闻听消息，连忙派郭药师率常胜军迎战。十二月初二深夜，郭药师率军北上，与完颜宗望率领的金军在三河县（今河北三河市）境内的白河相遇。常胜军的前身是怨军，与女真人有着不共戴天之仇。仇人相见，分外眼红，双方不由分说战作一团。

郭药师先派刘仁舜、张令徽率领步兵正面对敌，自己率骑兵埋伏在侧翼。当双方杀得难分难解时，郭药师率骑兵斜刺里突然杀出，一下子冲乱了金军的阵脚。但金军毕竟是百战百胜之师，在完颜宗望的指挥下，他们重整队形，挥军再战。双方一时间又战成均势。

就在双方僵持不下时，完颜宗望变阵了。他自己率主力部队顶住常胜军的攻势，另派遣一支偏师自侧翼攻击张令徽部。张令徽本来和郭药师平起平坐，投宋后却成了郭药师的下属，心中一直非常不服，此时他更是不想出力。面对金军的攻击，张令徽拨转马头，率部退出了战场。刘仁舜一看张令徽退走，也紧随其后率军退走。郭药师孤军奋战，自然不是金军的对手了，被打得丢盔弃甲，一败涂地。郭药师率领残兵败将向燕京逃去。完颜宗望挥军对郭药师穷追不舍，直追到潞县（今北京通州区）方才返回。

郭药师、张令徽、刘仁舜等人逃回燕京后，已是深夜。郭药师此前就因为张珏之事对宋朝感到寒心，此次战败加剧了他投靠金国的念头。张令徽、刘仁舜以及手下将士也早已对宋廷感到失望，于是他们各自打起了算盘，意欲投降金军。

当天夜里，常胜军将投降金军的消息在燕京城传得沸沸扬扬。蔡靖内心忐忑不安，急忙召集下属商量应对之策。转运使吕颐浩认为，郭药师反复无常，并不可靠，应该放弃燕京逃走。蔡靖的小舅子许采则认为，郭药师反状未显，如果主帅离去，燕京府必定大乱。蔡靖心里暗自琢磨：若弃城逃走，固然可以暂时保全性命，但若因此激起常胜军的变故，到时候天子问罪下来，俺老蔡可担待不起。于是蔡靖放弃了逃走的机会，和属下一起留在了燕京，将自己的性命交到了郭药师手里。郭药师早就对赵宋朝廷心灰意冷了，他暗中派人出城面见完颜宗望，商谈好了投降事宜。一切准备就绪后，郭药师摆下鸿门宴，将燕京城中的赵宋官吏一锅端，随后打开城门，向完颜宗望投降。完颜宗望不费吹灰之力就拿下了幽州城，乐得合不拢嘴。

投降金国后，郭药师马上向完颜宗望献计："宋军的精锐西军都在河东前线，河北空虚，二殿下应当挥军直下，必可一举灭亡宋朝。"完颜宗望遂以郭药师为向导，引军南下。由于郭药师深知宋朝军事虚实，金军得以避实就虚，绕过城防坚固的保州、中山等地方，在真定虚晃一枪，突袭信德府（治今河北邢台市）。攻破信德府后，完颜宗望令旗一挥，金军一路南下，直奔黄河边。只要渡过黄河，宋朝的都城开封将直接暴露在金军的铁蹄下！

完颜宗翰率领的西路金军，起初进展顺利，一路攻克忻州（治今山西忻州市）、代州、武州（治今山西神池县）等城池，直奔河东路的重镇——太原。此时童贯已经逃走，太原知府张孝纯、都总管王禀闻听金军来袭的消息，并没有慌乱。他们一边率太原军民稳固城防，积蓄粮草，做好与金军长期对抗的准备；一边派人向河东路各州县求援。太原军民奋勇作战，打退了金军一拨又一拨的攻势，金军一时间一筹莫展。此时，各地的援军纷纷赶到，对金军形成了两面夹击之势，宋军似乎看到了胜利的曙光。

保卫东京

接到太原告急的消息，朔州知州孙翊、府州知州折可求、军马使韩权、延安府统制刘光世、知晋宁军（治今陕西佳县）罗称等人纷纷来援。

孙翊是西军中有名的骁将，他率军赶赴太原，在城外安营扎寨。金军几次向孙翊发动进攻，均无功而返，双方就这样在太原城下对峙起来。但此时，孙翊的后方却出现了问题。孙翊离开朔州后，朔州城内的义胜军马上叛变，他们与金军里应外合，朔州就此沦陷。之后，金军驱赶着朔州城的百姓来到太原城下，孙翊的部下见家眷落入金军手中，顿时人心惶惶，无心恋战。第二天，当朔州军再次与金军交战时，孙翊被部下杀死。主帅一死，朔州军顿时崩溃，除小部分投降金国外，大部分四散逃走。

折可求与刘光世、罗称等人率领的援军在交城与金军遭遇。从早晨杀到中午，仍未分出胜负。此时，金军派一支小分队绕到宋军背后攻击，刘光世见两面受敌，吓得魂飞魄散，率军逃跑。刘光世一逃跑，宋军立时处于下风，在金军骑兵的冲击下，韩权、罗称等将领英勇战死，宋军抵挡不住，四散溃逃。

完颜宗翰在陷入对方夹击的不利形势下，围点打援，漂亮地击退了宋朝的各路援军。但太原城池坚固，金军一时仍然难以攻下。此时，东路军进展顺利的消息传来，完颜宗翰大急，他留下一部分兵力继续围攻太原，自己率军绕过太原南下，试图与完颜宗望的东路军实现会师。同时，完颜宗翰还派出使者前往开封府，对宋徽宗君臣进行言语恫吓。宋朝的河东路城防稳固，西军又都是身经百战的精锐之师，所以，完颜宗翰的进军并不顺利。等攻到泽州（治今山西晋城市）时，金军已是强弩之末了。

各地的告急文书传到京城，却都被宰相白时中、李邦彦扣下。所以，前方打得热火朝天，宋徽宗却仍然蒙在鼓里。直到童贯回到开封，宋徽宗才知道了实情，赵宋朝廷一片哗然。

此时，完颜宗翰派遣的使者也到达了开封，在与白时中、李邦彦谈判时提出了停战条件——割地称臣。宋徽宗召集群臣商议对策，决定用贿赂的方法使金人同意议和。他七拼八凑地凑了三万两黄金，派给事中李邺为使者前往军营议和。

此时，完颜宗望率领的金国东路军势如破竹，直逼黄河边。宋徽宗内心惶恐不安，开始有了逃跑的打算。当然了，京城群龙无首是不行的，宋徽宗开始策划禅位给太子赵桓。

宣和七年十二月二十四日，宋徽宗正式退位，自称太上皇帝，太子赵桓即位，他就是历史上的宋钦宗。宋钦宗即位后，急派梁方平、何灌等人率军北上，阻止金人渡过黄河。

梁方平率军从浚州（治今河南浚县）搭浮桥渡过黄河，在北岸排开阵势，准备阻击金军。完颜宗弼率领的金军先锋很快来到，梁方平一看到金军，吓得魂飞魄散，未等交战即首先逃跑。宋军将士看到主帅逃走，争先恐后地往南岸逃窜。梁方平逃到南岸后惊魂稍定，派人一把火将浮桥烧了个干净，惶惶如丧家之犬般继续往南逃窜。未来得及过河的宋军没了浮桥，顿时成了案板上的鱼肉，全部被金军斩杀。

看到梁方平逃走，守在南岸的何灌自是不能落后，掉头就往开封城窜去。黄河天险，到这时已经成为不设防的通途了。完颜宗望找来几条小船，率金军分批渡过黄河。开封城，就在眼前了。

此时的开封城内已经乱作一团。宋徽宗在蔡京、高俅、童贯等人簇拥下早已逃往扬州。听到金军兵临城下的消息，刚刚即位十天的宋钦宗吓得魂飞魄散，当场就要追随父皇的脚步，弃城逃跑。尚书右丞李纲多次劝谏，才打消了宋钦宗的念头。在李纲的建议下，宋钦宗罢免了百姓怨憎的宰相白时中，命李纲主持开封城的防务，同时，诏令陕西路的西军进京勤王。

李纲上任后，迅速率领开封军民修缮城防，储备檑木，并重新布置京城的防务。还未等李纲布置完毕，完颜宗望已经率领金军来到开封城下，开始攻城了。金军首先将进攻的目标对准了西水门。开封城的城防分为外城、内城两道，外城计有城门二十一个，是城防的重中之重。西水门沿汴水而建，是外城的门户之一。完颜宗望率金军乘船自汴水顺流而下，向西水门发起冲锋。李纲早有准备，他派出两千精兵埋伏在西水门边的拐子城，等金军船只一到，即用大铁钩钩住金人的船只。接着，城上守军万石齐发，将船上的金兵砸成了肉泥。趁金军暂时混乱的间隙，城上宋军沿着城墙攀下，冲入金军阵中一顿砍杀。金军顿时乱了阵脚，完颜宗望只得率军暂退。

李纲率宋军将士奋勇作战，连续打退金军的进攻，但此时议和的声音却在赵宋朝廷中占据了上风。出使金营的李邺在回到开封后，到处宣扬金军的强大，吓得宋钦宗君臣惶恐不安。在宰相李邦彦的力主下，宋钦宗派李棁（zhuō）为使，赴金营同金军谈判。完颜宗望当即狮子大开口，提出了议和的条件：黄金五百万、白银五千万、绢帛百万，割中山、太原、河间，以亲王赴金营为人质，宋钦宗认金太宗为伯父。李棁见了金人，吓得魂飞魄散，无论完颜宗望说什么，只是唯唯诺诺点头称是。李棁回到开封后，朝中官员的意见分成了两派：以李邦彦、耿南仲等人为首的主和派，以李纲、沈绾为首的主战派。

就在双方在朝堂上争得不可开交时，金军又开始攻城了，这次的目标是通天门和景阳门。金军攻势凶猛，通天门守将何灌战死殉国。李纲闻讯大惊，连忙率领一千名弩手赴前线支援。李纲来到前线时，金军正在用云梯攀爬城墙。李纲一挥手，弩箭狂风暴雨般射向金军，金人纷纷跌落云梯，开封城下一片鬼哭狼嚎。此后，金军多次换门进攻，李纲率弩手到处支援，频频击退敌人的进攻，金军一时间一筹莫展。

就在此时，一个人来到了开封城，给李纲吃下了定心丸。这个人就是种师道。种师道自从随童贯北伐被免职后，一直在乡间隐居。此次金军围城，已经七十六岁高龄的种师道被任命为京畿河北河东路制置使。国难当头，老将军重新出马，来解救开封城的困境。靖康元年（1126年）正月二十日，种师道与姚平仲率领泾原路、秦凤路西军四千余人，风尘仆仆赶到了开封城。

宋钦宗大喜，有了种师道这位西军名将，他心里稍微安定了点。这时候，陕西路精锐西军在种师中、折可求、折彦质等人率领下陆续往开封赶来。金军的西路军被阻挡在泽州无法南下，完颜宗望孤军深入，到这时已经快要断粮，只能以黑豆充饥，金军的处境已经不妙了。

各地勤王的军队陆续赶到，宋钦宗胆气逐渐壮了起来，他决定组织队伍与金人决战。种师道当即劝道："陛下，金人军粮已经快吃光了，而我方勤王的队伍尚未全部到达。应该暂时坚守不出，等待勤王队伍全部到达，那时候，金人的粮食也已吃光，我军必能一击破之。"宋钦宗哪里听得进去，即命令姚平仲、杨可世为将，于月黑风高之时潜入金营进行偷袭，结果却被早有防备的金人击败。姚平仲吓得肝胆俱裂，一路向南逃去。这场失利后，宋钦宗的态度来了一个一百八十度的转变，坚定不移地要与金人议和。

为了不影响议和的进行，宋钦宗将保卫开封的功臣李纲、种师道全部免职，遣使入金营谢罪，答应了金军的全部议和条件。完颜宗望大喜，自己顿兵坚城之下，军粮已经食尽，完颜宗翰的西路军又被阻挡在河东，本来是面临全军覆没危险的，没想到竟然不战而胜。于是，他不等宋朝送齐议和约定的财帛，即率军匆匆北返。

金国的第一次伐宋就这样结束了。这次战役，金军实际上面临非常不利的局面：完颜宗翰在河东举步维艰，毫无进展；完颜宗望虽然靠郭药师引路，一路避实就虚攻到了开封城下，但由于孤军深入又缺乏粮草，在开封城下陷入困境。要不是宋钦宗被吓破了胆主动议和，完颜宗望将万劫不复。

北宋灭亡

按照宋金双方的议和协议，宋朝须割让太原、河间、中山三府之地与金国。议和达成时，完颜宗翰已经进军到泽州，听到宋人的割地许诺后，即引军回云中，留大将完颜银术可负责接收太原。

此时，由于京城百姓舆论的压力，宋钦宗被迫重新起用李纲，并拒绝割让太原、河间、中山三府。完颜银术可喜滋滋地来接收太原，结果吃了闭门羹，大怒，决定用武力手段接收太原。他一面派人赴云中向完颜宗翰报信，一面挥军扫清了太原外围诸县，对太原形成了包围之势。

闻听金国包围太原的消息，宋廷大惊，急派种师中、姚古、张灏兵分三路救援太原。种师中一路收复失地，向太原进发，但因为姚古、张灏两路进展缓慢，种师中被迫退守真定，静观其变。负责统筹指挥的同知枢密院事许翰却叱责种师中"逗挠玩寇"，强令种师中进军。种师中悲愤异常，决定力战殉国。临出发前，种师中派人通知姚古、张灏两部，约定在太原城下合兵，共抗金军。

当种师中来到距离太原二十里的石坑（地名）时，遇到了完颜娄室率领的金军主力。由于孤军深入，连续行军，又面临断粮的困境，宋军早已是疲惫不堪了，哪里还是金军主力的对手。面对困境，种师中挺枪奋战，连续冲杀两个时辰，最终中箭而死。此后，完颜娄室分别击溃姚古、张灏两路宋军，宋朝救援太原的计划完全失败。

太原不容有失，李纲决定亲自率军救援。但由于宋钦宗的掣肘，李纲能调动的仅仅是一万多人的乌合之众而已。完颜娄室、完颜银术可协同作战，李纲指挥的宋军一败涂地，宋钦宗迫不及待地将李纲贬官。赶走了这个倔强的老头，宋钦宗顿时觉得世界清静了。

连续击败宋朝的两次救援，金军终于可以放心攻打太原城了。这年八月，完颜宗翰从云中来到太原，亲自指挥攻城，完颜宗望也率东路军从保州再次南下，两路齐出，再次展开了对宋朝的军事行动。

太原守军在知太原府张孝纯、太原府都总管王禀的率领下，顽强抵抗。他们在城中修筑内城，并征发十五到六十岁之间的所有男子为兵，与金军展开了殊死搏斗。此时，太原围城已达八个月之久，城中的粮食已经食尽，人们被迫以草根树皮为食，更有甚者，杀儿烹女充饥，一片人间惨象。在吃光了城中所有能吃的东西后，守军再也无力坚持了。他们饿得头晕眼花，连站起来的力气都没有了，哪里还能继续战斗？太原府的陷落，已经不可避免了。

九月，金军攻入太原城，王禀毫不屈服，率领尚能战斗的数十勇士与金军展开巷战。最终，将士全部战死，王禀身被十余创，自知势必无幸，背着宋太宗赵光义的画像投入汾河中自杀殉国。

金军在太原城下鏖战九个月，损失惨重。完颜宗翰在破城后对城中军民进行了疯狂的报复。城中百姓无论男女老幼，全部被屠杀，太原城顿时成了人间地狱。太原城中的文武官员纷纷向完颜宗翰屈膝投降，知太原府张孝纯宁死不屈，唯求一死，却被完颜宗翰拘押起来。后来，张孝纯还是做了金国的官，一直到金熙宗皇统年间方才去世。

太原的失守，对宋朝的影响是致命的。攻下了太原，金军就可以实现两面合攻开封的计划，这就避免了第一次攻宋时完颜宗望因孤军深入而陷入困境的局面。失去了河东的屏障，开封城的陷落已经是不可避免了。

攻克太原后，完颜宗翰率军一路南下，连续攻克汾州、隆德府、泽州、潞州、怀州等城池，直趋河阳。开封城越来越近了。

在完颜宗翰攻打太原的同时，完颜宗望率领的东路军从保州挥师南下，侵入宋境。九月，金军攻打真定府。真定守军在知府李邈、钤辖刘翊的指挥下奋起抵抗。李邈多次遣人出城赴京城请求援兵，却连一兵一卒也没有见到。在坚守了四十余天后，真定府陷落。刘翊率军与金军展开巷战，全军覆没后自杀殉国。李邈被俘虏，不屈而死。

攻破真定府后，完颜宗望挥军直下，连续攻克赵州、恩州、大名府，兵临黄河岸边的李固镇。

金军渐渐逼近，而赵宋朝廷中，主和派仍把持着话语权。在唐恪、耿南仲的主持下，宋朝的议和使者一批又一批地赶赴金营。面对宋人的求和，完颜宗望和完颜宗翰一面漫天要价，迷惑对方，一面率军加速南下，攻城略地。于是，就出现了一幕奇景：一面是宋军的使者成批地赴金营议和，一面是金军攻城略地、势如破竹。宋钦宗君臣的昏庸无能，已经到了极点了。

唐恪等人的举动让宋军前线将士斗志全无，纷纷消极作战。一时间，朝中群情汹汹，纷纷要求宋钦宗罢免唐恪、耿南仲二人，坚决与金作战。面对压力，宋钦宗不得不起用主战派的何栗、孙傅执掌枢密院，同时派出大军，沿着黄河布防，阻挡金军南下。宋钦宗下令，以折彦质率军十二万，驻扎在河阳，阻止完颜宗翰部金军渡河；以河北宣抚使范讷率军五万，驻扎在浚州、滑州一线，阻止完颜宗望部南下。

十一月十二日，金国西路军抵达黄河边，望见对岸折彦质率领的十二万宋军，完颜宗翰心里犯起了嘀咕：宋军依托黄河凭险而守，我军缺乏渡河工具，强攻并无胜算。于是他打算命令金军就地扎营，从长计议。完颜娄室劝道："宋军人数虽多，却都是乌合之众，不足为惧。我们只需……宋军即会退去。"完颜宗翰脸上露出不可思议的表情："娄室将军，亏你想得出来，不过这样做即使不奏效，我们也不损失什么，就且试他一试吧。"

完颜娄室命令金军将士擂起战鼓，彻夜不停。天亮，奇迹出现了，黄河南岸空空如也。原来，完颜娄室看准了宋军惧怕金军的死穴，命令金军彻夜擂鼓，虚张声势。宋军听着鼓声，以为金军要发动进攻，吓得魂飞魄散。折彦质当先逃跑，主将逃走后，宋军十二万大军一瞬间作鸟兽散。

完颜宗翰派人守住潼关，阻断了陕西路的西军救援开封的道路，然后挥军向东攻克郑州，距离开封城仅有一步之遥了。此时，完颜宗望也已从李固镇渡过黄河。范讷听到金军渡河的消息，吓得腿都软了，哪里还敢交战，一路向北逃往雍丘，浑不理会开封城中宋钦宗的死活。

靖康元年闰十一月初二，完颜宗翰、完颜宗望率领的两路金军抵达开封城外，分别驻扎刘家寺、青城，随时准备发动对开封城的围攻。

此时，宋朝的各路勤王大军却遇到了麻烦：范致虚率领的陕西勤王军被阻挡在潼关，难以东进；东京道总管胡直孺率领的东路援军在拱州（治今河南睢县）被金军击败，胡直孺被活捉；南道都总管张叔夜率领一万余人的队伍倒是成功赶到开封，但也是杯水车薪了。

宋钦宗亲自登上城头督战。当时天气寒冷，将士们难耐严寒，士气低落。宋钦宗询问一旁的孙傅有何良策，孙傅微微一笑道："陛下不用慌，臣自有神兵退敌。"

孙傅所说的神兵是怎么回事？原来有一个叫郭京的禁军下级军官，在金军兵临城下之际，找到孙傅，自称精通"六甲法"，并吹嘘道："老夫擅长撒豆成兵，借得天兵七千七百七十七人，练成六甲神兵，用隐身之术，必能生擒敌酋。"孙傅本来就是个迷神之人，当即信以为真，对郭京厚加赏赐。

此时金国大军兵临城下，孙傅只有打出郭京这张底牌了。郭京挑选了数千名士兵，号称是六甲神兵，然后对着士兵念念有词，手舞足蹈，开始施起法来。金军攻城时，孙傅、何栗即遣这些"六甲神兵"出战，郭京在城头设坛作法。

六甲神兵刚打开城门准备出战，金国骑兵风驰电掣般冲杀进来，杀得"神兵"们鬼哭狼嚎。郭京见势不妙，偷偷出了城门，溜之大吉。开封城就这样滑稽地陷落了。

金军在开封城中掳掠敲诈了无数金银后，将宋徽宗、宋钦宗父子连同王公大臣、后宫嫔妃一股脑儿押往金国。自赵匡胤陈桥兵变以来，立国一百六十九年的北宋王朝，到此结束。

大事记

公元 979 年，宋太平兴国四年 / 北汉广运六年 / 辽保宁十一年（乾亨元年）

五月，赵光义灭北汉。

七月，宋辽高梁河之战。

九月，宋辽满城之战

公元 980 年，宋太平兴国五年 / 辽乾亨二年

三月，宋辽雁门之战。

十月，宋辽瓦桥关之战。

公元 986 年，宋雍熙三年 / 辽统和四年

三月，雍熙北伐开始。

五月，耶律休哥、耶律斜轸、萧挞凛等人击溃三路宋军，雍熙北伐结束。

十二月，宋辽君子馆之战。

公元 988 年，宋端拱元年 / 辽统和六年

十一月，宋辽唐河之战。

公元 989 年，宋端拱二年 / 辽统和七年

七月，宋辽徐河之战。

公元 993 年，宋淳化四年

二月，青城县民王小波聚众起义。

公元 994 年，宋淳化五年 / 李顺应运元年

正月，李顺破成都，称蜀王。

五月，王继恩率宋军收复成都，俘杀李顺。

公元 996 年，宋至道二年 / 辽统和十四年

五月，宋朝五路大军征讨李继迁，无功而返。

公元 1000 年，宋咸平三年 / 辽统和十八年

正月，宋辽裴村之战。

公元 1001 年，宋咸平四年 / 辽统和十九年

十月，宋辽威虏军之战。

公元 1003 年，宋咸平六年 / 辽统和二十一年

四月，宋辽望都之战。

公元 1005 年，宋景德二年 / 辽统和二十三年

正月，宋辽澶渊之盟。

公元 1010 年，宋大中祥符三年 / 辽统和二十八年

辽、高丽通州之战。

公元 1016 年，宋大中祥符九年

九月，宋、吐蕃三都谷之战。

公元 1019 年，宋天禧三年 / 辽开泰八年

三月，辽、高丽龟州之战。

公元 1028 年，宋天圣六年 / 辽太平八年

五月，李元昊攻破甘州。

公元 1034 年，宋景祐元年 / 夏显道三年（开运元年、广运元年）/ 辽重熙三年

九月至十月，夏、吐蕃牦牛城之战。

公元 1040 年，宋宝元三年（康定元年）/ 夏天授礼法延祚三年 / 辽重熙九年

正月，宋夏三川口之战。

公元 1041 年，宋康定二年（庆历元年）/ 夏天授礼法延祚四年 / 辽重熙十年

二月，宋夏好水川之战。

公元 1042 年，宋庆历二年 / 夏天授礼法延祚五年 / 辽重熙十一年

闰九月，宋夏定川寨之战。

公元 1044 年，宋庆历四年 / 夏天授礼法延祚七年 / 辽重熙十三年

十月，辽夏河曲之战。

公元 1052 年，宋皇祐五年

六月，侬智高起兵。

公元 1053 年，宋皇祐五年

正月，宋将狄青于归仁浦击破侬智高。

公元 1076 年，宋熙宁九年 / 越南太宁五年

十二月，宋、交趾富良江之战。

公元 1081 年，宋元丰四年 / 夏大安七年 / 辽大康七年

七月，元丰西征。

公元 1082 年，宋元丰五年 / 夏大安八年 / 辽大康八年

九月，宋夏永乐城之战。

公元 1114 年，宋政和四年 / 夏雍宁元年 / 辽天庆四年

十月，阿骨打攻占宁江州。

十一月，辽金出河店之战。

公元 1115 年，宋政和五年 / 夏雍宁二年 / 辽天庆五年 / 金收国元年

正月，辽金达鲁古城之战。

八月，阿骨打攻占黄龙府。

十一月，辽金护步达冈之战。

公元 1120 年，宋宣和二年 / 夏元德二年 / 辽天庆十年 / 金天辅四年

十月，方腊起兵。

公元 1121 年，宋宣和三年 / 夏元德三年 / 辽保大元年 / 金天辅五年

二月，童贯平定方腊。

公元 1122 年，宋宣和四年 / 夏元德四年 / 辽保大二年 / 金天辅六年

十二月，金兵攻占幽州。

公元 1125 年，宋宣和七年 / 夏元德七年 / 辽保大五年 / 金天会三年

三月，金将完颜娄室俘天祚帝，辽国灭亡。

十月，完颜宗翰、完颜宗望率军伐宋。

公元 1126 年，宋靖康元年 / 夏元德八年 / 金天会四年

正月，宋取得东京保卫战胜利。

九月，金军第二次伐宋。

闰十一月，金军攻占开封，俘宋徽宗、宋钦宗，北宋灭亡。

参考文献

[1] 李焘 . 续资治通鉴长编 [M]. 北京 : 中华书局 , 1980.

[2] 毕沅 . 续资治通鉴 [M]. 长沙 : 岳麓书社 , 1992.

[3] 脱脱 . 宋史 [M]. 北京 : 中华书局 , 1989.

[4] 脱脱 . 辽史 [M]. 北京 : 中华书局 , 1999.

[5] 脱脱 . 金史 [M]. 北京 : 中华书局 , 1975.

[6] 吴广成 . 西夏书事 [M]. 扬州 : 广陵古籍刻印社 , 1991.

[7] 龚世俊 . 西夏书事校正 [M]. 兰州 : 甘肃文化出版社 , 1995.

[8] 戴锡章 . 西夏纪 [M]. 银川 : 宁夏人民出版社 , 1988.

[9] 冯琦原 . 宋史纪事本末 [M]. 长春 : 吉林出版社 , 2005.

[10] 叶隆礼 . 契丹国志 [M]. 上海 : 上海古籍出版社 , 1985.

[11]（越）明峥 . 越南史略 [M]. 上海 : 三联书店 , 1958.

[12]（越）陈重金 . 越南通史 [M]. 上海 : 商务印书馆 , 1992.

[13]（朝）郑麟趾 . 高丽史 [M]. 重庆 : 西南师范大学出版社 , 2014.